Edition KWV

Die „Edition KWV" beinhaltet hochwertige Werke aus dem Bereich der Wirtschaftswissenschaften. Alle Werke in der Reihe erschienen ursprünglich im Kölner Wissenschaftsverlag, dessen Programm Springer Gabler 2018 übernommen hat.

Weitere Bände in der Reihe http://www.springer.com/series/16033

Mark Oelmann

Zur Neuausrichtung der Preis- und Qualitätsregulierung in der deutschen Wasserwirtschaft

Mark Oelmann
Professor für Wasser- und Energieökonomik
Hochschule Ruhr West
Mülheim an der Ruhr, Deutschland

Bis 2018 erschien der Titel im Kölner Wissenschaftsverlag, Köln
Dissertation Universität zu Köln, 2004

Edition KWV
ISBN 978-3-658-24677-8   ISBN 978-3-658-24678-5   (eBook)
https://doi.org/10.1007/978-3-658-24678-5

Die Deutsche Nationalbibliothek verzeichnet diese Publikation in der Deutschen Nationalbibliografie; detaillierte bibliografische Daten sind im Internet über http://dnb.d-nb.de abrufbar.

Springer Gabler
© Springer Fachmedien Wiesbaden GmbH, ein Teil von Springer Nature 2005, Nachdruck 2019
Ursprünglich erschienen bei Kölner Wissenschaftsverlag, Köln, 2005

Springer Gabler ist ein Imprint der eingetragenen Gesellschaft Springer Fachmedien Wiesbaden GmbH und ist ein Teil von Springer Nature
Die Anschrift der Gesellschaft ist: Abraham-Lincoln-Str. 46, 65189 Wiesbaden, Germany

Geleitwort

Die Wasserwirtschaft ist ein komplexer Bereich von großer volkswirtschaftlicher Bedeutung, der gleich mehrere Funktionen erfüllt: die Bevölkerung mit qualitativ gutem Trinkwasser zu versorgen, die Wirtschaft mit einem wichtigen Produktionsfaktor auszustatten und die Umwelt bei der Nutzung von Grundwasser und der Reinigung von Abwasser zu schonen. Ökonomisch erwünscht ist, dass die wasserwirtschaftlichen Unternehmen möglichst kostengünstig, kreativ und gemäß den Konsumentenpräferenzen wirtschaften und dass die Verbraucher mit dem knappen Gut Wasser möglichst sorgsam und ökologisch vernünftig umgehen. Damit stellt sich in diesem Zusammenhang die grundlegende Frage nach der Schaffung eines adäquaten Anreizsystems für ökonomisch effiziente und ökologisch nachhaltige Verhaltensweisen. Nach dem Idealbild einer funktionsfähigen Marktwirtschaft würden sich die richtigen Anreize von selbst ergeben, wenn die Wasserwirtschaft mit ihren verschiedenen Produktionsstufen in einem System von Wettbewerbsmärkten stünde. Das tut sie aber nicht. Zum einen geht es nicht so ohne weiteres, weil produktionstechnische Besonderheiten ein Marktversagen begründen. Zum anderen zählt die Wasserwirtschaft – nicht nur in Deutschland – zu den Bereichen, in denen seitens der Politik dem Wettbewerb ohnehin wenig zugetraut wird und für viele eine strenge staatliche Regulierung zur Gewährleistung einer optimalen Marktversorgung als unabdingbar gilt.

Dies nimmt der Verfasser in der vorliegenden Studie zum Anlass, um die Sinnhaftigkeit der praktizierten Regulierungspolitik zu hinterfragen und Alternativen zu entwickeln. Er analysiert wissenschaftlich, ob Regulierungsaufgaben, die sich in der Wasserwirtschaft stellen, auf einem Weg zu erfüllen sind, der weniger wettbewerbsbeschränkend ist, ja, bei dem der Staat den Wettbewerb mit seiner erwiesenen Problemlösungskapazität gezielt nutzt. In vielfältiger Weise betritt der Verfasser Neuland und führt die Analyse über den Erkenntnisstand hinaus, den wir den einschlägigen Studien von z.B. Bettina Stuchtey, R. Andres Kraemer, Hartmut Clausen oder Ulrich Scheele verdanken. Das sog. Ewers-Gutachtenaus dem Jahre 2001, das damals für etlichen Diskussionsstoff in der deutschen Wasserwirtschaft gesorgt hatte, wird in dieser Untersuchung ebenfalls ausgewertet.

Der Verfasser hält eine Preisregulierung in der Wasserwirtschaft für notwendig. Aber eine rein kostenorientierte Preisregulierung, wie sie in Deutschland praktiziert wird und lange Zeit auch in der Fachliteratur einen hohen Stellenwert hatte, ist nicht zweckmäßig; die Gefahr negativer Anreizeffekte bei den Wasserversorgungsunternehmen (Kostenmachen, Unterinvestition) ist zu groß. Besser schneidet das Verfahren einer allgemeinen Preisobergrenzenregulierung ab, besser allerdings in der Theorie als in der Praxis. Als am klarsten anreizorientiert hält der Verfasser eine Regulierung nach dem System vergleichenden Wettbewerbs. Er stellt als Vorzüge heraus, dass dieses System auch die Investitionsplanung und Investitionsdurchführung in ganz anderer Weise nach Outputvorgaben überwacht und dass es offen ist für die Integration von Regelungen über den Wettbewerb im Markt und über den Wettbewerb um den Markt (Ausschreibung von Lizenzen zur Trinkwasserversorgung bzw. Abwasserentsorgung).

Zu den regulatorischen Aufgaben gehört auch die Qualitätsregulierung. Der Verfasser entwirft ein komplettes System von Qualitätszielen, das am Produktionsprozess ansetzt und Umwelt und Infrastruktur betrifft, sodann die Güte der Produkte Trinkwasser und Abwasser als solche fokussiert und schließlich mehrere Merkmale der Vertragsbeziehungen zwischen wasserwirtschaftlichen Unternehmen und Nachfragern erfasst, die sich prinzipiell von den Konsumentenpräferenzen (und den jeweiligen Zahlungsbereitschaften) herleiten. Bei der Verwirklichung der Qualitätsziele muss nicht, wie derzeit in der deutschen Wasserwirtschaft üblich, in erster Linie auf das Ordnungsrecht gesetzt werden. Vielmehr zeigt der Verfasser, dass sich in vielen Bereichen marktwirtschaftliche Instrumente einsetzen lassen, die effektiver und effizienter sind. Mit einer wettbewerblichen Preisregulierung, wie sie der Verfasser befürwortet, ist die gegenwärtige Qualitätsregulierung nicht kompatibel.

Die Studie stellt einen konkreten und operationalisierbaren Vorschlag für eine Reform der Preis- und Qualitätsregulierung in der deutschen Wasserwirtschaft zur Diskussion. Es handelt sich um eine ganzheitliche Reform, die beide Regulierungsverfahren wettbewerbskonform miteinander kombiniert. Die vorgegebenen Qualitätsziele werden in das System vergleichenden Wettbewerbs integriert. Der Verfasser macht sich dabei die Erfahrungen mit dem englischen Regulierungsmodell zunutze, das er vor Ort studiert hat. In Anbetracht der starken Fragmentierung der deutschen Wasserwirtschaft schlägt er vor, die neue Regulierung zunächst für die großen Unternehmen vorzusehen und bei den kleinen Unternehmen (und den betroffenen Kommunen) erst einmal Anreize zu schaffen, damit diese sich zu größeren Einheiten zusammenschließen; dann soll auch hier das reformierte Regulierungsverfahren zur Anwendung kommen. Es ist zu wünschen, dass dieser Reformentwurf der öffentlichen Debatte über die künftige Wasserpolitik in Deutschland (und der Europäischen Union) Orientierung gibt.

Köln, im Januar 2005   Juergen B. Donges

Danksagung

Die vorliegende Arbeit entstand während meiner Zeit als Wissenschaftlicher Mitarbeiter am Lehrstuhl von Professor Dr. Juergen B. Donges an der Universität zu Köln. Beeinflusst von dessen Tätigkeit als Vorsitzendem der sog. Deregulierungskommission der Bundesregierung, die in den Jahren 1989 bis 1991 zentrale Grundlagen für die Marktöffnung damals noch existierender Monopolsektoren entwarf, gelangte ich zu meinem Thema: Der Auseinandersetzung mit Deregulierungsfragen der Wasserwirtschaft.

Es ist offensichtlich, dass ich beim Erstellen dieser Arbeit von der breiten Fachkenntnis von Prof. Donges zentrale Anregungen habe gewinnen können. Ihm danke ich daher in besonderem Maße. Auch Professor Dr. Herbert Baum bin ich aufgrund seiner unmittelbaren Bereitschaft, die Aufgabe als Zweitgutachter zu übernehmen, zu Dank verpflichtet.

Die hier behandelte Forschungsfrage ist in sich sehr breit angelegt. Vor diesem Hintergrund habe ich sehr häufig das Gespräch mit zentralen wasserwirtschaftlichen Fachleuten gesucht. Ich bin nach wie vor begeistert von deren Hilfsbereitschaft.

Dies gilt in besonderer Weise für die Mitarbeiter der englischen Wasserregulierungsbehörde OFWAT, die mir über mehrere Wochen die Möglichkeit gaben, ihren Ansatz wasserwirtschaftlicher Regulierung zu analysieren. Besonders herausheben möchte ich hier Roger Dunshea, Director of Operations, sowie Sue Cox, Head of Service Performance Team. Für einen möglichst ausgewogenen Blick habe ich ferner von den Anregungen von Prof. David S. Saal (Aston University), Dr. Thomas Zabel (Water Research Center [WRc]), Roy Wardle, Secretary to Council der englischen Konsumentenvertretung Water Voice sowie Mitarbeitern der englischen wasserwirtschaftlichen Unternehmen Severn Trent Water und South Staffordshire Water profitiert.

Auch zum ausreichend tiefen Verständnis der deutschen Zusammenhänge sowie der Entwicklungen auf europäischer Ebene bin ich für vielfältigste Hilfe sehr dankbar. Namentlich möchte ich Dr. Bettina Stuchtey (BMWA), Hermann Daiber (Hessisches Ministerium für Wirtschaft), Dr. Hans-Joachim Kampe (BMWA), Dr. Wolf Merkel (IWW Mülheim), Jörg Schielein (Rödl & Partner), Michael Schöneich (VKU) sowie Dr. Burkhard Stock (Bayer AG) ganz besonders danken. Sicher bestehen hier oder da Meinungsverschiedenheiten fort, aber aus dem offenen Gedankenaustausch habe zumindest ich stets sehr viel gelernt.

Von unersetzlicher Hilfe war mein Vater, Hubertus Oelmann (Stadtentwässerungsbetriebe Köln). Das Finden einer gemeinsamen Sprache von Ingenieur zu Volkswirt hat eine gewisse Anlaufzeit gebraucht; die aber dann folgenden Gespräche waren umso fruchtbarer.

Fast ähnlich häufig habe ich die Arbeit mit Dr. Volker Lang diskutiert. Seine kritischen Anmerkungen zu Vorversionen habe ich ebenso dankend aufgenommen wie die von Marianne Keudel, die von Dr. Bettina Wentzel sowie die von Professor Dr. Dirk Wentzel. Meiner Schwester, Franka Oelmann, verdanke ich die kreativen Einfälle bezüglich der Einbandgestaltung.

Als nur sehr bedingt mit den Feinheiten von LaTeXvertraut, wäre die Arbeit in der hier vorliegenden Druckversion niemals erschienen. Ferdinand Fichtner, meine stete Hilfe auf Abruf, saß glücklicherweise im Nachbarbüro. Für vielfältige unterstützende Tätigkeiten will ich ferner unsere studentischen Hilfskräfte nicht unterschlagen. Exemplarisch, aber dennoch ob seiner Verdienste in der Pflege meiner Literaturdatenbank sehr herausgehoben, sei Michael Seebauer genannt.

Wie so häufig, so findet auch hier der Spannungsbogen zum Ende hin seinen Höhepunkt. Ich danke meiner Frau Anne für ihre allumfassende Unterstützung. Sie fand nicht nur stets die relativ meisten Rechtschreibfehler, sondern machte aufgrund meiner häufigen Abwesenheit unseren Sohn Jona fast im Alleingang zu dem, was er heute ist: Ein aufgeschlossenes, fröhliches Kind von $2\frac{1}{2}$ Jahren.

Köln, im Januar 2005   Mark Oelmann

Inhaltsverzeichnis

Abbildungsverzeichnis

Abkürzungsverzeichnis

AbwAG	Abwasserabgabengesetz
AbwV	Abwasserverordnung
AEU	Abwasserentsorgungsunternehmen
ATV-DVWK	Deutsche Vereinigung für Wasserwirtschaft, Abwasser und Abfall e.V.
BGW	Bundesverband der deutschen Gas- und Wasserwirtschaft e.V.
BO	Board's Overview
CCD	Current Cost Depreciation
DAWI	Dienstleistungen von allgemeinem wirtschaftlichen Interesse
DEFRA	Department for Environment, Food and Rural Affairs
DWI	Drinking Water Inspectorate
EA	Environment Agency
EffWB	Effizienz- und Qualitätsuntersuchung der kommunalen Wasserversorgung in Bayern
EGV	EG-Vertrag
GATS	General Agreement on Trade in Services
GG	Grundgesetz
GWB	Gesetz gegen Wettbewerbsbeschränkungen
HGB	Handelsgesetzbuch
ID	Interim Determination
IRC	Infrastructure Renewals Charge
IRE	Infrastructure Renewals Expenditure
IWA	International Water Association
IWW	IWW Rheinisch-Westfälisches Institut für Wasser
JR	June Returns
KAG	Kommunalabgabengesetz Bundesland

LUG	Logging up and down
LWG NW	Landeswassergesetz Nordrhein-Westfalen
MNI	Maintenance Non-Infrastructure
NGO	Niedersächsische Gemeindeordnung
NI	Notified Item
ÖPNV	Öffentlicher Personennahverkehr
OFWAT	Office of Water Services
OPA	Overall Performance Assessment
PR	Periodic Review
RCC	Relevant Change in Circumstances
RCV	Regulatory Capital Value
SC	Shipwreck Clause
SI	Serviceability Indicator
TrinkwV	Trinkwasserverordnung
VKU	Verband kommunaler Unternehmen e.V.
WaSC	Water and Sewerage Company
WHG	Wasserhaushaltsgesetz
WoC	Water only Company
WRRL	Wasserrahmenrichtlinie
WVU	Wasserversorgungsunternehmen

1 Einleitung

Die Wasserwirtschaft[1] ist ein hochregulierter Wirtschaftsbereich. Der Verzicht auf Wettbewerb begründet dabei die Vermutung, dass relativ zu teuer, relativ zu kleinteilig oder zu großflächig, relativ zu wenig kundenorientiert und relativ zu wenig innovativ gewirtschaftet wird. Diese Implikationen eines fehlenden Wettbewerbs in der deutschen Wasserwirtschaft dürften damit eine zentrale Erklärungsvariable für die im internationalen Vergleich sehr hohen Kosten sein (Abbildung A.1 im Anhang). Nun ist es unbestritten, dass Gründe wie naturräumliche Gegebenheiten, der im internationalen Vergleich niedrige Wasserverbrauch pro Kopf oder der ebenfalls hohe Kostendeckungsgrad bedingt diese Kostenunterschiede mit erklären können. Diese sonstigen Gründe sind aber aus ökonomischem Blickwinkel kein Argument dafür, dass nicht – sofern möglich – ein wettbewerblicher Ordnungsrahmen implementiert werden sollte.

Zwischenzeitlich schien es so, als ob der Verfolgung des Effizienzzieles in der deutschen Wasserwirtschaftspolitik vermehrt Rechnung getragen würde: Nachdem ein Gutachten im Auftrag des Bundeswirtschaftschaftsministeriums (Ewers et al., 2001) sowie verschiedene Publikationen der Europäischen Kommission zur Bereitstellung der sog. „Dienstleistungen der Daseinsvorsorge" die deutsche Wasserwirtschaft aufschreckten, ist nun jedoch wieder etwas Ruhe eingekehrt. Die „Modernisierungsstrategie" der Bundesregierung verzichtet weitgehend auf die Einführung wettbewerblicher Elemente in der Regulierung der Wasserwirtschaft. So lässt sie grundsätzlich auch die (staatlich verordneten) Gebietsmonopole der 15.000 wasserwirtschaftlichen Unternehmen unangetastet.

Es ist durchaus interessant, nach den Gründen für die erlahmende Deregulierungsbereitschaft[2] zu suchen. Eine Auseinandersetzung mit diesen Gründen ver-

---

[1] Unter „Wasserwirtschaft" werden in dieser Arbeit öffentliche Wasserversorgungswirtschaft und Abwasserentsorgungswirtschaft subsumiert. Für andere Arten der Abgrenzung des Begriffs der „Wasserwirtschaft" siehe Kraemer (2001, S. 265f.).

[2] Der Begriff der „Deregulierung" ist nicht im Sinne einer vermeintlichen „Ent-"regulierung aufzufassen. Unter Deregulierung wird hier vielmehr mit Kruse (1989, S. 10) „die Abschaffung staatlicher Interventionen, die Reduzierung ihrer Eingriffsintensität oder ihre ander-

© Springer Fachmedien Wiesbaden GmbH, ein Teil von Springer Nature 2005
M. Oelmann, *Zur Neuausrichtung der Preis- und Qualitätsregulierung in der deutschen Wasserwirtschaft*, Edition KWV, https://doi.org/10.1007/978-3-658-24678-5_1

folgt dabei aber nicht nur den Zweck, ein allgemeines Hintergrundverständnis zu vermitteln. Von Bedeutung ist vielmehr, dass zentrale Forschungsfragen in dieser Arbeit genau aus dieser Analyse abgeleitet werden.

Grundsätzlich kann die erlahmende Deregulierungsbereitschaft auf zwei Sachverhalte zurückgeführt werden. Zum einen können ernstzunehmende Gründe vorliegen, die die Einführung eines wettbewerblichen Systems in der Wasserwirtschaft verhindern. So ist die Sorge zu nennen, dass es mit zunehmendem Wettbewerb zu einer unerwünschten Qualitätsdegression kommt. Vor diesem Hintergrund greifen tatsächlich solche Analysen zu kurz, die lediglich einzelne wettbewerbliche Preisregulierungsverfahren auf ihren möglichen Einsatz in der Wasserwirtschaft untersuchen und im Fazit lediglich auf die Notwendigkeit einer begleitenden Qualitätsregulierung verweisen. Die Argumentation ist genau andersherum zu führen: Die Gewährleistung, dass durch eine begleitende Qualitätsregulierung eine unerwünschte Qualitätsdegression vermieden werden kann, ist die Voraussetzung dafür, dass überhaupt die Einführung eines wettbewerblichen Ordnungsrahmens in Betracht kommen kann.

Zum anderen ist interessant, dass das wesentliche Argument wasserwirtschaftlicher Verbände gegen die Einführung von zunehmendem Wettbewerb und gegen eine Abkehr von der derzeitigen sehr fragmentierten Struktur ebenfalls die Sorge um die bereitgestellte Qualität ist. Während dieses Argument im ersten Fall als ernstzunehmender Grund anzusehen ist, erscheint es hier eher vorgeschobener Natur zu sein. Andere Interessen sind vielmehr leitend.

So fühlen sich deutsche Kommunen angesichts einer als sehr eng empfundenen Budgetrestriktion auf die Einnahmen wirtschaftlicher (Monopol-)Tätigkeit angewiesen. Das Institut der deutschen Wirtschaft (2002) hat jüngst wieder gezeigt, welche hohe Bedeutung den Einnahmen aus der Abwasserbeseitigung und noch viel mehr der Trinkwasserversorgung in Verbundunternehmen beizumessen ist. Es liegt nahe, dass Kommunen an diesen Einnahmequellen auch für die Zukunft gelegen ist, sofern ihnen nicht alternative Mittel zugewiesen werden. Da weder Bund noch Länder in der derzeitigen Situation bereit sein werden, zusätzliche Gelder umzuschichten, drängt sich der Eindruck auf, dass sämtliche Gebietskörperschaftsebenen ganz dankbar für eine, für den Bürger nicht unmittelbar ersichtliche, intransparente Einnahmequelle sind.

---

weitige Ersetzung durch institutionelle Strukturen, die eine Stärkung marktlicher Mechanismen zur Folge haben" verstanden. Auch Begriffe wie „Liberalisierung" oder „Marktöffnung", die insgesamt weit weniger in dieser Arbeit gebraucht werden, sind jeweils soweit nicht anders vermerkt im Sinne der Definition des Begriffs „Deregulierung" zu verstehen.

Am Horizont erscheinen aber bereits weitere Gruppen, die vehement die in Deutschland garantierten Gebietsmonopole zu verteidigen suchen werden. So sind mit Einnahmeausfällen kämpfende Gemeinden in der jüngeren Vergangenheit dazu übergegangen, kommunale Unternehmen (anteilig) zu verkaufen und somit Einmalgewinne zu erzielen. Mittlerweile haben 40 vH der 783 im Verband Kommunaler Unternehmen (VKU) organisierten Versorgungsunternehmen private Anteilseigner (Kelling, 2003, S. 8). Es wird nicht erstaunen, dass auch ein privater Anteilseigner gerne an staatlich ermöglichten Monopolrenten partizipiert. Ganz unabhängig von der Frage der materiellen Eigentümerschaft wird damit eine neue Deregulierungsinitiative mit gehörigem Gegenwind zu kämpfen haben.

Vor diesem Hintergund sind die folgenden Forschungsfragen zu formulieren:

1. Eignen sich wettbewerbliche Preisregulierungsverfahren grundsätzlich für den Einsatz in der Wasserwirtschaft?

2. Kann mit Hilfe einer begleitenden Qualitätsregulierung eine unerwünschte Qualitätsdegression verhindert werden?

Unter der Voraussetzung, dass sich im Weiteren beide Fragen bejahen lassen, geraten spezifischere Gestaltungsfragen ins Blickfeld:

3. Unter der Annahme, dass mehrere wettbewerbliche Preisregulierungsverfahren einsetzbar erscheinen: Welches Verfahren ist für Deutschland besonders geeignet?

4. Wie lässt sich die Qualitätsregulierung in Deutschland optimieren? Und hier speziell: Erfordert die begleitende Qualitätsregulierung notwendigerweise das Instrument einer staatlich induzierten Marktabschottung?

Vor dem Hintergrund dieser Fragen wird daher zunächst im zweiten Kapitel ein erstes Grundverständnis für wasserwirtschaftliche Zusammenhänge vermittelt. Dabei werden zunächst die Wertschöpfungsstufen der Wasserversorgung und Abwasserentsorgung sowie die Eigenschaften der Güter Trinkwasser und Abwasser analysiert. Unter anderem werden die hier formulierten Überlegungen die Grundlage dafür bilden, ob die erfolgreichen Modelle der Marktöffnung in Sektoren wie der Telekommunikation ebenfalls für die Wasserwirtschaft einsetzbar sind. Neben diesen technischen Zusammenhängen wird im zweiten Abschnitt dieses Kapitels in die Organisation der Wasserwirtschaft eingeführt. Dabei zeigt sich, dass die deutsche Wasserwirtschaft im Verhältnis zu der Organisation in anderen Ländern sehr kleinteilig und wenig integriert abläuft. Wasserversorgung und Abwasserentsorgung werden so zum Beispiel von getrennten Unternehmen durchgeführt. Unabhängig von der ökonomischen Sinnhaftigkeit werden die Gründe für die kleinteilige und wenig integrierte Produktionsweise untersucht.

Im dritten Kapitel ist zunächst die Regulierungsnotwendigkeit in der Wasserwirtschaft zu begründen. Hierbei wird auch die fragmentierte Struktur in der deutschen Wasserwirtschaft zu beurteilen sein. Unter Zuhilfenahme empirischer Studien wird analysiert, mit welcher Wahrscheinlichkeit die 15.000 wasserwirtschaftlichen Unternehmen nahe ihres jeweiligen Betriebsoptimums produzieren werden. Darauf aufbauend werden kriteriengeleitet verschiedene Preisregulierungsverfahren analysiert. Dies geschieht zum einen theoretisch, zum anderen fließen praktische Erfahrungen in die Analyse ein. Im Kern ist vor dem Hintergrund der ersten obigen Leitfrage zu untersuchen, ob und wenn ja welche wettbewerblichen Preisregulierungsverfahren in der deutschen Wasserwirtschaft eingesetzt werden könnten. Dabei vollzieht sich die Analyse unter besonderer Berücksichtigung dessen, ob es ein Verfahren gibt, welches sich im politischen Prozess am wahrscheinlichsten durchsetzen könnte.

Ein wie auch immer geartetes preisregulatorisches Fazit kann am Ende von Kapitel 3 allenfalls vorläufiger Natur sein. Im Zusammenhang mit der zweiten Leitfrage steht es noch unter dem Vorbehalt, dass durch eine begleitende Qualitätsregulierung eine unerwünschte Qualitätsdegression vermieden werden kann.

Somit ist im vierten Kapitel zu untersuchen, wie derzeit in Deutschland die Qualitätsbereitstellung erfolgt. Aufbauend auf einer allgemeinen Qualitätsdefinition werden für die Wasserwirtschaft Qualitätsgrößen im Produktionsprozess (Nachhaltigkeit im Umgang mit Natur einerseits und im Umgang mit wasserwirtschaftlicher Infrastruktur andererseits), der eigentlichen Produkte (Trinkwasser, [gereinigtes] Abwasser) und im Kundenkontakt hergeleitet. Für jede dieser Größen wird zum einen untersucht, wie derzeit die Ziele dieser Qualitätsgrößen festgelegt werden. Zum anderen werden die zur Erreichung dieser Ziele eingesetzten Instrumente einer kriteriengeleiteten kritischen Analyse unterzogen.

Ein Ziel dieses Kapitels ist es zu zeigen, dass sich überhaupt eine unerwünschte Qualitätsdegression durch eine begleitende Qualitätsregulierung vermeiden lässt. Daneben aber ist vor dem Hintergrund der vierten Leitfrage auch zu fragen, ob unter ökonomischem Blickwinkel die derzeitige Art der Qualitätsregulierung verbesserungswürdig ist. Dabei liegt ein zentrales Augenmerk auf denjenigen qualitätsregulatorischen Instrumenten, die eine staatlich induzierte Marktabschottung erfordern. Die besondere Bedeutung gerade dieses Aspekts liegt darin begründet, dass für den Fall, dass kein alternatives qualitätsregulatorisches Instrument gefunden werden kann, das wettbewerbliche Preisregulierungsverfahren eines Wettbewerbs im Markt obsolet wird.

Bislang wurde argumentiert, dass die detaillierte Analyse auch der Qualitätsbereitstellung die notwendige Voraussetzung dafür ist, ob wettbewerbliche Preisregulierungsverfahren überhaupt eingesetzt werden können. Dies ist aber, wie in dieser Arbeit entwickelt werden soll, nur eine Seite der Medaille. Vielmehr wird die These aufgestellt, dass die Auseinandersetzung mit einer zu optimierenden Qualitätsregulierung überhaupt die Grundlage für die oben formulierte dritte Leitfrage darstellt: Für die Beurteilung der relativen Vorteilhaftigkeit eines preisregulatorischen Verfahrens hat als wichtiges Kriterium zu gelten, ob sich dieses preisregulatorische Verfahren als Instrument auch für die Verfolgung von Qualitätszielen eignet.

Vor dem Hintergrund der vorangegangenen Überlegungen wird im fünften Kapitel ein Vorschlag zur Neuausrichtung der deutschen Wasserwirtschaft formuliert. Zunächst werden in Abschnitt 5.1 die Kernelemente des preisregulatorischen Rahmens vorgestellt. Hier ist explizit auf die Leitlinien in Abschnitt 5.1.2.1 zu verweisen. Diese sollen die konkrete Umsetzung des preisregulatorischen Vorschlags unterstützen. So kann zum Beispiel sichergestellt werden, dass bei der Berücksichtigung etwaiger deutscher Besonderheiten Kerngedanken des preisregulatorischen Zielsystems nicht verletzt werden.

Abschnitt 5.2 schließt diese Arbeit inhaltlich ab. Im Sinne einer ganzheitlichen Betrachtung wird hier zusammenfassend dargestellt, wie sich die Qualitätsregulierung in der deutschen Wasserwirtschaft unter ökonomischen Gesichtspunkten verbessern lassen könnte. Dabei liegt der Schwerpunkt der Analyse auf der Regulierung derjenigen Qualitätsgrößen, für die das preisregulatorische Verfahren ein sinnvolles Instrument zur Zielverfolgung darstellen könnte. Die vom preisregulatorischen Gerüst relativ unabhängigen Größen hingegen werden weniger tief untersucht.

2 Grundüberlegungen zur deutschen Wasserwirtschaft

Ziel dieses Kapitels ist es, die allgemeinen Grundlagen der deutschen Wasserwirtschaft (Wasserversorgung und Abwasserentsorgung) vorzustellen und die Punkte, die für die Diskussion in den folgenden Kapiteln zentral sind, herauszustellen. Daher wird der Wassersektor zunächst im ersten Abschnitt mit Hilfe von Kennzahlen vorgestellt. Unter anderem wird hier die enorme Schwankungsbreite in den Preisen und Abgaben (Oberbegriff für Steuern, Gebühren und Beiträge) auffallen.

Dabei sind jene Preise und Abgaben eines wasserwirtschaftlichen Unternehmens Ergebnis der natürlichen Gegebenheiten, der sich herausgebildeten Marktstruktur, der Intensität des Wettbewerbs, der einzuhaltenden Standards sowie der sonstigen Regulierungstätigkeit; und selbstverständlich schlägt die unternehmerische Effizienz zu Buche, die unter diesen Rahmenbedingungen erreicht wird. Die im internationalen Vergleich hohen Preise und Abgaben ließen dabei bereits die Hypothese ableiten, dass durchaus Effizienzpotentiale in der deutschen Wasserwirtschaft vorliegen könnten, die nur unzureichend genutzt werden.[1]

---

[1] Es gibt eine Vielzahl von Studien, mit Hilfe derer versucht wird nachzuweisen, dass solche Kostenvergleiche eine nur geringe Aussage haben (Scheele (2000b), Rudolph et al. (1998)). Grundsätzlich ist dem zuzustimmen, da es durchaus einzelne Faktoren gibt, die seitens eines wasserwirtschaftlichen Unternehmens nicht beeinflusst werden können. Auch soll die Qualität der Untersuchungen nicht angezweifelt werden. Wie sich aber im Rahmen dieser Arbeit zeigen wird, gibt es gleichwohl verschiedene Regelungen, die unter ökonomischem Blickwinkel zu kritisieren sind und die zu einem ineffizienten Arbeiten führen. Es mag daher ein Erkenntnisfortschritt sein, wenn gezeigt werden kann, dass die Wasserpreise bzw. Abwassergebühren in anderen Ländern ebenfalls steigen würden, sofern dort die deutschen Regelungen unterstellt würden. Die Überlegungen in Rudolph et al. (1998, S. 15ff.) sind absolut nachvollziehbar, die Frage der ökonomischen Vorteilhaftigkeit deutscher Regulierungspraxis wird dabei aber nicht gestellt. Daher haben diese Kostenvergleiche nur dann einen Sinn, wenn die aktuelle deutsche Regulierung als nicht verbesserungswürdig angesehen wird. Im Zusammenhang mit internationalen Kostenvergleichsstudien fällt auf, dass Studien aus Ländern, bei denen eine wettbewerblichere Preisregulierung implementiert ist, den Vergleich mit Deutschland gar nicht erst suchen [zum Beispiel St. Pier (2003)]. Scheinbar wird die Ansicht vertreten, ein Kostenvergleich mit der deutschen Wasserwirtschaft führe zu keinem wesentlichen Erkenntnisgewinn.

© Springer Fachmedien Wiesbaden GmbH, ein Teil von Springer Nature 2005
M. Oelmann, *Zur Neuausrichtung der Preis- und Qualitätsregulierung in der deutschen Wasserwirtschaft*, Edition KWV, https://doi.org/10.1007/978-3-658-24678-5_2

Während die ersten beiden Erklärungsdeterminanten im Rahmen dieses Kapitels untersucht werden, werden die verbleibenden in späteren Kapiteln aufgegriffen. Bezüglich der Kostenimplikationen unterschiedlicher natürlicher Gegebenheiten werden im Rahmen von Abschnitt 2.1 zunächst die Produktionsabläufe in der Wasserversorgung und Abwasserentsorgung skizziert. Ein gewisses technisches Grundverständnis für die Abläufe in der Wasserwirtschaft ist ebenfalls die Grundlage, um in Kapitel 3 zu analysieren, welche Wettbewerbselemente sich in der Wasserwirtschaft anwenden lassen. Von besonderer Bedeutung wird hier die Analyse der Gutseigenschaften von Wasser und (zu reinigendem) Abwasser sein.

Im zweiten Abschnitt dieses Kapitels wird zunächst die Organisation der deutschen Wasserwirtschaft näher analysiert. Es wird vorgestellt, welche Organisationen Einfluss auf die Arbeitsweise der Wasserwirtschaft nehmen. Hier wird auch das zweite kostenbeeinflussende Element, die vorhandene Marktstruktur, einer näheren Betrachtung unterzogen. Im Vergleich zu anderen europäischen Ländern wird sich herausstellen, dass die deutsche Wasserwirtschaft sehr kleinteilig und über die Wertschöpfungsstufen hinweg sehr wenig integriert organisiert ist. Gerade die stark parzellierte Organisation mag ein Indiz für technische Ineffizienz darstellen.

2.1 Produktionsprozess und Gutseigenschaften von Wasser

Dank der klimatischen Bedingungen herrscht in Deutschland im Allgemeinen kein Wassermangel. Wie Abbildung 2.1 zeigt, wird das Wasserdargebot von 182 Mrd. m^3 im Jahr durchschnittlich nur zu 22,3 vH genutzt. Dies heißt aber nicht, dass regional nicht durchaus Trinkwasserknappheiten auftreten können. Angebotsseitig ist dies zum Beispiel durch verhältnismäßig geringe Niederschläge und/oder qualitativ schlechtes Rohwasser begründet. Nachfrageseitig führt eine hohe Siedlungs- und Industriedichte zu regionalen Engpässen. So unterschiedliche Regionen wie Thüringen oder Sachsen-Anhalt einerseits und das Ruhrgebiet sowie der Raum Frankfurt/Main andererseits sind daher in ihrer Trinkwasserversorgung auf die Belieferung durch Fernleitungen angewiesen (Rudolph und Block, 2001, S. 24).

Die jährliche Nachfrage von 40,6 Mrd. m^3 verteilt sich mit 26,4 Mrd. m^3 auf die Energiewirtschaft (Kühlwasser für Wärmekraftwerke), 8,5 Mrd. m^3 auf den Bergbau und das Verarbeitende Gewerbe, 0,2 Mrd. m^3 auf die Landwirtschaft und 5,6

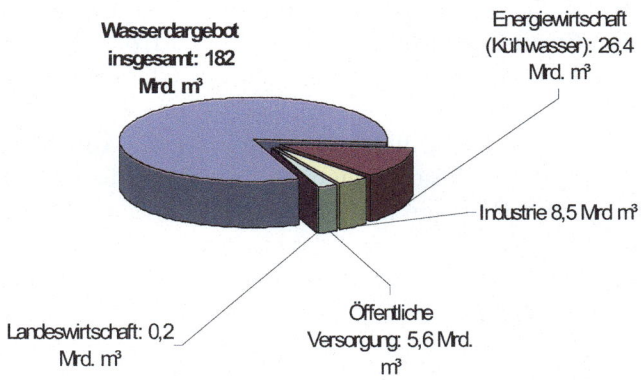

Abbildung 2.1: Wasserdargebot und Wasserbedarf pro Jahr; Quelle: Statistisches Bundesamt (2002, S.676), Umweltbundesamt (2001a, S. 51).

Mrd. m^3 auf die öffentliche Wasserversorgung (Statistisches Bundesamt, 2002, S. 676). Tendenziell ist festzustellen, dass zwischen 1991 und 1998 die nachgefragte Menge um rund 15 vH (Energiewirtschaft -8,4 vH; Bergbau und Verarbeitendes Gewerbe -22,7 vH; öffentliche Wasserversorgung -15,5 vH) zurückgegangen ist. Neben einem allgemeinen Tertiarisierungstrend liegt ein weiterer Grund für den Rückgang der Wassernachfrage im Verarbeitenden Gewerbe nach 1991 im ostdeutschen Transformationsprozess begründet. Auch ohne diesen Sondereffekt ist festzustellen, dass eine Entkopplung der Wassernachfrage von der allgemeinen wirtschaftlichen Entwicklung stattgefunden hat. Aufgrund effizienterer Einsatzes von Wasser ist der Wasserverbrauch pro Einheit Wertschöpfung im Verarbeitenden Gewerbe zwischen 1979 und 1995 um 40 vH-Punkte gesunken (Rudolph und Block, 2001, S. 25).

Im Rahmen dieser Arbeit interessiert vor allem die Regulierung der öffentlichen Wasserversorgung und Abwasserentsorgung.[2] Mit einem Anteil von 14 vH an der gesamten Wasserversorgung stellt die öffentliche Wasserwirtschaft einen bedeutenden Wirtschaftszweig in Deutschland dar. Dem Bundesbürger werden pro Jahr durchschnittlich rund 80 Euro Trinkwassergebühren und 117 Euro Abwasserentgelte in Rechnung gestellt (Bundesministerien, die sich mit der Wasserwirtschaft

---

[2] Dabei bezeichnet die Kennzeichnung „öffentlich" nicht eine spezifische Rechtsform oder eine öffentliche Eigentümerschaft, sondern bezieht sich auf die Versorgung der Öffentlichkeit, der Allgemeinheit.

befassen, 2002, S. 9f.). Für einen Zwei-Personen-Haushalt mit einem Jahresnettoeinkommen von 30.000 Euro bedeutet dies eine Belastung von 1,3 vH. Die jährlichen Investitionskosten sind mit rund 11 Mrd. Euro fast doppelt so hoch wie zum Beispiel die der sehr kapitalintensiven Chemischen Industrie.[3]

Dabei schwanken die tatsächlichen Belastungen für die Abnehmer ganz erheblich.[4] Dies resultiert im Wesentlichen daraus, dass die entstehenden Kosten, die durch Gebühren und Beiträge im Allgemeinen voll gedeckt werden, sich regional stark unterscheiden können.[5] Die folgende Darstellung der einzelnen Produktionsstufen der Wasserwirtschaft soll einige Ursachen für diese großen Schwankungsbreiten offen legen.

Aufgabe der öffentlichen Wasserversorgung ist es, der Bevölkerung jederzeit eine ausreichende Menge an Trinkwasser zur Verfügung zu stellen, das gesetzlich festgelegten Qualitätsanforderungen[6] genügt. Zu unterscheiden sind hier insbesondere vier Produktionsstufen (Stuchtey, 2002, S. 17ff.):

- Wassergewinnung,

- Wasseraufbereitung,

- Wassertransport,

- Wasserverteilung.

Zum ersten Schritt, der Wassergewinnung: Wie in Abbildung 2.2 zu sehen, griff die öffentliche Wasserversorgung im Jahre 2001 zu knapp 75 vH auf unterirdische Wasservorkommen (Grundwasser, Quellwasser) zurück. Grundwasser wird aufgrund seiner spezifischen Beschaffenheit als Rohwasser bevorzugt. Es entsteht durch versickernde Niederschläge und Oberflächengewässer und weist durch große

---

[3] Nach Angaben des Statistischen Bundesamtes (2002, Tab. 26.1) betrugen die Bruttoanlageinvestitionen der Chemischen Industrie im Jahr 2000 6,9 Mrd. Euro. In der Abwasserentsorgung waren dies 2002 6 Mrd. Euro (BGW, 2003, S. 5) und in der Wasserversorgung für das Jahr 2000 knapp 5 Mrd. Euro (BGW, 2001, Tab. 2.4).

[4] In der Wasserversorgung schwankten die Wasserpreise regional zwischen 0,75 und 5,85 DM/m^3. In der Abwasserentsorgung lag die Spanne zwischen 0,50 und 11,50 DM/m^3 (SRU, 2000, S. 142).

[5] Zur Preisberechnung respektive Gebührenberechnung in der Wasserwirtschaft siehe Abschnitt 3.4.1.1.

[6] Die genauere Analyse der verschiedenen in Deutschland gemachten Qualitätsvorgaben wird in den Abschnitten 4.3.1.1 und 4.3.2.1 durchgeführt.

Jahr	Wasserförderung			
	Grundwasser	Quellwasser	Oberflächenwasser	insgesamt
1990	4313	572	1882	6767
1991	4105	588	1823	6516
1992	3992	584	1750	6326
1993	3804	541	1678	6023
1994	3741	559	1630	5930
1995	3653	571	1586	5810
1996	3641	564	1498	5703
1997	3616	540	1468	5624
1998	3595	507	1455	5557
1999	3608	497	1434	5539
2000	3599	480	1406	5485
2001p	3590	477	1400	5467

p = vorläufiger Wert

Abbildung 2.2: Wasserförderung in Deutschland 1990-2001 (in Mio. m^3); Quelle: Bundesministerien, die sich mit der Wasserwirtschaft befassen (2002, S. 9).

Sickerwege und lange Verweilzeiten im Untergrund eine geringe Verschmutzung auf. Zudem ist es durch die überlagernden Gesteinsschichten und die Bodenauflage meist gut vor Verschmutzung geschützt (Mutschmann und Stimmelmayr, 2002, S. 45). So konnten 23 vH der an die Kunden der öffentlichen Wasserversorgung (siehe Abbildung 2.4) geleiteten Wasservorkommen ohne weitere Behandlung direkt als sog. Reinwasser durchgeleitet werden (Rudolph und Block, 2001, S. 24). Eine damit nicht notwendige Wasseraufbereitung führt ebenso wie günstige Förderungsmöglichkeiten[7] im eigenen Wassereinzugsgebiet zu geringeren Kosten für einen Wasserversorger. Grundsätzlich wird versucht, auf möglichst oberflächennahe Grundwasservorkommen zurückzugreifen. Den geringen Förderkosten stehen zunehmend aber höhere Aufbereitungskosten gegenüber. Sie werden nötig, da anthropogene Belastungen in Folge intensiver Landwirtschaft, Industrie und hoher Siedlungsdichte, in der Vergangenheit zunahmen.[8]

---

[7] Eine genauere Analyse der einzelnen Förderungsmöglichkeiten liefern Mutschmann und Stimmelmayr (2002, Kap. 3.2.).

[8] Dies heißt nicht, dass umweltschädigende Einträge innerhalb der letzten Jahrzehnte nicht zurückgegangen sind. Während der umweltpolitische Erfolg eines Rückgangs solcher Einträge aber bei Oberflächengewässern recht schnell ablesbar ist (siehe für die Belastung des Rheins zum Beispiel Abbildung A.2; allgemeiner zur Entwicklung der Güte deutscher Fließgewässer siehe LAWA (1997a) und LAWA (1997b)), hat das Grundwasser ein „langes Gedächtnis" (Kahlenborn und Kraemer, 1999, FN 102).

In Abhängigkeit von den Inhaltsstoffen sind auf der zweiten Produktionsstufe verschiedene Verfahren der Wasseraufbereitung – die zu einem großen Teil auch in der Abwasserreinigung Anwendung finden – notwendig. Mit Hilfe der Flockung (Agglomeration von suspendierten oder kolloidalen Teilchen zu größeren Partikelverbänden) wird im Allgemeinen das Rohwasser vorbehandelt. Die Partikelverbände können dann mechanisch mit den Verfahren der Siebung, Sedimentation (in einem Zweiphasengemisch sinkt der dispergierte Stoff aufgrund seiner höheren Dichte), Filtration oder Flotation (in Zweiphasengemisch steigt der abzusondernde Stoff wegen seiner geringeren Dichte an die Oberfläche) abgeschöpft werden. Weitere sich möglicherweise anschließende Verfahren sind die Enteisenung und Entmanganung, das Membranverfahren, die Adsorption (mit Hilfe eines adsorbierenden Stoffes (zum Beispiel Aktivkohle) wird der zu adsorbierende Stoff (gelöste organische Substanzen wie Pestizide oder CKW) gebunden), der Gasaustausch (Absorption, Desorption), die Entsäuerung, die Enthärtung, der Ionenaustausch und die Desinfektion und Oxidation.[9] Die Kosten der Wasseraufbereitung hängen also, wie gezeigt, wesentlich von der vorgefundenen Rohwasserqualität ab.

Nach der Wasseraufbereitung wird auf der dritten Produktionsstufe Trinkwasser über Leitungsnetze an die Endverbraucher geliefert (Wassertransport). Zu unterscheiden ist zwischen Leitungen, die das Wasserwerk mit dem Versorgungsgebiet verbinden (Zubringerleitungen) und Leitungen, mit Hilfe derer innerhalb des Versorgunsgebietes Wasser verteilt wird (Hauptleitungen, Versorgungsleitungen, Anschlussleitungen) (Stuchtey, 2002, S. 18). Von diesem öffentlichen Leitungsnetz ist die private Hausinstallation zu trennen, die vom Wasserzähler bis zu den einzelnen Zapfstellen in einer Wohneinheit reicht. In sämtlichen dieser Netze kann sich dieses Wasser während des Wassertransports in seiner Zusammensetzung ändern. Das Wasser reagiert zum Beispiel mit den Rohrmaterialien, den Innenflächen von Trinkwasserspeicherbehältern in der Wasserversorgung oder auch den Warmwassererzeugern im Haushalt (Umweltbundesamt, 2001b, S. 45). Vor diesem Hintergrund sind als Teil und damit auch als Kosten der Wasseraufbereitung auch Maßnahmen wie zum Beispiel der Einsatz von Chlor zu sehen, die das Wasser auf jenem Transport vor Veränderungen schützen oder eine zwischenzeitliche Speicherung erst ermöglichen.

Die letzte Produktionsstufe ist die der Wasserverteilung. Pumpen stellen neben der Förderung auch die Lieferung mit dem erforderlichen Druck sicher. In Abhängigkeit von der Topographie der bewirtschafteten Region unterscheiden sich

---

[9] Einen umfangreichen Einblick in die technischen Details der Wasseraufbereitung liefern Mutschmann und Stimmelmayr (2002, S. 207ff.).

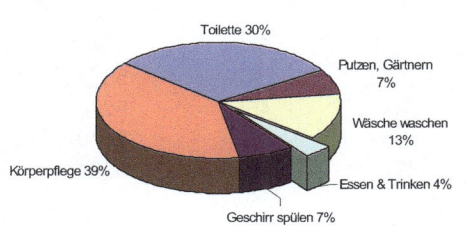

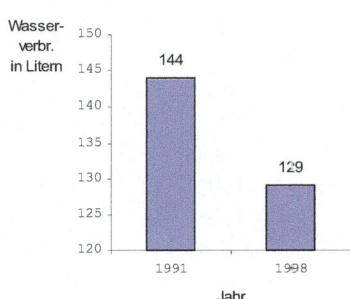

Abbildung 2.3: Wassernutzung (oJ) und Wasserverbrauch in Deutschland; Quelle: Rudolph und Block (2001, S. 25) und Umweltbundesamt (2003, S. 7).

die Kosten.

Das Wasser, das schließlich über die öffentliche Wasserversorgung den Nachfrager erreicht, hat grundsätzlich Trinkwasserqualität. Der Endverbraucher nutzt dieses unabhängig vom Verwendungszweck. Aus Abbildung 2.3 ist ersichtlich, dass nur 4 vH der durch eine Person täglich verbrauchten 129 Liter tatsächlich für Essen und Trinken verwandt werden.[10]

Aufbauend auf den Erkenntnissen aus der Darstellung der Wertschöpfungsstufen der Trinkwasserversorgung ist es nun möglich, die Eigenschaften des Gutes Trinkwasser darzustellen. Auf diese Kennzeichen wird an späterer Stelle bei der Analyse möglicher Regulierungsverfahren noch häufig zurückzukommen sein.

Trinkwasser zeichnet sich durch folgende Eigenschaften aus (Stuchtey, 2002, S. 19):

---

[10] Abbildungen 2.4 und 2.5 zeigen, dass entgegen möglicher Vermutungen die Preiselastizität der Wassernachfrage durchaus beachtlich ist. Die Verminderung der Nachfrage um 20 vH zwischen 1991 und 2001 wird bedingt auch mit dem Preisanstieg von 44 vH zu erklären sein. In Ostdeutschland sank die Nachfrage nach Einführung von erstmals kostendeckenden Wasserpreisen nach der Wiedervereinigung noch weitaus stärker. Kampe (2001, S. 71) gibt einen Wert von durchschnittlich 60 vH an. Der fehlende Vergleichspreis im Ausgangsjahr lässt eine analoge Berechnung einer Preiselastizität der Nachfrage nicht zu.

Jahr	Wasserabgabe an Verbraucher			
	Haushalte und Kleingewerbe	Industrie	Sonstige	insgesamt
1990	4150	1165	670	5985
1991	4128	1045	575	5748
1992	4040	955	540	5535
1993	3905	880	455	5240
1994	3895	835	440	5170
1995	3872	811	411	5094
1996	3850	775	395	5020
1997	3835	770	355	4960
1998	3814	731	314	4859
1999	3830	706	306	4842
2000	3826	697	310	4833
2001p	3787	691	307	4785

p = vorläufiger Wert

Abbildung 2.4: Wasserabgabe an Verbraucher 1990-2001 (in Mio. m^3); Quelle: Bundesministerien, die sich mit der Wasserwirtschaft befassen (2002, S. 9).

Jahr	Deutschland		
	DM/m^3	Veränderung gegenüber dem Vorjahr	Euro/m^3
1992	2,31	-	1,18
1993	2,58	+ 11,7	1,32
1994	2,76	+ 8,1	1,41
1995	2,92	+ 4,7	1,49
1996	3,05	+ 4,5	1,56
1997	3,13	+ 2,6	1,60
1998	3,21	+ 2,6	1,64
1999	3,26	+ 1,6	1,67
2000	3,31	+ 1,5	1,69
2001	3,33	+ 0,6	1,70

Stand jeweils 1. Januar; Gewichtete Durchschnittspreise einschl. Grundpreis und Mehrwertsteuer.
Die Veränderungsraten beziehen sich auf die durchschnittlichen Wasserpreise in DM pro Kubikmeter. Aufgrund von Rundungsdifferenzen bei der Umrechnung in Euro mit dem Umrechnungsfaktor 1,95583 ergeben sich hiervon leicht abweichende Veränderungsraten.

Abbildung 2.5: Entwicklung der durchschnittlichen Wasserpreise in Deutschland (1992-2001); Quelle: Bundesministerien, die sich mit der Wasserwirtschaft befassen (2002, S. 9).

- Es weist eine hohe Masse und damit einen hohen relativen Anteil der Transportkosten am Preis des Gutes auf. Diese sind ein Grund dafür, weswegen auch unter rein betriebswirtschaftlichen Überlegungen zumeist auf verbrauchsnahe Vorkommen zurückgegriffen würde.[11]

- Verschiedene Rohwassertypen sind in ihrer Zusammensetzung sehr heterogen. Eine Mischung ist zwar möglich, eine zusätzliche, Kosten verursachende Aufbereitung ist in der Regel aber notwendig.

- Der Transport in den Netzen ist gerichtet. Eine Veränderung der Fließrichtung kann wasserchemisch unerwünschte Folgen haben. So können sich zum Beispiel Rohrbeläge lösen.

- Reinwasser kann sich durch Transport und Speicherung in seiner Qualität verschlechtern.[12]

Ähnlich wie im Bereich der Trinkwasserversorgung gibt es bundesweit auch bei den Abwasserentgelten große Schwankungsbreiten. Während in Sachsen im Jahre 2000 ein Bürger pro Jahr mit 83 Euro belastet wurde, waren dies in Nordrhein-Westfalen 147 Euro (Bundesministerien, die sich mit der Wasserwirtschaft befassen, 2002, S. 10). Im Wasserversorgungssektor stellte sich heraus, dass die Preisschwankungen sich unter anderem aus den naturräumlichen Gegebenheiten einer Region ableiten ließen. Ähnliches gilt in der Abwasserentsorgung. Zwei wesentliche Produktionsstufen sind zu unterscheiden:

- Abwasserableitung,

- Abwasserbehandlung (inklusive Ableitung des gereinigten Abwassers in die Oberflächengewässer).

Sowohl das vom Haushalt oder gewerblichen Unternehmen abgeleitete Schmutzwasser als auch das Niederschlagswasser werden zur vorgesehenen Kläranlage befördert (Abwasserableitung). Dies kann in separaten Kanälen (Trennwassersystem) oder auch Mischwasserkanälen geschehen. Die Kosten variieren zum einen

---

[11] Wie sich noch in Abschnitt 4.3.1.1 herausstellen wird, herrscht zumeist das „Gebot der verbrauchsnahen Förderung" vor. Eine betriebswirtschaftliche Kalkulation wird daher gar nicht erst angestellt.

[12] Auf jene letzten drei Gutseigenschaften wird in Abschnitt 3.3.1 noch zurückzukommen sein, wenn die Möglichkeiten einer Einführung eines Durchleitungswettbewerbs in der Wasserversorgung eruiert werden.

mit der Entfernung und damit der notwendigen Länge der Kanäle und Rohre. Zum anderen bestimmt die Topographie der Region die Kosten nachhaltig; dies sogar noch stärker als beimTrinkwasser. Um unter Zuhilfenahme der Gravitation eine kontinuierliche Fließgeschwindigkeit von 0,5 m/sec sicherstellen zu können, müssen die Rohre eine gewisse Neigung aufweisen. Da die Kosten unter der Annahme gleicher Bodenbeschaffenheiten zunehmen, je tiefer die Rohre verlegt werden, werden in Abständen Pumpen eingesetzt, um durch Hochpumpen erneut das Abwasser einen Teil des Weges abwärts fließen lassen zu können. Je mehr Pumpen pro Raumeinheit eingesetzt werden müssen, umso teurer wird daher die Abwasserableitung.

Die Abwasserbehandlung vollzieht sich in über 90 vH der deutschen Kläranlagen in drei aufeinanderfolgenden Stufen (Umweltbundesamt, 2001b, S.49). Die erste bildet das mechanische Verfahren. Hier werden in einer Rechenanlage zunächst gröbste Verunreinigungen zurückgehalten. Im sog. Sandfang setzen sich bei langsamer Fließgeschwindigkeit des Abwassers Sand und Kies ab. Im Vorklärbecken lagern sich weiterere Inhaltsstoffe ab oder aber treiben aufgrund geringerer Dichte an der Oberfläche und werden abgeschöpft. Im zweiten, dem biologischen Verfahren wird im Prinzip die Selbstreinigungskraft der Natur potenziert angewendet. In Belebungsbecken sorgen Mikroorganismen für den Abbau gelöster organischer Stoffe. Hierunter fällt auch der Abbau von Nitraten, neben Phosphor dem zweiten wesentlichen, Entropiesierung forcierenden Nährstoff. In der dritten Stufe wird über eine Nitrifizierung und Denitrifizierung Stickstoffabbau betrieben. Zusätzlich wird das Wasser auf chemische, teils auch biologische Weise von Phosphor befreit. Insbesondere Eisen- und Aluminiumverbindungen vermögen Phosphor zu fast 100 vH zu binden. Durch das anschließende Sprühen des zu klärenden Abwassers durch Lavagranulatschichten werden so zum einen das gebundene Phosphor, zum anderen verschiedene Schwermetalle abgesondert. Das geklärte Wasser wird in Oberflächengewässer abgeleitet.

Neben dem eigentlichen Klären des Schmutz- und Niederschlagswassers werden die Reststoffe aus der Abwasserbehandlung (Rechengut, Sandfanggut, Klärschlamm, Reststoffe der chemischen Reinigungsstufe) entsorgt und, wo möglich, verwertet. Geprüft wird, ob das im Ausfaulungsprozess freiwerdende Gas zum Beispiel für eine eigene Energieerzeugung Anwendung finden sollte. Für den Fall eines Hochwassers wird sichergestellt, dass Kanäle und Kläranlagen so geschützt werden, dass möglichst wenige Abwässer[13] ungeklärt in die Oberflächengewässer

---

[13] Sofern ein ungeklärtes Ableiten von Abwässern nicht vermieden werden kann, wird über Regenwasserüberläufe sichergestellt, dass es sich bei dem ungeklärt abgeleiteten Abwasser um das nur verhältnismäßig gering verschmutze Niederschlagswasser handelt. Die Separie-

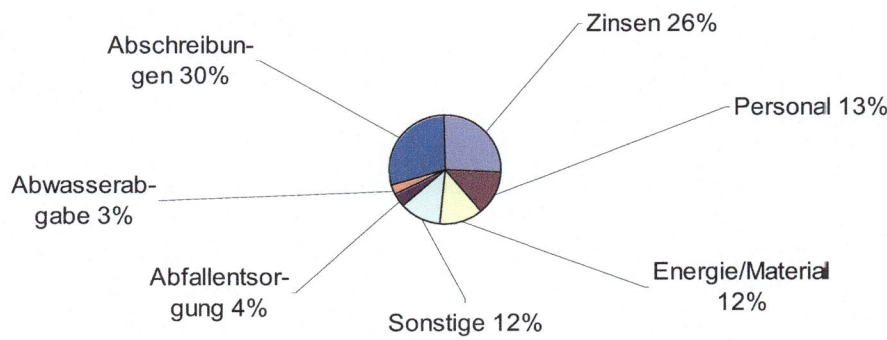

Abbildung 2.6: Kostenstruktur in der Abwasserentsorgung im Jahr 2000; Quelle: Bundesministerien, die sich mit der Wasserwirtschaft befassen (2002, S. 10).

gelangen; diese Vorkehrungen sind kostenintensiv.

Im groben Mittel fallen zwei Drittel der Kosten im Transport zur und von der Kläranlage an, das verbleibende Drittel im Bereich des Klärungsprozesses (Stadtentwässerungsbetriebe Köln, AöR, 2002, S. 10). Beide Produktionsstufen sind sehr kapitalintensiv. Abschreibungen und Zinsen tragen zu über 50 vH der Gesamtkosten bei. Die genauere Spezifizierung der Teilkosten ist Abbildung 2.6 zu entnehmen.

Im Ergebnis impliziert der hohe Fixkostenanteil steigende m^3-Preise bei fallender Abwassermenge.[14] Gleichfalls ist aus der Zuordnung der Kosten unmittelbar ableitbar, dass in Regionen mit hoher Bevölkerungsdichte unter sonst gleichen Bedingungen die Abwasserentgelte unter denen mit niedriger Bevölkerungsdichte

---

rung in einem Mischwassersystem ist gleichwohl schwieriger als in einem Trennwassersystem.

Das gemeinsame Abführen von sog. Grauwasser, Schwarzwasser und Niederschlagswasser beinhaltet neben dem Vorteil nicht anfallender Investitionskosten, wie Kahlenborn und Kraemer (1999, S. 108) zeigen, aber auch weitere Nachteile. Ein Getrennthalten der drei Abwasserströme könnte im Verhältnis die Behandlung vereinfachen und zusätzlich eine Nutzung des Nährstoff- und Energiegehaltes des Schwarzwassers ermöglichen

Ähnlich wie in der Wasserversorgung sind auch im Bereich der Abwasserentsorgung viele große Industriebetriebe autark. Diese sog. Direkteinleiter verfügen sehr häufig über Trennwassersysteme.

[14] Auch dieser Zusammenhang ist ein nicht zu unterschätzendes Faktum für die Erklärung gestiegener Wasser- und Abwasserpreise. Im Gegensatz zu einem täglichen Wasserverbrauch von 250 l/Einwohner/Tag in DDR-Zeiten liegt der Verbrauch in Ostdeutschland heute noch unter dem bundesdeutschen Durchschnitt bei 100 l/Einwohner/Tag (Kampe, 2001, S. 71).

liegen sollten. So fallen zum einen relativ kürzere Wege der Abwasserableitung an. Zum anderen lohnt sich in Großstädten der Bau relativ größerer Kläranlagen. Gegenüber einer ländlichen Region sind so Größenvorteile realisierbar, die sich unmittelbar in den Kosten pro m^3 Abwasser niederschlagen.[15]

Was die Eigenschaften des Gutes Abwasser anbelangt, so stimmen viele Eigenschaften alleine schon deshalb mit denen der Wasserversorgung überein, weil beide Güter denselben Aggregatzustand aufweisen. So bedingt die hohe Masse von Abwasser natürlich ebenso hohe Transportkosten. Auch verläuft der Transport gerichtet, und die Speichermöglichkeit ist im Prinzip gegeben. Gleichfalls gibt es unterschiedliche Verschmutzungsgrade/Qualitäten von Abwasser. So lässt sich zwischen Schmutzwasser und Niederschlagswasser, Schmutzwasser von Haushalten und solches von gewerblichen Betrieben unterscheiden. Ebenso mag sich die Qualität des Abwassers durch den Transport oder die Speicherung verschlechtern. Wenngleich damit die Eigenschaften von Wasser und Abwasser ähnlich sein mögen, so sind doch die zu beurteilenden Implikationen teilweise sehr unterschiedlich.

Im Trinkwasserbereich wurde festgestellt, dass der Trinkwasserversorger nicht nur dafür verantwortlich ist, dass das Wasser das Wasserwerk in einwandfreiem Zustand verlässt, sondern bislang auch, dass dieses den Bürger in ebenjenem Zustand erreicht.

Im Abwasserbereich gibt es hier hingegen etwas größere Spielräume. Wohl muss sichergestellt werden, dass insbesondere das Schmutzwasser die Kläranlage über die Netze auch erreicht und nicht durch undichte Stellen über die Maße ungeklärt im Erdreich versickert. Die Klärung findet dann unabhängig davon statt, ob das Abwasser bereits bei Einleiten in die Netze verschmutzt war oder ob dies erst auf dem Transport zur Kläranlage passierte. Ein Mischen von verschiedenen Abwässern stellt damit in der Regel kein sonderliches Problem dar.[16] Wie oben bereits angedeutet, mögen betriebswirtschaftlich sinnvollere Methoden gefunden werden. Die Forderung, Niederschlagswasser auf privaten Grundstücken nicht in

---

[15] Die Frage nach der optimalen Betriebsgröße in der Wasserwirtschaft ist von überragender Bedeutung. In Abschnitt 3.1.3 wird sich dieser genähert. Das folgende Beispiel gibt einen ersten, knappen Einblick: Die Stadt Köln hat fünf Kläranlagen in Betrieb. Bei durchschnittlichen Schmutzwassergebühren von 1,23 Euro im Jahr 2003 (Stadtentwässerungsbetriebe Köln, AöR, 2003, S. 10) würden bei unterstellter 1/3 zu 2/3 Relation und angenommener vergleichbarer Kapitalausstattung auf die Stufe der Abwasserbehandlung rund 40 Cent pro m^3 anfallen. Für die Großkläranlage Stammheim mit 1,45 Mio. Einwohnerwerten sind dies hingegen nur 10-15 Cent pro m^3.

[16] Der Vollständigkeit halber sei darauf hingewiesen, dass mitunter eintretendes Fremdwasser durchaus Probleme für den Klärungsvorgang hervorrufen kann.

Gutseigenschaften	Trinkwasserversorgung	Abwasserentsorgung	Stromversorgung
Masse des Gutes	Hohe Masse führt zu hohen Transportkosten.	Hohe Masse führt zu (sehr) hohen Transportkosten; Grund: Gravitation zur Distanzenüberbrückung.	Transportkosten sind relativ zu denen in Wasserwirtschaft vernachlässigbar.
Gerichtetheit des Transports	Transport erfolgt gerichtet.	Transport erfolgt gerichtet.	Transport erfolgt gerichtet.
Homogenitätsgrad des Gutes	Gut ist heterogen: In Abhängigkeit von Rohwasservorkommen unterschiedliche Beschaffenheit ⇩ Mischung in der Regel nur nach erneuter Aufbereitung möglich	Gut ist heterogen: In Abhängigkeit von Grad der Verschmutzung unterschied-liche Beschaffenheit ⇩ Mischung in der Regel möglich	Gut ist homogen: Produkteigenschaften sind unabhängig vom Primärenergieträger, der eingesetzt wurde.
Speicherbarkeit des Gutes	Wasser ist speicherbar, aber: Speicherung und Transport kann mit Qualitätseinbußen (inklusive Gefahren für die Gesundheit) einhergehen.	Abwasser ist speicherbar, aber: Speicherung und Transport kann mit Qualitätseinbußen (ohne Gefahren für die Gesundheit) einhergehen.	Strom ist nicht speicherbar; Dennoch Probleme mit unterschiedlichen Frequenzen oder Spannungen in Netzen.

Abbildung 2.7: Gutseigenschaften von Trinkwasser, Abwasser und Strom im Vergleich; Quelle: Eigene Darstellung in Anlehnung an Ewers et al. (2001, S. 10) und Stuchtey (2002, S. 19f.).

die Kanalisation abzuleiten, sondern versickern zu lassen, trägt dem Umstand Rechnung, dass so die Kapazitäten der Kanäle und Kläranlagen nicht mit bereits ausreichend reinem Wasser gebunden werden. Ebenso macht es natürlich Sinn, industrielle, in das Abwasser geleitete Stoffe möglichst zu vermeiden, wenn diese nur unter großem Aufwand extrahierbar sind (Stadtentwässerungsbetriebe Köln, AöR, oJ, S. 7).

Bevor nun im nächsten Abschnitt näher auf die Organisationsstruktur der deutschen Wasserwirtschaft eingegangen wird, sei noch einmal auf die zusammenfassende Darstellung der Eigenschaften der Güter Trinkwasser und Abwasser auch im Vergleich zu denen von Strom verwiesen (Abbildung 2.7). Es bietet sich an, die Gutseigenschaften von Strom vergleichend aufzuführen, weil im Zusammenhang mit Deregulierungsbestrebungen im Wasserbereich gemeinhin auf die Strategien verwiesen wird, die bei der Liberalisierung des Stromsektors oder der Telekommunikationsbranche Anwendung fanden. Diese Übertragung ist aufgrund der Unterschiede in den Gütern jedoch nicht so ohne weiteres möglich, wie sich in Kapitel 3 herausstellen wird. Während im Stromsektor die zentrale Regulierungsaufgabe in der Gewährleistung eines diskriminierungsfreien Zugangs der Erzeuger zu den Netzen besteht,[17] ist dieser Wettbewerb im Markt in der Wasserwirtschaft von relativ untergeordneter Bedeutung. Wie gezeigt implizieren die diskutierten Gutseigenschaften von sowohl Wasser als auch Abwasser, dass naturräumliche Gegebenheiten von solcher Bedeutung sind, dass das Schaffen großflächiger Verbundnetze sich häufig als ökonomisch nicht rational erweisen wird.

2.2 Die Organisation der deutschen Wasserwirtschaft

Die deutsche Wasserwirtschaft unterliegt nicht nur deutschen Regelungen, sondern wird zum Beispiel im Bereich des Gewässerschutzes von internationalen Übereinkommen zum Schutz der Meere sowie den verschiedenen Flussgebietskommissionen beeinflusst.[18] Ferner hat die Bundesrepublik Europäische Gesetzgebung in Form von Richtlinien und Verordnungen – an denen sie natürlich mitarbeitet – binnen vorgegebener Fristen in nationales Recht umzuwandeln. Ebenso würden auch Ergebnisse bei GATS–Verhandlungen möglicherweise die Art der Gestaltung der Wasserwirtschaft beeinflussen.

In Abschnitt 3.4.2 wird daher herausgearbeitet, welcher Einfluss auf die Struktur der deutschen Wasserwirtschaft von übergeordneter Ebene in der näheren Zukunft zu erwarten ist. Zwar wird sich herausstellen, dass die Liberalisierungsbemühungen der letzten Jahre etwas an Schwung verloren haben. Dennoch ist festzustellen, dass verschiedene der nun vorzustellenden nationalen Rahmenbedingungen im Zuge einer internationalen Liberalisierung auf den Prüfstand geraten könnten. Abbildung 2.8[19] gibt einen ersten zusammenfassenden Überblick, wie Organisationen und Institutionen[20] der deutschen Wasserwirtschaft sich mo-

---

[17] Zentrale Regulierungsaufgabe ist hier nicht als ausschließliche Regulierungsaufgabe zu verstehen. Wie Kumkar (2000) oder Lang (1999) zeigen, beschränkt sich die Strommarktregulierung nicht nur auf die Bestimmung von Netznutzungsentgelten. Gleiches stellte auch die Deregulierungskommission (1991, 4. Kap.) bereits früh fest.

[18] Für eine kurze Darstellung der Organisationen, in deren Rahmen sich Deutschland an internationalen Maßnahmen beteiligt, siehe Umweltbundesamt (2001b, Kap. 5.3. und Kap. 11.4.).

[19] Der Vollständigkeit halber sei erwähnt, dass Correia und Kraemer (1997, S. 43) die Abbildung mit „Institutionen" der deutschen Wasserwirtschaft betiteln.

[20] Die Begriffe der „Organisation" und „Institution" sind unter ökonomischem Blickwinkel zentral voneinander abzugrenzen. Bei ersteren handelt es sich um „Gruppen von Einzelpersonen, die ein gemeinsamer Zweck, die Erreichung eines Zieles, verbindet" (North,

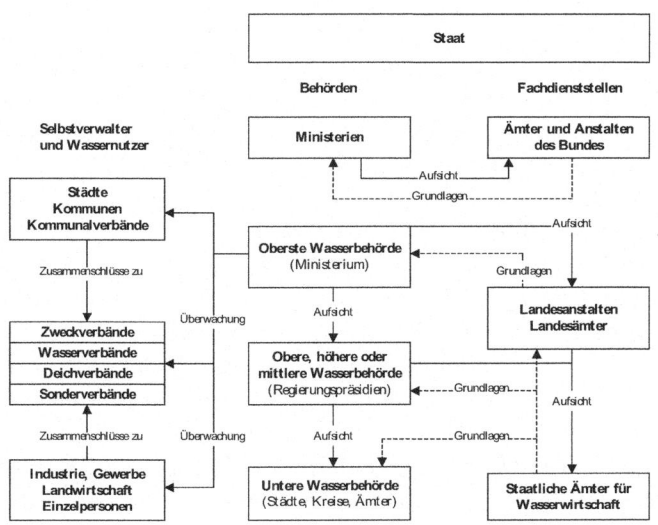

Abbildung 2.8: Staatliche Organisationen in der deutschen Wasserwirtschaft; Quelle: Ausschnitt aus Abbildung in Correia und Kraemer (1997, S. 43).

mentan darstellen.

Sämtliche Gebietskörperschaftsebenen sind mit Aufgaben der Wasserwirtschaft betraut. Auf Bundesebene werden die Rahmengesetze erlassen, die dann von den Ländern durch eigenes Landesrecht näher ausgestaltet werden. Mit der Vorbereitung von Gesetzesvorhaben sind neben dem Bundesministerium für Umwelt, Naturschutz und Reaktorsicherheit das Bundesministerium für Wirtschaft und Arbeit, das für Bildung, Wissenschaft, Forschung und Technologie, das für Gesundheit und das für wirtschaftliche Zusammenarbeit betraut.[21] Bei ihrer Arbeit bedienen sie sich verschiedener Fachdienststellen wie dem Umweltbundesamt (UBA), der Bundesanstalt für Gewässerkunde (BfG) oder der Bundesanstalt für Wasserbau (BAW).

Die Landesparlamente/Landesregierungen konkretisieren in ihren Landeswassergesetzen/ Landeswassererlassen zum einen den vom Bund vorgegebenen Rahmen.

1992, S. 5). Institutionen oder Regeln hingegen wären nach Voigt (2002, S. 34) „gemeinhin bekannte Vorschriften, die von einer Gruppe von Teilnehmern [Organisationen, M.O.] genutzt werden, um wiederholt auftretende Interaktionen zu ordnen."

[21] Eine genauere Beschreibung der jeweiligen Zuständigkeiten liefern Rudolph und Block (2001, S.10ff.) und Umweltbundesamt (2001b, S. 10ff.).

Zum anderen sind sie alleine für den Verwaltungsvollzug aller wasserrechtlichen Vorschriften zuständig. Dabei ist die Wasserwirtschaftsverwaltung in die allgemeine Landesverwaltung integriert.[22] Auf landesministerialer Ebene befindet sich die Oberste Wasserbehörde, die sich ähnlich den Bundesministerien fachlicher Unterstützung von Landesanstalten bedient. Sie ist für die Gesamtsteuerung der Wasserwirtschaft im Bundesland zuständig. In der sog. Länderarbeitsgemeinschaft Wasser (LAWA) finden sich die jeweiligen obersten Wasserbehörden zu regelmäßigen Konsultationen zusammen. Auf Ebene der Bezirksregierungen oder Regierungspräsidien ist die Mittlere – häufig auch Obere oder Höhere genannt – Wasserbehörde angesiedelt. Sie führt die regionale wasserwirtschaftliche Planung durch und entscheidet die bedeutsameren wasserrechtlichen Verfahren. Die Untere Wasserbehörde ist Teil der jeweiligen Kreis- und Stadtverwaltungen. Häufig mit Hilfe staatlicher Ämter überwacht sie Gewässer und Gewässerbenutzungen. Sie nimmt Anträge auf Gewässernutzungen von Gemeinden, Wasserversorgungsunternehmen oder Industriebetrieben entgegen.[23] Unter Anhörung Dritter und nach erfolgreicher Prüfung rechtlicher und fachlicher Standards oder nach Durchführung öffentlicher Verfahren (Plangenehmigungs-, Planfeststellungsverfahren) wird über die Genehmigung zur Wassernutzung entschieden.

Auf den unterschiedlichen Ebenen werden Gesetze und Verordnungen erlassen, wobei eine Ebene die Regelungen der jeweils höheren nicht abschwächen, wohl aber verschärfen darf. Gerade in sensiblen Regionen wie dem Bodensee, der Ostseeküste oder verschiedener bayerischer Badeseen sind Grenzwerte definiert, die über die des Landes und damit auch über die des Bundes und der EU hinausgehen (Rudolph und Block, 2001, S. 12).[24] Auch über den Erlass eigener Satzungen nimmt die untere Gebietskörperschaftsebene weitreichenden Einfluss. Auf der Ebene der Standardsetzung hat damit eine Kommune eine nicht zu unterschätzende Entscheidungssetzungsbefugnis. Weitgehend unabhängig kann sie über den Vollzug von Dienstleistungen in der Wasserwirtschaft entscheiden, denn gemäß Art. 28 Abs. 2 GG sind sowol Wasserversorgung als auch Abwasserentsorgung in Deutschland im Rahmen der Daseinsvorsorge als Aufgabe den Kommunen zugeordnet. Es verwundert daher nicht, wenn Deutschland im internationalen Vergleich durch eine sehr kleinteilige Struktur gekennzeichnet ist. Abbildung 2.9

---

[22] Die Kommunen (Städte, Kreise, Gemeinden) werden als Teil der Länder verstanden (Kahlenborn et al., 1999, S. 13).

[23] Anträge größeren Umfangs werden von den Oberen/Mittleren/Höheren Wasserbehörden entgegengenommen und geprüft (Rudolph und Block, 2001, S. 11).

[24] Im Vorgriff auf Kapitel 4.3.2.2 sei an dieser Stelle bereits kritisch erwähnt, dass der Bund mit der Abwasserverordnung vom März 1997 flächendeckend die technischen Anforderungen an die EU-Höchststandards festgesetzt hat (BGW, oJ).

	Gesamtzahl WVU	davon versorgter Bevölkerungsanteil	Anzahl WVU auf 1 Mio. Abnehmer
Bundesrepublik (gesamt)	6.959	98vH	88,1
Alte Bundesländer	6.545	98vH	103,0
Neue Bundesländer			
(Stand 1990)	16	94vH	1,0
(Stand 1998)	414	98vH	25,9
Niederlande	22	98vH	4,4
England/Wales	29	95vH	0,7
	10 (1)		0,25
	19 (2)		1,7
Frankreich	5 (3)	69vH	0,13
Italien	57	45vH	2,3
(1) WVU einschließlich Abwasserentsorgung			
(2) WVU, davon 15 WVU jeweils unter 1 Millionen Abnehmer; 2002 nur noch 12 reine WVU			
(3) Noch Mitte der 1990er gab es nach Zabel (2001, S. 231) 16.000 unabhängige Wasserversorger und 13.500			
Abwasserentsorger. Während 80vH resp. 60vH der Kommunen die Leistungserstellung ausschreiben, wird			
sie vom Rest in Eigenregie ohne jegliche wettbewerbliche Disziplinierung erbracht.			

Abbildung 2.9: Zahl der Wasserversorgungsunternehmen im internationalen Vergleich (Stand: 1998, 2002); Quelle: Darstellung in Anlehnung an Kampe (2001, S.73) und OF-WAT (2002n).

verdeutlicht dies beispielhaft für die Wasserversorgung.[25]

In der Darstellung Deutschlands ist zwischen der Situation in den alten und der in den neuen Bundesländern zu unterscheiden. Zwar hat sich die Zahl der Wasserversorgungs- und Abwasserentsorgungsunternehmen in den 70er Jahren als Folge der Gemeindereform in Westdeutschland mehr als halbiert (Kampe, 2001, S.74), doch seit 1978 weist Deutschland relativ unverändert 6600 Wasserversorgungsunternehmen und rund 8000 Abwasserentsorgungsunternehmen auf (Scheele, 2000a, S. 5).[26] In Ostdeutschland sind die ehemals 15 integrierten Wasserver- und Abwasserentsorgungsbetriebe nach westdeutschem Vorbild kommunalisiert und separiert worden. Ende der 1990er Jahre wiesen die ostdeutschen Bundesländer 414 Wasserversorgungs- und 1048 Abwasserentsorgungsunternehmen auf (Kampe, 2001, S. 75f.). Damit ist die deutsche Wasserwirtschaft einerseits sehr kleinteilig, andererseits aber ebenfalls nicht integriert organisiert. So fällt bei der Analyse der Wertschöpfungskette in der Wasserwirtschaft auf, dass

---

[25] Zu den historischen Gründen für die jeweils unterschiedlichen Entwicklungen in den einzelnen europäischen Ländern siehe Wackerbauer (2003).

[26] Auf der Wasserversorgungsseite verteilen rund 3,6 vH der Unternehmen 60 vH der gesamten Wassermenge. Umgekehrt versorgen 4.500 Wasserversorgungsunternehmen jeweils Gebiete mit nur zwischen 50 und 3.000 Einwohnern (insgesamt 8,2 vH der gesamten Wassermenge) (Schönbäck et al., 2003a, S. 267).

horizontal die Aufgaben der Wasserversorgung und Abwasserentsorgung in unterschiedlichen Unternehmen wahrgenommen werden. Vertikal ist ferner festzustellen, dass für Planung und Bau der Infrastruktur zumeist private Unternehmen herangezogen werden.[27]

In einem ersten Schritt ist damit zu klären, weswegen derzeit die Dienstleistungen der Wasserversorgung und Abwasserentsorgung nicht integriert erbracht werden. Die Beobachtung, dass beide Bereiche in vielen Ländern von ein und demselben Unternehmen durchgeführt werden, einerseits und theoretisch ableitbare Synergien andererseits sollten doch vermuten lassen, dass eine Zusammenfassung betriebswirtschaftlich effizient wäre.[28] In einem zweiten Schritt ist der Frage nachzugehen, welche institutionellen Gründe die parzellierte Struktur der deutschen Wasserwirtschaft begünstigten. Mit Hilfe von Abbildung 2.9 wurde oben bereits auf die Diskrepanzen im internationalen Vergleich verwiesen.

Bezüglich der Frage, weswegen Dienstleistungen der Wasserversorgung und Abwasserentsorgung nicht integriert angeboten werden, ist festzustellen, dass – unabhängig davon, ob ein integriertes Anbieten betriebswirtschaftlich Sinn macht – steuerrechtliche Rahmenbedingungen eine Zusammenlegung derzeit nicht befördern. Die Wasserversorgung gehört zum sog. Bereich gewerblicher Art. Dies ist unabhängig davon, ob die Aufgabe von einem Unternehmen in privater oder öffentlicher Rechtsform durchgeführt wird. Es gilt ein einheitlicher, ermäßigter Umsatzsteuersatz von 7 vH. Die Abwasserbeseitigung hingegen ist als hoheitliche Aufgabe öffentlich-rechtlich betrieben steuerfrei.[29] Wird aber, was bereits

---

[27] Dies erscheint zunächst positiv. Entscheidend jedoch ist, inwieweit die privaten Zulieferer sich in ihrer Auftragserbringung unterscheiden. Wie sich im Zusammenhang mit der Rolle der Standards in Abschnitt 4.3.1.2 herausstellen wird, sind diese vor allem aus Haftungsgründen weitgehend an die von Regel gebenden Verbände herausgegebenen Positivlisten gebunden. Ferner ist festzustellen, dass die meisten der kleinen und mittleren Unternehmen nicht unabhängig sind, sondern zu größeren Unternehmenskonglomeraten gehören (R. Andreas Kraemer als deutscher Experte in Ballance und Taylor (2001, S. 124)).

[28] Nach Kampe (2001, S. 85) wären theoretische Synergieeffekte aus einer koordinierten Planung, in einer Abstimmung von Einkauf, Fuhrpark, Labor und Materialwirtschaft, einer Koordinierung im Netzbereich, einem effektiveren Inkasso und einem flexibleren und verminderten Personaleinsatz zu erwarten.
Empirisch hingegen gibt es keine eindeutigen Ergebnisse zu tatsächlich auftretenden Verbundvorteilen. SWC (2004, S. 45ff.) weisen zum Beispiel. nach, dass Verbundvorteile im gemeinsamen Einkauf, der Netzwerkplanung und der Rechnungserstellung anfallen. Insgesamt kommen sie aber für die sehr großen integrierten Unternehmen in England zu dem Schluss, dass sogar eher von „diseconomies of scope" auszugehen ist. Zur Frage der optimalen Betriebsgröße in der Wasserwirtschaft siehe weitergehend 3.1.3.

[29] Durch §18a Abs. 2a WHG hat der Bund die Möglichkeit geschaffen, auch die hoheitliche Aufgabe (damit verbunden die schuldrechtliche Haftung) auf Dritte zu übertragen. Bislang haben nur Sachsen, Baden-Württemberg und kürzlich Sachsen-Anhalt ihre Gemeindeord-

häufig passiert,[30] ein Dritter mit zum Beispiel der Betriebsführung betraut, fällt die volle Umsatzsteuer von derzeit 16 vH an.[31] Zwar besteht in einem solchen Fall die Möglichkeit des Vorsteuerabzuges – was insbesondere Anfang und Mitte der 1990er Jahre bei den hohen Investitionen betriebswirtschaftlich hilfreich erschienen wäre –, ganz grundsätzlich aber zeigt sich, dass unter der Voraussetzung, es gäbe tatsächlich ausreichend Synergieeffekte, sich unter den gegenwärtigen Rahmenbedingungen bei ungleicher steuerlicher Behandlung von Wasser und Abwasser sich nur zu häufig eine effizienzsteigerndere Organisation gar nicht erst durchsetzt. Vor diesem Hintergrund ist eine steuerliche Gleichbehandlung dieser beiden Dienstleistungen, wie sie im Modernisierungsprogramm der Bundesregierung vorgesehen ist (Deutscher Bundestag, 2001, S. 3), sachgerecht. Es könnte sich zeigen, dass ein integriertes Anbieten betriebswirtschaftlich positiv ist.

Bei der Suche nach Begründungen für die kleinteilige Struktur in der deutschen Wasserwirtschaft, ihre kleinparzellige Ausgestaltung, ist zwischen Wasserversorgung und Abwasserentsorgung zu unterscheiden. So ist der Bereich der Wasserversorgung gemäß § 131 Abs. 8 Gesetz gegen Wettbewerbsbeschränkungen (GWB), der im Kern die §§ 103, 103a GWB a.F. fortbestehen lässt, ein wettbewerblicher Ausnahmebereich. Konkret bedeutet dies, dass Gemeinden Konzessionsverträge abschließen und Wasserversorgungsunternehmen untereinander oder aber mit Kommunen Demarkationsabsprachen treffen dürfen. In der Praxis finden beide Formen kaum Anwendung.[32] Der Grund hierfür liegt wohl darin, dass die Wasserversorgung in der Regel von den Kommunen in Eigenbetrieben, Regiebetrieben oder kommunalen Zweckverbänden erbracht wird.[33] Bei diesen Organisationsfor-

---

nungen entsprechend angepasst. Doch auch hier sind die notwendigen Durchführungsvorschriften noch nicht verabschiedet (Schöneich, 2004, S. 2).

[30] Zum Stand des Umfangs der Integration Dritter in Leistungen auch der Abwasserentsorgung sei auf Rudolph (oJ) verwiesen. Die grundsätzlich möglichen Varianten einer Integration Dritter in die Abwasserentsorgung werden in Rudolph und Gärtner (1996) analysiert.

[31] Es ist keinesfalls klar, dass bei Wegfall der Hoheitlichkeit der Abwasserdienstleistung wie bei der Wasserversorgung ein ermäßigter Steuersatz von 7 vH gelten wird. Dr. Christian Scherer-Leydecker, Partner bei Norton Rose Vieregge, wies auf der 2. Jahreskonferenz „Privatisierung und Public Private Partnership" am 22. Mai 2003 in Frankfurt/Main darauf hin, dass bei Wegfall der hoheitlichen Aufgabe für Abwasser nur dann der gleiche Steuersatz von 7 vH wie bei der Wasserversorgung gelten würde, sofern Abwasser als Abfall definiert würde. Andernfalls wäre von einem Steuersatz von 16 vH auszugehen.

[32] Weitergehende Informationen samt empirischer Befunde für Deutschland finden sich bei Stuchtey (2002, S. 133) und Lutz und Gauggel (2000).

[33] Eine knappe Erklärung der einzelnen möglichen Organisationsformen findet sich in Abbildung A.4 im Anhang. Bezüglich der jeweiligen Vorteile und Nachteile einzelner Rechtsformen sei auf BMU (2001) und von juristischer Seite auf Brüning (1997) verwiesen. Auf weltweite Anwendungsbeispiele unterschiedlichen privaten Involvierungsgrades verweisen die Studien der OECD (2000) und Orwin (1999).
Die vielfältigen Möglichkeiten der Involvierung privater Unternehmen sind in Savas

men wird zur Absicherung der Monopolstellung keine vertragliche Vereinbarung benötigt. Sollte damit das Ziel verfolgt werden, die Bildung größerer Unternehmenseinheiten in der Wasserwirtschaft zu befördern, hilft die Abschaffung des § 131 Abs. 8 GWB alleine nicht. Das Aufheben des Status eines wettbewerblichen Ausnahmebereiches ist nur dann von Relevanz, wenn Kommunen die Wasserversorgung ausschreiben. Gemäß Art. 28 Abs. 2 S. 1 GG besteht derzeit dazu aber keine Verpflichtung.

Zentral ist, dass kommunalpolitische Entscheidungsträger, die sich ehemals innerhalb ihrer Gebietskörperschaftsgrenzen entschlossen, die Wasserversorgung im Eigenbetrieb, Regiebetrieb oder auch über eine private Rechtsform in kommunaler Eigentümerschaft durchzuführen, sich vor niemandem außer einmalig vor dem eigenen Kommunalparlament wirklich rechtfertigen mussten.[34] Selbst diese einmalige Rechtfertigung ist bis heute in einigen Bundesländern nicht notwendig, im Gegenteil: In Hessen ist die Wasserversorgung noch heute eine gemeindliche Pflichtaufgabe (Kahlenborn et al., 1999, S. 14).

Die Abwasserentsorgung war bis zur Novellierung des §18a Wasserhaushaltsgesetz (WHG) als pflichtige Selbstverwaltungsaufgabe deklariert. Nun sieht der Paragraph zwar die Möglichkeit einer Übertragung auch der hoheitlichen Aufgabe auf Dritte vor, wie aber bereits angesprochen, hat die Umsetzung in Ländergesetze kaum und in Durchführungsverordnungen bislang noch gar nicht stattgefunden.

Der Begriff der pflichtigen Selbstverwaltungsaufgabe bedeutet nicht notgedrungen, dass jede Kommune eine eigene Abwasserentsorgung unterhalten muss, geschweige denn diese dann auch ohne Hinzunahme Dritter durchzuführen hat. Es ist durchaus möglich, Wasserdienstleistungen auf Zweckverbände zu übertragen.[35] Hier schließen sich Kommunen und/oder Körperschaften des öffentlichen Rechts zur Erfüllung eines gemeinsamen, langfristigen Zwecks – zum Beispiel der Wasserver- oder Abwasserentsorgung – zusammen. Eine kleine Kommune, die damit die Abwasserentsorgung in eigener Regie betreibt, mag sich durchaus den

---

(2000, Kap. 9) dargestellt. Neben der Darstellung der Formen einer Zusammenarbeit analysiert Roentgen (2001) umfassend deren jeweilige Vor- und Nachteile.

[34] Bezüglich der Überwachung der laufenden Geschäftstätigkeit eines wasserwirtschaftlichen Unternehmens siehe 3.4.1.1.

[35] Zweckverbände sind öffentlich-rechtliche Vereinigungen. Ferner könnten sich – auch auf Druck der Länder („Hochzonung") – Kommunen in Wasser- und Bodenverbänden im Sinne des bundesdeutschen Wasserverbandsgesetzes oder als Wasserverbände auf der Grundlage von speziellen Sondergesetzen zusammenschließen. Der nordrhein-westfälische Ruhrverband ist so zum Beispiel aufgrund eines spezifischen Sondergesetzes begründet worden (Umweltbundesamt, 2001b, S. 11).

Vorwurf gefallen lassen, weswegen sie nicht auf die Bildung eines Zweckverbandes hinwirkte. Zu Recht weisen Kahlenborn et al. (1999, S. 16) darauf hin, dass für eine Bildung größerer Einheiten solchen Verbandsstrukturen eine erhebliche Bedeutung zukommt. Gemäß des Flussgebietsmanagementansatzes der Wasserrahmenrichtlinie (WRRL) könnten sich Organisationsformen entsprechend dem natürlichen Verlauf der Gewässer gestalten.[36]

---

[36] Gemäß der EG-Wasserrahmenrichtlinie gliedert sich Deutschland in grob neun Flussgebietseinheiten (s. Abbildung A.3 im Anhang). Nach der hydrographischen Aufteilung von Schönbäck et al. (2003a, S. 355) handelt es sich um sechs Flusseinzugsgebiete (Rhein, Ems, Weser, Elbe, Oder, Donau).

3 Theoriegeleitete Analyse preisregulatorischer Konzepte

In einem ersten Schritt wird nun zunächst begründet, weswegen und wo für die Wasserwirtschaft eine Preisregulierung nötig erscheint. Darauf aufbauend werden verschiedene Regulierungsverfahren auf ihre grundsätzliche Eignung für eine Anwendung in der deutschen Wasserwirtschaft überprüft.[1] Eine Darstellung, wie solche Verfahren in der Praxis eingesetzt werden und inwieweit seitens der Europäischen Union ein spezifisches Verfahren präferiert wird, rundet dieses Kapitel ab.

3.1 Zur Notwendigkeit einer Preisregulierung

3.1.1 Das Problem fehlenden Wettbewerbs

Die vornehmliche Aufgabe des Staates in einer marktwirtschaftlichen Ordnung ist die Sicherung eines funktionsfähigen Preissystems. In diesem Fall signalisieren steigende oder fallende relative Preise die Knappheiten von Ressourcen. Die einzelnen Akteure in einer Marktwirtschaft reagieren hierauf wie von „unsichtbarer Hand" geleitet.

Bei gegebenem Wettbewerb ist so gewährleistet, dass die Ressourcen in ihrer jeweils besten Verwendung eingesetzt werden (allokative Effizienz). Das an den Konsumentenwünschen ausgerichtete Angebot (qualitative Effizienz) wird hier zu minimalen Kosten bereitgestellt (statische Effizienz). Die gesamtwirtschaftlich

---

[1] Diese Analyse soll im Verhältnis zu anderen Teilen der Arbeit knapp gehalten werden, da die bereits existierende Literatur ein zu tiefes Einsteigen nicht rechtfertigen würde. In gewisser Weise baut diese Arbeit damit auf der Analyse von zum Beispiel Stuchtey (2002) auf, wenngleich die Beurteilung einiger Sachverhalte anders ausfallen wird.

© Springer Fachmedien Wiesbaden GmbH, ein Teil von Springer Nature 2005
M. Oelmann, *Zur Neuausrichtung der Preis- und Qualitätsregulierung in der deutschen Wasserwirtschaft*, Edition KWV, https://doi.org/10.1007/978-3-658-24678-5_3

produzierte Menge wird dabei von den Unternehmen gemäß ihrer Betriebsoptima produziert (technische Effizienz). Sich verändernde relative Preise drängen die dezentralen Akteure zudem zu Innovationen in solchen Bereichen, die einen besonders nachhaltigen Gewinn versprechen (dynamische Effizienz).[2]

Auf einem Monopolmarkt hingegen fehlt in der Regel der die obigen Vorteile konstituierende Wettbewerb. Es liegt gerade keine allokative Effizienz vor, sondern der Monopolist versucht, den Cournotschen Punkt C zu realisieren. Ein volkswirtschaftlicher Wohlfahrtsverlust von ACD (Abbildung 3.1) wäre die Folge. Der private Monopolist wird in der Regel gleichwohl danach streben, qualitativ und statisch effizient zu wirtschaften, da dies seinen Gewinn steigert. Aufgrund von X-Ineffizienzen wird ihm letzteres aber ebenso wenig vollkommen gelingen, wie ein dynamisch effizientes Anbieten.[3]

Nun wird sich in Abschnitt 3.4.1.1 herausstellen, dass die in der Abwasserentsorgung tätigen regionalen Monopole (vordergründig) keine Gewinne machen. Ökonomisch ist dennoch auch ein kein Gewinn anstrebendes öffentliches Monopol zu hinterfragen. Die fehlenden Anreize für in den Unternehmen handelnde Personen werden sowohl theoretisch als zumeist auch empirisch als zentrales Problem ausgemacht.[4]

Es ist damit festzuhalten, dass eine Privatisierung das eigentliche Kernproblem –

---

[2] Zu den Funktionen des Wettbewerbs vergleiche ausführlicher Kerber (2003, S. 300) oder Kantzenbach (1967, S. 15ff.).

[3] Die Überlegungen zur X-Ineffizienz gehen zurück auf Harvey Leibenstein und bezeichnen die Abweichung der tatsächlichen von den minimalen Kosten bei gegebenem Output und allokativer Effizienz (Leibenstein, 1978, S. 328) als vor allem Folge eines nicht kostenminimierenden Anstrengungsniveaus der Mitarbeiter. Dabei integriert er den Property-Rights-Ansatz dergestalt, dass private Eigentumsrechte die Anreize zu effizientem Verhalten innerhalb des Unternehmens erhöhen, was gleichbedeutend mit einem Absinken der X-Ineffizienzen ist (Leibenstein, 1983, S. 841).

[4] Bezüglich der Frage öffentlicher Trägerschaft sei allgemein auf Shleifer (1998), Vickers und Yarrow (1991) und Blankart (1996) verwiesen. Für die Wasserwirtschaft siehe konkreter Spelthahn (1994) und unter stärkerer Einbeziehung rechtlicher Aspekte Winkler (1999). Die mit einer Privatisierung verbundenen politökonomischen Probleme werden hervorragend in Williams (2000) erläutert.
Als Einstieg in empirische Analysen zur Frage der Effizienz öffentlicher im Verhältnis zu der privater Unternehmen siehe zentral Megginson und Netter (2001) und Sheshinski und López-Calva (2003). Einen Literaturüberblick über empirische Studien für die relative Effizienz öffentlicher Unternehmen in der Wasserwirtschaft liefern Saal und Parker (2001, S. 63f.). In der Praxis kam es in der englischen Wasserwirtschaft zu einer ersten „Rückverstaatlichung". Die Auflagen, die die Regulierungsbehörde OFWAT diesem Unternehmen machte, werden in Abschnitt 5.1.2.2 vorgestellt und bergen auch für den Umgang mit öffentlichen Unternehmen in Deutschland wichtige Denkanstöße.

den fehlenden Wettbewerb – nicht löst.[5] Genau deshalb wird im Rahmen dieses Kapitels diskutiert, welche wettbewerblichen Verfahren sich in der Wasserwirtschaft anbieten könnten, nicht hingegen, wie sich 15.000 deutsche wasserwirtschaftliche Unternehemen schnellstmöglich privatisieren lassen.

3.1.2 Das Natürliche Monopol

Ein Eingreifen in Marktprozesse wird immer dann erwogen, wenn ein sog. Marktversagen droht. Während die Gefahren eines Marktversagens in Folge externer Effekte und einer asymmetrischen Informationsverteilung in Kapitel 4 diskutiert werden, geht es nun zentral um die Frage, ob in der Wasserwirtschaft „natürliche Monopole" vorliegen. Notwendige und hinreichende Bedingung für das Vorliegen eines natürlichen Monopols ist die Subadditivität der Kostenfunktion. Dies impliziert, wie Abbildung 3.2 zeigt, aber nicht, dass bei der nachgefragten Grenzmenge die Durchschnittskostenfunktion fallend sein muss. In Punkt B ist die Subadditivität der Kostenfunktion weiterhin erfüllt. Eine wasserwirtschaftliche Dienstleistung wird also auch in diesem Punkt volkswirtschaftlich am sinnvollsten von nur einem Unternehmen durchgeführt, da dieses allein die relevante Nachfrage billiger versorgen kann, als dies für zwei Unternhmen der Fall wäre, die sich die Nachfrage hälftig aufeinander aufteilen ($P_{y2/2} > P_{y2}$). Wied-Nebbeling (2004, S. 35) spricht in diesem Fall von schwacher Subadditivität. Für den Mehrproduktfall ist nicht einmal eine solche schwache Subadditivität notwendig; es genügen bereits vorliegende Verbundvorteile.[6]

Eine subadditive Kostenfunktion ist in der Regel auf Größenvorteile in der Produktion zurückzuführen. Sie sind zum Beispiel Folge von Mindesteinsatzmengen bei den Produktionsfaktoren, Resultat der sog. „ingenieurwissenschaftlichen Zwei-Drittel-Regel"[7] oder Ergebnis von stochastischen Größenersparnissen. Ur-

---

[5] Vergleiche empirisch hierzu zum Beispiel Saal (2003). Für die englische Wasserwirtschaft zeigt der Autor, dass unmittelbar nach der Privatisierung die Regulierung zunächst sehr locker war. Die totale Faktorproduktivität stieg nicht. Dies änderte sich erst mit ambitionierterer Regulierung nach 1994.

Dies steht exakt im Einklang mit anderen empirischen Studien, auf die Armstrong und Sappington (2003, S. 6) verweist, wenn er folgert:„[P]robably the single most persistent finding in the many empirical studies is that it is competition, not privatization, that leads to greatest efficiency gains within firms." Zu vergleichbaren Schlüssen kommt auch Newbery (1999, S. 133).

[6] Siehe hierzu näher zum Beispiel Baumol et al. (1988, Kap. 3) oder Krakowski (1988, S. 35ff.).

[7] Auch für Leitungsrohre findet diese nach Stuchtey (2002, S. 26) Anwendung Eine Erhö-

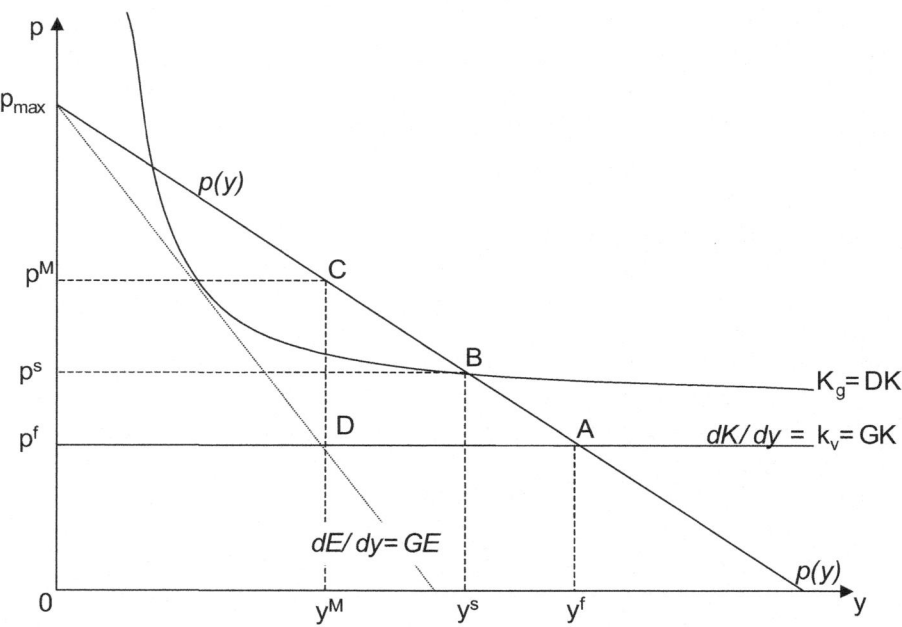

Abbildung 3.1: Natürliches Monopol bei konstanten Grenzkosten; Quelle: Eigene Darstellung in Anlehnung an Feess (2000, S. 344).

sachen wie Mindesteinsatzmengen in der Produktion verdeutlichen aber, dass Größenvorteile an Grenzen stoßen. So sind Kapazitäten ab einem gewissen Punkt voll ausgelastet und Neuinvestitionen müssten getätigt werden, um zusätzlichen Output zu generieren. Auch steigen bekanntlich die Transaktionskosten mit der Größe eines Unternehmens an. Die Bestimmung, ob eine Subadditivität der Kostenfunktion vorliegt, erfordert somit stets auch die Berücksichtigung der relevanten Nachfrage. Eine starke Zunahme jener relevanten Nachfrage kann so dazu führen, dass ein ehemals natürliches Monopol plötzlich keines mehr ist. Dies ist aber, wie gesagt, nicht notwendigerweise sofort der Fall, wenn die Nachfrage die Durchschnittskostenkurve in ihrem aufsteigenden Ast schneidet.

Grundsätzlich ist unbestritten, dass wasserwirtschaftliche Unternehmen Nachfrage in einer Menge bedienen, in der eine Subadditivität der Kostenfunktion zu konstatieren ist. Nicht klar hingegen ist, wo in der Praxis das Betriebsopti-

---

hung des Outputs um eine Einheit könnte hiernach durch Vergrößerung des Leitungsumfangs zu Kosten von nur 2/3 einer Einheit generiert werden.

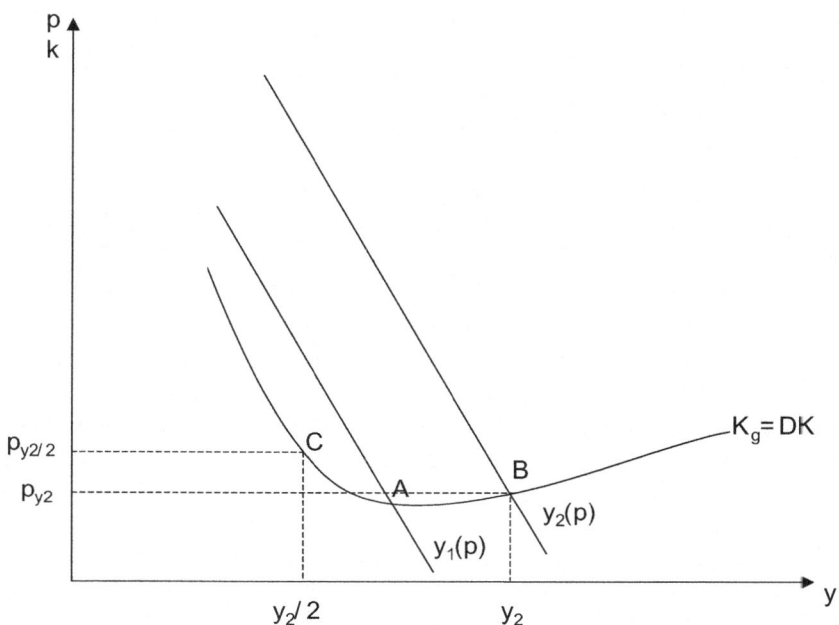

Abbildung 3.2: U-förmige Durchschnittskosten und natürliches Monopol; Quelle: Darstellung in Anlehnung an Feess (2000, S. 345).

mum A in Abbildung 3.2 liegt. Sicher ist nur, dass für Länder wie Deutschland, in denen die Betriebsgrößen der Unternehmen gemäß der Gebietskörperschaftsgrenzen festgelegt wurden, es reiner Zufall wäre, wenn sich ein Unternehmen in seinem jeweiligen Betriebsoptimum wiederfände. Anhand empirischer Studien zur optimalen Betriebsgröße soll abgeschätzt werden, an welcher Stelle der Durchschnittskostenkurve die im internationalen Vergleich kleinen deutschen Unternehmen tendenziell produzieren.

3.1.3 Zur Frage der optimalen Betriebsgröße in der deutschen Wasserwirtschaft

Es gibt bislang keine volkswirtschaftlichen Berechnungen zur optimalen Betriebsgröße in der deutschen Wasserwirtschaft. Daher wird versucht, die Bedeutung der Ergebnisse der folgenden, internationalen Studien für Deutschland abzuleiten. Dies ist vor allem auch deshalb möglich, weil die deutsche Gesetzgebung zum Gewässerschutz als keine conditio sine qua non erachtet wird.[8]

Stuchtey (2002, S. 37ff.) gibt einen Überblick über verschiedene Studien (Erscheinungsjahr bis 1997), die für die Wasserversorgungsseite vor allem für Regionen des US-amerikanischen Marktes ermittelt wurden. Diese Studien sind grob in solche zu unterscheiden, die das Vorliegen von Größenvorteilen allgemein für die Wasserversorgung analysieren und solche, die dies unterteilt nach Wertschöpfungsstufen untersuchen. Der gemeinsame Nenner aller ist, dass für kleine und mittlere wasserversorgende Unternehmen keine steigenden Duchschnittskosten festgestellt werden. Das Betriebsoptimum nach der Studie von Bruggink (1982) läge hier bei 400 Mrd. Gallon pro Jahr oder 1,5 Mrd. m^3 Wasser. Hayes (1987) kommt für die von ihm ausgewählten Unternehmen zu einem Betriebsoptimum von nur 5 Mrd. Gallon pro Jahr oder 18,75 Mio. m^3 Wasser. Ähnliche jüngere Studien konstatieren für die Wasserversorgung gerade für Länder mit traditionell sehr kleinteiliger Struktur ebenfalls lange ein Vorliegen von Größenvorteilen. Zu nennen ist die Studie von Kim und Lee (1998) für Südkorea, die von Fabbri und Fraquelli (2000) zu Italien oder die von Mizutani und Urakami (2001) für Japan. Damit ließe sich als erste Hypothese formulieren, dass wahrscheinlich der größte Teil deutscher Wasserversorger ihre jeweiligen Betriebsoptima aufgrund der Wasserversorgung als wettbewerblichem Ausnahmebereich gar nicht erst erreichen.[9]

Die große Diskrepanz obiger Ergebnisse ist erklärungsbedürftig. Hier geben andere von Stuchtey (2002, S. 37ff.) zusammengetragene Studien eine Antwort. Clark und Stevie (1981) sowie Boisvert und Schmitt (1997) fragen nach Größenvorteilen differenziert nach einerseits Aufbereitung und andererseits Verteilung. Es ergibt sich, dass Größenvorteile in der Aufbereitung gerade in Versorgungsgebieten mit geringer Bevölkerungsdichte schnell durch abnehmende Skalenerträge in der Verteilung überkompensiert werden. Analoges gilt für die Betriebsoptima in der Abwasserentsorgung. Die Abwasserreinigung ist mit eindeutigen Größenvorteilen verbunden,[10] die Abwasserzuleitung und Abwasserableitung hingegen sind

---

[8] Sie hierzu die Ausführungen in Abschnitt 4.3.

[9] Im Rahmen einer anderen Arbeit analysiert Oelmann (2004b) den Kundenservice deutscher wasserwirtschaftlicher Unternehmen. Sie beschränkt sich auf bereits relativ große Unternehmen. So würde der Versorger der Region Ulm/Neu-Ulm relativ bereits zu den größeren Unternehmen in der deutschen Wasserwirtschaft zählen, läge aber mit einer abgegebenen Menge Trinkwasser von 12 Mio. m^3 immer noch deutlich unter der Marke von 18,75 Mio. m^3.

[10] Vergleiche hierzu die zusammengefassten Vergleichsstudien von Müller (1997, S. 295) oder die Aussagen hierzu in Illian (1997, S. 312) und Faeth (2000, S. 10). Besonders hervorhebenswert ist aufgrund der umfangreich diskutierten Methodik ÖWAV (2001).

eher durch abnehmende Skalenerträge gekennzeichnet.[11]

Zu Recht weist Stuchtey (2002, S. 44) darauf hin, dass es sich bei vielen der hier untersuchten Unternehmen nicht um kostenminimierende Wasserversorger handelt.[12] Werden vor diesem Hintergrund nur Studien berücksichtigt, die die englische Wasserwirtschaft betreffen, so werden obige Aussagen von der Tendenz her bestätigt.[13] Wie sich später noch zeigen wird,[14] ist sich insbesondere in den letzten Jahren sehr intensiv mit der Frage nach der optimalen Betriebsgröße sowohl eines integrierten Wasser- und Abwasserunternehmens als auch eines vertikal separierten reinen Wasserversorgers auseinandergesetzt worden. Im Ergebnis kommen die meisten Studien zu dem Schluss, dass sich die Unternehmen insgesamt eher bereits auf dem aufsteigenden Ast der Durchschnittskostenkurve befinden. Eine Ausnahme ist hier die Studie von Mountain (2002, S. i). Hiernach würde eine Halbierung der am Markt tätigen Unternehmen einen Effizienzgewinn von rund 6 Mrd. Pfund Sterling realisieren lassen. Auch die Ergebnisse von SWC (2004, S. iv) zeigen wohl, dass beim Zusammenschluss von Unternehmen in der Vergangenheit keine Effizienzgewinne, aber auch keine Effizienzverluste festzustellen sind. Insgesamt wäre mit SMC (2002, S. 40) zu folgern, dass eigentlich für jede Dienstleistungsstufe unterschiedliche Durchschnittskostenminima vorliegen und zu bestimmen wären.

---

[11] So stellt ÖWAV (2001, S. 158ff.) eine negative Korrelation von Leitungslänge und Jahreskosten pro laufendem Meter fest. Diese Aussage ist für gewöhnlich aber in Zusammenhang mit Dichtevorteilen zu sehen. Illian (1997, S. 312) zeigt für Deutschland, dass in kleinen Gemeinden 8m Kanal im Schnitt für die Abwasserentsorgung eines Einwohners gelegt sind, in solchen mit mehr als 50.000 Bürgern hingegen nur 2,60m.
Im Vergleich zur Wasserversorgung zeigten die Überlegungen aus Abschnitt 2.1, dass die relativen Transportkosten im Abwasserbereich als relativ höher angenommen werden können. Dies liegt daran, dass sich in der Beförderung fast ausschließlich der Gravitation, nicht aber des Drucks, bedient wird.

[12] Eine Analyse der Ergebnisdarstellung „Effizienz- und Qualitätsuntersuchung der kommunalen Wasserversorgung in Bayern" (Rödl & Partner, 2003) kommt so zu dem Schluss, dass die Gesamtkosten in Abhängigkeit von der Netzeinspeisung wohl sinken (von 1,32 auf 1, 07 € pro m³ Netzabgabe), gleichzeitig aber die laufenden Kosten nahezu konstant bleiben. Werden die Entwicklungen der Arbeitsproduktivitäten in England zu Grunde gelegt, die sich unter einem wettbewerblichen System herausgebildet haben, so ist zu erwarten, dass sich der Verwaltungsanteil auch in Deutschland bei den größeren Unternehmen massiv verringern würde.

[13] Siehe hierzu den Literaturüberblick in SWC (2004, Abschn. 3.1).

[14] Im Rahmen des in Abschnitt 3.4.1.2 näher vorzustellenden englischen Regulierungsverfahrens meint die Regulierungsbehörde OFWAT auf eine ausreichende Anzahl von Vergleichsunternehmen angewiesen zu sein. Die ablehnende Haltung gegenüber Fusionen wird daher auch mit solchen Studien zu begründen versucht, anhand derer gezeigt werden kann, dass keine Effizienzvorteile aus einem solchen Zusammenschluss zu erwarten sind. Nicht alle aber sind auch von OFWAT in Auftrag gegeben. Saal und Parker (2001) und Saal (2003) können sicher als unabhängig erstellt betrachtet werden.

Aus diesem Überblick über die empirische Literatur lässt sich die Frage, wie die optimale Betriebsgröße in Deutschland aussehen könnte, Folgendes festhalten:

- Die Erfahrungen zeigen, dass der Verlauf der Durchschnittskostenkurve sowohl für die Wasserversorgung, als auch für die Abwasserentsorgung durchaus der ähnelt, die in Abbildung 3.2 dargestellt ist. Bis zu einer bestimmten Nachfrage sind sinkende Durchschnittskosten zu erwarten. Danach können tendenziell eher steigende angenommen werden. Für die derzeitige Struktur der deutschen Wasserwirtschaft ist zu vermuten, dass der größte Teil der Unternehmen sich noch lange nicht in seinem Betriebsoptimum befindet. Daraus lässt sich ableiten, dass zunächst einmal deutsche Unternehmen größere Einheiten formen sollten, in denen der technisch effizienten Produktion zumindest näher gekommen wird. Die kleinteilige Struktur in Deutschland stellt folglich ein unmittelbares Problem dar.

- Geichwohl ist die Bestimmung der im Einzelfall optimalen Betriebsgröße nicht möglich. Zu unterschiedlich wird diese in Abhängigkeit der jeweiligen regionalen Struktur sein. Theoretisch wäre für Deutschland denkbar, die wasserwirtschaftlichen Unternehmen gemäß der deutschen Flussgebietseinheiten (Abbildung A.3 im Anhang) zusammenzufassen. Damit aber wäre bei Berücksichtigung der englischen Studien nicht auszuschließen, dass diese Einheiten bereits zu groß wären. Um also überhaupt erst einmal zu Einheiten zu gelangen, in denen gemäß der optimalen Betriebsgröße versorgt werden kann, ist ein Ordnungsrahmen zu erdenken, in dem die Anreize so gesetzt sind, dass sich die jeweilige optimale Betriebsgröße endogen herausbildet. Gleiches gilt auch in der Frage, ob Wasserversorgung und Abwasserentsorgung zusammenzufassen sind.[15]

- Für den Fall, dass die wasserwirtschaftlichen Unternehmen tatsächlich aggregiert technisch effizient anbieten würden, lägen natürliche Monopole vor.

3.1.4 Natürliches Monopol und Regulierungsbedarf

Vom Vorliegen eines natürlichen Monopols lässt sich zumindest theoretisch noch nicht unmittelbar eine Regulierungsnotwendigkeit ableiten und damit auf einen

---

[15] Nach SWC (2004, S. ii ff.) gibt es im relevanten Bereich der Nachfrage keine Verbundvorteile mehr zwischen Wasser und Abwasser, wohl aber in der Integration von Netz und Betrieb bei sowohl Wasserversorgung als auch Abwasserentsorgung.

Marktversagenstatbestand schließen (Wied-Nebbeling, 2004, S. 38). Es müssen zum einen sog. „sunk costs" vorliegen. Zum anderen dürfen keine Ausweichmöglichkeiten auf vergleichbare Güter für die Konsumenten (intermodale Konkurrenz) bestehen.

In der Realität liegen bei der Marktform des natürlichen Monopols sehr wohl zumeist „versunkene Kosten" vor. Dies bedeutet, dass der natürliche Monopolist bei Geschäftsaufgabe seine bereits getätigten Investitionen nicht so ohne weiteres einer alternativen Verwendung zuführen kann. Auch beim Großteil der wasserwirtschaftlichen Investitionen liegen solche versunkene Kosten vor. Nur unter großem Aufwand könnten Abwasserkanäle in Region x gehoben und in Region y erneut genutzt werden. Gleiches gilt für Kläranlagen oder Wasseraufbereitungsanlagen.

Im Unterschied zur Wasserwirtschaft hat aber zum Beispiel eine Fluggesellschaft wohl relativ hohe fixe Kosten; diese aber sind nicht versunken. Die Fluggesellschaft kann bei einem etwaigen Konkurs der Gesellschaft ihre wesentlichen Aktiva, die Flugzeuge, relativ unproblematisch verkaufen.

Diese Unterscheidung der Beurteilung von fixen Kosten ist für die Antizipation des Verhaltens des natürlichen Monopolisten entscheidend. Hätte dieser nämlich Grund zu der Befürchtung, dass bei Realisierung des Cournotschen Punktes C in Abbildung 3.1 oder, allgemeiner ausgedrückt, bei Entstehen einer Produzentenrente Konkurrenten auf den Markt träten, so würde er in seinem Preissetzungsverhalten diszipliniert.

Diese disziplinierende Wirkung auf etablierte natürliche Monopolisten (Knieps, 2001, Kap. 2.2) durch potentielle Konkurrenz ist Kern der „Theorie bestreitbarer Märkte".[16] Mit dieser wurde ein wettbewerbspolitischer Paradigmenwechsel eingeleitet.[17] Während zuvor optimale Marktstrukturen exogen abgeleitet und als zu erreichende Leitbilder postuliert wurden, wird bei diesem Konzept anerkannt, dass sich eine optimale Marktstruktur jeweils endogen herausbildet. Die Gefahr eines Marktzutritts potentieller Konkurrenten kann, wie sich zeigen wird, selbst für den natürlichen Monopolisten bedeuten, dass er Preise setzt, die nicht über seinen Durchschnittskosten liegen. Eine Regulierungsnotwendigkeit besteht folglich nur dann, wenn jener natürliche Monopolist nicht der Gefahr eines Markt-

---

[16] Siehe hierzu Baumol et al. (1988) oder sehr viel knapper Baumol (1982).

[17] Zu einer knappen Abhandlung der Dogmengeschichte wettbewerbspolitischen Denkens vergleiche Knieps (2001, Kap. 4).

zutritts potentieller Konkurrenz ausgesetzt ist.[18]

Eine solche Gefahr besteht umso stärker, je geringer die Marktzutrittsschranken
sind. Dabei werden diese auch mittelbar von potentiellen Marktaustrittsschranken bestimmt. Dies sei an den oben genannten Beispielen der Fluggesellschaft
und eines wasserwirtschaftlichen Unternehmens erläutert. Im ersten Fall kann
der potentielle Konkurrent antizipieren, dass im Falle eines länger andauernden
Preiskampfes er keinesfalls chancenlos zu sein braucht. Dem etablierten Anbieter entstehen Opportunitätskosten, wenn er seine Aktiva nicht monetarisiert.[19]
Im zweiten Fall des wasserwirtschaftlichen Unternehmens fallen diese Opportunitätskosten nicht an. Vor diesem Hintergrund muss der potentielle Konkurrent
befürchten, dass der etablierte Anbieter auch längerfristig zu Preis=Grenzkosten
anbietet. Bei Annahme gleicher Produktionsfunktionen wird der potentielle Konkurrent dieses Preissetzungsverhalten antizipieren und gar nicht erst hohe versin-
kende Kosten tätigen. Abbildung 3.1 zeigt, dass bei einem Preissetzungverhalten
$p = GK$ der Monopolist Verluste machen würde ($p^f < p^s$).

Die notwendige Bedingung für eine externe Regulierung bei Vorliegen eines natürlichen Monopols sind damit hohe versunkene Kosten. Hinreichend begründet
ist ein wettbewerbspolitisches Eingreifen aber erst nach Analyse des zweiten, zu
Beginn dieses Abschnitts aufgeworfenen Punktes, der bestehenden intermodalen
Konkurrenz. Ewers und Rodi (1995, S. 36ff.) zeigen, dass in Folge einer solchen

---

[18] Der Vollständigkeit halber sei angemerkt, dass verschiedene Annahmen der „Theorie bestreitbarer Märkte" stark kritisiert wurden und Baumol und Willig (1986) sich dieser
Kritik zu stellen suchen. Formal argumentiert sind hingegen die meisten dieser Einwände
unstrittig.
So fragen Wieandt und Wiese (1993, S. 195) zu Recht, weswegen sich der Wettbewerb von
etablierten und potentiellen Konkurrenten ausschließlich über den Aktionsparameter Preis
und nicht auch über den der Menge zu gestalten habe. Ebenso kritisch ist die weitreichende
Annahme der Reaktionshypothese, wonach etablierte Anbieter trotz Wegbrechens der gesamten Nachfrage den Preis nach Eintritt eines Neueintretenden nicht verändern, zu sehen
(Paech, 1998, S. 469). Das formale Modell wird auch insofern in Frage gestellt, als dass
ausschließlich das Eintreten eines potentiellen Konkurrenten betrachtet wird. Die Gefahr
eines „hit-and-be-hit" macht das tatsächliche Eintreten eines potentiellen Konkurrenten
unsicherer (Holler, 1990, S. 147).
Dennoch ist Freytag (1998, S. 276ff.) zuzustimmen, wenn er aus der Verletzung der Prämissen nicht automatisch auf die Irrelevanz des Leitbildes der „Theorie bestreitbarer Märkte"
schließt. Dieses Aufweichen der Prämissen mache dieses Leitbild überhaupt erst attraktiv.
Während für ihn ausschließlich die Frage der Marktzu- und Marktaustrittsschranken relevant bleibt, muss für die Wasserwirtschaft auch die Annahme der Gewinnmaximierung
sowohl des Monopolisten als auch des potentiell Eintretenden im Hinterkopf behalten werden (Holler, 1990, S. 147f.).

[19] An späterer Stelle der Arbeit wird sich zeigen, dass eine notwendige Annahme für die
Gefahr einer ruinösen Konkurrenz das Vorliegen hoher versunkener Kosten ist. Diese aber
ist im Fall einer Fluggesellschaft nicht erfüllt. Es liegen lediglich hohe fixe Kosten vor.

intermodalen Konkurrenz die Kreuzpreiselastizität für die Nachfrage nach dem Gut eines natürlichen Monopolisten wesentlich größer ist. Der Wohlfahrtsverlust bei Realisierung des Cournotschen Punktes sinkt entsprechend. Angesichts der Tatsache, dass eine Regulierung stets auch mit Transaktionskosten verbunden ist, mag ein solches Verhalten des natürlichen Monopolisten nach volkswirtschaftlicher Kosten-Nutzen-Abwägung als tolerierbar angesehen werden. Eine externe Regulierung wäre nicht in jedem Fall wohlfahrtserhöhend.

Wie ist nun die intermodale Konkurrenz in der Wasserwirtschaft zu beurteilen? Für die Wasserversorgung zeigt Stuchtey (2002, S. 49), dass eine gewisse Substitutionskonkurrenz für gewerbliche größere Unternehmen besteht. Daher könnte hier möglicherweise auf eine Regulierung verzichtet werden. Gleichzeitig haben Haushalte keine ernstzunehmende Möglichkeit eines Wechsels zu alternativen Technologien, weswegen hier eine Regulierungsnotwenigkeit besteht. Insbesondere wäre bei der Regulierung darauf zu achten, dass die Preise für den potentiell wechselfähigen Großkunden nicht über die Preise der nicht wechselfähigen Haushalte quersubventioniert würden. Gleiches wäre für die Abwasserentsorgung zu konstatieren. Möglicherweise mag sich aber längerfristig mit einem etwaigen technischen Fortschritt oder der Einführung wettbewerblicher Preisregulierungsverfahren diese „Lock-In"-Situation auch für den kleinen Nachfrager ändern.[20] Dann wäre eine Regulierung noch einmal in einem anderen Licht zu betrachten.

Wieder auf die disziplinierende Wirkung der potentiellen Konkurrenz zurückkommend sei daran erinnert, dass diese umso geringer ist, je höher die Marktzutrittsschranken – und damit implizit auch die Marktaustrittsschranken – sind. Bislang wurden diese gleichgesetzt mit dem Vorliegen versunkener Kosten. Diese sind aber nicht die einzigen, zu beobachtenden Arten der Marktabschottung. Auch der Staat wird häufig aktiv und schließt Märkte. So wurde in Abschnitt 2.2 festgestellt, dass die Wasserversorgung gemäß GWB als wettbewerblicher Ausnahmebereich gilt und auch in der Abwasserentsorgung im Allgemeinen der marktschließende Anschluss- und Benutzungszwang[21] gilt. Aufgrund dieser staatlichen

---

[20] In Abschnitt 3.3.1.3 wird so die Einschaltung von Zwischenhändlern beschrieben. Deren Bündelung vieler kleiner Nachfrager könnte so gegebenenfalls auch die Möglichkeit eines Anbieterwechsels für Haushalte eröffnen.

[21] Im Bereich der Abwasserentsorgung bedeutet der Anschlusszwang, dass jeder Grundstückseigentümer sein Grundstück an die öffentliche Abwasseranlagen anzuschließen hat, sobald Abwasser auf diesem anfällt. Gemäß des Benutzungszwanges sind diese Abwasseranlagen dann auch ausschließlich zu nutzen (Rudolph und Block, 2001, S. 30). Im Rahmen der Abwassersatzung wird die untere Wasserbehörde nur dann vom Anschluss- und Benutzungszwang freistellen, wenn Einzellösungen für das gesamte Einzugsgebiet technisch und wirtschaftlich zweckmäßig sind, nicht aber wenn sie sich nur für den einzelnen als günstiger erweisen.

Marktzutrittschranken kann von potentieller Konkurrenz keine disziplinierende Wirkung auf die regionalen Monopolisten ausgehen.

Neben der Argumentation über Art. 28 Abs. 2 GG wird diese staatliche Marktabschottung mit der Gefahr ruinöser Konkurrenz gerechtfertigt. Volkswirtschaftlich kann gezeigt werden, dass dies allenfalls möglich ist, sofern sich erstens die relevante Nachfrage im Bereich steigender Durchschnittskosten bewegt. Unter der Annahme gleicher Produktionsfunktionen und identischer Ausgangsbedingungen würde gemäß Abbildung 3.2 der potentielle Konkurrent nur bis Punkt A versorgen. Diese erste Annahme ist für die deutsche Wasserwirtschaft bereits nicht erfült, wie die Analyse zur optimalen Betriebsgröße im vorherigen Abschnitt zeigte. Der Vollständigkeit halber sei die zweite Annahme noch knapp vorgestellt. Hiernach müssen für eine Gefahr ruinöser Konkurrenz hohe versunkene Kosten vorliegen. Zwar handelt es sich bei der wasserwirtschaftlichen Infrastruktur um versunkene Kosten. In der Regel ist der Bau eines parallelen Leitungsnetzes weder betriebswirtschaftlich noch volkswirtschaftlich sinnvoll. Das bestehende Netz ist also die Grundvoraussetzung für den potentiellen Konkurrenten, überhaupt liefern zu können. Vor diesem Hintergrund stünde zu erwarten, dass ein preisgünstigerer Konkurrent bei gleichem Niveau der Qualitätsbereitstellung[22] dem bisherigen Versorger schlicht anbietet, ein Nutzungsentgelt zu zahlen oder das bestehende Netz ganz zu übernehmen. Grundsätzlich ist eine gemeinsame Netznutzung durchaus möglich, wie Abschnitt 3.3.1.2 zeigen wird. Die relativen Kosten werden insofern niedrig sein, weil als Folge der sehr kleinteiligen Struktur in der deutschen Wasserwirtschaft erhebliche technische Ineffizienzen zu vermuten sind. Es kann damit die Hypothese fomuliert werden, dass die staatliche Marktzutrittsschranke deshalb besteht, um die Zuständigkeit der Kommunen für die Leistungen der Daseinsvorsorge beizubehalten. Die Begründung mit der Gefahr

---

In der Wasserversorgung gibt es allenfalls für größere Unternehmen eine Möglichkeit, sich diesem Zwang zu entziehen. Die untere Wasserbehörde kann entweder vom Anschluss- und Benutzungszwang befreien oder aber die obere Wasserbehörde müsste dem Unternehmen ein eigenes Wasserrecht ausstellen.

[22] Der Begriff des gleichen Qualitätsniveaus wird sich in Gänze erst im Verlauf von Kapitel 4 erschließen. So wird sich zum Beispiel mit der Sinnhaftigkeit des in Deutschland geltenden Gebots einer verbrauchsnahen Trinkwasserförderung auseinandergesetzt.
Angenommen, der Schutz regionalen Rohwassers ließe sich nicht anders bewerkstelligen als mit jenem Gebot, so könnte tatsächlich mit dem Prinzip ruinöser Konkurrenz in der Trinkwasserversorgung argumentiert werden. Der etablierte Anbieter hätte für die Trinkwasseraufbereitung versunkene Kosten aufgewendet, die einem potentiellen Konkurrenten bei besserer Rohwasserqualität nicht entstünden. Zum einen wird der Konflikt durch bestehende Transportkosten von Wasser zwar entschärft, zum anderen würde sich dennoch die Frage stellen, ob aufgrund dieses Beispiels tatsächlich auf die wohlfahrtsfördernde Kraft der potentiellen Konkurrenz verzichtet werden sollte. In Kapitel 4 werden eine Reihe vergleichbarer Fälle auch in der Abwasserentsorgung diskutiert.

der ansonsten „ruinösen Konkurrenz" ist hingegen nicht gerechtfertigt.[23]

Grundsätzlich kann damit geschlossen werden, dass der wasserwirtschaftliche natürliche Monopolist einer Regulierung unterworfen werden sollte, wenn er keiner potentiellen Konkurrenz ausgesetzt ist. Dies wird immer dann der Fall sein, wenn die wasserwirtschaftlichen Unternehmen gemäß ihrer optimalen Betriebsgrößen produzieren würden.[24] Für die große Anzahl wasserwirtschaftlicher Unternehmen in Deutschland ist dies nach Analyse verschiedener empirischer Studien in diesem Abschnitt nicht zu erwarten. Im Gegenteil: Möglicherweise müsste einer Reihe kleiner Unternehmen ökonomisch die Existenz abgesprochen werden. Sie behindern benachbarte größere Unternehmen, ihre jeweiligen Größenvorteile tatsächlich zum Einsatz zu bringen. Vor diesem Hintergrund kann hier festgehalten werden, dass unter der Annahme, wasserwirtschaftliche Unternehmen würden in ihrem Optimum produzieren, natürliche Monopole vorlägen und eine Regulierung aufgrund fehlender Bestreitbarkeit und mangelnder Substitutionsalternative (beides jeweils zumindest für die Haushalte) unabdingbar erscheint. Da diese Annahmen aber für Deutschland derzeit nicht gegeben sind, ist ein differenziertes Fazit zu ziehen. Zum einen sollten Mechanismen entwickelt werden, die zu einer Verringerung der Anzahl wasserwirtschaftlicher Unternehmen führt. Hier werden vor allem Elemente eines „Wettbewerbs im Markt" verstärkt interessant werden. Haben sich aber zum anderen Betriebsgrößen herausgebildet, bei denen natürliche Monopole technisch effizient arbeiten, so wäre sicherzustellen, dass diese nicht ihren Cournotschen Punkt realisieren. Verschiedene denkbare Regulierungsverfahren werden hierzu in der Folge analysiert.

3.2 Informationsasymmetrie als Kernproblem einer Preisregulierung

Es zeigte sich im vorangegangenen Abschnitt, dass, sofern in Deutschland nur noch wasserwirtschaftliche Unternehmen operieren würden, die jeweils in ihrem betriebswirtschaftlichen Optimum arbeiteten, es sich bei diesen um regulierungsbedürftige natürliche Monopolisten handeln würde.

---

[23] Eine besondere Wortwahl zu diesem Zusammenhang findet sich bei Vickers und Yarrow (1988, S. 108): „We are, to say the least, highly sceptical of this argument [das der ruinösen Konkurrenz; M.O.]."

[24] Selbstverständlich ändern sich im Zeitverlauf optimale Betriebsgrößen. Vor diesem Hintergrund wird in Abschnitt 5.1.1 zu analysieren sein, ob der vorgeschlagene preisregulatorische Rahmen sich neue optimale Unternehmengrößen endogen herausbilden lässt.

Im Rahmen dieses Abschnitts soll nun gezeigt werden, dass das durch geeignete Regulierungsverfahren zu minimierende zentrale Regulierungsproblem in der unterschiedlichen Informationsverteilung zwischen einer regulierenden Instanz[25] und dem zu regulierenden Unternehmen liegt.

Zu diesem Zweck soll angenommen werden, dass ein Konsument seitens eines Monopolisten mit Wasser versorgt wird.[26] Der Nutzen des Kunden bestimmt sich in Abhängigkeit der gelieferten Menge Q als $U(Q)$. Die anfallenden Kosten des Monopolisten werden angenommen als $C(Q) = F + cQ$ mit F als Fixkosten und cQ als den variablen Kosten. Die Regulierungsbehörde strebt nach allokativer Effizienz, also Preis gleich Grenzkosten ($p = GK = c$). Wie im letzten Abschnitt gezeigt bedeutet dies einen Verlust für den natürlichen Monopolisten, sofern die relevante Nachfragekurve die Durchschnittskostenfunktion in ihrem fallenden Ast schneidet ($GK < DK$). Der Monopolist erhält daher neben dem Preis T zum Verlustausgleich eine Subvention S. Da zur Finanzierung dieser Subvention der Staat zum Beispiel Steuern einnehmen muss, diese Erhebung aber an anderer Stelle mit Wohlfahrtseinbußen einhergeht („excess burden"), sei angenommen, dass für die Berechnung der volkswirtschaftlichen Wohlfahrt $(1 + g)S$ mit $g > 0$ in Rechnung zu stellen ist. Die Zielfunktion der Regulierungsbehörde besteht folglich in:

$$\underset{(T,S,Q)}{Max} \{[U(Q) - T] + [T + S - cQ - F] - [(1 + g)S]\} \qquad (3.1)$$

Dabei sind die Nebenbedingungen, dass sowohl Monopolist als auch Konsument überhaupt anbieten beziehungsweise nachfragen, zu berücksichtigen. Sie sind annahmegemäß dann dazu bereit, sofern ihnen kein negativer Nutzen entsteht. Also:

$$T + S - cQ - F \geqq 0 \text{ und } U(Q) - T \geqq 0 \qquad (3.2)$$

Wird zunächst von vollkommener Information ausgegangen – die Regulierungsbehörde kann sicherstellen, dass der Monopolist zu $p = GK$ anbietet – , so stellt sich heraus, dass die Lagrangefunktion

$$L = [U(Q)-T]+[T+S-cQ-F]-[(1+g)S]+\lambda(T+S-cQ-F)+\mu[U(Q)-T] \qquad (3.3)$$

abgeleitet nach T und S ergibt, dass $\lambda = \mu = g \ (> 0)$ ist. Beim Ableiten nach

---

[25] Wie sich bei der Auseinandersetzung mit den verschiedenen Regulierungsverfahren zeigen wird, braucht dies nicht notwendigerweise eine einzurichtende Regulierungsbehörde zu sein. In einem Wettbewerb um den Markt wäre der Prinzipal zum Beispiel die Kommune als Verhandlungspartner des (privaten) Konzessionärs.

[26] Bei der Darstellung des folgenden Modells wird weitgehend auf Macho-Stadler und Pérez-Castrillo (2001, S. 153ff.) zurückgegriffen.

der Menge Q und unter der Bedingung erster Ordnung folgt:

$$\frac{\partial L}{\partial Q} = U'(Q) - c - c\lambda + \mu U'(Q) \overset{!}{=} 0 \qquad (3.4)$$

$$\Leftrightarrow U'(Q)(1 + \mu) = c(1 + \lambda) \;\; \Leftrightarrow U'(Q) = c \qquad (3.5)$$

Gemäß Gleichung 3.5 ergibt sich für den Fall vollkommener Information, dass sich Grenzkosten und Grenznutzen entsprechen. Die gewählte Menge an Wasser ist optimal.

Im zweiten Schritt soll diese Situation nun mit der verglichen werden, die sich bei Aufhebung der Annahme vollkommener Information ergibt. Während die Nachfragefunktion als weiterhin bekannt unterstellt wird, kann die Regulierungsbehörde nun nicht exakt einschätzen, ob dem natürlichen, regulierungsbedürftigen Wassermarktmonopolisten für die Bereitstellung einer spezifischen Dienstleistung hohe marginale Kosten c^B oder niedrige marginale Kosten c^G entstehen. Es gilt die Annahme $c^B > c^G$.

Angesichts der Tatsache, dass die Regulierungsbehörde nicht überprüfen kann, ob der Monopolist hohe oder niedrige marginale Kosten hat, wird letzterer immer angeben, hohe marginale Kosten zu haben. Nur in diesem Fall macht er einen Gewinn.[27] Die Regulierungsbehörde bietet daher zwei Verträge an: $\{(T^G, S^G, Q^G),$ $(T^B, S^B, Q^B)\}$. Diese machen aber nur Sinn, wenn sichergestellt ist, dass der Monopolist in Abhängigkeit seiner marginalen Kosten den Vertrag wählt, der auch für ihn gedacht ist. Es sei angenommen, dass die Regulierungsbehörde einzig die Wahrscheinlichkeit q kennt, mit der der Monopolist für die Erbringung der konkreten Dienstleistung niedrige marginale Kosten hat. Es ergibt sich als Maximierungsbedingung:

$$\underset{\{(T^G,S^G,Q^G),(T^B,S^B,Q^B)\}}{Max} \left\{ \begin{array}{l} [q(U(Q^G) - T^G + (1-q)(U(Q^B) - T^B) \\ +[q(T^G + S^G - c^G Q^G - F) \\ +(1-q)(T^B + S^B - c^B Q^B - F)] \\ -[q(1+g)S^G + (1-q)(1+g)S^B] \end{array} \right\} \qquad (3.6)$$

---

[27] Abbildung A.5 im Anhang verdeutlicht diesen Zusammenhang. Im Fall ohne Regulierung und der Regulierungsbehörde bekanntem c^B würde der Monopolist bei tatsächlich vorliegenden Grenzkosten von c^G eine Produzentenrente von $DFGI$ erzielen.
Es wird hier nicht nur von monetärem Gewinn gesprochen. Denkbar ist auch, dass die Mitarbeiter eines (öffentlichen) Monopolisten, die offiziell keinen Gewinn ausweisen dürfen, sich einen Gewinn in Form von mehr Freizeit gönnen.

Diese Maximierung wird unter drei Arten von Nebenbedingungen bewerkstelligt. Der Monopolist darf sowohl für den Fall, dass er niedrige Grenzkosten, als auch für den Fall, dass er hohe marginale Kosten hat, keinen Verlust machen (Partizipationsbedingungen PB 1 und 2). Ebenso darf der Nettonutzen für den Konsumenten in keinem der beiden Fälle negativ sein (Partizipationsbedingungen PBK 1 und 2). Die dritte Art von Nebenbedingungen soll sicherstellen, dass es für den Monopolisten jeweils rational ist, eine wahre Auskunft über die eigene private Information zu geben (Anreizbedingungen AB 1 und 2). Es ergeben sich:

$$T^G + S^G - c^G Q^G - F \geqq 0 \tag{PB1}$$

$$T^B + S^B - c^B Q^B - F \geqq 0 \tag{PB2}$$

$$U(Q^G) - T^G \geqq 0 \tag{PBK1}$$

$$U(Q^B) - T^B \geqq 0 \tag{PBK2}$$

$$T^G + S^G - c^G Q^G - F \geqq T^B + S^B - c^G Q^B - F \tag{AB1}$$

$$T^B + S^B - c^B Q^B - F \geqq T^G + S^G - c^B Q^G - F \tag{AB2}$$

Da die erste Nebenbedingung erfüllt ist, sofern PB 2, AB 1 gelten (oben war zudem $c^B > c^G$ angenommen), braucht diese in der Lagrangefunktion nicht berücksichtigt zu werden. Die anderen werden berücksichtigt. Dabei sind folgende Lagrangeparameter folgenden Nebenbedingungen zugeordnet: PB 2 $\rightarrow \lambda$, PBK 1 $\longrightarrow \alpha$, PBK 2 $\rightarrow \beta$, AB 1 $\rightarrow \mu$, AB 2 $\rightarrow \gamma$. Das jeweilige Ableiten der Lagrangefunktion nach den einzelnen Größen T^G, S^G, Q^G, T^B, S^B, Q^B ergibt für die Lagrangeparameter $\lambda = g$, $\mu = qg + \gamma$, $\alpha = qg$ und $\beta = (1 - q)g$. Werden diese Parameter eingesetzt in die Ableitung der Lagrangefunktion nach den Mengen Q^G und Q^B, so ergibt sich:

$$U'(Q^G) - c^G = -\gamma \frac{(c^B - c^G)}{q(1 + g)} \leqq 0 \tag{3.7}$$

und:

$$U'(Q^B) - c^B = (\gamma + qg) \frac{(c^B - c^G)}{(1 - q)(1 + g)} > 0 \tag{3.8}$$

Ausgehend von obigen Gleichungen ist nun zu untersuchen, welchen Wert γ einnimmt. Es lässt sich zeigen, dass AB 1 und AB 2 bei $\mu > 0$ nur erfüllt sein können, sofern $\gamma = 0$. Dies in Gleichung 3.7 eingesetzt, ergibt gemäß Gleichung 3.9, dass der Monopolist wie im Fall vollkommener Information dann die optimale Menge einer mit Wasser verbundenen Dienstleistung bereitstellt, sofern er selber niedrige marginale Kosten c^G hat:

$$U'(Q^G) = c^G \tag{3.9}$$

Für den Fall hingegen, dass der Monopolist weniger produktiv ist, stellt dieser gemäß Gleichung 3.10 die Wasserdienstleistung in einer im Verhältnis zum Fall vollkommener Information zu geringen Menge her. Dies ergibt sich daraus, dass der marginale Nutzen für den Konsumenten im Fall unvollkommener Information größer ist als im Fall vollkommener Information.[28]

$$U'(Q^B) = c^B + qg\frac{(c^B - c^G)}{(1-q)(1+g)} \tag{3.10}$$

Zur Veranschaulichung lassen sich die folgenden Ergebnisse auch mit Hilfe von Abbildung A.5 im Anhang nachvollziehen:

- Sollte der Monopolist niedrige marginale Kosten c^G haben, so produziert er im Falle unvollkommener Information (uI) dieselbe effiziente Menge Q_{uI}, wie im Falle vollkommener Information $(Q_{uI}^G = Q_{vI}^G)$.

- Er tut dies deshalb, weil es für ihn unattraktiver wird, sich als wenig produktiv auszugeben. Die Grenzkosten $c^B + qg\frac{(c^B - c^G)}{(1-q)(1+g)}$ bei angebotener Menge Q_{uI}^B sind höher als dies mit c^B im Falle vollkommener Information war (Q_{vI}^B). Für den Fall, dass die Regulierungsbehörde c^B kennt, wird ein effizienterer Monopolist anstatt vorher eine Produzentenrente von $DFGI$ nun nur noch eine von $DEGH$ erhalten können. $BCDE$ wären an den Staat abzuführende Abgaben.

- Der Monopolist wird sich aber auch deshalb als mit niedrigen marginalen Kosten c^G ausgestattet offenbaren, weil er eine Informationsrente erhält. Diese muss mit $DEGH$ exakt so groß sein, dass sie gerade die Produzentenrente ausgleicht, die er andernfalls erhielte.

- Gegenüber der Situation ohne Informationsasymmetrien ist deshalb zum einen ein Nettowohlfahrtsverlust von $(1 - q) \bullet CEF$ zu konstatieren. Ei-

---

[28] Denn es gilt $qg\frac{(c^B - c^G)}{(1-q)(1+g)} > 0$.

ne gewisse Umschichtung von Konsumentenrente zu Produzentenrente ($q \bullet DGEH$) ist unausweichlich.

Hier wurde unterstellt, dass wohl Nachfrage und Grenzkosten c^B und c^G sowie deren jeweilige Wahrscheinlichkeiten q beziehungsweise $(1-q)$ bekannt sind. In der Realität hingegen ist zu vermuten, dass der Monopolist grundsätzlich versuchen wird, seine privaten Informationen weitestmöglich zu verschleiern. Im Rahmen der in den nächsten Abschnitten zu untersuchenden Regulierungsverfahren ist es damit zentral, sich jeweils der Möglichkeiten des natürlichen Monopolisten, relevante Informationen vorzuenthalten, bewusst zu sein. Wo immer möglich – so zeigen die Aussagen des vorgestellten Modells aus der Informationsökonomik – sollten Regulierungsmechanismen genutzt werden, die den Monopolisten dazu veranlassen, seinen wahren Typ zu offenbaren. „Asymmetric information", so folgern denn auch Vickers und Yarrow (1988, S. 99), „is at the heart of the economics of regulation."[29]

3.3 Preisregulierungsverfahren im Einzelnen

Bislang wurde hergeleitet, dass ein weitestmöglicher Wettbewerb auch für die Wasserwirtschaft anzustreben ist. Es liegt nahe, dass man die Diskussionen in Branchen, bei denen die Deregulierung bereits recht weit fortgeschritten ist, als Ausgangspunkt wählt. So könnte auch für die Wasserwirtschaft eine vertikale Trennung von Netz und Betrieb gefordert werden. Im Kern wären die Übertragungsnetze als regulierungsbedürftiges natürliches Monopol zu betrachten. Es wäre sicherzustellen, dass Unternehmen auf wettbewerblich organisierbaren vor- und nachgelagerten Wertschöpfungsstufen diskriminierungsfrei jene Bottleneckeinrichtung nutzen können. Sowohl in der Telekommunikation als auch bei Strom

---

[29] „Economics of regulation" ist abzugrenzen von der „economic theory of regulation" (Church und Ware, 2000, S. 769ff.). Während erstere eher normativer Natur ist, ist die zweite positiver Natur.
Diese letztere geht der Frage nach, weswegen regulierende Maßnahmen unternommen werden, obwohl sie volkswirtschaftlich Wohlfahrtsverluste generieren. So existiert nach Stigler (1971) oder Peltzman (1976) ein Markt für Regulierung. Gleich einem normalen Markt gebe es Anbieter für und Nachfrager von Regulierung. Posner (1974) baut auf diesem Ansatz auf und analysiert insbesondere die Nachfrage nach Regulierung näher. Zentral weist er auf die Rentenabschöpfung und die damit verbundene Verschwendung von Ressourcen hin. Mit Hilfe dieser Denkschule kann so zum Beispiel beantwortet werden, wie es zu den im vorigen Abschnitt bemängelten staatlichen marktabschottenden Maßnahmen kommen kann. Auch im weiteren Verlauf dieser Arbeit wird auf diese „economic theories of regulation" immer wieder zurückgegriffen.

und Gas liegen solche großflächigen Netze vor.

Aufgrund der Gutseigenschaften von Wasser und Abwasser (Abbildung 2.7) ist zu erkennen, dass in Abgrenzung zu denen von Strom diese Erfahrungen nicht so ohne weiteres übertragbar sind. Der Transport von Wasser ist mit hohen Kosten verbunden und gerade die Mischbarkeit von Trinkwasser stößt wie angesprochen an Grenzen. Vor diesem Hintergrund ist tendenziell eher davon auszugehen, dass unter der Annahme, dass grob im Betriebsoptimum produziert wird, Elemente eines Wettbewerbs im Markt von untergeordneter Bedeutung sein werden. Diese These wird durch einen Blick nach England bestätigt. Trotz der Tatsache, dass ein jedes wasserwirtschaftliches Unternehmen mittlerweile eigene Netzzugangsregelungen erlassen hat, kommt es kaum zum Beliefern von Kunden in anderen Versorgungsgebieten.[30]

Nun zeigte das vorherige Kapitel aber, dass die Annahme, wonach deutsche Unternehmen in ihrem jeweiligen Betriebsoptimum produzieren, zumeist nicht erfüllt ist. Vor diesem Hintergrund werden die im unmittelbar folgenden Abschnitt diskutierten Möglichkeiten eines Wettbewerbs im Markt so lange von großer Relevanz sein, bis sich technisch effiziente Untenehmenseinheiten in Deutschland endogen hrausgebildet haben werden.

Sobald aber die Einheiten technisch effizient arbeiten, liegen in Deutschland regulierungsbedürftige, natürliche, regionale Monopole vor. Technische Entwicklungen oder eine sich stark verändernde Nachfrage werden die jeweils optimale Betriebsgröße wohl verändern, weswegen ein preisregulatorischer Rahmen zu schaffen ist, der eine solche Neuanpassung sich immer wieder endogen herausbilden lässt. Die Regel aber wird dies nicht sein, weswegen ein Wettbewerb im Markt als alleiniges Regulierungsverfahren nicht ausreichen wird. In den Abschnitten 3.3.2 bis 3.3.4 werden daher alternative Regulierungsverfahren auf ihre Eignung hin überprüft. Die Überlegungen des vorangegangenen Abschnitts werden hierbei leitend sein: Eine regulierende Organisation wird in der Regel immer einen Informationsnachteil haben, weswegen zum einen das Vermeiden einer Produzentenrente reines Wunschdenken ist und zum anderen wie Abbildung A.5 im Anhang zeigte, ein Wohlfahrtsverlust unumgänglich erscheint. Gleichwohl geht es um dessen Minimierung.

---

[30] Während Schönbäck et al. (2003a, S. 157) den Grund hierfür in zu restriktiven Netzzugangscodes sehen, wird im Abschnitt zum Wettbewerb im Markt eher die Ansicht vertreten werden, dass in einer effizient strukturierten Wasserwirtschaft eine gemeinsame Netznutzung nur bedingt Bedeutung erlangen wird.

3.3.1 Wettbewerb im Markt

Wettbewerb wird dadurch implementiert, dass Nachfrager zwischen alternativen Anbietern und Formen der Wasserversorgung und Abwasserentsorgung auswählen können. Für größere industrielle Kunden in Deutschland zeigte die bereits angesprochene, weit verbreitete Eigenversorgung und Direkteinleitung, dass es alternative Arten der Ver- und Entsorgung[31] gibt. Doch nicht nur diese, auch größere, noch von der öffentlichen Wasserwirtschaft versorgte Kunden stellen für die Regulierung kein unmittelbares Problem dar. Im Sinne des Kriteriums der Bestreitbarkeit aus Abschnitt 3.1.4 lässt bereits die Möglichkeit, mit Abwanderung zu drohen, vermuten, dass solche Unternehmen auch unter dem gegenwärtigen Rahmen in Deutschland keine Probleme haben, Sonderkonditionen einzufordern.

Damit ist in diesem Abschnitt erstens zu eruieren, ob neben den Möglichkeiten von Eigenversorgung und Direkteinleitung nicht ebenso eine Versorgung durch alternative Anbieter möglich erscheint. Hierzu werden zunächst die verschiedenen Formen, in denen sich ein Wettbewerb im Markt fördern lässt, vorgestellt. Der Auseinandersetzung mit der Alternative einer gemeinsamen Netznutzung wird hier besondere Aufmerksamkeit geschenkt.[32] Diese Form ist aufgrund einer nicht notwendigen Duplizierung der Infrastruktur besonders reizvoll, ist aber gleichsam mit ernstzunehmenden Hindernissen behaftet. Welche dies sind und wie diese sich möglicherweise lösen lassen, ist Gegenstand des Abschnitts 3.3.1.2. Besonders interessant ist hier aus theoretischem Blickwinkel die Trennung von Netz und Betrieb. Auch für die Regulierung der Wasserwirtschaft würde durch eine solche Maßnahme das Problem der Informationsasymmetrie wesenlich entschärft. Ebenso aber sprechen gewichtige Gründe gegen eine vertikale Separierung. Dies gilt gleichermaßen für den derzeitigen deutschen Status quo als auch für eine Situation, in der in Deutschland weitestmöglich im Betriebsoptimum gearbeitet würde.

---

[31] Wo nicht anders gekennzeichnet, wird im weiteren Abschnitt der besseren Lesbarkeit halber jeweils nur von Wasserversorgung, Wasserversorger und Leitungen gesprochen. Mit Ausnahme des Abschnitts 3.3.1.2 zur gemeinsamen Netznutzung beinhaltet dies, sofern nicht anders vermerkt, jeweils auch abwasserwirtschaftliche Begriffe wie Abwasserentsorgung, Abwasserentsorger oder Kanäle.

[32] Diese besondere Aufmerksamkeit ist auch in diesem Abschnitt relativ zu sehen. Wie schon angesprochen, gibt es bereits sehr gute Arbeiten, die die Optionen für die Wasserwirtschaft hinlänglich umreißen. Vor diesem Hintergrund wird sich hier möglichst knapp gehalten. Sollten dem Leser die Ausführungen zu kompakt sein, sei auf Stuchtey (2002, Abschn. 4.2) verwiesen. Sie beschäftigt sich zwar in erster Linie mit der Wasserversorgung, die theoretische Herangehensweise ist aber ohne weiteres auch für die Abwasserentsorgung nutzbar.

Prinzipiell ist neben der Eigenversorgung großer Privater ein freier Leitungsbau, eine gemeinsame Netznutzung sowie jeweils in Ergänzung eine Einschaltung von Zwischenhändlern denkbar.

3.3.1.1 Die Variante eines freien Leitungsbaus

Beim freien Leitungsbau steht es Unternehmen frei, Nachfrager in benachbarten Gebieten zu bedienen. Vor dem Hintergrund der Überlegungen zu versunkenen Kosten in Abschnitt 3.1.4 wird ein hoher Wettbewerbsdruck insbesondere bei Erstanschlüssen zu erwarten sein. Die in Frage kommenden Versorger haben jeweils noch keine Investitionen getätigt, die als versunkene Kosten marktschließend wirken können. In einer Situation, in der die wasserwirtschaftlichen Unternehmen nahe an ihrem Betriebsoptimum arbeiten, dürfte der Anschluss von neuen Nachfragern nahezu der einzige Fall sein, in dem dieses Element des freien Leitungsbaus zum Einsatz kommt.

In England besteht die Möglichkeit eines solchen freien Leitungsbaus. Die Erfahrung dort bestätigt obige These, dass in einer bereits relativ effizient produzierenden Wasserwirtschaft diese „Cross Border Competition" nahezu nicht in Anspruch genommen wird (DEFRA, 2002a, Tz. 20). Daraus braucht aber nicht gleichfalls auf dessen Irrelevanz auch für Deutschland geschlossen zu werden. Erstens sind die Versorgungsgebiete in Deutschland wesentlich kleiner, weswegen ein vH-Teil relativ näher an Gebietsgrenzen liegt und somit die potentiellen Investitionskosten in Folge stärkerer räumlicher Nähe niedriger wären. Zweitens hat bislang die Drohung der Abwanderung aufgrund der staatlich verordneten Marktschließung nicht wirken können. So wäre zum einen für Randgebiete von Versorgungseinheiten und für größere Nachfrager von einem freien Leitungsbau in Deutschland einiges zu erwarten. Drittens kann für Deutschland in Anlehnung an die Studien zu Größenvorteilen in Abschnitt 3.1.3 davon ausgegangen werden, dass die enorme Parzellierung überhaupt erst der Grund für technische Ineffizienz ist. Vor diesem Hintergrund wäre es nicht auszuschließen, dass ganze Versorgungsgebiete von Nachbarversorgern „geschluckt" würden. Wie oben gezeigt, wäre in der Regel nicht von ruinöser Konkurrenz auszugehen.

Dies gilt im Ergebnis auch für den Fall, dass ein bisheriger Versorger im Vertrauen auf das (in der Regel übliche) Gebot der verbrauchsnahen Förderung[33]

---

[33] Zur Diskussion dieses Gebots siehe Abschnitt 4.3.1.1.

zum Beispiel in Aufbereitungsanlagen investiert hat. Ein alternativer Versorger hätte nun die Möglichkeit, mit besserem Rohwasser zu konkurrieren, ohne seinerseits in teure Aufbereitungsanlagen investieren zu müssen. An dieser Stelle könnte somit argumentiert werden, dass der positive externe Effekt in Form des Gewässerschutzes berücksichtigt werden sollte. Dies ist nicht falsch. Da sich aber in Abschnitt 3.1.3 alternative Formen, das Grundwasser zu schützen, ableiten lassen, kann geschlossen werden, dass das Argument des Gebots verbrauchsnaher Förderung nicht dazu genutzt werden sollte, das Herausbilden effizienterer Unternehmenseinheiten zu verhindern.

Zusammenfassend ist damit zu vermuten, dass dem freien Leitungsbau vermutlich so lange eine bedeutende Rolle in Deutschland zukommen wird, bis jeweils von der Tendenz her im Betriebsoptimum produziert wird.[34] Danach aber sollte diesem Element, ähnlich der Situation in England, eher eine untergeordnete Rolle zukommen.

Eine begleitende Regulierung ist dennoch unabdingbar. Die Gefahr ist gegeben, dass ein derzeitiger Versorger versucht, durch Verlagerung der Kosten auf solche Kunden, die für potentielle Alternativanbieter aufgrund ihrer Größe und ihres regionalen Standorts, uninteressant sind, vermeintlich konkurrenzfähig zu bleiben. Beim Versuch, einen mit Abwanderung drohenden Nachfrager zu halten, würde unterhalb der zuzurechnenden Grenzkosten angeboten und ein volkswirtschaftlich wünschenswerter Anbieterwechsel würde unterbunden.[35]

---

[34] Der Klarheit halber sei erwähnt, dass die Nutzung freien Leitungsbaus nicht den tatsächlichen Bau von Parallelleitungen impliziert. Die Drohung, die Versorgung zu übernehmen, würde eher zur Bildung größerer Unternehmenseinheiten führen. Innerhalb dieses größeren Versorgers könnte nun überlegt werden, wo exakt das Rohwasser gefördert wird, wo dieses aufbereitet wird und ob Wässer gemischt werden können. Der Variante dieses freien Leitungsbaus wird also nicht deshalb für die derzeitige deutsche Situation das Wort geredet, weil eine Duplizierung des Netzes angestrebt wird, sondern vielmehr, weil sich aus der Drohung des Markteintritts eine Neustrukturierung hin zu technisch effizienteren Unternehmenseinheiten ergeben sollte.

[35] Gewöhnlich werden hier die langfristigen Grenzkosten zu Grunde gelegt. Damit werden nicht nur die variablen Kosten betrachtet, die mit einer marginalen Veränderung des Outputs einhergehen, sondern auch die fixen Kosten. In längerfristiger Perspektive werden auch diese als anpassungsfähig betrachtet (OFWAT, 2001j, S. i). Zur konkreten Bestimmung der langfristigen Grenzkosten in der Wasserwirtschaft siehe neben OFWAT (2001j) auch Turvey (2000) und Turvey (2001).

3.3.1.2 Die Variante einer gemeinsamen Netznutzung

Die zweite Art, mehr Wettbewerb im Markt zu begründen, ist die gemeinsame Netznutzung. Dies ist die Art von Wettbewerbsverfahren, die aus deregulierten Branchen wie Strom, Gas und Telekommunikation bekannt ist.[36] Durch Aufspaltung der kompletten Dienstleistung in Wertschöpfungsstufen zeigt sich, dass auf einigen durchaus Wettbewerb implementierbar ist, andere hingegen weisen Eigenschaften natürlicher Monopole auf.

Letzeres gilt in der Wasserwirtschaft auch für Trinkwasserleitungen und Abwasserkanäle. Diese sind regulierungsbedürftig, da diese Netze weder bestreitbar sind noch in intermodalem Wettbewerb stehen. Als „wesentliche Einrichtung" sind sie die Voraussetzung dafür, dass vor- und nachgelagerte Dienstleistungen überhaupt erbracht werden können. Die Monopolmacht des Eigentümers dieser „monopolistischen Bottelnecks" bietet Anreize, auch komplementäre Dienste zu monopolisieren (Laffont und Tirole, 2000, S. 98). Zentrale Aufgabe der Regulierung ist damit die Gewährleistung eines diskriminierungsfreien Netzzugangs. Dies kann vom Grundsatz her zum einen durch die Regulierung von Netzzugangsentgelten, zum anderen durch vertikale Separierung („unbundling") angestrebt werden. Bevor knapp auf diese beiden Alternativen eingegangen wird, ist aber zunächst zu fragen, welche Relevanz dieser gemeinsamen Netznutzung überhaupt zukommt.

Es wird sich zeigen, dass für die Wasserwirtschaft dieses wettbewerbliche Verfahren nur von untergeordneterer Bedeutung ist. Zwar ist die einstige Absolutheit, mit der noch Vickers und Yarrow (1988, S. 402) dieses Regulierungsverfahren ablehnten, heute zu relativieren, dennoch ist ein Durchleitungswettbewerb auch heute als alleiniges Regulierungsverfahren nicht anzuraten, weil eine nur geringe Wettbewerbsintensität zu erwarten wäre. Dies liegt zum einen an den hohen Transportkosten. Wieder unter der Voraussetzung, dass die Unternehmen nahe ihres Betriebsoptimums anbieten und – sofern sinnvoll – bereits auf Fernwasserlieferungen zurückgreifen, ist eine interregionale Lieferung häufig weder betriebswirtschaftlich noch volkswirtschaftlich sinnvoll. Neben den Transportkosten ist für die Wasserversorgung ferner festzustellen, dass eine Qualitätsbeeinträchtigung bei Lagerung und Transport eintreten kann,[37] der Netzbetreiber vor hy-

---

[36] Erneut sei auf die bereits in der Einleitung verwiesenen Schwierigkeiten mit einzelnen Begrifflichkeiten hingewiesen. Eine Deregulierung impliziert hier demnach nicht eine Entregulierung, sondern vielmehr eine Reregulierung.

[37] Hierzu zitiert Stuchtey (2002, S. 76) Flinspach (1996), wonach Wasser einer guten Ausgangsqualität rund sechs Tage im Netz verbleiben und maximal über 300 km transportiert werden kann, bevor unerwünschte Begleiteffekte wie mikrobielles Wachstum einsetzen

draulischen, möglicherweise damit einhergehend kosteninduzierenden Herausforderungen[38] steht, und die Mischbarkeit von Wässern unterschiedlicher Herkunft
nicht immer gesichert ist.[39] Ebenso müssen Haftungsfragen geklärt werden.[40]

Für die Abwasserseite ist festzustellen, dass zwar die Mischbarkeit von Abwässern kein Problem darstellt, dafür treten aber nach Gordon-Walker und Marr
(2002, S. 51) mindestens ähnliche Zweifel an der Durchschlagskraft gemeinsamer
Netznutzung auf. So wird sich in der Abwasserentsorgung vor allem der Gravitation bedient. Die Kläranlagen liegen zumeist an den tiefsten Stellen eines
Entsorgungssystems. Bisweilen mag eine weitere Zuleitung ökonomisch sinnvoll
sein, in der Regel aber wird eine größerflächige Entsorgung mit einem Einsatz
von Pumpen und damit hohen Energiekosten einhergehen. Unabhängig von der
wirtschaftlichen Vorteilhaftigkeit stellen Gordon-Walker und Marr (2002, S. 51)
darüber hinaus für viele Fälle auch die grundsätzliche Möglichkeit einer gemeinsamen Netznutzung in Abrede. So setzt die Option einer alternativen Ableitung

---

könnten.

[38] Bei der Einspeisung sind als Nebenbedingungen die Bemessungsdrücke im Netz und in
der Hausinstallation zu berücksichtigen. Während ein Überdruck zu Rohrbrüchen führen
kann, gelangen bei Unterdruck möglicherweise die Wassergüte vermindernde Stoffe von
außen in das Rohrleitungssystem (Stuchtey, 2002, S. 77).
Ferner verläuft – wie bei den Gutseigenschaften in Abschnitt 2.1 angesprochen – der Transport gerichtet. Ein häufiges Umkehren der Strömungsrichtung oder plötzliche Erhöhungen
der Fließgeschwindigkeit können zu Ablösungen in den Netzen führen, die – zwar gesund-
heitlich unbedenklich (Stuchtey, 2002, S. 77) – die Wasserqualität dennoch beeinträchtigen
(DVGW, 2001, S. 13). Zudem hat ein Ändern des eingespeisten Wassers längerfristig auch
mögliche negative Auswirkungen auf die Lebensdauer der Infrastruktur (DWI, 2000a, Tz.
19).

[39] Ein Charakteristikum des Gutes Trinkwasser in Abbildung 2.7 war dessen Heterogeni-
tät. In Abhängigkeit von geologischen und biologischen Gegebenheiten im Gewinnungs-
gebiet unterscheidet sich Rohwasser hinsichtlich seiner physikalischen, wasserchemischen
und mikrobiologischen Beschaffenheit. Während die Mischung von Wässern unterschiedlicher Beschaffenheit damit häufig schwierig und kostenintensiv ist, ist doch gleichfalls
darauf hinzuweisen, dass die Mischung von Wässern gleicher Beschaffenheit in der Regel
unproblematisch ist und zu einem wesentlichen Teil auch heute schon zu den regelmäßigen
Aufgaben eines Wasserversorgers gehört (Stuchtey, 2002, S. 77ff.). Gemäß des DVGW-
Arbeitsblattes W 216, Abschn. 3 besteht gleiche Beschaffenheit, wenn die Werte charak-
teristischer Parameter der zu mischenden Wässer jeweils in einer Bandbreite m liegen.
Stuchtey (2002, S. 78f.) fährt anschaulich fort, welche technischen Möglichkeiten auch ein
Mischen unterschiedlicher Wässer ermöglichen (Trennen, zentral mischen, ausgleichen).

[40] Stuchtey (2002, S. 81f.) propagiert hier eine gesamtschuldnerische Gefährdungshaftung.
Unabhängig von der Frage eines fahrlässigen Handelns würden die beteiligten Unternehmen gleichermaßen zur Verantwortung gezogen. Dies ist, wie auch die Überlegungen in
Abschnitt 4.1.3.2 zeigen werden, unter Anreizgesichtspunkten im Gegensatz zur Verschuldenshaftung positiv zu bewerten.
Dennoch spricht einiges für das Zuweisen eindeutiger Verantwortlichkeiten. So ist sich DWI
(2000b, Tz. 4) anzuschließen, die die Sicherung insbesondere der Trinkwasserqualität ausschließlich in der Aufgabe des Netzinhabers sehen.

zum einen freie Kapazitäten vor allem bei den Kläranlagen voraus. Die Unterhaltung solcher freier Kapazitäten ist aber extrem teuer und ein Aufbau wird daher zumeist zu vermeiden gesucht. Ferner muss die aufnehmende Kläranlage den Qualitätsstandard aufweisen, um die zugelieferte Abwassermenge auch den Umweltvorgaben gemäß zu klären.

Bezüglich des Punktes etwaiger freier Kapazitäten ist erneut Abbildung 2.4 in Erinnerung zu rufen. Sie zeigte, wie sehr die nachgefragte Trinkwassermenge zurückgegangen ist. Da sich bei der Kapazitätenplanung für Kläranlagen auch an der Trinkwassermenge ausgerichtet wird, ist zu erwarten, dass – obgleich vielleicht ungewollt – häufig freie Kapazitäten vorliegen werden.[41] Für Deutschland mag daher die Situation vorliegen, dass eine ökonomisch sinnvolle Option einer zusätzlichen Zuleitung entgegen obiger These existiert. Auch die zweite Voraussetzung mag zwar europaweit häufig nicht gelten, für Deutschland kann ein gewisser einheitlicher Qualitätsstandard der Kläranlagen hingegen fast vorausgesetzt werden. So ist zum Beispiel der relative Anteil an vollbiologischer Abwasserklärung in Deutschland im europäischen Vergleich sehr hoch (Schmitz, 2002, S. 29). Außerdem wurde bereits darauf hingewiesen, dass in Deutschland in „vorauseilendem Gehorsam" technische Anforderungen flächendeckend an den EU-Höchststandards festgelegt wurden (BGW, oJ). Zusammenfassend ist also sowohl für die Wasserversorgung als auch für die Abwasserentsorgung festzustellen, dass in Einzelfällen eine gemeinsame Netznutzung möglich sein sollte. Dieses Regulierungsverfahren wird aber nicht die Bedeutung erlangen können, wie dies in der Telekommunikation, der Strom- oder der Gaswirtschaft der Fall ist.

Für die Wasserversorgungsseite ist insbesondere der enorme Informationsbedarf hervorzuheben, der nötig ist, um letztendlich bestimmen zu können, ob eine Zuleitung mit oder ohne neuerliche Behandlung überhaupt möglich ist. Es ist unschwer vorstellbar, wie bei vertikaler Integration der bisherige Anbieter einen Marktzugang eines Konkurrenten zu unterbinden oder zumindest weitestmöglich zu verzögern wissen wird. Daran würde sich auch nichts ändern, wenn in Deutschland die Meinung der englischen Trinkwasserbehörde übernommen würde, wonach es in den meisten Fällen kein Problem darstellen sollte, neue Bezugsquellen zu integrieren (DWI, 2000b, Tz. 5). Bis sich in Deutschland größere Unternehmenseinheiten herausgebildet haben, ist damit eine gemeinsame Netznutzung nur für solche Fälle vorstellbar, in denen sich alter und neuer Anbieter darauf freiwillig einigen. Eine Streit schlichtende Organisation wäre bei derzeit rund 15.000

---

[41] So stellt zum Beispiel Kuhn (2001, S. 118) fest, dass in den neuen Bundesländern Probleme vor allem dadurch entstehen, dass Endausbaustufen von Kläranlagen häufig unter einem geringen Auslastungsgrad leiden.

wasserwirtschaftlichen Unternehmen angesichts der Komplexitität und Spezifität einer jeden Prüfung nicht denkbar.

Eine Alternative bestünde hingegen in der Trennung von Netz und Betrieb. Es gäbe damit keinen derzeitigen Nutzer, den der derzeitige Netzbetreiber im Sinne der Theorie vertikaler Wettbewerbsbeschränkungen zu bevorteilen suchen würde. Vor diesem Hintergund wäre das Problem der möglicherweise entgegengesetzten Interessen gelöst. Nicht umsonst avanciert jenes „legal unbundling" scheinbar zum Patentrezept für Netzwerkindustrien.

Tatsächlich aber ist auch dieses Modell zumindest vorläufig für die Wasserwirtschaft aus den folgenden Gründen ungeeignet:

- Als ein erstes Ziel sollte das endogene Herausbilden unternehmerischer Einheiten befördert werden, in denen jeweils im betrieblichen Optimum produziert wird. Eine eigentumsrechtliche Trennung von Netz und Betrieb zum jetzigen Zeitpunkt würde damit bedeuten, dass sich die Anzahl der wasserwirtschaftlichen Unternehmen für den Moment verdoppeln würde. Ein Herausbilden neuer, ökonomisch sinnvollerer Unternehmenseinheiten würde sich so vermutlich zeitlich verzögern.

- Eine eigentumsrechtliche Trennung von Netz und Betrieb zum gegenwärtigen Zeitpunkt würde zudem eine volkswirtschaftlich nicht gut zu heißende Aufblähung der Beschäftigtenzahl in der Wasserwirtschaft zur Folge haben. Größen- und Verbundvorteile würden in der Form aufgegeben, als dass auf einzelnen getrennten Stufen nun Arbeitskräfte unausgelastet wären. Selbstverständlich würden sich diese Mehrkosten in den Wasserpreisen und Abwassergebühren niederschlagen. Ferner zeigt Stuchtey (2002, S. 89ff.), dass der hohe Grad der Abhängigkeit von Netzbetreiber und Netznutzer gerade im ländlichen Raum theoretisch für ein integriertes Anbieten spricht. Empirisch wird dieser Zusammenhang von Garcia et al. (2003) bestätigt. Eine Analyse von 204 unterschiedlich strukturierten Wasserversorgern in Wisconsin zeigte, dass gerade bei den kleinen Unternehmen hohe Verbundvorteile integrierten Anbietens vorlagen.

- Auch ex post – also nach Herausbilden technisch effizient produzierender Einheiten – muss die vertikale Desintegration nicht notwendigerweise von Vorteil sein. Wie Stuchtey (2002, S. 89ff.) theoretisch und SWC (2004, S. iii) empirisch zeigen, können mit der integrierten Produktion Effizienzvorteile verbunden sein, die bei Trennung von Netz und Betrieb möglicherweise leichtfertig geopfert würden.

Es ist damit abschließend festzuhalten, dass zum jetzigen Zeitpunkt für Deutschland eine Trennung von Netz und Betrieb nicht ratsam wäre. Auch nach einem endogenen Herausbilden optimaler Betriebsgrößen wäre eine solche vertikale Separierung zumindest zu hinterfragen. Für die Entwicklung eines preisregulatorischen Vorschlages wäre angesichts auch dieser Unsicherheit damit zu fordern, dass er Freiräume beinhaltet, dass sich endogen erweisen kann, ob eine integrierte oder aber eine disintegrierte Produktion vorzuziehen wäre.[42]

Für den Fall, dass sich ex post vertikal integrierte Unternehmen als vorteilhaft erweisen sollten, braucht gleichzeitig nicht auf eine gemeinsame Netznutzung verzichtet zu werden. In diesem Fall sind Mechanismen zu finden, die die Bestimmung der Netzzugangsentgelte regeln.[43] Soll zum Wohle der Kunden verhindert werden, dass das regionale wasserwirtschaftliche Unternehmen für die Nutzung seiner Netze Monopolpreise setzt, so ist genauso wie im Fall einer vertikalen Separierung eine Regulierung unabdingbar. Auch hier könnte aus den englischen Erfahrungen gelernt werden.[44]

Nachdem die englische Trinkwasserbehörde im Februar 2000 keine grundsätzlichen Bedenken mehr gegenüber einer gemeinsamen Netznutzung vorbrachte

---

[42] Ohne dem weiteren vorzugreifen, profitiert Deutschland in der Frage der Neuausrichtung der Wasserwirtschaft von den bereits gemachten Erfahrungen in anderen Ländern. Ganz konkret bezogen auf den hier aufgeworfenen Punkt wird die Zeit zeigen, ob zum Beispiel Glas Cymru Cyfyngedig, das walisische Wasserwirtschaftsunternehmen, vertikal separiert preiswerter bei gleicher Qualitätsbereitstellung anzubieten vermag als die sonstigen vertikal integrierten englischen Unternehmen. Siehe hierzu auch Abschnitt 5.1.2.2.

[43] Zu den allgemeinen theoretischen Grundlagen bezüglich Netzzugangsregeln und der Preisfestsetzung siehe Laffont und Tirole (2000, Kap. 3,4). Zur konkreten Bestimmung der Netzzugangsentgelte in der Wasserwirtschaft wird wieder in Ermangelung brauchbarer Alternativen nach England geschaut. Der den Netzzugang Gewährende ist frei, ob er als Bemessungsgrundlage die Buchwerte, die langfristigen Grenzkosten oder aber die sog. „Efficient Component Pricing Rule" (ECPR) nutzt (OFWAT, 2002a, S. 22). Gleiches gilt für die Tarife, die es zu Grunde legt. Dem Prinzip der Nicht-Diskriminierung folgend (OFWAT, 2002b, S. 8) ist sicherzustellen, dass der Wettbewerber keine höheren Netzzugangspreise zahlen braucht, als sich gemäß vergleichbarer interner Verrechnungspreise ergäbe. Dies setzt bereits einen umfangreichen Regulierungsapparat voraus.

[44] Die im Fließtext folgende kurze Auseinandersetzung mit den englischen Erfahrungen inklusive dem Verweis auf weiterführende Literatur soll diesen Abschnitt zu gemeinsamer Netznutzung beschließen. Obgleich interessant findet eine tiefere Analyse von Netzzugangsbestimmungen nicht statt. Der Grund ist darin zu sehen, dass, sofern auch die Umsetzung etwaiger Leitlinien analysiert würde, die Thematik sehr komplex ist. Die relativ untergeordnete Bedeutung dieses Verfahrens rechtfertigt eine solche Detailanalyse im Rahmen dieser Arbeit nicht.

(DWI, 2000a), schwenkte auch die englische Regierung im April 2000 auf diesen Kurs ein.[45] Seitens der englischen Wasserregulierungsbehörde Office of Water Services (OFWAT) wurden die Unternehmen bereits im Vorfeld aufgefordert, eigene Vorstellungen zu offenbaren, unter welchen Voraussetzungen und zu welchen Preisen sie konkurrierenden Anbietern den Zugang zu den eigenen Netzen einzuräumen gedachten.[46] Nach offener, transparenter Diskussion mit sämtlichen wasserwirtschaflichen Akteuren wurden letzlich im März 2002 die Leitlinien über Netzzugangsbedingungen veröffentlicht (OFWAT, 2002a).[47] Mitte 2002 besaß ein jedes wasserwirtschaftliches Unternehmen eigene Netzzugangsbestimmungen.[48]

3.3.1.3 Die Variante einer Einschaltung von Zwischenhändlern

Die dritte Art, einen Wettbewerb im Markt zu befördern, ist die Einschaltung von Zwischenhändlern. Hierbei schließt ein Nachfrager einen Wasserliefervertrag mit einem Zwischenhändler. Dieser bündelt die Nachfrage und kann so – im Prinzip – Effizienzvorteile generieren, die er zum Teil an den Nachfrager weitergibt.

Interessant – und im Kern auch deshalb hier als dritte, eigenständige Form dargestellt – ist die Einschaltung von Zwischenhändlern bei gleichzeitiger Marktöffnung. Da zunächst für Deutschland eine gemeinsame Netznutzung als nicht durchführbar erscheint, ist für freien Leitungsbau genau das Gegenteil festgestellt worden. Dieser kann sehr wohl dazu dienen, dass sich endogen effizientere Unternehmensgrößen herausbilden. Sofern nun ein Zwischenhändler die Nachfrage kleiner Kunden bündelt und diese einem potentiellen Konkurrenten des bisherigen Versorgers andient, wird ein Marktzutritt jenes alternativen Anbieters

---

[45] „The government", so das zuständige Ministerium DETR (2000, S. 3) (heute DEFRA),„believes that the properly managed development of effective competition in the water industry in England and Wales is desirable, as this should lead [...] to the benefit of consumers."

[46] Dies geschah in Form verschiedener Rundschreiben (sog. „Letters to Managing Directors"). OFWAT (2000a) und OFWAT (2000d) sind hier besonders zu nennen.

[47] Gerade für das Lernen aus englischen Erfahrungen ist die Transparenz, mit der sich letztendliche Leitlinien herausbilden, hilfreich. So wurden zunächst Regulierungsvorschläge gemacht, zu denen wasserwirtschaftliche Akteure um Stellungnahme gebeten wurden OFWAT (2001a). Diese Ansichten samt der Antworten darauf von OFWAT finden sich in OFWAT (2002b).

[48] Siehe beispielhaft die Netzzugangscodes von Sutton and East Surrey Water (2002), die im Juli 2002 erschienen. Zu kritischeren Tönen bezüglich der Netzzugangscodes siehe Schönbäck et al. (2003a, S. 157).

wahrscheinlicher.[49]

Zusammenfassend lässt sich damit festhalten, dass Elementen eines Wettbewerbs im Markt in der Wasserwirtschaft im Gegensatz zu anderen Netzwerkindustrien nicht die herausragende Bedeutung zukommt. Während die gemeinsame Netznutzung bei gegebener Produktion in optimalen Betriebsgrößen additiv einsetzbar erscheint und sich theoretisch auch eine vertikale Disintegration herausbilden könnte, ist für die besondere Situation Deutschland mit seiner kleinteiligen Struktur dieses Verfahren zunächst nicht anwendbar. Hier ist weit eher das Element des freien Leitungsbaus kombiniert mit der Zulassung von Zwischenhändlern interessant.

Ganz grundsätzlich sollte zudem klar geworden sein, dass auch bei einer potentiell alleinigen Anwendung von Elementen eines Wettbewerbs im Markt eine begleitende Regulierung notwendig bleibt. Zum einen geht es bei der gemeinsamen Netznutzung um die Sicherstellung eines diskriminierungsfreien Zugangs zur monopolistischen Engstelle. Im Fall der vertikalen Separierung sind die Netzbetreiber einer Regulierung zu unterwerfen. Für die Situation integrierter Unternehmen hingegen sind die Netzzugangsentgelte zu überwachen. Zum zweiten zeigte die Diskussion, dass Einnahmen auf vor Wettbewerb geschützten Marktsegmenten dazu genutzt werden können, um sich eine bessere Ausgangsposition im Kampf um umworbene Kunden zu sichern. Vor diesem Hintergund sind insbesondere kleine Nachfrager vor einer Übervorteilung zu schützen. Während es für einen potentiellen Konkurrenten wenig Gründe gibt, weswegen er sich um einen auch langfristig defizitären Kunden bemühen sollte, sieht die Situation für ein kleines Wasserwirtschaftsunternehmen schon anders aus. Gerade in der Umbruchsituation, bis sich eine ökonomisch vorteilhaftere Struktur herausgebildet hat, besteht die Gefahr, dass ein kleiner bedrohter Versorger oder Entsorger so lange wie möglich auch auf Kosten der gefangenen Kunden – in der Regel Hauhalte – versuchen wird, seine großen Nachfrager zu halten.

---

[49] Der Vollständigkeit halber sei bemerkt, dass ein Zwischenhändler auch die Nachfrage für spezifische Einzeldienstleistungen der wasserwirtschaftlichen Wertschöpfungskette bündeln könnte. Ein Fall wäre, dass ein Stadtwerk auch die Fakturierung für Kunden des abwasserentsorgenden Unternehmens übernimmt.

3.3.2 Kostenorientierte Regulierung

Bei einer kostenorientierten Regulierung werden die anfallenden Kosten, die mit der Erbringung einer wasserwirtschaflichen Dienstleistung verbunden sind, zuzüglich einer etwaigen Gewinnmarge entgolten. Auf den ersten Blick wirkt das wie ein Relikt aus vergangener Zeit.

Noch bis zu Beginn der 1980er Jahre bestand auch unter Ökonomen weitgehender Konsens, dass natürliche Monopole kartellrechtlich als Ausnahmebereiche einzustufen wären und begleitende Auflagen zur Verhinderung eines Marktmachtmissbrauches unumgänglich schienen (Knieps, 2001, S. 79). Weder die Art der Auflagen noch die Annahmen, die mit einer kostenorientierten Regulierung einhergehen, wurden hinterfragt. So galt Regulierung als kostenlos durchführbar. Außerdem wurde der Regulierer als Akteur gesehen, der einzig die gesellschaftliche Wohlfahrtsmaximierung durch das Setzen von Grenzkostenpreisen beziehungsweise von zweitbesten Ramsey-Preise[50] im Auge hatte. Selbstverständlich wurde ihm hierzu auch die Fähigkeit zugeschrieben.

Alle diese Annahmen müssen relativiert werden. Wie Church und Ware (2000, S. 843ff.) zeigen, geht dieses Regulierungsverfahren mit ganz enormen Kosten einher. Gerade die Bestimmung, welche Betriebs- und welche Kapitalkosten insgesamt erstattungsbedürftig sind, erweist sich als außerordentlich komplex. Dabei kommt auch das Informationsasymmetrieproblem aus Abschnitt 3.2 zum Tragen. Der Regulierende kann die Richtigkeit der Angaben des regulierten Unternehmens nicht vollständig überprüfen. Dies gilt insbesondere für Mehrproduktunternehmen, in dem regulierte Unternehmen mit großem Einfallsreichtum danach streben, Gemeinkosten in regulierten Sektoren anzurechnen, um so bei Produkten, die auf wettbewerblichen Märkten gehandelt werden, konkurrenzfähiger sein zu können (Pfeifenberger und Tye, 1995, S. 769). Wie bereits vorher angesprochen, lassen die Entwicklungen in der sog. „economic theory of regulation" überdies die Annahme des rein nach Wohlfahrtsmaximierung strebendem Regulators fragwürdig erscheinen. Es besteht die Gefahr einer Vereinnahmung des Regulierten durch

---

[50] Aus der Steuertheorie ist bekannt, dass sich ein Gut umso eher für die Besteuerung eignet, je unelastischer die Nachfrage für dieses Gut ist. Der Grund liegt in einem verhältnismäßig geringen Wohlfahrtsverlust. Insofern besagt die Ramsey-Regel, dass in einem Mehrproduktunternehmen solche Güter einen relativ höheren Anteil an aufzuteilenden Fixkosten tragen sollen, bei denen die Preiselastizität der Nachfrage im Verhältnis geringer ist. Der relative Preisaufschlag auf die Grenzkosten bei sämtlichen Gütern ist damit umgekehrt proportional zur Preiselastiztät der Nachfrage. Siehe hierzu zum Beispiel Borrmann und Finsinger (1999, Kap. 6).

den Regulierenden.[51]

Abgesehen von diesen Kritikpunkten, die sich gut mit den Worten von Laffont (1994, S. 508) als „accounting nightmare for a doubtful pricing method" zusammenfassen lassen, fällt zudem eine Vernachlässigung von Anreizüberlegungen auf. Es stellt sich heraus, dass im Rahmen einer kostenorientierten Preisregulierung ausschließlich der Kunde, nicht aber das Unternehmen von sinkenden Kosten oder neuen Entwicklungen einen Vorteil hat. Wenn also die Effizienzgewinne[52] bei der nächsten Preisbestimmung in Form sinkender Preise komplett an die Kunden weitergegeben werden, ist nicht ersichtlich, weswegen Unternehmen Anreize zu sowohl kostenminimierendem als auch zu innovierendem Verhalten haben sollten. Für die kurze Frist bis zur nächsten Preisbestimmung können wohl gewisse Anreize gegeben sein, im Prinzip aber sind sie vernachlässigbar. Es ist damit festzuhalten, dass ein kostenorientiertes Preisregulierungsverfahren ein sehr risikoaverses, wenig innovatives und nicht kostenminimierendes Verhalten des Regulierten zur Folge hat. Darüber hinaus beinhaltet die Kapitalrenditenregulierung als eine Sonderform der kostenorientierten Preisregulierung allokative Verzerrungen. Bevor aber hierauf noch knapp eingegangen werden soll, muss sichergestellt sein, dass jenes Regulierungsverfahren für einzelne Fälle überhaupt noch von Belang ist.

Dies ist nach Laffont (1994, S. 509) durchaus der Fall. So sieht er es als positiv an, dass hier ein reguliertes Unternehmen nicht in Konkurs gehen kann. Für ein kostenorientiertes Regulierungsverfahren mag dies stimmen, da wie gezeigt, ein Unternehmen sowieso nicht zu sehr risikobehafteten Entscheidungen neigen wird. Würden hingegen Preisregulierungsverfahren gewählt, die zu risikoreicherem Handeln und damit möglicherweise auch zu effizienterem Verhalten anregen, so wäre der Sanktionsmechanismus einer drohenden Insolvenz möglicherweise unverzichtbar. Unbestritten richtig ist hingegen der Vorteil erhöhter Planungssicherheit für Unternehmen. Dadurch, dass sich eine regulierende Institution bindet, die anfallenden Kosten komplett zu erstatten, wird das sog. „Hold-up"- Problem gelöst. Gemeinhin wird dieses Problem weniger in der Beschreibung der

---

[51] Zum Problem des „regulatory capture" siehe Laffont und Tirole (2000, Abschn. 2.1.2.3). Im Kern wird neben der Informationsasymmetrie von Regulierungsbehörde und reguliertem Unternehmen ein zweites Prinzipal-Agenten-Problem modelliert. Hiernach kann die Öffentlichkeit als Prinzipal nicht ausreichend den Agenten „Regulierungsbehörde", der als Informationsintermediär fungiert, überwachen. So kann die Öffentlichkeit erstens nicht beurteilen, wie aktiv sich die Regulierungsbehörde um Informationen bemüht. Zweitens kann sie nicht einschätzen, ob die eingeholten Informationen richtig interpretiert und die notwendigen Maßnahmen im Sinne der Wohlfahrtsmaximierung eingeleitet werden.

[52] Zur Abgrenzung unterschiedlicher Arten von Effizienz siehe knapp Abschnitt 3.1.1 und konkret zu statischer und dynamischer Effizienz Abschnitt 4.1.2.

Beziehung Regulierungsbehörde zu reguliertem Unternehmen genutzt. Es gibt eher eine Antwort auf die Frage, weswegen sich Unternehmen zusammenschließen. Nichtsdestotrotz wird sich die Relevanz dieser Überlegungen auch für die Regulierungstheorie erweisen.

Holmström und Roberts (1998, S. 74) beschreiben allgemein den Fall, dass ein Zulieferunternehmen sehr spezifische Investitionen tätigen muss, um die Produkte herzustellen, die ein Nachfrager wünscht. Die Definition von Spezifität kommt den obigen versunkenen Kosten sehr nahe. Der Zulieferer würde Investitionen tätigen, die für andere Geschäftsbeziehungen keinen oder minderen Wert haben. Da dies der Abnehmer weiß, könnte er ohne ein Vorliegen vollständiger Verträge den Mehrwert (oder theoretisch auch mehr) aus dieser Investition abzuschöpfen suchen. Dies antizipierend, tätigt der Zulieferer diese beziehungsspezifische Investition nicht. Dieses Problem des Zurückhaltens („Hold-up") einer eigentlich sinnvollen Investition wird dadurch gelöst, dass es zu einer Integration von Zulieferer und Abnehmer innerhalb eines Unternehmens kommt.[53]

Dieses beschriebene Hold-up-Problem ist auch bei natürlichen Monopolen virulent. Ein reguliertes Unternehmen wird Investitionen in betriebsspezifische wasserwirtschaftliche Infrastruktur nur tätigen, wenn es ausreichend Gewähr hat, die entsprechenden Ausgaben auch entgolten zu bekommen. Es gibt ausreichend Beispiele, in denen dieses Problem bei der Wahl der Regulierungsverfahren unterschätzt wurde. Bös (2001, S. 2) nennt so zum Beispiel die Deregulierung von British Rail. Mittlerweile schon klassisch sind auch die Beispiele von Konzessionsverträgen in Tucumán (Argentinien) und Cochabamba (Bolivien). Nach OECD (2000, S. 29) investierten die privaten Konzessionäre wie vereinbart in wasserwirtschaftliche Infrastruktur, durften und konnten im Anschluss aber die Preise nicht in der Form erhöhen, um die betriebsspezifischen Investionen wieder entgolten zu bekommen. Es erstaunt nicht, dass ein privater Wasserdienstleister zukünftig ganz andere Selbstverpflichtungen der Regierung verlangt, bevor er an einem anderen Ort ähnlich in finanzielle Vorleistung tritt.

Abschließend sei also bemerkt, dass in der Regulierung natürlicher Monopolisten das Hold-up-Problem eine gewichtige Rolle spielt. Es soll hier nicht der Argumentation späterer Abschnitte vorgegriffen werden, aber es ist zu berücksichtigen, dass Regulierungsverfahren, die vor allem auf das Setzen von Anreizen für effizientes Wirtschaften setzen (sog. „high-powered incentive scheme[s]" (Laffont

---

[53] Neben dem Grad der Spezifität von Investitionen wird ein integriertes Anbieten durch die Häufigkeit von Transaktionen und den Grad der Unsicherheit determiniert. Die grundlegende Arbeit hierzu stammt bekanntlich von Williamson (1975).

und Tirole, 2000, S. 41)), die Tendenz haben, dass Unternehmen Qualität redu-
zieren. Dort also, wo Qualität entweder von überragender Wichtigkeit ist oder
aber die Qualitätsbereitstellung mit Investitionen mit hohen sunk costs einhergeht, besitzt das kostenorientierte Verfahren der Preisregulierung auch weiterhin
seine Berechtigung. Laffont und Tirole (2000, S. 41) bringen es auf den Punkt:
„We thus conclude that there is a basic trade-off between incentives, which call
for a high-powered incentive scheme, and rent extraction, which requires, in the
presence of adverse selection, low-powered incentives."

Nachdem nun gezeigt wurde, dass ein kostenorientiertes Regulierungsverfahren
auch gewichtige Vorteile hat, soll sich noch kurz der Kapitalrenditenregulierung
als einer spezifischen Sonderform des hier behandelten Preisbestimmungsverfah-
rens zugewandt werden. Im Kern werden hier die Probleme gesehen, sämtliche
Kosten eines natürlichen Monopolisten zu bestimmen. Da die Regulierungsbehörde hingegen den Wert des physischen Kapitalstocks sowie den Gewinn eher
beobachten kann, entscheidet sie sich für eine Regulierung der Kapitalverzin-
sung. Hier setzen die Überlegungen von Averch und Johnson (1962) an, die die
mit diesem Verfahren vebundenen allokativen Verzerrungen nachweisen. Sie zeigen, dass ein Gewinnaufschlag auf den unterstellten Zins zu einem relativ höheren
Kapitaleinsatz führt, als dies ohne jenen Aufschlag der Fall wäre. Es kommt zu
einer unter allokativem Gesichtspunkt ungerechtfertigten Substitution von Arbeit
durch Kapital.

Laffont (1994, S. 509) fragt zwar zu Recht nach dem Grund, den Gewinn gerade an den Kapitaleinsatz zu binden. So würde zum Beispiel eine fixe Prämie
zu wesentlich geringeren allokativen Verzerrungen führen. Dennoch verweist das
Modell auf einen sehr wesentlichen Punkt.

Häufig liegt die Verpflichtung zur Kapitalaufbringung für neue Investitionen beim
wasserwirtschaftlichen Unternehmen.[54] Die wesentliche Lehre aus obigem Modell
besteht demnach darin, dass die Annahme, die eine regulierende Organisation bezüglich der Kosten der Kapitalaufnahme trifft, von großer Bedeutung ist. Sollte
der prognostizierte Zins i_* größer dem tatsächlichen Zins i_t sein, so kommt es tendenziell zu einer Kapitalaufblähung. Im anderen Fall ($i_* < i_t$) hingegen wird zu
wenig Kapital eingesetzt. Ein Blick in die englische Regulierungspraxis zeigt die
umfangreiche Auseinandersetzung mit der Bestimmung dieser Kapitalkosten.[55]

---

[54] Bei verschiedenen Formen des Ausschreibungswettbewerbs ist dies in der französischen
Praxis nicht der Fall. Hier wäre es die entsprechende Kommune. Siehe hierzu Abschnitt
3.4.1.3.

[55] Siehe zur Methodik der Bestimmung der Kapitalkosten OFWAT (2003l, S. 105ff.).

3.3.3 Preisobergrenzenregulierung: Zwei Varianten

Bislang konnte festgestellt werden, dass sich weder ein Wettbewerb im Markt noch die kostenorientierte Regulierung als alleiniges Regulierungsinstrument eignen. Die Grenzen des ersten Verfahrens wurden anhand der Gutseigenschaften von Wasser und Abwasser abgeleitet. Das zweite Verfahren trägt dem Grundproblem der Regulierungsüberlegungen, dem der Informationsasymmetrie, nicht ausreichend Rechnung. Es bestehen weder Anreize zu kosteneffizientem Wirtschaften noch zum Hervorbringen neuer Entwicklungen. Beide Verfahren sind für die spezifische deutsche Situation aber zumindest additiv einsetzbar. Gerade um zu optimaleren Betriebseinheiten zu gelangen, ist der/(die) (Drohung des) freie(n) Leitungsbau(s) von herausragender Bedeutung. Der große Vorteil der kostenorientierten Regulierung bestand in der Lösung des Hold-up-Problems.

Im Rahmen dieses Abschnitts soll analysiert werden, ob die Preisobergrenzenregulierung bzw. ein „System vergleichenden Wettbewerbs"[56] zum einen für die deutsche Wasserwirtschaft geeignet erscheint und zum zweiten, ob diese das Gerüst für ein ganzheitliches Regulierungssystem bilden könnte. Das zentrale Kriterium für die Eignung eines solchen ganzheitlichen Regulierungssystems ist dabei, ob es Raum lässt, dass sich endogen eine effiziente wasserwirtschaftliche Struktur herausbilden kann. Damit ist, wie Abschnitt 3.1.3 zeigte, nicht nur das Herausbilden der im Einzelfall optimalen Betriebsgröße gemeint. Es wurden drei weitere Fragen aufgeworfen, die es zu beantworten gilt: Erstens kann „am grünen Tisch" nicht entschieden werden, inwieweit ein vertikal integriertes Anbieten sinnvoll ist. Ebenso kann zweitens ex ante nicht eindeutig gesagt werden, ob die Synergiepotentiale aus einer Kombination von Wasserversorgung und Abwasserentsorgung deren Zusammenlegung im Einzelfall rechtfertigen. Ferner wurde sich drittens gegen eine sofortige materielle Privatisierung sämtlicher 15.000 deutscher wasserwirtschaftlicher Unternehmen ausgesprochen. Ein geeignetes Regulierungssystem soll etwaige Effizienzunterschiede zwischen privaten und öffentlichen Unternehmen aufdecken und so die etwaige Vorteilhaftigkeit einer der beiden Organisationsformen offenbaren.

Zunächst wird im folgenden Abschnitt die einfache Preisobergrenzenregulierung skizziert und deren Vorteile und Nachteile werden herausgearbeitet. In Abschnitt

---

[56] Gemeinhin wird es auch als sog. „Yardstick Competion" (Clausen und Scheele, 2002) oder „Als-ob-Wettbewerb" (Schwarze, 2001, S. 9) bezeichnet. Im Gegensatz zu Stuchtey (2002, S. 102) wird hier das System vergleichenden Wettbewerbs als eine Variante der Preisobergrenzenregulierung verstanden und nicht etwa umgekehrt.

3.3.3.2 wird sich zeigen, ob die Anreizwirkungen in der Wasserwirtschaft im Verhältnis zur einfachen Preisobergrenzenregulierung durch das Nutzen eines Systems vergleichenden Wettbewerbs gesteigert werden können. Es wird die These aufgestellt, dass es nach einer Periode der praktischen Anpassung ausreichende Flexibilität aufweist, um ein endogenes Herausbilden der optimalen wasserwirtschaftlichen Struktur zu fördern.

3.3.3.1 Allgemeine Preisobergrenzenregulierung

Wie bereits im vorhergegangenen Abschnitt verdeutlicht, war die kostenorientierte Regulierung bis zu Beginn der 1980er Jahre konkurrenzlos. So entstand die Preisobergrenzenregulierung mehr aus Zufall.[57] Der ursprüngliche Auftrag für Stephen Littlechild 1982 bestand darin, ein modifiziertes Verfahren der angesprochenen Kapitalrenditenregulierung zu entwickeln. Er aber gelangte zu der auch in Abschnitt 3.2 hergeleiteten Überzeugung, dass es aufgrund der Informationsasymmetrie kein perfektes Regulierungsinstrument geben könne (Knieps, 2000, S. 7f.). Ein zu regulierender Monopolist wird seine privaten Informationen nur bei entsprechenden Anreizen offenbaren, weswegen eine Informationsrente sich nicht wird vermeiden lassen.

Vor diesem Hintergrund sind bei der Preisobergrenzenregulierung die erlaubten Einnahmen nicht an die Kosten gebunden. Vielmehr werden dem Monopolisten Gewinne in der Höhe zugestanden, in der es ihm gelingt, unter den Preisvorgaben zu bleiben. Damit sind zumindest theoretisch eine Reihe von Vorteilen gegenüber der kostenorientierten Regulierung zu konstatieren:[58]

1. So hat das Unternehmen Anreize, möglichst kosteneffizient zu arbeiten. Gleichfalls lohnt es sich, neue Innovationen voranzutreiben.

2. Angesichts der Tatsache, dass, sofern wirklicher Wettbewerb möglich ist, dieser auch immer zu implementieren wäre, ergeben sich zwangsläufig regulierte und nicht der Regulierung unterworfene Bereiche. Für die Wasserwirtschaft wurde bereits festgestellt, dass durchaus ein Wettbewerb um große Nachfrager besteht und noch stärker bestehen könnte. Sie wären damit keiner unmittelbaren Regulierung zu unterziehen. In Analogie zur

---

[57] Während hier der Gründungsvater in Stephen Littlechild gesehen wird, nehmen nach Albon (2000, S. 13) bereits Vogelsang und Finsinger (1979) einige der Grundgedanken vorweg.

[58] Sofern nicht anders angegeben folgt die weitere Analyse Sappington (2000, S. 19ff.).

Argumentation in der ersten These würde dies aber bei einer Preisobgrenzenregulierung bedeuten, dass der Monopolist keine Anreize besäße, Kosten vom unregulierten in den regulierten Bereich zu verschieben. Auch im regulierten Bereich bestünde die gleiche Motivation, kosteneffizient zu arbeiten.

3. Unter der in der Regel gegebenen Voraussetzung, dass nicht konkrete Preise für einzelne Produkte, sondern ein nicht zu überschreitendes Preisniveau vorgegeben wird, erhält der Monopolist einen Spielraum in der Wahl seiner Preisstruktur. Er analysiert die Kundennachfrage und gelangt so zumindest in der Theorie zu einer wohlfahrtsmaximierenden Preissetzung gemäß der Ramsey-Regel (Laffont und Tirole, 2000, S. 86).[59]

4. Darüber hinaus trägt bei einer Preisobergrenzenregulierung das Unternehmen das komplette Risiko der eigenen Entscheidungen. Da es dieses Risiko auch am besten einschätzen kann, ist eine solche Zuweisung der Risiken unter ökonomischem Blickwinkel zunächst ausschließlich positiv.

5. Ferner besteht hier nicht das Problem, dass, wie im Fall der Kapitalrenditenregulierung eine zu kapitalintensive Produktion befördert wird. Auch eine Unterinvestition würde ausbleiben, so dass sich Grenzproduktivitäten der Produktionsfaktoren und Faktorpreise entsprächen.

6. Die Informationsbeschaffungskosten sind im Vergleich zur kostenorientierten Regulierung geringer.[60]

Ob und inwieweit diese Vorteile uneingeschränkt gelten, wird im Folgenden geprüft. Bezüglich des ersten Punktes ist festzustellen, dass die Bestimmung der Preisobergrenzen auch von den vergangenen Kosten und Einnahmen des Unternehmens bestimmt ist. Unter der Annahme, dass die Gewinne der Unternehmen über die Regulierungsperiode erodieren sollen (Green und Pardina, 1999, S. 9), würde die Festlegung neuer Preisobergrenzen stets von einem Null-Gewinn ausgehen. Die Preise der folgenden Periode dürften durchschnittlich um $RPI - X$

---

[59] Neben Preisen lässt sich auch die Qualitätsbereitstellung differenzieren. Deren ökonomische Vorteilhaftigkeit ist Gegenstand von Abschnitt 4.2.3.2.

[60] Theoretisch könnten diese sogar durch Verzicht auf eine kontinuierliche Regulierung noch weiter verringert werden. Es kann in Anlehnung an die Überlegungen zur Bestreitbarkeit von Märkten in Abschnitt 3.1.4 angenommen werden, dass die Drohung der Regulierung bereits Wirkung zeigen wird. Diese Gedanken formulieren Acutt und Elliott (2001) näher aus und nehmen so zum Beispiel an, dass die Eingriffswahrscheinlichkeit mit der Höhe der relativen Preise steigen könne.

(Verbraucherpreisindex abzüglich der angenommenen Rate des technischen Fortschritts) steigen.[61]

Für die Frage, wie hoch die Anreize für ein statisch und dynamisch effizientes Arbeiten sind, erlangt damit die Länge des Zeitraums, in der die Preisobergrenzen gelten, große Bedeutung. Je länger diese Perioden sind, umso größer sind auch die Anreize. Gleichzeitig können zu lang gewählte Zeiträume zur Folge haben, dass unter der Annahme eines verbindlichen Verhaltens der Regulierungsbehörde als zu hoch empfundene Gewinne zugestanden werden. Daher wären die Perioden umso kürzer zu wählen, je größer die Unsicherheit über die Entwicklung des technischen Fortschritts ist. Diese Unsicherheit kann zum einen aus einer besonderen Dynamik der Branche resultieren. Zum anderen wird diese aber gerade bei der erstmaligen Einführung des Systems der Preisobergrenzenregulierung besonders hoch sein.[62]

Es ergibt sich also, dass die individuellen Anreize umso größer sind, je länger die Periodenlaufzeiten gewählt wurden. Da es Gründe – wie zum Beispiel die Wahrung der politischen Unterstützung – gibt, diese Preisobergrenzen in Abständen neu zu bestimmen, wird mit einer Preisobergrenzenregulierung nur in der Theorie ein allokatives Optimum erzielt. Damit muss auch die zweite These für die Praxis relativiert werden. Ein Umschichten von Kosten von wettbewerblichem zu reguliertem Bereich wird deshalb zu erwarten sein, weil Gewinne heute im regulierten Bereich niedrigere Preisobergrenzen für die zukünftige Periode implizieren. Überhaupt gibt es eine Reihe strategischer Verhaltensmöglichkeiten,

---

[61] Wird tatsächlich vom realen Verbraucherpreisindex ausgegangen, so stellen Baker et al. (2002, S. 19) richtigerweise fest, dass dieser die vH-Veränderung der volkswirtschaftlichen Produktivität abzüglich der vH-Veränderung der realen Faktorpreise widerspiegelt. Die zugelassene reale Preisveränderung soll aber auf die Besonderheiten der zu regulierenden Branche abstellen.
Demnach müsste bei Nutzung des realen Verbraucherpreisindexes das X die Differenz aus branchenspezifischer und volkswirtschaftlicher Produktivitätsentwicklung sowie die aus branchenspezifischer und volkswirtschaflicher Inputpreisentwicklung beinhalten. Für den Fall, dass die Wasserwirtschaft im Verhältnis zur gesamten Volkswirtschaft um 1 vH stärker wächst und die relevanten Faktorpreise im Verhältnis um 1 vH weniger stark steigen, wäre ein technischer Fortschritt X von 2 vH zu veranschlagen.

[62] Am Beginn des Übergangs zu einer Preisobergrenzenregulierung in der englischen und walisischen Wasserwirtschaft führte die Nutzung der hohen Effizienzpotentiale zu rasant steigenden Unternehmensgewinnen, was die Unterstützung des Deregulierungsprozesses in der Bevölkerung dahinschwinden ließ. Sollte vor diesem Hintergrund in Deutschland dieses Regulierungsverfahren eingesetzt werden, bieten sich zunächst kürzere Periodenlaufzeiten an. Analog könnten Formen der Gewinnaufteilung oder Einnahmenaufteilung für diese Anfangsphase eingeführt werden (Sappington, 2000, S. 59ff.). Vorhandene Effizienzpotentiale würden auch den Konsumenten zu Gute kommen. Selbstverständlich sinken damit aber die Anreize, diese Effizienzpotentiale auch unmittelbar in dieser Anfangsperiode zu heben.

denen sich der Monopolist bedienen kann und mit denen ebenso unerwünschte allokative Verzerrungen einhergehen. Dies gilt, wie Sappington (2000, S. 36ff.) zeigt, sowohl für die Nutzung von Preisobergrenzen, bei denen die einzelnen einfließenden Güter entsprechend ihrer abgesetzten Mengen gewichtet sind, als auch für den Fall einer Regulierung über einen Durchschnittsgewinn.

So wie die Regulierungsbehörde kurze Laufzeiten wählen mag, weil sie etwaige zu hohe Gewinne fürchtet, gelingt es ihr zumeist ebenso nicht, eine für alle nicht im Wettbewerb stehende durchschnittliche Preisobergrenze zu verwirklichen. Der Grund ist darin zu sehen, dass eine ökonomisch wünschenswerte Hinentwicklung zu einer Ramsey-Preissetzung (Punkt 3) zwangsläufig zu einem massiven Steigen einzelner Preise führt. Aus politischen Gründen wird dies nur zu häufig durch Höchstpreise, Mindestpreise oder Preiskorridore zu verhindern gesucht. Dies impliziert aber zum einen unmittelbar den Verzicht auf eine ökonomisch effiziente Preisstruktur[63] und zum anderen, dass ein Wettbewerb im Markt staatlicherseits eingeschränkt oder sogar unterbunden werden muss.[64]

Zum vierten Punkt ist anzumerken, dass von der Verlagerung des Risikos auf das Unternehmen nicht nur das Management betroffen ist. Auch Eigner und Fremdkapitalgeber werden sich das höhere Risiko entlohnen lassen. In der Folge dürfte dies zwar zu einer wünschenswerten professionelleren Kontrolle der Unternehmensführung beitragen, höhere Finanzierungskosten sind aber ebenfalls nicht zu vermeiden. Unter sonst gleichen Bedingungen, insbesondere gleichen Kapitalangebots, führen tendenziell steigende Finanzierungskosten in einem Sektor zu sinkenden in einem anderen Sektor der Volkswirtschaft. Beim Übergang auf ein System der Preisobergrenzenregulierung wären solche Zusammenhänge der

---

[63] Daher beharren Laffont und Tirole (2000, Abschn. 4.7) auch stets auf einer global angewendeten Preisobergrenze.

[64] Tatsächlich ist es diese Form der Umverteilungspolitik, die den Staat dazu zwingt, die Märkte abzuschotten. Ein Setzen von Höchstpreisen für die Versorgung oder Entsorgung ländlicher Gebiete bedeutet in der Regel eine Quersubventionierung durch die städtische, billiger zu versorgende/entsorgende Bevölkerung oder durch größere Nachfrager. Ein Aufheben der staatlichen Marktschließung würde unter der Annahme nicht zu hoher versunkener Kosten bei den herrschenden Preisen den Eintritt eines neuen Anbieters hervorrufen. Der momentane Dienstleister könnte sich nicht wehren, da er über die Höchstpreise in seinem Entscheidungsverhalten eingeschränkt ist. Schnell wird in einem solchen Fall mit dem Begriff des unlauteren „Rosinenpickens" argumentiert, im Kern liegt der Grund aber in alternativ verfolgten Zielen. In diesem Zusammenhang ist die Argumentation von Belleflamme und Hindricks (2001) interessant. Sie halten ein System vergleichenden Wettbewerbs als besondere Form der Preisobergrenzenregulierung unter politökonomischem Gesichtspunkt deshalb für geeignet, das Verfolgen von Partikularinteressen durch Politiker zu vermindern.

Bevölkerung zu kommunizieren. Gleichwohl kann die Regulierungsbehörde mit ihrer Regulierungspolitik den Grad des Anstiegs der Finanzierungskosten sehr wohl beeinflussen. Je berechenbarer sie handelt, um so geringer ist das Risiko für Unternehmen und deren Investoren.

Tatsächlich ist gemäß des fünften Punktes in der Regel keine Überinvestion zu erwarten. Dies gilt für langlebige Investitionsgüter ebenso wie von der Tendenz her auch für das Angebot an Qualität. Dafür aber kann in der Praxis eine Unterinvestition nicht ausgeschlossen werden. Während für den Fall sinkender Qualität eine begleitende Qualitätsregulierung einzuführen ist,[65] ist im Fall langlebiger Investitionsgüter der sunk cost Charakter ein fundamentaler Grund, die Einsatzfähigkeit der Preisobergrenzenregulierung grundsätzlich in Frage zu stellen. Es stellt sich auch hier das Hold-up-Problem.

Das wasserwirtschaftliche Unternehmen wird nur dann Investitionen in Güter mit der Eigenschaft versunkener Kosten vornehmen, wenn es sicher sein darf, dass es auch die entsprechenden Erträge zugewiesen bekommt. Davon kann es aber nur ausgehen, wenn sichergestellt ist, dass die Regulierungsbehörde nicht, nachdem die Investitionen getätigt wurden, die Preisobergrenzen auf ein Niveau senkt, das gerade die variablen Kosten deckt. Vor diesem Hintergrund ist eine Garantieerklärung, die eine anschließende Enteignung ausschließt, durch die regulierende Organisation unabdingbar. Im Kern wäre damit eine Art kostenorientierter Regulierung für einzelne langlebige Investitionsgüter zu fordern.[66] Allerdings wäre dann der Informationsbedarf (Punkt 6) in der Praxis nicht mehr gering.

Zusammenfassend ist festzuhalten, dass die Preisobergrenzenregulierung in der Theorie attraktiver ist, als dies für die Praxis zu konstatieren ist. Zentral war, dass die Preisobergrenzen eben doch nicht unabhängig von der eigenen Kostensituation und Gewinnentwicklung festgelegt werden. Deshalb soll sich nun mit

---

[65] Vergleiche hierzu Kapitel 4.

[66] Newbery (1999, S. 29) bringt es auf den Punkt: „The [Hold-up-, M.O.]problem can be posed more sharply. What would be needed to persuade investors to sink their money into an asset that cannot be moved and that may not pay for itself for many years? The investors would have to be confident that they had secure title to future returns and that the returns would be sufficiently attractive. Durable investments thus require the rule of law, and specifically the law of property, which is a public good provided by the state." Bezüglich dieser staatlicherseits zu leistenden Eigentumsgarantie befürworten Williamson (2000, S. 286) und Baker et al. (2002, S. 20) das australische Vorgehen, die Regulierungsbehörde mit geringem diskretionären Handlungsspielraum auszustatten. Cowan (2001, S. 11) hält hingegen eine institutionelle Ausgestaltung mit größerem diskretionärem Spielraum, wie dies in England zu beobachten ist, für ebenso geeignet, das Risiko aus Regulierung für Unternehmen und Investoren zu minimieren und damit auch die Kapitalkosten ceteris paribus niedrig zu halten.

einer etwas anderen Form der Preisobergrenzenregulierung, dem System vergleichenden Wettbewerbs, auseinandergesetzt werden. Es schneidet unter Anreizgesichtspunkten besser ab als die einfache Preisobergrenzenregulierung.[67] Es wird sich wohl herausstellen, dass auch hier dem Hold-up-Problem Rechnung getragen werden muss. Von der Tendenz her werden die Kosten für die Errichtung neuer, langlebiger Investitionsgüter erstattet. Gleichwohl erlaubt dieses System aber in ganz anderer Form, ex ante zum einen die Sinnhaftigkeit einzelner Maßnahmen zu überprüfen und zum anderen die eigentlichen Kosten der Bereitstellung zu hinterfragen.

3.3.3.2 System vergleichenden Wettbewerbs

Bei einem System vergleichenden Wettbewerbs, das von Andrei Shleifer (1985, S. 326) begründet wurde, handelt es sich um eine besondere Variante der Preisobergrenzenregulierung. Auch hier dürfen im gewichteten Durchschnitt vorgegebene Preisniveaus nicht überschritten werden. Die fundamentale Besonderheit besteht darin, dass die individuellen Preisobergrenzen eines Unternehmens nicht aus den eigenen Kosten und Gewinnen der Vergangenheit abgeleitet werden. Vielmehr ergibt sich die Preisobergrenzenvorgabe aus der Konstruktion eines fiktiven Vergleichsunternehmens. Vorgegangen wird gemäß Gleichung 3.11:

$$\overline{p}_i = \frac{1}{N-1} \sum_{j \neq i} DK_j, \qquad mit \ N \geqq 2 \tag{3.11}$$

Hiernach gehen die Kosteninformationen aller N Vergleichsunternehmen in die Preisobergrenzenbestimmung ein, wobei nur die des Unternehmens i, für das die Preisobergrenze zu bestimmen ist, unberücksichtigt bleiben. Damit wird der Reiz dieses Verfahrens deutlich. Angesichts der Tatsache, dass die Informationen eines Unternehmens stets nur zur Regulierung aller anderen, nicht aber zu der eigenen genutzt werden, besteht theoretisch kein Grund, eigene Informationen vorzuenthalten. Zum einen ist folglich das regulatorische Kernproblem der Infor-

---

[67] Sappington (2000, Kap. 7) trägt einige empirische Studien zusammen. Er kommt zu dem Ergebnis, dass bei der einfachen Preisobergrenzenregulierung im Verhältnis zur kostenorientierten Regulierung in der Regel eine höhere Kosteneffizienz erreicht wird. Das Bild ist aber zum Teil ambivalent. Das System vergleichenden Wettbewerbs erweist sich dabei als wesentlich eindeutiger effizienzfördernd. Siehe hierzu auch zum Beispiel Ballance und Taylor (2001, S. 16) oder die Studien zur optimalen Betriebsgröße in Abschnitt 3.1.3.

mationsasymmetrie gelöst, zum anderen kann in der Theorie sowohl statisch als auch dynamisch effizientes Wirtschaften erwartet werden. Die ersten beiden, im vorigen Abschnitt genannten Punkte wären erfüllt.

Ein solches effizientes Handeln kann man in der Praxis nur erwarten, wenn gleichzeitig vorausgesetzt werden kann, dass die Regulierungsbehörde sich weder von den regulierten Unternehmen beeinflussen lässt, noch den Konkurs von Unternehmen fürchtet (Shleifer, 1985, S. 323). Bei Anwendung des Systems vergleichenden Wettbewerbs in Deutschland wäre tatsächlich zu prüfen, ob die glaubhafte Drohung eines Konkurses nicht greifen könnte.

Ein Blick nach England zeigt, dass dies nicht so einfach ist. So zeigt Williamson (2000, S. 289), dass der Konkurs eines englischen wasserwirtschaftlichen Unternehmens zum einen den Statuten der Regulierungsbehörde widerspreche. Zum anderen hält er aber auch eine reine Drohung aufgrund der hohen Kosten bei Konkurs nicht für glaubwürdig.[68] Unabhängig davon, für wie realistisch tatsächliche Konkurse als Präzedenzfälle gehalten werden, ist gleichwohl mit Stephen Littlechild (nach Clausen und Scheele (2002, S. 25)) davon auszugehen, dass auf relativ unwirtschaftliche Unternehmen von Seiten der Kapitalmärkte sowieso ausreichend Druck ausgehen wird, sich zu verbessern.[69]

Nach Laffont und Tirole (1993, S. 84ff.) und Bös (2001, S. 7ff.) ist alles in allem das System vergleichenden Wettbewerbs dem System einer einfachen Preisobergrenzenregulierung überlegen. Sie machen aber gleichzeitig deutlich, dass dieses Verfahren nur in wenigen Sektoren tatsächlich angewandt werden könne. Zur Verhinderung von Kollusion werde zum einen eine ausreichende Anzahl von Unternehmen vorausgesetzt. Zum anderen müssen diese Unternehmen entsprechend vergleichbar sein.

---

[68] Die Frage bei einer faktischen Unmöglichkeit eines Konkurses ist dann, welche Effizienzsteigerung in einer Preisobergrenzenvorgabe angenommen werden sollte. Das zu erreichende X (technischer Fortschritt in Gleichung 3.11) könnte insgesamt für alle Unternehmen tiefer angesetzt werden, wie dies zum Beispiel in England mit der „stick-" und der „carrot-Regulierung" geschieht (vgl. Abschnitt 3.4.1.2). Einen Vorschlag von Sappington (2000, S. 60ff.) aufgreifend wäre theoretisch auch denkbar, den Unternehmen die Wahl zu lassen, ob sie gemäß des Systems vergleichenden Wettbewerbs oder gemäß eines kostenorientierten Verfahrens reguliert werden wollen. In diesem Fall könnte für die am Vergleichswettbewerb teilnehmenden Unternehmen ein höheres X angenommen werden.

[69] Dies würde auch für öffentliche Unternehmen der deutschen Wasserwirtschaft gelten. Sollten diese im Verhältnis zu privaten Unternehmen signifikant schlechter abschneiden, werden die öffentlichen Eigentümer – gerade in Zeiten knapper Kassen – eine Privatisierung ins Auge fassen.

Für die deutsche Wasserwirtschaft kann angesichts der Vielzahl von Unternehmen von nicht-kollusivem Verhalten ausgegangen werden.[70] Die zweite Anforderung wiegt schwerer. Insgesamt wird sich aber der Meinung der englischen Wasser-regulierungsbehörde OFWAT angeschlossen, wonach zwar keine maximale, aber zumindest ausreichende Vergleichbarkeit mit Hilfe vor allem von Regressionsana-lysen herstellbar ist (OFWAT, 2004c, Kap. 6).[71] Für eine relativ gute Einsetz-barkeit des Systems vergleichenden Wettbewerbs spricht dabei auch die relativ geringe Dynamik in der Wasserwirtschaft. Abrupte Nachfrageänderungen oder ein schneller, technischer Fortschritt würden die Kostenfaktoren, die außerhalb der Kontrolle eines Unternehmens liegen, schwerer bestimmbar machen (Stuch-tey, 2002, S. 104).

Bei der Berechnung der Preisniveauvorgaben im System vergleichenden Wettbe-werbs sind zwei Aspekte hervorzuheben. Zum einen wurde bei der Berechnung der Preisobergrenzenvorgabe (Gleichung 3.11) bisher stets darauf verwiesen, dass die weniger Effizienten in ihrer relativen Leistung aufschließen. Dabei wird von keiner zusätzlichen Verbesserungsvorgabe für die bereits Besten gesprochen. Wie Albon (2000, S. 65ff.) richtig feststellt, sollte dies aber ebenso in Erwägung ge-zogen werden. Während es die vordringliche Aufgabe der weniger effizienten Un-ternehmen wäre, ihre jeweilige Lücke zu den Produktivsten zu schließen („Move towards the efficiency frontier"), würden auch die Besten Anreize in Form von Preisobergrenzen bekommen, ihrerseits die Produktivität der gesamten Branche weiter voranzutreiben („Move of the efficiency frontier").

Zum zweiten gibt es auch hier das Problem der möglichen Unterinvestition. Bei langlebigen Investitionsgütern, die die Eigenschaften versunkener Kosten aufwei-sen, wird man um eine Art der kostenorientierten Preisregulierung analog zur einfachen Preisobergrenzenregulierung nicht umhin kommen. Gleichzeitig kann die Regulierungsbehörde die Vielzahl an Informationen[72] dazu nutzen, Überin-vestitionen zu erschweren.

---

[70] Gleiches gilt im Übrigen auch für die wesentlich weniger fragmentierte englische Was-serwirtschaft. Der Grund, weswegen in England weitere Unternehmenszusammenschlüsse kritisch gesehen werden, liegt weniger in einer zunehmenden Gefahr kollusiven Verhaltens, als vielmehr in dem Problem, dass die für die Regulierung wichtigen, effizientesten Unter-nehmen, verschwinden könnten. Für eine ähnliche Argumentation siehe Stuchtey (2002, S. 111).

[71] Zur Beschreibung der Vorgehensweise bei der Bestimmung der relativen Effizienzen in der englischen Wasserwirtschaft siehe Abschnitt 3.4.1.2.

[72] Welche Informationen genau eingefordert werden vgl. genauer Oelmann (2004a) und die dort angegebene weiterführende Literatur.

Die Informationen helfen, zum einen ex ante zu prüfen, ob geplante Investitionen überhaupt ökonomisch sinnvoll sind. Zum anderen besteht die Chance, die veranschlagten Kosten für genehmigte Investitionen ex ante näherungsweise zu prognostizieren und das Ausschöpfen von Verbesserungspotentialen einzufordern. Gleichzeitig wäre das System aber offen, die Erstellung von Investitionen im Wege der öffentlichen Ausschreibung durch Dritte ausführen zu lassen, sofern ein wasserwirtschaftliches Unternehmen meint, so die Kosten vermindern zu können. Die Vorteile und Nachteile eines Auktionsverfahrens, oder anders eines „Wettbewerbs um den Markt", sind Gegenstand des folgenden Abschnitts.

Es bleibt damit festzuhalten, dass ein System vergleichenden Wettbewerbs sich als Gerüst für ein ganzheitliches Regulierungssystem möglicherweise eignen könnte. Die kostenorientierte Regulierung ist, wie sich auch in Abschnitt 3.4.1.2 zeigen wird, bereits Teil dieses Verfahrens, aber vom Grundsatz her lassen sich ebenso Elemente eines Wettbewerbs im Markt als auch eines Wettbewerbs um den Markt integrieren.[73]

3.3.4 Wettbewerb um den Markt

Der Ausschreibungswettbewerb[74] geht zentral auf Demsetz (1968) und Posner (1972) zurück. Hier wird das Recht, einen Markt als alleiniger Anbieter eine vorgegebene Zeitperiode bedienen zu dürfen, von einer Ausschreibungsinstanz wettbewerblich versteigert. Zum einen könnte das Recht, den Markt als Monopolist bewirtschaften zu können, meistbietend auktioniert werden. In solch einem Fall hätten die Konsumenten Monopolpreise zu entrichten. Zum anderen könnten Konzessionäre aufgefordert werden, einen Preis zu nennen, zu dem sie bereit wären, den Markt zu versorgen beziehungsweise zu entsorgen. Derjenige mit dem niedrigsten verlangten Preis erhielte den Zuschlag. In einem solchen Fall würde nicht nur das effizienteste Unternehmen den Auftrag erhalten. Gleichzeitig wäre eine Begrenzung der Renten möglich (Laffont, 1994, S. 521). Dieses Fazit ist nun in Anlehnung an Armstrong und Sappington (2003, S. 78ff.) mit dem folgenden kleinen Modell herzuleiten. Die nähere Auseinandersetzung mit den Annahmen in Abschnitt 3.3.4.2 wird die Grundlage darstellen, um etwaige praktische Probleme in der Umsetzung strukturiert verdeutlichen zu können. Wie sich bei der Analyse

---

[73] Vgl. zur Komplementarität von System vergleichenden Wettbewerbs und Wettbewerb um den Markt Stern (2003a).

[74] Die Begriffe des Wettbewerbs um den Markt, des Ausschreibungswettbewerbs und des Auktionsverfahrens werden hier synonym verwendet.

der französischen Regulierungserfahrungen herausstellen wird, traten exakt diese Probleme in der Realität auf.

3.3.4.1 Modellartige Darstellung

Es soll ein ein-periodiger Bietprozess abgebildet werden, an dem mindestens ein Bieter teilnimmt. Jedes der teilnehmenden N Unternehmen hat entweder niedrige marginale Kosten c_L (Wahrscheinlichkeit ϕ) oder hohe marginale Kosten c_H (Wahrscheinlichkeit $1-\phi$). Der Gewinner der Ausschreibung hat die zusätzlichen fixen Kosten von F zu tragen. Die ausschreibende Instanz formuliert zunächst die Bedingungen, worauf anschließend zeitgleich die Gebote der Mitbietenden eingehen. Sofern mehrere der N Unternehmen wahrheitsgemäß ihre niedrigen marginalen Kosten c_L nennen, wird der Gewinner durch Los ermittelt. Gleiches gilt für den Fall, dass alle c_H zu Protokoll geben.

Ein den Zuschlag erhaltendes Unternehmen i bekommt in Abhängigkeit seiner gebotenen marginalen Kosten c_i die Vorgabe, zum Preis p_i anzubieten. Gleichzeitig erhält es eine zusätzliche staatliche Transferzahlung T_i. Bei Zuschlag stellt sich die Gewinnsituation eines Bietenden unter anderem mit der vom Preis p_i abhängigen Menge Q wie folgt dar:

$$R_i = Q(p_i)(p_i - c_i) - F + T_i \tag{3.12}$$

Gegeben die Annahme, dass alle gemäß ihres wahren Typs bieten,[75] ist die Wahrscheinlichkeit ρ_L eines Anbieters mit c_L den Zuschlag zu erhalten

$$\rho_L = \frac{1 - (1 - \phi)^{N-1}}{N} \tag{3.13}$$

Dass ein Bieter mit c_H den Zuschlag erhält, setzt bei wahrheitsgemäßer Angabe wie angesprochen voraus, dass alle N hohe marginale Kosten aufweisen. Aufgrund $\phi = 0$ ergäbe sich:

$$\rho_H = \frac{(1 - \phi)^{N-1}}{N} = \frac{1}{N} \tag{3.14}$$

---

[75] Dies wäre zum Beispiel der Fall, wenn keine Informationsasymmetrien zwischen Bietendem und Ausschreibendem vorliegen würden, und der wahre Typ so unmittelbar beobachtet werden könnte.

Allgemein hätte ein Unternehmen mit c_i damit einen Gewinnerwartungswert von $\rho_i R_i$. Analog zum genutzten Informationsasymmetriemodell in Abschnitt 3.2 gilt auch hier, dass bei gegebenen Partizipationsbedingungen lediglich ein Unternehmen mit c_L überhaupt den Anreiz besitzt, Kosten von c_H vorzugeben. Sein Gewinn ergäbe sich als $R_H + (c_H - c_L)Q(p_H)$ bzw. $R_H + \triangle^c Q(p_H)$. Gleichwohl weiß ein Bietender mit c_L, der c_H vorgibt, dass die Wahrscheinlichkeit, den Zuschlag zu erhalten, sich von ρ_L auf ρ_H vermindert. Ohne Spezifizierung der Verträge wird folglich ein Unternehmen mit niedrigen marginalen Kosten c_L seinen wahren Typ offenbaren, sofern gilt:

$$\rho_L R_L \gtreqqless \rho_H [R_H + \triangle^c Q(p_H)] \; \Leftrightarrow \; R_L \geq \frac{\rho_H}{\rho_L}[R_H + \triangle^c Q(p_H)] \tag{3.15}$$

Anhand Gleichung 3.15 wird unmittelbar deutlich, dass sich ein Unternehmen mit c_L mit einer umso niedrigeren Informationsrente begnügen wird, je höher die Konkurrenz – also je kleiner die Größe $\frac{\rho_H}{\rho_L}$ – ist.

Analog zu den Überlegungen in Abschnitt 3.2 kann weiterhin gezeigt werden, dass ein Unternehmen mit niedrigen marginalen Kosten c_L auch weiterhin die effiziente Menge anbietet und insofern $p_L = c_L$ gilt. Ebenso ist $R_H = 0$. Angesichts der Tatsache, dass ein Unternehmen mit c_L nur dann seinen wahren Typen offenbart, sofern Gleichung 3.15 erfüllt ist, kann in ähnlicher Weise wie oben auf den Preis p_H geschlossen werden. Es ergibt sich:[76]

$$p_H = c_H + \frac{\phi}{1-\phi}\triangle^c \tag{3.16}$$

Im Gegensatz zum Fall bei vollkommener Information ($p_H = c_H$) ist auch hier im Fall unvollkommener Information das p_H größer. Unter der Annahme positiver, aber sinkender Grenznutzen wird eine entsprechend geringere Menge Q seitens des relativ weniger Effizienten angeboten. Werden die volkswirtschaftlichen Kosten g bei der Erhebung der Steuern zur Aufbringung der Subvention T_i vernachlässigt, so sind die Gleichungen 3.10 und 3.16 identisch.[77] Auch im Fall asymmetrischer Informationsverteilung werden bei einer Ausschreibung also p_L

---

[76] Armstrong und Sappington (2003, S. 79) führen zusätzlich noch einen Faktor α ein, der mit $\alpha \leq 1$ ein Gewicht für die Bedeutung darstellt, die die ausschreibende Behörde auf eine Rente für den Gewinnenden legt. Dieser Faktor kann aber für das hier zu Zeigende vernachlässigt werden.

[77] ϕ und q geben beide jeweils die Wahrscheinlichkeit an, dass ein Monopolist/Bietender niedrige marginale Kosten c_L respektive c^B hat. Ebenfalls entspricht der gesetzte Preis p_H dem Grenznutzen für den einen angenommenen Nachfrager $U'(Q^B)$. Die Notationen wurden hier bewusst nicht vereinheitlicht, um die Verfolgung der Argumentation in den Originaltexten nicht zu erschweren.

und p_H optimal gesetzt und das effizienteste Unternehmen erhält den Zuschlag.

Wie bereits angesprochen sinkt die notwendige Informationsrente (Gleichung 3.15 mit wie festgestellt $R_H = 0$) mit der Anzahl der Bieter. Grund dafür war, dass $\frac{\rho_H}{\rho_L}$ mit steigender Bieteranzahl sinkt. Gleichzeitig aber – und dies wurde eben übergangen – zeigt Gleichung 3.16, dass p_H unabhängig von der Anzahl der teilnehmenden Unternehmen N ist.[78]

Es findet sich also obige Aussage bestätigt, dass auch im Fall asymmetrischer Informationsverteilung der effizienteste Anbieter den Zuschlag erhält und gleichzeitig die zu zahlende Informationsrente minimiert wird. Je höher die Anzahl der Bieter, umso geringer die aufzuwendenden Kosten, um die jeweilige Offenbarung des wahren Typs herbeizuführen.

3.3.4.2 Zur Praxisrelevanz der Annahmen

Damit sich die hergeleiteten Ergebnisse auch in der Realität einstellen, haben die folgenden Modellannahmen zu gelten:

1. Zunächst muss der Vertrag zwischen Konzessionär und Ausschreibungsbehörde ausreichend spezifiziert sein.

2. Für den Fall, dass der letzendliche Anbieter Investitionen mit dem Charakter von versunkenen Kosten tätigen soll, ist der Übergang der Infrastruktur bei Konzessionärswechsel sicherzustellen. Es ist zu gewährleisten, dass die Regelung ex ante weder zu einer Unterinvestition in Folge zum Beispiel des Hold-up-Problems führt, noch eine Kapitalaufblähung im Sinne des Averch-Johnson-Effektes zu erwarten ist.

---

[78] Der Grund liegt darin, dass sich nach Armstrong und Sappington (2003, S. 80) zwei gegenläufige Effekte in ihrer Wirkung aufheben, sofern risikoneutrale Bieter und zwischen den Bietern unkorrelierende Kosten unterstellt werden.
Bei vielen Bietern N sinken bei einem Unternehmen mit c_L die Anreize, sich als mit hohen marginalen Kosten ausgestattet auszugeben. Die seitens des weniger effizienten Unternehmens bereitgestellte Menge muss daher weniger stark aus Anreizgründen vermindert werden. Andersherum steigt aber mit zunehmendem N die Wahrscheinlichkeit, dass überhaupt Bieter mit niedrigen marginalen Kosten an der Ausschreibung teilnehmen. Daher bedarf es unter diesem gegenläufigen Gesichtspunkt einer relativ stärkeren Outputdiskriminierung des weniger Effizienten mit marginalen Kosten von c_H.

3. Ferner muss ein tatsächlicher Wettbewerb zwischen den Konzessionären implementiert werden können.

Bezüglich des ersten Punktes ist festzustellen, dass ein Vertrag umso flexibler gestaltet sein muss, je länger zum einen dessen Laufzeit gewählt wird und zum zweiten, je weniger eine Änderung externer Rahmenbedingungen antizipiert werden kann. Gerade zweiteres ist hervorzuheben. Grundsätzlich mag es zwar stimmen, dass die geringe technologische Dynamik in der Wasserwirtschaft einen Einsatz des Auktionsverfahrens begünstigen könnte (Stuchtey, 2002, S. 120). Dafür herrscht eine Unsicherheit darüber, wie sich einzelne wasserwirtschaftliche Rahmenbedingungen – insbesondere die europäische Umweltgesetzgebung – zukünftig entwickeln werden. Gleiches gilt, wenn begleitend die staatlichen Marktschranken aufgehoben werden.[79] Wie bereits mehrfach angeführt ist dies die Grundvoraussetzung dafür, dass sich endogen optimale Betriebsgrößen herausbilden können. Vor diesem Hintergrund wird aktuell eine strukturelle Neuausrichtung in der Wasserwirtschaft mit kaum zu überbietenden Unsicherheiten einhergehen. Die Bewertung bezüglich dieses ersten Punktes mag sich ändern, sofern in der Zukunft technisch effizient produziert wird.

Auch unter der Annahme, eine technisch effiziente Produktionsstruktur habe sich in der deutschen Wasserwirtschaft endogen herausgebildet, bleibt die positive Korrelation von Laufzeit eines Vertrages und dessen zu gewährleistender Flexibilität bestehen. Dies heißt aber nichts anderes, als dass sich der Ausschreibungswettbewerb umso weniger von anderen Formen der Regulierung unterscheidet, je mehr solcher Vertragsbestandteile offen bleiben müssen.[80] Eine starke Regulierungsbehörde ist notwendig, um weitestmöglich zu verhindern, dass der Monopolist seine Informationsvorteile ausnutzt. Bestmöglich gelingt dies nach der

---

[79] Kerf et al. (1998, S. 5ff.) skizzieren zunächst die vielfältigen Gründe, die für eine das Ausschreibungsverfahren begleitende Marktabschottung sprechen. So wären aufgrund verminderter Unsicherheit die Finanzierungskosten für den Auktionsgewinner geringer. Ferner ließen sich nur so nicht-erwerbswirtschaftliche Ziele im Leistungskatalog implementieren. Abgesehen davon, dass letzteres unter Effizienzgesichtspunkten sowieso kritisch gesehen werden sollte (Stuchtey, 2002, S. 116), ist nach Kerf et al. (1998, S. 5ff.) die disziplinierende Wirkung des (drohenden) Wettbewerbs zu wichtig. Vor diesem Hintergrund argumentieren Ballance und Taylor (2001, S. 16) zu Recht, dass das Auktionsverfahren sich insbesondere dann anbietet, wenn Wettbewerb im Markt für entweder unmöglich oder unerwünscht angesehen wird. Da Beides gemäß der Argumentation in Abschnitt 3.3.1 für die deutsche Wasserwirtschaft nicht festgestellt werden kann, ist im Umkehrschluss abzuleiten, dass bereits aufgrund dieses ersten Punktes ein alleiniges Regulierungsverfahren „Wettbewerb um den Markt" mit Vorsicht zu genießen ist.

[80] Vgl. hierzu Armstrong et al. (1994, S. 126), Train (1991, S. 302), die weiterführenden Verweise in Stuchtey (2002, FN 156) oder die Äußerungen in Ballance und Taylor (2001, S. 18).

bisherigen Argumentation dadurch, dass dem Monopolisten intrinsische Anreize geboten werden, seinen wahren Typ zu offenbaren. Das System vergleichenden Wettbewerbs schnitt hier besonders gut ab. Vor diesem Hintergrund mag die Einbettung eines Wettbewerbs um den Markt in einem System vergleichenden Wettbewerbs eine durchaus interessante Option sein.[81]

Bezüglich des zweiten Punktes ist im Zusammenhang mit dem Hold-up-Problem davon auszugehen, dass ein Konzessionär nur dann langfristige Investionen in die wasserwirtschaftliche Infrastruktur vornehmen wird, wenn er sicher sein kann, auch in den Genuss deren Erträge zu kommen (Armstrong und Sappington, 2003, S. 81). Dies beinhaltet dann bei einem Anbieterwechsel eine akkurate Kompensation der getätigten, noch nicht abgeschriebenen versunkenen Kosten. Wird in diesem Zusammenhang berücksichtigt, dass Konzessionen, bei denen nachhaltige Investitionen mit sunk cost Charakter zu tätigen sind, sowieso eine längere Laufzeit haben, wird unmittelbar das unter dem ersten Punkt Gesagte wieder virulent. Je länger die Verträge, umso offener sind diese zu gestalten. Somit kann erwartet werden, dass ohne ausreichend kompetente Regulierungsbehörde, ein ausscheidender Konzessionär auch in der Kompensationsfrage seinen Informationsvorteil zu nutzen suchen wird. Es erstaunt somit nicht, dass theoretisch ein Auktionsverfahren nur in solchen Branchen beziehungsweise auf solchen Wertschöpfungsstufen eingesetzt werden sollte, bei denen keine Investitionen mit sunk cost Charakter zu tätigen sind.[82]

---

[81] Gesetzt den Fall, das Ausschreiben einer Dienstleistung auf einer Wertschöpfungsstufe würde sich grundsätzlich als vorteilhafter erweisen als ein Anbieten jener Dienstleistung innerhalb eines integrierten Unternehmens, so bräuchte diese Dienstleistung nicht weiter im Rahmen des Systems vergleichenden Wettbewerbs berücksichtigt zu werden. Von einer ausreichenden Disziplinierung könnte ceteris paribus insbesondere bei kurzen Vertragslaufzeiten ausgegangen werden.

[82] Armstrong et al. (1994, S. 126) drücken diesen Sachverhalt wie folgt aus: „While these assumptions [unter anderem ein Fehlen des Hold-up-Problems, M.O.] may hold approximately for straightforward products that involve low sunk costs, as in the example of supplying license plates for taxis, they do not generally apply to the utility industries." Ähnlich in der Argumentation zum Beispiel Laffont und Tirole (1993, S. 359), Vickers und Yarrow (1988, S. 115) oder bereits in Ansätzen Demsetz (1968, S. 64f.). In Frankreich, dem Land, in dem das Auktionsverfahren in der Praxis als zentrales Regulierungsverfahren genutzt wird, ist ebenso stets die öffentliche Hand Eigentümer der Infrastruktur. Aufgrund genau der hier theoretisch hergeleiteten Probleme werden die bereits seltenen sog. „concessions" (privater Partner übernimmt Investitionen und trägt Risiko) nach Periodenende mittlerweile in sog. „affermage"-Verträge mit wesentlich kürzerer Laufzeit umgewandelt (Schönbäck et al., 2003a, S. 260). Jene affermage-Modelle implizieren, dass der private Dienstleister nur die Anlage betreibt und instand hält.
In Abschnitt 3.4.1.3 wird etwas näher auf das französische Regulierungsverfahren eingegangen.

Gleiches ist vor dem Hintergrund des dritten Punktes zu konstatieren. Ein tatsächlicher Wettbewerb zwischen den Konzessionären wird sich dann einstellen, wenn es einerseits zu keinen Absprachen zwischen den Bietenden kommt[83] und andererseits der bisherige Anbieter keine zu großen Informationsvorsprünge aufweist. Letzteres wird dann besonders der Fall sein, wenn wie oben gezeigt die Konzessionslaufzeiten sehr lang sind und der Konzessionär betriebsspezifische Investitionen mit hohem sunk cost Charakter gebildet hat. Sind diese Informationsvorsprünge zu groß, verliert der Auktionswettbewerb seine disziplinierende Wirkung für den aktuellen Versorger/Entsorger. Der Mitbewerber wird bei Abgabe seines Gebots sehr zurückhaltend sein, kann er doch nicht ausreichend einschätzen, wie hoch im Detail die auf ihn zukommenden Kosten und Erlöse sein werden.[84] Sollte er den momentanen Dienstleister überbieten, wird sich das den Zuschlag erhaltende Unternehmen unmittelbar die Frage stellen, ob es nicht eine zu positive Sicht der zukünftigen Entwicklung hat.[85] Auch vor diesem Hintergrund bleibt damit festzuhalten, dass ein Ausschreiben von Betriebsfüh-

---

[83] Nach Laffont (1994, S. 524) ist eine Kollusion das selbstverständlichste Verhalten der an einer Auktion teilnehmenden Unternehmen. Es sei naiv, dies als Ausschreibungsinstanz nicht zu erwarten.
Gleichwohl zeigen sowohl die Auktionstheorie wie auch die praktischen Erfahrungen mit Ausschreibungen, wie Kollusionen in Fällen ohne Infrastrukturübergang weitgehend verhindert werden können. Bezüglich des Auktionsdesigns sei dabei auf Kerf et al. (1998, Kap. 3), Elsenbast (1999, Kap. VIII) und Klemperer (2002) verwiesen. Einen guten Überblick über die Entwicklung der Auktionstheorie unabhängig von der Versteigerung temporärer Monopollizenzen liefert Klemperer (1999).

[84] Ein eher theoretischer Lösungsversuch besteht darin, den relativ weniger Informierten bewusst zu bevorzugen, um ihn zu einer Angebotsabgabe zu bewegen und so auch eher den bisherigen Konzessionär unter Druck zu setzen.
Bei vorliegendem Hold-up-Problem könnte nach Laffont (1994, S. 594) genau der umgekehrte Weg beschritten werden. Als Ersatz für eine sehr lange Vertragslaufzeit soll der Konzessionär durch eine relative Bevorzugung bei zukünftigen Ausschreibungen zu den notwendigen Investitionen angeregt werden. Diese würde ihn aber möglicherweise zu stark bevorteilen. „Either way, the prospects for effective competition are poor" (Armstrong et al., 1994, S. 128).
Traditionell wurden in der französischen Ausschreibungspraxis die bisherigen Konzessionäre in der Form bevorteilt, dass die Verträge ohne Ausschreibung verlängert wurden. Seit 1993 ist dies zwar untersagt, aber bis zu diesem Zeitpunkt konnte von einem wirklichen Wettbewerb nicht gesprochen werden.

[85] Die Auktion wird im Gleichgewicht bei einer sog. „common value auction" von demjenigen Bieter gewonnen, der die Kosten für die Erbringung der ausgeschriebenen Dienstleistung am meisten unterschätzt. Wenn diese strategische Interdependenz von den Bietern nicht erkannt wird, verlangt der Gewinner einen zu geringen Preis für die Dienstleistungserbringung. Dies bezeichnet man in der Literatur über staatliche Ausschreibungen als „Fluch des Gewinners" (winner's curse). Zur Vermeidung dieses Problems wird häufig die sog. „second price auction" angewendet. Der Gewinner würde hier den Preis erhalten, den der zweitniedrigste Bieter eingefordert hat. Siehe hierzu detaillierter Krishna (2002, S. 15ff.).

rungskonzessionen[86] grundsätzlich eine Überlegung wert ist. Ein Ausschreiben von Betreiberkonzessionen sollte aufgrund der dargestellten Probleme hingegen eher unterlassen werden. Eine solche Betreiberkonzession wäre nur dann eine Option, wenn der Betreiber im Rahmen eines Systems vergleichenden Wettbewerbs kontinuierlich überwacht würde.[87]

Insgesamt kann damit geschlossen werden, dass bei solchen Dienstleistungen, bei denen keine Investitionen mit hohem sunk cost Charakter notwendig sind, sich dieses Regulierungsverfahren additiv durchaus eignet. Bei kurzen Periodenlaufzeiten und relativ gleich informierten Bietern können Ergebnisse erzielt werden, die denen des dargestellten Modells ähneln. Als alleiniges Regulierungsverfahren erscheint der Wettbewerb um den Markt in Form der Betriebsführungskonzession hingegen aus zwei Gründen nicht geeignet.

Erstens kommt in kapitalintensiven Branchen wie sowohl der Abwasserentsorgung als auch der Wasserversorgung der Überprüfung der Investitionen eine große Bedeutung zu. So ist zum einen die sachliche Notwendigkeit von Investitionen zu überprüfen. Zum anderen ist zu gewährleisten, dass die Infrastruktur sowohl kosteneffizient als auch unter Verwendung der langfristig optimalen Technologie erfolgt. Grundsätzlich sei dahingestellt, ob die Erstellung wettbewerblich ausgeschrieben wird oder nicht. Zentral ist ausschließlich, dass sich die ausschreibende Instanz für ihre ökonomischen Entscheidungen zu rechtfertigen hat. Dies geschieht bestmöglich im Rahmen eines ganzheitlichen Regulierungsmixes, bei dem das System vergleichenden Wettbewerbs das Grundgerüst bildet, in das sich sämtliche sonstige Regulierungsverfahren einorden.

Zweitens soll, wie in Abschnitt 3.1.3 dargestellt, ein Rahmen geschaffen werden, der Anreize setzt, dass sich durch Unternehmenszusammenschlüsse technisch effiziente Betriebsgrößen herausbilden. Als ein solcher Anreiz bietet sich das Nutzen von Elementen eines Wettbewerbs im Markt an. Die Wahl von Auktionsverfahren als alleiniges Regulierungsinstrument könnte hier kontraproduktiv, sprich marktabschottend, wirken. Eine Marktabschottung unter dem Deckmantel zum Beispiel geringerer Finanzierungskosten würde aber die derzeitigen unwirtschaflichen Strukturen in der Wasserwirtschaft zementieren. Dies würde insbesondere

---

[86] Zu den möglichen Organisationsformen in der Wasserwirtschaft siehe Abbildung A.4 im Anhang. In Abschnitt 2.2 wurde bereits auf weiterführende Literatur zur optimalen Organisationsformwahl hingewiesen.

[87] Ein Auktionsverfahren, das nie als einziges Regulierungsinstrument eingesetzt wird, kann folglich auch nicht – wie Ballance und Taylor (2001, S. 17) meinen – mit im Verhältnis geringeren Regulierungskosten einhergehen.

dann gelten, wenn auch noch langlaufende Betreiberkonzessionen versteigert würden.

Es stellt sich unmittelbar die Frage, ob für diese Übergangsphase der Neustrukturierung eine Kombination von Wettbewerb um den Markt und Wettbewerb im Markt sinnvoll wäre. Eine Marktabschottung würde so verhindert.[88]

Unter Bezugnahme auf die analysierten Studien zur optimalen Betriebsgröße in der Wasserwirtschaft in Abschnitt 3.1.3 scheint dies keine volkswirtschaftlich sinnvolle Option. Entgegen der Einschätzung von Stuchtey (2002, S. 126) wird hier die Meinung vertreten, dass ein Aufheben der staatlichen Marktschranken unmittelbar Auswirkungen auf die räumliche Struktur der deutschen Wasserwirtschaft haben wird. Die Unsicherheiten wären damit so hoch, dass in einer solchen Phase der endogenen Herausbildung neuer, technisch effizienter Unternehmensstrukturen eine Nachverhandlung die jeweils vorherige jagen würde.

Damit ist zu schließen, dass ein Auktionsverfahren zentrale Schwächen aufweist. Als alleiniges Regulierungsverfahren ist nicht zu erwarten, dass es die maximal mögliche Form von Wettbewerb zu entfalten hilft. Als Teil eines Systems vergleichenden Wettbewerbs bleibt das Verfahren aber interessant.

3.4 Preisregulierungsverfahren in ausgewählten Ländern

3.4.1 Zur Vielfältigkeit derzeitiger Preisregulierungsverfahren

Im Rahmen dieses Abschnitts soll zunächst der Ausgangszustand in der deutschen Preisregulierung skizziert werden. Vor dem Hintergrund der theoretischen

---

[88] Dies schlägt Stuchtey (2002, S. 127f.) unter anderem vor. In ihrer Auseinandersetzung mit möglichen Regulierungsverfahren endet sie mit der Präsentation der folgenden Vorschläge. Zum einen könnten privatisierte Unternehmen um die Dienstleistung der Wasserversorgung in einer wettbewerblichen Ausschreibung bieten, wobei - wie gesagt - sie der Ansicht ist, dies könne mit einer Aufhebung der staatlichen Marktschranken einhergehen. Ebenso kann sie sich ein System vergleichenden Wettbewerbs vorstellen, das ebenfalls mit Aufhebung staatlicher Marktabschottung einherzugehen hätte. Auch hier sollten ihrer Ansicht nach die Unternehmen materiell privatisiert werden.

Hier wird argumentiert, dass für Deutschland das erste Verfahren ungeeignet ist und im Zusammenhang mit dem zweiten Vorschlag eine materielle Privatisierung nicht ex ante gefordert werden muss, sondern sich diese wahrscheinlich sukzessive endogen herausbilden wird.

Argumentation fällt unmittelbar die praktische Nichtexistenz von jeglichem Wettbewerb auf.[89] Im Anschluss daran soll mit dem englischen Regulierungsverfahren ein erster praktischer Einblick in das mögliche Zielsystem eines Systems vergleichenden Wettbewerbs gegeben werden. Eine knappe Auseinandersetzung mit den französischen Erfahrungen mit dem Ausschreibungswettbewerb im dritten Unterabschnitt folgt.

Die Darstellung des französischen Systems muss begründet werden. Immerhin wird auch für die praktischen Erfahrungen mit dem Wettbewerb im Markt – ebenfalls bislang als additives Regulierungsverfahren gesehen – kein eigenständiger Abschnitt eingeräumt.[90] Die Auseinandersetzung mit den praktischen Erfahrungen in Frankreich ist gleichwohl gerechtfertigt, weil die Europäische Kommission dieses System zu favorisieren scheint.[91] Dies muss nicht notwendigerweise mit der konzeptionellen Vorteilhaftigkeit des Auktionsverfahrens zu tun haben, sondern wird vor allem daran liegen, dass die Kommission aufgrund insbesondere des Neutralitätsprinzips nicht in die letztendliche kommunale Verantwortung wird eingreifen wollen. Ebenso wird dieses Regulierungsverfahren in vielen Entwicklungsländern eingesetzt (Scheele, 2000a, S. 12). Vor diesem Hintergrund ist zu prüfen, ob die kritischen Punkte, die aus der theoretischen Analyse abgeleitet werden konnten, sich auch in der französischen Regulierungspraxis einstellen. Das bisherige Ergebnis ist ja bekanntlich, dass unter ganzheitlicher Betrachtung ein alleiniger Ausschreibungswettbewerb für Deutschland allenfalls eine zweitbeste Lösung darstellt.

Gleiches gilt für den Fall, wenn sich an den Erfahrungen der niederländischen Wasserwirtschaft orientiert würde. Im Gegensatz zu Frankreich wurde in den Niederlanden ebenso wie in England eine im Ausgangszustand fragmentierte Struktur als Problem betrachtet. Es kam zu Zwangszusammenlegungen. Hier setzt der erste Kritikpunkt an, denn es sollte weitestmöglich dem Wettbewerb überlassen werden, welche Unternehmensgröße sich im spezifischen Fall als optimal erweist.[92]

---

[89]   In einigen Publikationen würde die These einer Nichtexistenz von Wettbewerb in der deutschen Wasserwirtschaft negiert. So sehen sowohl Kraemer (2001) als auch Wackerbauer (2003) das deutsche System als eine mögliche Wettbewerbskonzeption. Im Rahmen des folgenden Abschnitts wird sich hingegen herausstellen, dass weder kommunale Wasserversorger noch Abwasserentsorger einer wirklichen Preiskontrolle unterliegen. Ferner mag es zwar auf einzelnen Wertschöpfungsstufen eine Vielzahl von Anbietern geben, in Abschnitt 4.3.1.2 wird aber gezeigt werden, dass diese häufig weder Anreize haben, kosteneffizient zu arbeiten noch innovative neue Technologien einzusetzen.

[90]   Praktische Verweise wurden vielmehr mit der eigentlichen theoretischen Darstellung der Regulierungskonzeption in Abschnitt 3.3.1 verknüpft.

[91]   Siehe hierzu Abschnitt 3.4.2.

[92]   Es ist selbstverständlich zuzugestehen, dass auch ein System, das überhaupt danach strebt,

Ferner ist zu kritisieren, dass kein ausreichend hoher Wettbewerbsdruck entfaltet wird. Der eingeschlagene Weg in den Niederlanden basiert auf einem reinen „naming and shaming". Hiernach werden die Ergebnisse eines mittlerweile verpflichtenden Benchmarkings (Merkel, 2003a, S. 9) in Form von Broschüren (VEWIN, 2001) allgemein zugänglich gemacht und sollen so die Unternehmen anhalten, sich im Zeitablauf zu verbessern. Im Gegensatz zum deutschen Status quo wäre auch ein verpflichtendes Benchmarking sicher bereits eine Verbesserung, dennoch aber würde mit diesem Vorgehen auf eine ganzheitlich durchdachte Lösung verzichtet.[93] Auf eine nähere Auseinandersetzung mit diesem Verfahren kann daher verzichtet werden.[94]

3.4.1.1 Das deutsche Verfahren: Kostenorientierte Regulierung

Das praktizierte Verfahren in Deutschland entspricht prinzipiell dem der kostenorientierten Preisbestimmung.[95] Die zugebilligte Gebühr richtet sich zentral nach den festgestellten Produktionskosten. Wie bei der Auseinandersetzung mit diesem Verfahren in Abschnitt 3.3.2 hergeleitet, gehen mit diesem Regulierungsverfahren Probleme der Informationsasymmetrie und der fehlenden statischen und dynamischen Effizienz einher.

---

zu Zusammenschlüssen bis zu spezifischen Mindestgrößen zu ermutigen, sich bereits einer Anmaßung von Wissen aussetzt. Theoretisch könnten so Unternehmenseinheiten aufzulösen sein, die in der Praxis effizient sind. Dies ist aber weder vor dem Hintergrund empirischer Erkenntnisse noch in Folge der oben vorgestellten kommunalpolitischen Logik zu vermuten. Ein gewisser Konstruktivismusvorwurf bleibt gleichwohl bestehen.

[93] Es sei angemerkt, dass in der deutschen Wasserwirtschaft derzeit allenfalls eine Bereitschaft zu einem freiwilligen Benchmarking besteht (siehe beispielhaft Bongert (2003, S. 9)). Begründet wird dies damit, dass es ansonsten nicht zu einem vertraulichen Datenaustausch zwischen den Unternehmen komme.
Wettbewerbspolitisch ist ein solcher Datenaustausch auch gar nicht erwünscht. Eine gute Idee eines innovativen Unternehmens sollte gerade nicht zu sozialisieren sein. Vielmehr sollte ein solcher Pionierunternehmer (Heuss, 1965) durch (zeitlich befristete) Gewinne belohnt werden.

[94] Bezüglich der Grundlagen dieses Regulierungsverfahrens siehe zum Beispiel Scheele (2002, S. 6f.) oder Clausen und Scheele (2002, Abschn. 4.4). Für einen Gesamtüberblick über die niederländische Wasserwirtschaft siehe Schönbäck et al. (2003a, Abschn. 4.2).
Auch auf eine Vorstellung des US-amerikanischen Systems kann verzichtet werden. Die Wasserwirtschaft ist sehr kleinteilig organisiert und die Preise der wenigen privaten Unternehmen werden kostenorientiert reguliert (Clausen und Scheele, 2002, S. 71). Überdies ist ein Privatisierungstrend festzustellen, der sich fortsetzt (OECD, 2000, Abschn. 2.2.3). Gleiches gilt für den Ausschreibungswettbewerb (Drouet, 2001).

[95] Neben dem kostenorientierten Regulierungsverfahren wird bedingt auch der Ausschreibungswettbewerb genutzt. Rudolph (oJ) stellt die deutschen Erfahrungen mit solchen Auktionen in der Wasserwirtschaft vor.

Die obige Wahl des Begriffes „prinzipiell" impliziert, dass sich die Bestimmung der Gebühren in Deutschland aber nicht notwendigerweise über die Kosten vollzieht. Neben der kostenorientierten Gebührenbestimmung gibt es eine wettbewerbsrechtliche Preisaufsicht. Bestimmend dafür, welches Verfahren jeweils Anwendung findet, ist das zu Grunde liegende Rechtsverhältnis zum Kunden. Zumeist geht eine privatrechtliche Organisationsform, in der die Wasserver- und Abwasserentsorgung betrieben wird, mit einem privatrechtlichen Verhältnis zum Kunden einher.[96] Preise im Gegensatz zu Gebühren werden hier erhoben.

Diese Festlegung obliegt, wie bereits in Abschnitt 2.2 beschrieben, den Kommunen. Da die Wasserversorgung eine sog. freiwillige Selbstverwaltungsaufgabe ist, können hier Private zur Aufgabenerfüllung und Haftung herangezogen werden. Zwar können auch einzelne Leistungen der Abwasserentsorgung durch Dritte erbracht werden, an der Pflichtigkeit der Selbstverwaltungsaufgabe hingegen ändert sich nichts. Ein Haftungsübergang findet nicht statt.

Was bedeutet das jeweils anzuwendende Verfahren zum einen für die Festlegung der Preise beziehungsweise Gebühren und Beiträge und zum anderen für die Kontrollaufgaben der überwachenden Behörden?

Während die Abwassergebühren und -beiträge[97] aufgrund der Pflichtigkeit der Selbstverwaltungsaufgabe grundsätzlich nach dem jeweiligen Kommunalabgabengesetz des Landes (KAG) zu berechnen sind, ist die Situation bei Unternehmen der Wasserversorgung differenzierter zu betrachten. Sofern die Wasserversorgung durch ein öffentlich-rechtliches Unternehmen betrieben wird, besteht eine Wahlmöglichkeit, ob die Gebühren nach einem KAG berechnet oder aber zivilrechtliche Preise erhoben werden.[98]

---

[96] Welche Organisationsformen in der deutschen Wasserwirtschaft gewählt werden, ist aus den Abbildungen A.6 und A.7 im Anhang zu ersehen.

[97] Abgaben sind zum Beispiel im Sinne des § 1 KAG von Nordrhein-Westfalen der Oberbegriff für Steuern, Gebühren und Beiträge. Dabei sind nach § 4 Abs. 2 KAG von Nordrhein-Westfalen Gebühren „Geldleistungen, die als Gegenleistung für eine besondere Leistung – Amtshandlung oder sonstige Tätigkeit – der Verwaltung (Verwaltungsgebühren) oder für die Inanspruchnahme öffentlicher Einrichtungen und Anlagen (Benutzungsgebühren) erhoben werden." Beiträge hingegen sind nach § 8 Abs. 2 KAG von Nordrhein-Westfalen "Geldleistungen, die dem Ersatz des Aufwandes für die Herstellung, Anschaffung und Erweiterung öffentlicher Einrichtungen [...], jedoch ohne die laufende Unterhaltung und Instandsetzung, dienen."

[98] Auf Basis einer von der Kommune nach den Vorgaben des entsprechenden KAG aufzustellenden Gebührensatzung könnte eine Kommune ein privatwirtschaftliches Unternehmen beauftragen, im Namen und Auftrag der Stadt Gebühren zu erheben. Der klassische Fall wäre hier ein Konzessionsvertrag von Kommune und Stadtwerk. Es gäbe zusätzlich noch den seltenen Fall der sog. Beleihung. Hier würde der Private explizit zum Gebühreinein-

Die Voraussetzung für eine Veranschlagung der Gebühren gemäß einem KAG ist das Erstellen einer Abgabensatzung. Hier wird aufgeführt, welche anfallenden Kosten bei der Gebühren- und Beitragsfestlegung zu berücksichtigen sind. Zentral ist das Prinzip der Vollkostendeckung.[99] Während in einem KAG nur Oberbereiche von Kosten angesprochen werden, findet sich eine feinere Untergliederung im immer mitzubeachtenden kommunalen Haushaltsrecht.[100] Die von den Gemeindevertretern nach den Grundsätzen des Gebührenrechts (Kostendeckung, Gleichbehandlung, Äquivalenz) zu beschließenden Gebühren (Ewers et al., 2001, S. 19) sind gegebenenfalls von der Kommunalaufsicht der Länder [101] zu überprüfen.

Angesichts der Einstufung als Selbstverwaltungsaufgabe sind die Kontrollmöglichkeiten seitens der verschiedenen Kommunalaufsichtsbehörden sehr begrenzt. Insbesondere dürfen sie nicht auf Zweckmäßigkeit von Maßnahmen prüfen (Kahlenborn et al., 1999, S.23). Nach Meinung des Finanzministers von Sachsen-Anhalt, Karl-Heinz Paqué, bedarf es so zum Beispiel keiner kommunalaufsichtsrechtlichen Prüfung von US-Cross-Border-Transaktionen (o.V., 2003a). Nach Art. 2 Abs. 3 S. 2 des KAG von Bayern besteht überhaupt erst bei Abweichen von einer Mustersatzung die Notwendigkeit einer rechtsaufsichtlichen Genehmigung (Lutz und Gauggel, 2000, S. 415). Gemäß jener Mustersatzung gibt es Gebührenobergrenzen, bis zu denen keinerlei Prüfung stattfinden muss. Bei günstigen Förder-, Aufbereitungs- und Transportbedingungen,[102] die eine Unterschreitung der Obergrenzen garantieren, mag es somit im Sinne einer Kommune sein, eine

---

zug in eigenem Namen und auf eigene Rechnung ermächtigt (Gespräch Hermann Daiber, Referent für Wasserkartellrecht, Hessische Landeskartellbehörde, am 20.8.2003). Bezüglich öffentlich-rechtlicher Unternehmensformen bestünde für Kahlenborn et al. (1999, S. 20) für hoheitliche Tätigkeitsformen (Eigenbetrieb oder Regiebetrieb) keine Wahlmöglichkeit. Die Gebühren und Beiträge wären hiernach gemäß eines KAG zu ermitteln. Für eine weitergehende juristische Auseinandersetzung sei auf Daiber (1996) verwiesen.

[99] Dabei bedeutet Vollkostendeckung lediglich, dass sämtliche Kosten der Versorgung auf die Nutzer umzulegen sind. Dies gibt einem einzelnen Konsumenten aber kein Anrecht darauf, nur ensprechend seiner individuellen Kosten zur Zahlung herangezogen zu werden (Kahlenborn et al., 1999, S. 18).

[100] Hierunter zählen das Haushaltsgrundsätzegesetz des Bundes sowie die konkreteren Ausgestaltungen in den Gemeindeordnungen und Gemeindehaushaltsverordnungen der Länder (Kahlenborn et al., 1999, S. 20). Im Kern werden hier inhaltliche Mindestanforderungen an die Buchführung formuliert.

[101] Je nach Zuständigkeitsbereich die untere (zumeist Landkreis), mittlere (zumeist Regierungspräsident) oder oberste Ebene der Kommunalaufsichtsbehörde eines Landes (zumeist Innenministerium).

[102] In Abschnitt 2.1 zeigte sich, dass Unterschiede in den naturräumlichen Gegebenheiten sehr nachhaltig die Kosten beeinflussen. Vor diesem Hintergrund mag ein Unternehmen mit relativ niedrigen Gebühren alles andere als effizient wirtschaften.

Gebührenveranschlagung gemäß eines KAG zu wählen.[103]

Entscheidet sich ein öffentlich-rechtliches Unternehmen für ein privatrechtliches Verhältnis zu seinen Kunden, so müssen die eigentlichen Entgelte nicht den Anforderungen des entsprechenden KAG genügen. Gleichwohl unterliegen diese Unternehmen in ihren Preissetzungspraktiken der kartellrechtlichen Missbrauchsaufsicht. Diese obliegt gemäß § 48 Abs. 1 GWB den obersten Landesbehörden. Bei länderübergreifender Versorgung – wie zum Beispiel bei den Stadtwerken Mainz, die auch Regionen in Hessen bedienen – ist das Bundeskartellamt zuständig.

Gemäß § 103 Abs. 5 S. 2 Nr. 2 GWB a.F. – aufgrund § 131 Abs. 8 GWB für die Wasserversorgung immer noch gültig – liegt dann ein Missbrauch der Monopolsituation vor, wenn ein Versorgungsunternehmen ungünstigere Preise fordert als dies gleichartige Versorgungsunternehmen tun; es sei denn, das Versorgungsunternehmen kann nachweisen, dass der Unterschied auf abweichenden Umständen beruht, die dem teureren Versorgungsunternehmen nicht zurechenbar sind. Im Gegensatz zur Gebührenberechnung gemäß eines KAG existiert hier gerade kein Kostendeckungsgebot. Einem Unternehmen, das im Verhältnis nicht ausreichend wirtschaftlich agiert, wäre somit ein Bestandsschutz nicht garantiert.

Zur Feststellung eines Missbrauchs wird in der Regel der Vergleich mit einem anderen Unternehmen notwendig.[104] „In der Regel" bedeutet hier, dass auch das preisgünstigste Unternehmen die eigene Position missbräuchlich ausnutzend handeln kann. In diesem Fall würde nicht mit einem anderen Unternehmen verglichen, sondern vom Marktverhalten auf ein missbräuchliches Vorgehen geschlossen. Dies wäre zum Beispiel gegeben, wenn Kosten aus anderen Sparten auf den regionalen Monopolsektor übertragen würden (Lutz und Gauggel, 2000, S. 416). Im Allgemeinen aber wird dem Vergleichsmarktkonzept gefolgt.[105]

---

[103]   Nach Lutz und Gauggel (2000, S. 414) ergab im Jahre 1999 eine Umfrage unter 212 befragten bayerischen Wasserversorgungsunternehmen, die jeweils mindestens 10.000 Einwohner versorgten, dass nur 23 vH sich entschlossen, nicht auf die Gebührenfestlegungsmethode nach dem Bayerischen KAG zurückzugreifen. In Hessen machen gerade 34 der 468 hessischen Wasserversorger Preise und fallen damit unter das Kartellrecht. Der große Rest erhebt Gebühren (Börnecke, 2003).

[104]   Um bereits am Anfang die anfallenden abweichenden Umstände möglichst gering zu halten, werden in der Praxis Unternehmen miteinander verglichen, die sich in ihren Versorgungsstrukturen ähneln. Dies ist hingegen keine Voraussetzung. Daiber (2000, S. 354) zeigt, dass gemäß unterschiedlicher Gerichtsurteile auch aus anderen Branchen sowohl Unterschiede in den Verteilungsnetzen als auch in den Beschaffungsstrukturen die Bewertung als gleichartiges Unternehmen nicht verhindert. Seidewinkel und Wetzel (2000) hingegen pochen darauf, dass sich die zu vergleichenden Unternehmen möglichst weitgehend ähneln sollten.

[105]   Sofern nicht anders angegeben, orientiert sich die folgende Beschreibung des Prüfverfahrens an Daiber (2000, S. 355ff.). Hier finden sich auch die Verweise auf die jeweilige Rechtspre-

Hiernach haben sich die Kartellbehörden darauf geeinigt, jeweils zwei als typisch angesehene Abnahmefälle (150 m^3 und 400 m^3 pro Jahr) für einen Preisvergleich zu Grunde zu legen. Wird eine Preisüberschreitung von rund 13 beziehungsweise 19 vH beobachtet, besteht der Verdacht einer missbräuchlichen Preissetzung.

In einem ersten Schritt wird für jede Produktionsstufe der Wasserversorgung analysiert, inwieweit objektive Strukturnachteile in einem Gebiet vorliegen. Die Vorstellung der einzelnen Wertschöpfungsstufen in Abschitt 2.1 zeigte dabei, dass sich unterscheidende Kosten grundsätzlich zum Beispiel durch ungünstige Bodenverhältnisse, eine geringe Abnehmerzahl, eine geringe Bevölkerungsdichte oder eine schlechte Rohwasserqualität rechtfertigen lassen.[106] Zentral aber ist, dass die Feststellung unterschiedlicher struktureller Rahmenbedingungen von zwei Vergleichsunternehmen noch nicht notwendigerweise sich stark unterscheidende Preise rechtfertigt.

Das teurere Unternehmen hat daher in einem zweiten Schritt nachzuweisen, dass es eigene Anstrengungen zur Verbesserung geprüft hat und muss begründen, weswegen es sich gegen preisgünstigere Alternativen entschlossen hat. Bei höheren Wasseraufbereitungskosten müsste es so nachweisen, weswegen es nicht auf eine Fernwasserversorgung zurückgegriffen hat. Bei Entschädigungszahlungen an die Landwirtschaft wäre zu zeigen, dass zum Beispiel der Grundstückkauf oder eine Beratung der Landwirte im Vorfeld nicht billiger gewesen wäre.

Wird die Kausalität von der Kartellbehörde grundsätzlich anerkannt, hat das teurere Unternehmen in einem dritten Schritt nachzuweisen, wie sich pro unterscheidendes Strukturmerkmal die Kosten anteilig rechtfertigen. Ein detaillierter Anlagespiegel würde zum Beispiel Aufschluss darüber geben, welche Mehrkosten mit einem relativ längeren Leitungsnetz verbunden wären. Sind die Kostendifferenzen so insgesamt begründbar, wird das Verfahren eingestellt. Andernfalls begründet die nicht nachzuweisende Kostendifferenz die Forderung der Kartellbehörde, die Preise zu senken.

Während die Gebührenbestimmung gemäß eines KAG nahezu keine Anreize für ein kosteneffizienteres Verhalten der Wasserversorgungsunternehmen beinhaltet,

---

chung und abweichende Meinungen, die komplett dargestellt, den Rahmen dieser Arbeit überschreiten würden. Für das gut illustrierte Praxisbeispiel von Wiesbaden sei auf Daiber (2002, S. 11ff.) verwiesen.

[106] Die verschiedenen Kartellbehörden des Bundes und der Länder haben 1997/98 den Rahmen für die zukünftige Missbrauchsaufsicht vereinheitlicht. Unter anderem haben sie hier (Kartellreferenten des Bundes und der Länder, 1998, S. 19ff.) die zuzulassenden abweichenden Umstände definiert.

wäre das Verfahren des Vergleichsmarktkonzepts positiver zu beurteilen. Allein die kurze Vorstellung der Abläufe zeigt aber bereits, wie kosten- und zeitintensiv ein solches Verfahren gemeinhin ist. Zudem besteht eine Verpflichtung nur für solche Unternehmen, die sich zu einem privatrechtlichen Verhältnis gegenüber ihren Kunden entschlossen haben. Nicht von ungefähr sind daher insgesamt die tatsächlichen Fälle in der Zahl überschaubar. Vier Wasserversorgungsunternehmen wurden bislang durch die Institution der Missbrauchsaufsicht zur Preissenkung veranlasst.[107] Es kann argumentiert werden, dass allein die Aufforderung, sich im Rahmen einer Vergleichsmarktuntersuchung rechtfertigen zu müssen, im Sinne der Theorie bestreitbarer Märkte[108] bereits Anreize zu wirtschaftlicherem Verhalten begründet. Bei lediglich vier Fällen, in denen eine Preissenkung erwirkt wurde, ist diese These jedoch fraglich, zumal nach Daiber (2004, S. 60) bundesweit nur fünf Bedienstete aller Besoldungsstufen an solchen Vergleichsmarktuntersuchungen beteiligt sind. Zudem bedarf es keiner großen Vorstellungskraft, dass die verhältnismäßig ineffizienten öffentlichen Unternehmen – nicht notwendigerweise nur in der Betriebsführung ineffiziente, sondern auch solche, die sich einst für eine vergleichsweise nachteilige eigene kommunale Versorgung entschlossen haben – ganz zufrieden unter dem Dach der Kommunalaufsicht sind. Für Hessen zum Beispiel ist bislang kein Fall bekannt geworden, in dem ein Landratsamt die Wassergebühren einer Kommune gerügt oder gar reduziert hätte (Börnecke, 2003).

---

[107] Die Stadtwerke Wolfenbüttel GmbH mussten zum 1.2.2000 die Trinkwasserpreise für Privatkunden von 2,60 DM/m^3 auf 2,40 DM/m^3 senken (o.V., 2000), die Stadtwerke Hannover zum 1.10.1998 von 2,83 DM/m^3 auf 2,44 DM/m^3 (Niedersächsisches Ministerium für Wirtschaft, Technologie und Verkehr, 1998), die Stadtwerke Wiesbaden (ESWE) zum 1.1.2001 und 1.3.2003 um jeweils 0,50 DM/m^3 (Hessisches Ministerium für Umwelt, Landwirtschaft und Forsten, 2000). Durch das Einschreiten der Landeskartellbehörde in Hessen sparen im vierten Fall die Kunden der Südhessischen Gas und Wasser AG, Darmstadt, jährlich 3,3 Millionen Euro (Salzmann, 2003).
Abgesehen von Hessen, wo derzeit acht Missbrauchsverfahren laufen (Hessischer Landtag, 2003), scheinen Landeskartellbehörden im Wasserbereich wenig aktiv zu sein. In Sachsen sollten einst die Wasserpreise verschiedener Versorger „auf's Korn" (Sächsisches Staatsministerium für Wirtschaft und Arbeit, 1998) genommen werden. Wenig ist in der Folge passiert.

[108] Vergleiche hierzu Abschnitt 3.1.4.

3.4.1.2 Das englische Verfahren: System des vergleichenden Wettbewerbs

Das englische Regulierungsverfahren[109] ähnelt am ehesten der Preisobergrenzen-regulierung. Die Regulierungsbehörde OFWAT (Office of Water Services) errechnet im Rahmen ihrer alle fünf Jahre stattfindenden „Periodic Review" (PR) für jedes der 10 Wasser- und Abwasserunternehmen (Water and Sewerage Companies - WaSC) und der heute[110] 13 reinen Wasserunternehmen (Water only Companies - WoC) individuelle „K-Faktoren". Diese geben an, wie sich im Durchschnitt die einzelnen Wasser- und Abwasserpreise real verändern dürfen.[111] Dabei ist wohl darauf zu achten, dass zum einen innerhalb der WaSC keine Quersubventionierungen zwischen Wasserbereich und Abwasserbereich stattfinden (OFWAT, 2002m, S. 13). Zum anderen ist sicherzustellen, dass einzelne Kundengruppen nicht übervorteilt werden. Dies gilt insbesondere für Haushalte, die über relativ höhere Preise die relativ niedrigeren von Großabnehmern überhaupt erst ermöglichen.

Die niedrigeren Preise für Unternehmen lassen sich vor dem Hintergrund niedrigerer Kosten rechtfertigen. Es ist sicherzustellen, dass Großabnehmern nicht mehr, aber auch nicht weniger, als ihre langfristigen Grenzkosten in Rechnung gestellt werden (OFWAT, 2001j).

Derzeit befindet sich gerade die sog. Water Bill im Gesetzgebungsverfahren. Ein wesentlicher Bestandteil ist das verstärkte Zulassen von Wettbewerb im Markt sowohl über gemeinsame Netznutzung als auch zusätzlichen Leitungsbau.[112] Damit könnte sich der Wettbewerb um die Versorgung großer Unternehmen, die mehr als 25 Megaliter im Jahr in England nachfragen, verschärfen und Anreize seitens der wasserwirtschaftlichen Unternehmen entstehen, Haushalte zur Quersubventionierung heranzuziehen. Auch ohne den Wettbewerb im Markt bestehen aber bereits Anreize, zukünftige Einnahmen aus den Geschäften mit Großkun-

---

[109] Das englische Regulierungsverfahren findet sowohl für England als auch für Wales Anwendung.

[110] Für eine knappe Einführung in die Geschichte der englischen Regulierungspraxis siehe OFWAT (2002i); einen umfangreicheren Überblick geben Zabel und Rees (1997, 3. Abschnitt).

[111] Für die derzeitige 5-Jahres Periode (2000/01-2004/05) sinken nominal die Preise für die WaSC im Durchschnitt um jährlich 2 vH, die für WoC um jährlich 2,8 vH (OFWAT, 1999, S. 11).
Abbildung A.8 im Anhang zeigt, wie der Prozess bis zur endgültigen Bestimmung der Preisobergrenzen abläuft.

[112] Bezüglich der weiteren Bestandteile der Water Bill bietet OFWAT (2003a, S. 27ff.) eine knappe Einführung. Für umfangreichere Informationen siehe DEFRA (2003).

den möglichst gering auszuweisen (OFWAT, 2003l, S. 99f.). Dies liegt daran, dass diese Einnahmen vom insgesamt bewilligten Kapitalbedarf, den OFWAT einem wasserwirtschaftlichen Unternehmen zur Erfüllung seiner Aufgaben zugesteht, abgezogen wird. Ein zu konstatierender geringerer Kapitalbedarf zöge damit ein unmittelbares relatives Sinken der Preisobergrenzen für die erfassten Bereiche nach sich.

Die Bestimmung des benötigten Kapitalbedarfs steht damit im Zentrum der englischen Regulierung. Der letztendliche K-Faktor ist im Wesentlichen eine abgeleitete Größe aus dem Vergleich von zukünftigem und historischem Kapitalbedarf. Vor dem Hintergrund der theoretischen Überlegungen ist dies nicht zu kritisieren. Zur Lösung des Hold-up-Problems ist eine kostenorientierte Regulierung nicht zu vermeiden. Gleichwohl kann erwartet werden, dass zum einen die Sinnhaftigkeit einer Investition mit sunk cost Charakter hinterfragt wird und zum zweiten, dass diese Investition möglichst effizient durchgeführt wird.

Bezüglich der ersten Anforderung – der Überprüfung der Investitionen mit sunk cost Charakter auf Sinnhaftigkeit – reichen die Unternehmen alle fünf Jahre ihren Kostenbedarf unterteilt nach solchen der Betriebsführung (exklusive Kapitalerhaltung), solchen der Kapitalerhaltung und solchen der Kapitalerweiterung[113] für jeweils Wasser und Abwasser ein. Neue Umweltauflagen oder Verbesserungen im Kundenservice sind gemeinhin von OFWAT akzeptierte Gründe für Kapitalerweiterungsmaßnahmen. Dies heißt im umgekehrten Fall aber noch nicht, dass neue Auflagen grundsätzlich zu höheren Kapitalkosten führen. Es ist ebenso denkbar, dass solche durch sich erhöhende Betriebsführungskosten („Opex" [Operating expenditures]) erfüllt werden. Grundsätzlich sind die Unternehmen frei, ob sie eine eher kapitalintensive oder arbeits- bzw. energieintensive Technologie anwenden wollen.

Die Darstellung der englischen Situation zeigt, dass im Gegensatz zum deutschen Verfahren es zu einer Überprüfung auch der sachlichen Zweckmäßigkeit von Maßnahmen kommt. Dies geschieht zum einen durch die Reporter. Hier handelt es sich um von den Unternehmen beauftragte, unabhängige Fachleute, deren Aufgabe vor allem darin besteht, sowohl die eingereichten Maßnahmenpläne als auch die dann durchgeführten Pläne zu begutachten.[114] Sie unterstützen damit die

---

[113]   Kosten der Kapitalerhaltung und Kapitalerweiterung werden in der Summe als Kapitalkosten („Capex" [Capital expenditures]) bezeichnet.

[114]   Eine in Auftrag gegebene Studie (KPMG Management Consulting, 1998) kommt zu dem Schluss, dass im Allgemeinen den Reportern eine sehr gute Arbeit zu bescheinigen ist. Trotzdem stellt sich auch hier die Frage, wie die Überwachenden zu überwachen sind.

Wirtschaftsprüfer.

Während also die Reporter konkrete Vorhaben bewerten, obliegt es dem Unternehmen, OFWAT von der schlichten Notwendigkeit dieser Maßnahmen zu überzeugen.[115] Im Falle verschärfter Umwelt- und Trinkwasserqualitätsrichtwerte lässt sich diese Notwendigkeit unmittelbar ableiten.[116] Im Bereich des Kundenservices hingegen ist dies nicht so einfach. Unternehmerische Zusatzinvestitionen wären im Wesentlichen durch Verbraucherbefragungen zu rechtfertigen. Während im Bereich des Kundenservices zu Beginn der 1990er Jahre durchweg eine Verbesserungsnotwendigkeit unterstellt werden konnte,[117] ist dies, wie Abbildung A.9 im Anhang zeigt, heute nicht mehr zwangsläufig der Fall.

Auch Kapitalerhaltungsmaßnahmen sind seitens der Unternehmen in ihren Businessplänen zu rechtfertigen. Mit Hilfe der jährlichen Unternehmensberichte vermag es OFWAT, sowohl den Grad an Dienstleistungsservice als auch die Zuverlässigkeit der Infrastruktur nachzuhalten.[118] Einem Unternehmen würden im Kern nur dann erhöhte Mittel zum Kapitalerhalt gegenüber der Vorperiode zugestanden, wenn eine Zunahme sich aus verstärktem, in Outputkategorien messbarem Kapitalverfall rechtfertigen ließe. Es würde unterstellt, dass in der Vergangenheit scheinbar zu wenig in den Kapitalerhalt investiert wurde, wenn unter sonst gleichen Rahmenbedingungen in der gegenwärtigen Periode die Wasserverluste signifikant zugenommen hätten.

Es ist zwar positiv, dass die Businesspläne recht umfassend hinterfragt werden. Dies allein wäre aber im Kern nach wie vor eine kostenorientierte Regulierung oder Kapitalrenditenregulierung. Für jegliche Art der Investitionen – sowohl ver-

---

Es ist geplant, dass von Zeit zu Zeit die Reporter sich gegenüber einem von OFWAT eingesetzten Expertengremium zu rechtfertigen haben (OFWAT, 2003j, S. 3). OFWAT will aber auch weiterhin daran festhalten, dass sich das Unternehmen seinen Reporter selber aussucht.

[115] Für eine genauere Analyse dieses Verfahrens siehe Oelmann (2004a).

[116] OFWAT ist nur am Rande in die konkrete Bestimmung von Trinkwasserqualitätsstandards und Umweltauflagen involviert. In diesen Fragen wird das zuständige Ministerium (DEFRA - Department for Environment Food and Rural Affairs) durch die Environmental Agency (EA) und das Drinking Water Inspectorate (DWI) beraten. Die für die kommende Price Review zu erwartenden Einflussgrößen werden eng an den Vorgaben des DEFRA (2002b) ausgerichtet sein.

[117] Zur ersten Bestimmung einer Ziel-Benchmark verglich OFWAT zu Beginn der 1990er Jahre das relative Abschneiden der wasserwirtschaftlichen Unternehmen bei einzelnen Service-Indikatoren mit denen in Branchen wie der Telekommunikation oder Elektrizität. OFWAT (1996, S. 19) zeigt beispielhaft, wie hoch der vH-Anteil der eingehenden Beschwerden war, die innerhalb von zehn Werktagen bearbeitet wurden.

[118] Eine weitergehende Analyse findet sich in Abschnitt 5.2.2.

bunden mit als auch ohne sunk costs – als auch für sämtliche Betriebsführungs-
abläufe sollte auch die zweite Anforderung erfüllt sein. Es sind Anreize zu einem
effizienteren Wirtschaften auf Unternehmensebene zu begründen. Dies geschieht
durch das nun vorzustellende Konzept der Berechnung relativer Effizienzen.

Sind die im Rahmen einer Periodic Review einzureichenden Businesspläne mit
den entsprechenden Änderungen von OFWAT bestätigt, findet das Konzept des
vergleichenden Wettbewerbs oder auch der relativen Effizienzen Anwendung. Im
Kern sind die folgenden vier Schritte zu unterscheiden:

1. Bestimmung der relativen Effizienzposition eines Unternehmens.

2. Bestimmung des „Benchmark-Unternehmens".

3. Festlegung der zu erreichenden individuellen Effizienzziele.

4. Bestimmung des Grades der Effizienzzielerreichung.

Während die ersten drei Schritte auch Teile des alle fünf Jahre stattfindenden
Periodic Reviews darstellen und somit wesentlich auf die letztendlichen individuellen Preisobergrenzen Einfluss nehmen, machen die jährlichen Rückläufe der
Unternehmen – die sog. „June Returns" (JR) – deutlich, inwieweit die Effizienzziele tatsächlich erreicht wurden. Ganz allgemein zeigen die Erfahrungen der
vergangenen Jahre, dass die Unternehmen in der Regel in der Lage waren, die
Vorgaben von OFWAT zu übertreffen.[119]

Zur Bestimmung der relativen Effizienzposition eines Unternehmens sind zwei
Verfahren zu unterscheiden. Mit Hilfe von Regressionsanalysen wird die relative
Position bei den Opex berechnet. Vergangenheitswerte werden hier miteinander
in Beziehung gesetzt. Für Kapitalerweiterungsmaßnahmen lässt sich auf solche
historischen Daten nicht zurückgreifen, weswegen hier zur Bestimmung der relativen Effizienz Standardkosten von den Unternehmen erfragt werden. Für Kapitalerhaltungsmaßnahmen werden beide Methoden angewandt.

---

[119] Zur näheren Veranschaulichung sei auf die Abbildungen A.11 (Entwicklung der gesamten
       Opex) und A.12 (Entwicklung der Kosten zum Kapitalerhalt) im Anhang verwiesen. Ab-
       bildung A.13 im Anhang zeigt dabei, dass zu Beginn der 1990er sehr hohe Kapitalrenditen
       in der englischen Wasserwirtschaft erwirtschaftet wurden, sich dies nun aber weitgehend
       normalisiert hat. Zur Diskussion, welche Kapitalrendite einem wasserwirtschaftlichen Un-
       ternehmen zuzugestehen ist, siehe OFWAT (2002d, S. 27ff.).

Das erste Verfahren folgt dem Schema in Abbildung A.14 im Anhang. Für den Servicebereich Wasserversorgung werden zum Beispiel die anfallenden Kosten den Bereichen Schöpfung und Aufbereitung, Verteilung, Elektrizität und allgemeines Management zugeordnet. Im ersten Schritt wird dann ermittelt, was im Kern das kostentreibende Element ist. Die Höhe der Kosten kann so wesentlich von der Unternehmensumwelt (so zum Beispiel versorgte Bevölkerung, Anzahl von Quellen) und/oder den Inputs (zum Beispiel m^3 Wasser) und/oder Outputs (zum Beispiel m^3 Klärschlamm bei Abwasser) abhängen. Ziel ist es dann, einen statistisch signifikanten Zusammenhang zwischen Ausgaben und jenem kostenbestimmenden Faktor herzustellen. Die relevanten Daten für die Bestimmung der relativen Unternehmensleistung im Rahmen des Periodic Review gewinnt OFWAT aus den jährlichen JR der Unternehmen, die wie angesprochen von den Reportern hinterfragt wurden.[120]

Für eine Vergleichbarkeit der Unternehmen müssen im dritten Schritt die nur einzelne Unternehmen betreffenden Kosten identifiziert und quantifiziert werden. Dabei definiert OFWAT, welche Kosten als atypisch anzusehen sind.[121] Dies sind zum Beispiel Kosten der Umstrukturierung innerhalb des Unternehmens oder solche, die auf sehr außergewöhnliche Wettersituationen zurückzuführen sind. Werden diese als außergewöhnliche Kosten angegeben und kann das Unternehmen ferner deren individuelle Unausweichlichkeit nachweisen, wird dieser Posten ex ante abgezogen. Nicht als solche deklariert, werden die spezifischen Sonderfaktoren ex post in Schritt 9 herausgerechnet.[122] Auch das Nichtvorliegen atypischer Kosten hat das Unternehmen neuerdings jährlich im Rahmen seiner JR zu erklären (OFWAT, 2001d, Tab. 21). Nach Abzug der außergewöhnlichen Kosten werden die generierten Datengruppen miteinander in Beziehung gesetzt.

Es steht zu vermuten, dass die Kosten pro Einwohner[123] zum Beispiel im Be-

---

[120] Die im Detail erfragten Unternehmensdaten sind unter der Rubrik June Return 2002 auf der Internetseite von OFWAT (http://www.ofwat.gov.uk) abrufbar.

[121] Diese Formulierung suggeriert, dass die Regulierungsbehörde sehr autokratisch handelt. Dies ist insofern zu relativieren, als die Branche stets im Vorfeld um ihre Meinung gefragt wird. So ist das grundlegende „Framework and Approach"-Papier (OFWAT, 2003l) das Ergebnis eines ursprünglichen Entwurfes (OFWAT, 2002l), zu dem die Branche eingeladen war, sich zu äußern. Eingereichte Meinungen und sich jeweils anschließende Stellungnahmen von OFWAT sind der Öffentlichkeit in OFWAT (2003m) zugänglich.

[122] Dies geschieht damit auf der gleichen Stufe, auf der die Kosten auch um sonstige dauerhafte unternehmensspezifische Faktoren bereinigt werden. Als solche gelten zum Beispiel höhere Lohnkosten im Südosten Englands, besondere rechtliche Auflagen oder ein überdurchschnittlicher Anschluss der Bevölkerung an Wasserzähler.

[123] Während hier tatsächlich die Einwohnerzahl genutzt wird, wäre die Größeneinheit bei den allgemeinen Managementdiensten die Anzahl der Wohneinheiten, die eine individuelle Rechnung erhalten. Für eine detaillierte Auflistung der Maßeinheiten und der kostentrei-

reich Schöpfung und Aufbereitung zum einen von der Rohwasserqualität, zum anderen von der Anzahl der Quellen abhängen. In einem internen Dokument für die Wettbewerbsbehörde (OFWAT, oJ) wird deutlich, dass jeweils schlicht die signifikanteste erklärende Variable für die Regressionsanalyse (OLS) genutzt wird. Für den Faktor Rohwasserqualität ist dies der Anteil von Rohwasser, der aus Flüssen gewonnen wird (je höher dieser Anteil, desto höher sind vermutlich die Aufbereitungskosten). Bei der Anzahl der Quellen pro Gesamtwassermenge (je höher die Anzahl desto höher sind vermutlich die Aufbereitungskosten) stellt sich heraus, dass es statistisch nicht notwendig ist, jene Gesamtwassermenge um Sickerverluste zu bereinigen. Während die englische Regulierungsbehörde schon seit längerem die genutzten erklärenden Variablen für die Prognose der Kosten angab, werden nun auch die ganz konkreten Regressionsgeraden nach außen kommuniziert (OFWAT, 2004c, Annex 1).[124]

Die sich ergebende Regressionsgerade erlaubt es in Schritt 7 schließlich, den tatsächlichen Kosten die prognostizierten Kosten gegenüberzustellen. Sind letztere höher, ergibt sich im Verhältnis zum Durchschnitt eine höhere Effizienz. Um aus der relativen Effizienzposition eines Unternehmens konkrete Zielvorgaben für zukünftiges effizientes Arbeiten in der kommenden 5-Jahres-Periode abzuleiten, fungiert hingegen nicht das durchschnittliche, sondern das effizienteste Unternehmen als Benchmark.

Bevor jedoch auf die genaue Bestimmung des „Benchmarking-Unternehmens" eingegangen wird, soll noch knapp das zweite angewandte Verfahren zur Bestimmung der relativen Effizienz angesprochen werden. Der sog. „Cost Base Approach" findet bei sämtlichen Kapitalmaßnahmen Anwendung. Im Kern reichen hier die Unternehmen für rund 120 Güter bzw. Arbeitsprozesse (genauer: 71 für Wasserversorgung, 53 für Abwasserentsorgung (OFWAT, 2003c, S. 9)) Standardkosten ein. Es wird damit möglich, die Unternehmen gemäß ihrer Kosteneffizienz vergleichend darzustellen.[125]

---

benden Faktoren für die einzelnen Modelle für Wasserversorgung und Abwasserentsorgung einerseits sowie Opex und Capex andererseits sei auf OFWAT (2002n, S. 44) verwiesen.

[124] Siehe hierzu für das Beispiel der Wertschöpfungsstufe Rohwasserförderung und Rohwasseraufbereitung Abbildung A.10 im Anhang. Das Bestimmtheitsmaß R^2 ist hier im Gegensatz zu anderen Korrelationsberechnungen niedrig, was im Rahmen der vorgebrachten Kritik am englischen Regulierungsverfahren (Abschnitt 5.1.2.2) auch immer wieder hervorgehoben wird.

[125] Abbildung A.15 im Anhang zeigt beispielhaft die jeweiligen Kosten, die den Unternehmen pro Meter im Legen von Abwasserrohren mit einem Innendurchmesser von 150mm (Weideland) entstehen.

Die Bestimmung des „Benchmarking-Unternehmens" gestaltet sich relativ einfach. Es ist grundsätzlich das effizienteste Unternehmen, wobei dessen Daten von ausreichender Qualität sein müssen[126], keine Sonderfaktoren zu konstatieren sein dürfen und das Unternehmen eine ausreichende Größe aufzuweisen hat (OFWAT, 2003l, S. 39). Im Rahmen des Cost Base-Ansatzes wird gewöhlich ein Unternehmen für eine ganze Reihe vergleichbarer Stückkosten (also zum Beispiel sämtliche Abwasserkanalarbeiten) als Benchmark gewählt (OFWAT, 2003c, S. 12). Mögliche Trade-offs sind so ausgeschlossen, weshalb die aufgestellten Richtgrößen auch für die anderen Unternehmen als erreichbar gelten können.

Zur Festlegung der zu erreichenden individuellen Effizienzziele ist zum einen relevant, welches Effizienzpotential für die komplette Branche angenommen wird. Auch das Benchmarking-Unternehmen hat das Effizienzpotential für die Gesamtbranche in der folgenden 5-Jahres-Periode zu erzielen. Externe Gutachten helfen OFWAT bei der Bestimmung der letztlichen Branchenvorgabe.[127]

Zum zweiten ist festzulegen, in welchem Zeitraum die bestehende Lücke zum Benchmarking-Unternehmen zu wieviel Prozent abgebaut werden soll. Gemeinhin wird für Kapitalerhaltungsmaßnahmen eine Aufschlussrate („Catch-up-Faktor") von 50 vH, für Kapitalerweiterungsmaßnahmen von 75 vH innerhalb einer 5-Jahres-Periode vorgegeben (OFWAT, 2003c, S. 17). Abbildung 3.3 verdeutlicht die Vorgehensweise beispielhaft für den Cost Base-Ansatz.

Hiernach hätte das Unternehmen 19 mit Standardkosten von A innerhalb der kommenden fünf Jahre 50 vH der Lücke (A-C) zu schließen. Die jeweiligen Aufschlussraten für die verschiedenen Standardkosten sind aber nicht jeweils einzeln zu erfüllen, sondern nur im gewichteten Mittel.[128] Unterteilt nach Wasserversorgung und Abwasserentsorgung sowie Betriebsführungskosten und Kapitalerhaltungskosten ergeben sich die in Abbbildung 3.4 vorgegebenen jährlichen Effizi-

---

[126] Bezüglich der Kategorisierung der Qualität von eingereichten Daten wird auf OFWAT (2003c, S. 8f.) verwiesen.

[127] So kamen Europe Economics und Crafts (1998, S. ii) im Vorfeld der PR99 zu dem Schluss, dass die Effizienzpotentiale in gerade kürzlich deregulierten Branchen besonders hoch sind und empfehlen Vorgaben zur Effizienzverbesserung von jährlich nahe 3 vH. Die Effizienzvorgabe von OFWAT (1999, S. 95f.) belief sich letztlich für die Jahre 2000/01-2004/05 auf jährlich 1,4 vH. Dies galt gleichermaßen für Betriebsführungs- und Kapitalerhaltungskosten für sowohl Wasserversorgung als auch Abwasserentsorgung. Für die Zeit von 2003-2013 sieht Europe Economics (2003, S. 93) Effizienzpotentiale für Betriebsführungsmaßnahmen und Kapitalerhaltungsmaßnahmen von jährlich 1,5-3 vH für die Wasserversorgung und 1,75-3,25 vH für die Abwasserentsorgung.

[128] Zum genauen Vorgehen siehe OFWAT (2003c, S. 18f.) und OFWAT (2003c).

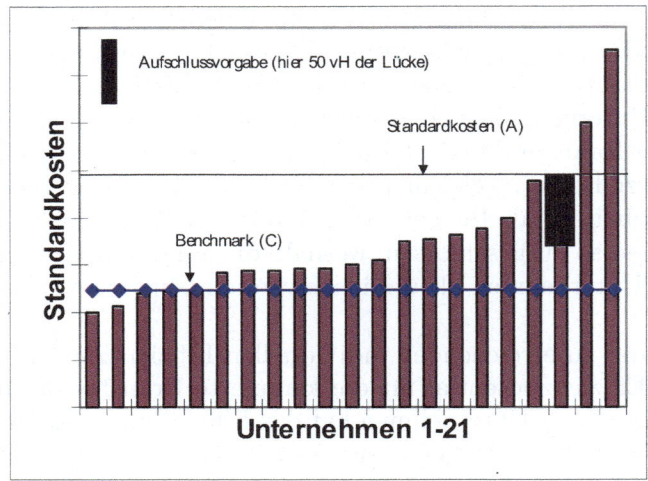

Abbildung 3.3: Zur Bestimmung der Aufschlussvorgabe bei Nutzung des Cost-Base-Ansatzes; Quelle: OFWAT (2003c, S. 18).

enzvorgaben.[129] Die Unternehmen haben diese Vorgaben zu erfüllen, da sich aus diesen über die Bestimmung des K-Faktors die Preisobergrenzen ableiten.[130] Im Gegensatz zu diesem, zu verstärkter Effizienz treibendem „Stick" hat gleichwohl ein wasserwirtschaftliches Unternehmen Anreize, die Vorgaben überzuerfüllen. Wie Abbildung A.16 im Anhang beispielhaft zeigt, ist dies in der Vergangenheit auch meist gelungen.

Wie in der regulierungstheoretischen Analyse dargestellt, besteht der Reiz des Systems vergleichenden Wettbewerbs darin, dass ein Unternehmen auch über das Erreichen von Vorgaben hinaus Anreize besitzt, weitere Effizienzpotentiale

---

[129] Im Rahmen der Festlegung der Preisobergrenzen für die Jahre 2005 bis 2010 hat OFWAT (2004a, S. 11) im August 2004 eine erste Indikation zukünftiger Preisobergrenzen abgegeben. Hiernach steigen die Preise im ersten Jahr der neuen PR um durchschnittlich 3,4 vH und in der Folge um im Mittel 3,1 vH pro Jahr.

[130] Natürlich kann es innerhalb einer 5-Jahres-Periode zu unvorhergesehenen Ereignissen kommen. In diesem Zusammenhang unterscheidet OFWAT die sog. „Shipwreck Clause", die greift, sobald sich der Umsatz um 20 vH reduziert. Daneben gibt es die „Interim Determinations" (ID) und das sog. „Logging Up/Down" (LUD). In Abschnitt 5.1.2.2 wird auf diese Unterschiede im Detail eingegangen.
Es sei hier bereits erwähnt, dass die ID-Sachverhalte bereits im Rahmen der Periodic Review zu definieren sind. Treten sie ein und führen zu einer Umsatzveränderung um 10vH so wird die Preisobergrenze während einer Periode geändert. Ein LUD-Sachverhalt hingegen greift erst mit dem Beginn der folgenden 5-Jahres-Periode.

Wasserversorgung Abwasserentsorgung

	Wasserversorgung	Abwasserentsorgung
Betriebsführungs-kosten	0 v.H – 3,5 v.H.	0 v.H.-2,9 v.H.
Kapitalerhaltungs-Kosten*	0 v.H. – 11,00 v.H.	0 v.H. - 12,00 v. H.

* Aufschlussraten betreffen hier Anforderungen des 1. Jahres

Abbildung 3.4: Spanne der jährlichen Aufschlussraten der PR99 für die Jahre 2000/01 – 2004/05; Quelle: OFWAT (1999, S. 95f.).

zu erschließen. Es wurde eingangs beschrieben, dass die jährlichen Juni-Berichte bei der Bestimmung des Grades der Effizienzzielerreichung herangezogen werden. Im Falle der Übererfüllung verbleiben die Effizienzgewinne für fünf Jahre beim Unternehmen.[131] Erst nach Ablauf dieser Frist kommen diese Effizienzgewinne im Zuge der Verminderung des zugestandenen Kapitalbedarfs den Konsumenten zu Gute.[132] OFWAT senkt die zugestandenen Preisobergrenzen im Rahmen der den nächsten Zyklus einleitenden Periodic Review.

Es ist festzustellen, dass die tatsächlich erzielten Ergebnisse und die Festlegung der zukünftigen Preisobergrenzen einen immerwährenden Kreislauf bilden. OF-WAT ist darauf angewiesen, dass es immer Unternehmen gibt, die neue Effizienzpotentiale erschließen und so erneut eine zu schließende Effizienzlücke generieren. Aus der Bedeutung der bereits relativ effizientesten Unternehmen für die Regulierung ist zum einen die zurückhaltende Haltung OFWATs zu weiteren Unternehmenszusammenschlüssen zu erklären (OFWAT, 2003i, S. 18f.). Zum anderen ist zu begrüßen, dass den bereits effizientesten Unternehmen – den sog. „Frontier"-Unternehmen – noch weitergehende monetäre Anreize bei Übererfüllung gegeben werden sollen. Durch Einführung eines Multiplikators würden generierte Effizienzgewinne dem bereits effizientesten Unternehmen nicht nur zu 100 vH sondern zu 150 vH für fünf Jahre verbleiben (OFWAT, 2003e, S. 12f.). Mittlerweile wird sogar noch weiter differenziert. Während den eigentlichen Grenzsetzern jene 150 vH zugestanden wurden, erhalten solche Unternehmen, die nur zu maximal 5 vH von dieser Richtgröße abweichen, immerhin noch einen Multiplikator von 1,25 (OFWAT, 2004c, S. 39).

---

[131] Es verwundert nicht, dass die Unternehmen es vorziehen, mit einer solchen „Carrot"-Vorgabe anstatt mit obiger „Stick"-Vorgabe reguliert zu werden.

[132] Zum genauen Verfahren siehe OFWAT (2003l, Annex 3) und OFWAT (2003e, Annex 1).

Insgesamt bleibt damit festzuhalten, dass das englische Regulierungsverfahren im Wesentlichen sehr erfolgreich ist. Daran ändern auch einige berechtigte Kritikpunkte nichts, auf die an späterer Stelle noch einmal dezidierter einzugehen ist.[133] Abschließend sei bemerkt, dass die schottische Wasserregulierungsbehörde sich nun dem englischen Verfahren des vergleichenden Wettbewerbs anschließt. Fortan hat sich das schottische Unternehmen mit den englischen wasserwirtschaftlichen Unternehmen zu messen (Water Industry Commissioner for Scotland, 2001, S. 7, 14ff.).[134]

3.4.1.3 Das französische Verfahren: Wettbewerb um den Markt

Frankreich verfügt insgesamt über mehr als 36.000 Kommunen, die analog zu Deutschland die freie Entscheidung haben, wie sie Aufgaben der Wasserversorgung und Abwasserentsorgung verrichten wollen (Neto, 1998, S. 112). Seit 1980 wird zum einen verstärkt interkommunal zusammengearbeitet, zum anderen wird die Dienstleistungserbringung zunehmend auf Private übertragen. Grund sind die Deregulierungsgesetze aus jenem Jahr, aufgrund derer viele Aufgaben auf die Kommunen übertragen wurden. Für viele kleine Gemeinden bedeutete dies eine Überforderung (Schönbäck et al., 2003a, S. 279).

Mittlerweile haben sich 22.000 der 36.000 Kommunen zu insgesamt 4.000 überregionalen Zusammenschlüssen zusammengefunden. Der Rest, zumeist ebenfalls kleine Gemeinden, ist alleiniger Eigentümer der Infrastruktur (Schönbäck et al., 2003a, S. 259). Somit gibt es in Frankreich 16.000 unabhängige Wasserversorger. Auf der Abwasserentsorgungsseite sind es 13.500 Unternehmen (Zabel, 2001, S. 231). Rund 80 vH der Wasserversorger und 60 vH der Abwasserentsorger haben einzelne Aufgaben an Private delegiert.[135] Dabei wird der Private in der Regel gemäß der abgesetzten Wassermenge beziehungsweise Abwassermenge entgolten (Wackerbauer, 2003, S. 14). Vor diesem Hintergrund ist Frankreich das Beispiel, in dem vor allem das preisregulatorische Verfahren des Ausschreibungswettbewerbs eingesetzt wird.

---

[133] Vgl. Abschnitt 5.1.2.

[134] Zur Struktur und Regulierung der schottischen Wasserwirtschaft siehe auch die Informationen auf der Internetseite der Wasserregulierungsbehörde (http://www.watercommissioner.co.uk).

[135] Dies impliziert aber gleichzeitig, dass 3.200 Wasserversorger und 5.400 Abwasserentsorger auch die komplette Dienstleistungserbringung in eigener Regie durchführen. Es ist zu erwarten, dass eine Ausschreibung für den Großteil der Unternehmen in der gegenwärtigen Struktur unmöglich ist. Die Teilnahme ist für große private Dienstleister relativ zu den potentiellen Gewinnen zu teuer (Scheele, 2000a, S. 13).

Grundsätzlich gibt es vier Grundformen, wie in Frankreich Private in die Dienstleistungserbringung involviert werden (Schönbäck et al., 2003a, S. 260f.). Bei der „concession" führt der private Partner die Investitionen durch, trägt aber gleichsam das volle Risiko, diese Investitionskosten durch die eingenommenen Abgaben wieder zu erwirtschaften. Analog zur theoretischen Argumentation in Abschnitt 3.3.4 müssen bei einer solchen Betreiberkonzession lange Vertragslaufzeiten gewählt werden. Nach Neto (1998, S. 112) betrugen diese zumeist 20-30 Jahre. Das theoretische Fazit, wonach sich insbesondere solche Konzessionsarten nicht zur Ausschreibung eignen, bei denen Investitionen mit hohen sunk costs getätigt werden müssen, findet sich durch die Praxis vollends bestätigt.

Bis 1993, dem Jahr, in dem das sog. „Loi Sapin" in Kraft trat, brauchten auslaufende Konzessionsverträge nicht erneut wettbewerblich ausgeschrieben zu werden. Dies führte dazu, dass „concessions" überhaupt von privaten Betreibern abgeschlossen wurden. Im Kern wurde damit aber auf jegliche Art des Wettbewerbs verzichtet. In der Praxis wurde kostenorientiert reguliert. Seit 1993 ist eine ausschreibungsfreie Verlängerung nicht mehr möglich, und die Höchstlaufzeit eines Konzessionsvertrages beträgt nun 20 Jahre. Es verwundert daher nicht, dass mittlerweile nur noch Betriebsführungskonzessionen ausgeschrieben werden. Dies geschieht in den Formen der „affermage"[136], „gérance" und der „régie intéressé". Ein nicht ausschreibendes öffentliches Wasserwirtschaftsunternehmen führt den Betrieb in Form eines „régie directe".[137]

Als erster Punkt ist damit festzuhalten, dass „concessions" mittlerweile keinerlei Bedeutung mehr haben. Jedes der rund 30.000 wasserwirtschaftlichen Unternehmen hat seine Investitionspolitik selber zu verantworten. Zwar gibt es in den jeweiligen sechs Flussgebietseinheiten jeweils eine „Agence de l'eau", die über die Einnahme von Wasserentnahmeentgelten und Abwasserverschmutzungsgebühren Investionen in die wasserwirtschaftliche Infrastruktur fördert. Diese dem Umweltministerium nachgeordnete Behörde nimmt aber keine ökonomische Regulierungsfunktion wahr. Es wird weder die Sinnhaftigkeit von Neuinvestitionen hinterfragt, noch deren möglichst effiziente Erstellung sicherzustellen gesucht.

---

[136] Die Vertragsart der affermage – der Private ist hier neben Betrieb und Gebühreneinzug auch für die Instandhaltung zuständig – wurde dabei am meisten genutzt. Der besondere Reiz lag in der Vergangenheit darin, dass ein Privater Ersatzinvestitionen abschreiben konnte, einem öffentlichen Regiebetrieb dies hingegen verwehrt war. Seit neuestem darf auch das öffentliche Wasserwirtschaftsunternehmen Ersatz-investitionen abschreiben, so dass sich zeigen wird, ob die affermage auch weiterhin das dominierende Betriebsführungsmodell bleiben wird.

[137] Zu den verschiedenen Organisationsformen siehe neben Schönbäck et al. (2003a, S. 260ff.) auch Ballance und Taylor (2001, S. 80ff.).

Mit Neto (1998, S. 113) kann damit gefolgert werden: „The French model lacks a proper machinery for economic regulation."

Eine fehlende ökonomische Regulierung ist nicht nur für den Komplex der Neuinvestitionen zu konstatieren. Gleiches gilt für jegliche Art der Betriebsführungskonzessionen oder für die Ausschreibung von Bauleistungen. Es gibt niemanden, der die Privatfirmen ökonomisch überwacht, die Verträge überprüft oder die Effektivität der Leistungen kontrolliert (Zabel, 2001, S. 233). Es verwundert nicht, dass auch die vielen kleinen Gemeinden überfordert sind, die Verträge mit den im Kern drei großen, international tätigen Großkonzernen zu überwachen.[138] Neuerdings sind zwar die privaten Konzessionäre zur jährlichen Erstellung eines Betriebsberichts gehalten, und in jeder Stadt mit mehr als 3.500 Einwohnern wurden Beratungsausschüsse für öffentliche Dienstleistungen gebildet (Schönbäck et al., 2003a, S. 264 u. 333). Ob damit aber auch praktisch eine kleine Kommune die Vertragserfüllung wird überwachen können, bleibt doch fraglich.

Barraqué et al. (2001, S. 201) negieren das Problem der Informationsasymmetrie. Die Stärke des französischen Systems liegt ihrer Ansicht nach in dem Vorliegen gegenseitigen Vertrauens. Unter politökonomischem Blickwinkel[139] ist diese These schwer nachvollziehbar. Es scheint eher so, dass in der Vergangenheit sowohl Gemeinde als auch private Dienstleister von einem Mangel an Transparenz Vorteile zogen. Die Gemeinde erhält eine Einmalzahlung („droit d'entrée") seitens des erfolgreichen Bieters (Schönbäck et al., 2003a, S. 307). Gleichsam hilft ihr die enge Beziehung zu ihrem Konzessionär, wenn auf informellem Wege ein Preisanstieg dadurch unterbunden werden konnte, dass der Konzessionär gewisse Ersatzinvestitionen zunächst zurückstellte (Schönbäck et al., 2003a, S. 333).[140] Der Konzessionär wurde dafür relativ wenig überwacht, wenn er als Betriebsführer verbundene Unternehmen mit zum Beispiel der Durchführung von Ersatzinvestitionen betraute.[141] Tatsächlich ging die Verbundenheit so stark, dass ver-

---

[138] Dies sind neben Veolia Water (Tochter der Veolia Environment, vorher Vivendi Environemnt, davor Generale des Eaux), Ondeo (Tochter von Suez - Lyonnaise des Eaux) und Saur (Tochter von Bouygues). Für einen Überblick auch der jeweiligen Unternehmensstrategien siehe Schönbäck et al. (2003a, S. 284ff.).

[139] Für eine erste Einführung zur Neuen Politischen Ökonomik siehe zum Beispiel Behrends (2001) und immer noch aktuell Mueller (1989). Eine zentrale Grundidee der Neuen Politischen Ökonomik lautet, dass Rahmenbedingungen Politiker dazu führen können, Handlungen zu wählen, die ihren individuellen Nutzen steigern, den Bürgern in ihrer Gesamtheit aber eher schaden.

[140] Hinzu kommen die politisch opportunen Preisfixierungen, die zum Beispiel Barraqué et al. (2001, S. 210) ansprechen.

[141] So zitiert Neto (1998, S. 114) obigen Bernard Barraqué mit den Worten: „[I]t is perfectly possible that private companies tend to overestimate the need for or the costs of new in-

schiedenste Korruptionsskandale die französische Wasserwirtschaft in den 1990er Jahren beschäftigten (OECD, 2000, Tz. 53).

Grundsätzlich gibt es viele Möglichkeiten, den gewünschten Konzessionär bei einer Ausschreibung zu bevorteilen. So zählt nicht alleine der Preis als Zuschlagskriterium, sondern derjenige Bieter mit dem besten Preis-Leistungs-Gebot erhält den Auftrag (Scheele, 2000a, S. 12). Es braucht nicht besonders hervorgehoben zu werden, dass ein enormer Ermessensspielraum seitens der ausschreibenden Kommune besteht. Zudem wird der Vertrag erst mit dem Ausschreibungsgewinner ausgehandelt (Scheele, 2002, S. 4). Insgesamt wundert es daher nicht, dass selbst nach Inkrafttreten des Loi Sapin nur bei rund 15 vH der Ausschreibungen von einem tatsächlichen Wettbewerb um den Markt gesprochen werden kann (Schönbäck et al., 2003a, S. 263).[142]

Vor diesem Hintergrund ist nachvollziehbar, dass umfangreiche Reformen angemahnt werden. Im Kern wird eine zunehmende Standardisierung der Ausschreibungen diskutiert, um einen Wettbewerb bei Betriebsführungskonzessionen zu implementieren. Gleichfalls wird der Aufbau einer zentralen ökonomischen Regulierungsbehörde gefordert.[143] Deren Aufgabe wäre neben der Unterstützung der Gemeinden und der Schaffung von mehr Transparenz die anreizorientierte Überwachung von Investitionen mit sunk cost Charakter.[144] Eine solche zentrale Regulierungsbehörde wird aber analog zur Diskussion in Deutschland nicht in der Lage sein, 30.000 wasserwirtschaftliche Unternehmen zu überwachen. Insofern stellt sich auch für Frankreich die Frage, wie zu größeren Unternehmenseinheiten gelangt werden kann. Im Gegensatz zu Deutschland wäre eine Zuständigkeit der Gemeinden für die Wasserversorgung und Abwasserentsorgung nicht so ohne

---

stallations, repairs and maintenance, and thus that they overprice their water and sewerage services."

[142] Nach Scheele (2002, S. 5) wird der Ausschreibungswettbewerb auch zentral durch das Verhalten der Bieter eingeschränkt. Anstatt um neue kommunale Märkte zu konkurrieren, erfreuen sich kooperative Lösungen wie Joint Ventures zunehmender Beliebtheit.

[143] Siehe hierzu Neto (1998, S. 114), Schönbäck et al. (2003a, S. 264), Buller (1996, S. 12), die weiterführende Literatur in Scheele (2002, S. 4) und zentral der sog. „Baert Report" (Ballance und Taylor, 2001, S. 96ff.). Eine kritische Position zur Einführung einer Regulierungsbehörde in Frankreich nehmen Ballance und Taylor (2001, S. 99ff.) ein. Sie meinen, ein Unternehmen könne nicht gleichzeitig über ein Ausschreibungsverfahren und ein System vergleichenden Wettbewerbs reguliert werden. Wie sich in Abschnitt 5.1.2.2 am Beispiel von Glas Cymru herausstellen wird, ist dies aber auch nur mittelbar der Fall. Der für die Regulierungsbehörde allein Verantwortliche ist und bleibt der Infrastruktureigentümer.

[144] Wie in Abschnitt 3.3.2 gezeigt, ist es ein Trugschluss, dass vor dem Hintergrund des Hold-up-Problems auf Elemente einer kostenorientierten Regulierung vollends verzichtet werden kann. Eine ökonomisch regulierende Behörde ist damit ganz grundsätzlich von Nöten. Durch die Vielzahl vergleichbarer regionaler Monopole kann sie mit Hilfe eines Systems vergleichenden Wettbewerbs sogar bedingt Anreize zu effizienterem Wirtschaften setzen.

weiteres unter Verweis auf die Verfassung begründbar (Kraemer, 1997, S. 556).

Insgesamt ist damit festzustellen, dass die Übernahme des französischen Regulierungsverfahrens – so wie es sich in der derzeitigen Praxis darstellt – für Deutschland nicht forciert werden sollte. Analog zur theoretischen Auseinandersetzung mit dem Ausschreibungswettbewerb in Abschnitt 3.3.4 zeigte sich, dass ein Infrastrukturübergang auf den Konzessionär auch in der Praxis nicht (mehr) stattfindet. De facto lag früher keinerlei Wettbewerb vor; heute ist allenfalls ein nur sehr bedingter zu konstatieren. Ein kollusives Verhalten war weder für die Vergangenheit noch ist für die Gegenwart auszuschließen.

Die praktischen Erfahrungen wurden gleichwohl etwas umfangreicher dargestellt, weil – wie sich nun im folgenden Abschnitt herausstellen wird – es derzeit das wettbewerbliche Preisregulierungsverfahren ist, das sich mit der größten Wahrscheinlichkeit durchsetzen könnte. Ausgehend von der bisherigen Analyse wäre der Ausschreibungswettbewerb als alleiniges Preisregulierungsverfahren für Deutschland zwar nur die zweitbeste Lösung, im Rahmen eines Systems vergleichenden Wettbewerbs fände es aber durchaus seinen Platz.

3.4.2 Neuere Entwicklungen auf europäischer Ebene

Die wesentlichen Liberalisierungsvorhaben in Netzwerkindustrien wurden in der Vergangenheit stets unter Berufung auf den EG-Vertrag von der Europäischen Kommission angestoßen. Das Ziel dieser Bemühungen bestand in der zunehmenden Verwirklichung eines gemeinsamen Marktes. Nach Telekommunikation sowie Strom und Gas, für die jeweils Sektorrichtlinien erlassen wurden, wird sich nun auf der europäischen Ebene mit der Frage beschäftigt, wie die sog. „Leistungen der Daseinsvorsorge" zukünftig reguliert werden könnten. Sollte auch hier in der Zukunft eine Richtlinie verabschiedet werden, wäre diese ebenfalls innerhalb einer vorgegebenen Zeitperiode in nationales Recht zu transferieren. Insofern ist gerade die Analyse etwaiger Liberalisierungsbestrebungen auf europäischer Ebene von herausragender Bedeutung. Gleichwohl wird am Ende des Abschnitts aber ebenfalls knapp auf den derzeitigen Diskussionsstand auf nationaler Ebene eingegangen.[145]

---

[145] Nach dem Scheitern der 5. Ministerkonferenz in Cancún im September 2003 sind von globaler Ebene mittelfristig keine Deregulierungsimpulse für die Wasserwirtschaft zu erwarten. Es wird sich zeigen, wie es mit der Liberalisierung von Leistungen der Daseinsvorsorge, wie sie sich nach Europäische Kommission (2003, Tz. 100) andeutete, im Rahmen der GATS-

Unter Leistungen der Daseinsvorsorge versteht die Europäische Kommission (2001a, S. 24) „marktbezogene oder nicht-marktbezogene Tätigkeiten, die im Interesse der Allgemeinheit erbracht und daher von den Behörden mit spezifischen Gemeinwohlverpflichtungen verknüpft werden." Der Begriff der „marktbezogenen Tätigkeit" ist hier von besonderem Interesse, wird in den einschlägigen Artikeln 86 Abs. 2 EGV und 16 EGV beziehungsweise III-6 des Verfassungsentwurfs für Europa (Europäischer Konvent, 2003) doch stets von den „Dienstleistungen von allgemeinem *wirtschaftlichen* [Hervorhebung M.O.] Interesse" (DAWI) gesprochen. In Abgrenzung zu einer nicht-wirtschaftlichen Tätigkeit handelt es sich nach Europäische Kommission (2003, Tz. 44) immer dann um eine wirtschaftliche Tätigkeit, wenn Güter oder Dienstleistungen auf einem bestimmten Markt angeboten werden. Sowohl Wasserversorgung als auch Abfallwirtschaft werden explizit als wirtschaftliche Tätigkeiten bezeichnet (Europäische Kommission, 2003, Tz. 32). Bei der Abwasserentsorgung wird hingegen nicht ausdrücklich von einer wirtschaftlichen Tätigkeit gesprochen.

Grundsätzlich offenbart sich in der Frage, wie die Erbringung von DAWI zu gestalten ist, der alte Gegensatz von Staat und Markt. Der Forderung nach staatlicher Souveränität steht das Postulat einer vorrangigen Geltung des Gemeinschaftsrechts gegenüber. Konkret äußert sich dieser Konflikt in den folgenden beiden Punkten:

- Zum einen geht es um die Frage, was ein Gelten insbesondere der Wettbewerbsregeln für die Art der Erbringung von DAWI nach Art. 86 Abs. 2 EGV[146] impliziert.

- Zum zweiten ist zentral, wem die letztendliche Interpretationshoheit von Art. 86 Abs. 2 EGV zukommt.

Bezüglich des ersten Punktes hat die Europäische Kommission (2001b, Tz. 21ff.) die leitenden Kriterien der Neutralität, der Gestaltungsfreiheit und der Verhältnismäßigkeit entwickelt. Die Mitgliedstaaten können gemäß des Neutralitätsprin-

---

Verhandlungen weitergeht. Selbst die bereits in der 4. Ministerkonferenz in Doha wenig ambitionierten Pläne zur Liberalisierung des Bereichs des öffentlichen Beschaffungswesens (WTO, 2001, Tz. 26) sind mittlerweile auf Eis gelegt (WTO, 2003, Tz. 15).

[146] Art. 86 Abs. 2 EGV: "Für Unternehmen, die mit Dienstleistungen von allgemeinem wirtschaftlichem Interesse betraut sind oder den Charakter eines Finanzmonopols haben, gelten die Vorschriften dieses Vertrags, insbesondere die Wettbewerbsregeln, soweit die Anwendung dieser Vorschriften nicht die Erfüllung der ihnen übertragenen besonderen Aufgabe rechtlich oder tatsächlich verhindert. Die Entwicklung des Handelsverkehrs darf nicht in einem Ausmaß beeinträchtigt werden, das dem Interesse der Gemeinschaft zuwiderläuft."

zips frei entscheiden, ob DAWI von privat-rechtlichen oder öffentlich-rechtlichen Unternehmen angeboten werden (Europäische Kommission, 2003, Tz. 21).[147] Nach dem Grundsatz der Gestaltungsfreiheit liegt auch die Definition dessen, was als Leistung der Daseinsvorsorge gesehen wird, in den Händen der Mitgliedstaaten. Sofern der Versorgungsauftrag klar definiert und durch einen expliziten Hoheitsakt festgelegt ist, gelten die Ausnahmetatbestände des Art. 86 Abs. 2 EGV. Dies ist gleichwohl nur dann der Fall, wenn gemäß des Verhältnismäßigkeitsprinzips kein alternatives Modell denkbar erscheint, bei denen die Wettbewerbsregeln, das Beihilfeverbot und der grenzüberschreitende Handel weniger beeinträchtigt würden. Grundsätzlich stünde es der Kommission nach Art. 86 Abs. 3 EGV frei, „erforderlichenfalls geeignete Richtlinien" zu erlassen. Ein erster Schritt hin zu einer solchen Richtlinie wurde gemeinhin in dem sog. „Grünbuch zu Dienstleistungen von allgemeinem Interesse" (Europäische Kommission, 2003) gesehen.[148] Zentraler Punkt war hier (Tz. 81), dass sofern eine Behörde eines Mitgliedstaates beschließt, einen Dritten mit der Erbringung einer Dienstleistung von allgemeinem Interesse zu betrauen, dies wettbewerblich auszuschreiben ist. Damit wird wohl die Erbringung der Dienstleistung geschützt, nicht aber notwendigerweise auch der Leistungserbringer (Europäische Kommission, 2003, Tz. 29).

Zwar wäre damit noch kein grundsätzlicher Ausschreibungszwang verbunden gewesen, denn Kommunen hätten auch weiterhin eine DAWI durch ein eigenes Unternehmen erbringen lassen können. Gleichwohl hätte sich unter Umständen „durch die Hintertür" ein Ausschreiben als verbreitetes Prinzip durchsetzen können. Dazu wurde darauf gewartet, wie der Europäische Gerichtshof den Begriff der „staatlichen Beihilfe" definieren würde. Dieser ist insofern von besonderer Bedeutung, als in Art. 87 Abs. 1 EGV explizit gesagt ist, dass Beihilfen gleich welcher Art mit dem Gemeinsamen Markt unvereinbar sind, sofern sie den Handel zwischen Mitgliedstaaten beeinträchtigen. Falls der Europäische Gerichtshof grundsätzlich jegliche Zahlung zur Erfüllung gemeinwirtschaftlicher Verpflichtungen[149] als Beihilfe definiert hätte, wäre der Europäischen Kommission ein wich-

---

[147] In diesem Zusammenhang ist auch die Stellungnahme des Kommissionspräsidenten Romano Prodi am 8.11.2000 auf eine Anfrage der niederländischen Abgeordneten des Europaparlaments, Ria Oomen-Ruijten, zur Haltung der Kommission zur Privatisierung im Bereich der Wasserversorgung hervorzuheben (Oomen-Ruijten, 2000). Nach den Äußerungen des Kommissionspräsidenten garantiert Art. 295 EGV die Neutralität der Gemeinschaft in Bezug auf das öffentliche oder private Eigentum von Unternehmen.

[148] In Europäische Kommission (2002c, Tz. 6) heißt es, dass es das Grünbuch der Kommission erlaube, die Möglichkeit der Ausarbeitung eines Vorschlags für eine Rahmenrichtlinie zu prüfen.

[149] Der Begriff der „gemeinwirtschaftlichen Verpflichtung" findet sich abstrakt nicht definiert. Die Europäische Kommission (2003, Tz. 12) greift eher auf eine Beschreibung des Begriffes zurück. Gemeinwirtschaftliche Verpflichtungen könnten sich so zum Beispiel auf die

tiges Druckmittel in die Hände gefallen. Sie hätte sich damit eine grundsätzliche Prüfung sämtlicher Zahlungen vorbehalten können und nur solche von einem Genehmigungsvorbehalt ausnehmen können, bei denen zuvor die Erbringung der Dienstleistung wettbewerblich ausgeschrieben wurde (Europäische Kommission, 2001a, Tz. 19). Dieses implizite Druckpotential hat sich aber mittlerweile erübrigt.

Zwar wurden in vorangegangenen Urteilen Zahlungen selbst dann als staatliche Beihilfen gewertet, wenn deren Höhe das zur Erfüllung der gemeinwirtschaftlichen Aufgabe erforderliche Maß nicht überschritt (Europäische Kommission, 2002b, Tz. 5). Mit dem jüngsten Urteil wurde hingegen klargestellt, dass finanzielle Ausgleichszahlungen für gemeinwirtschaftliche Leistungen nach europäischem Recht keine Beihilfen darstellen würden, sofern hierdurch den Unternehmen lediglich ein Kostenausgleich gewährt würde.[150] Die Europäische Kommission behielt sich zwar auch noch vor Verkündigung des Altmark-Urteils vor, schriftlich niederzulegen, unter welchen Bedingungen die Mitgliedstaaten Unternehmen für die Gewährleistung gemeinwirtschaftlicher Dienste entschädigen dürften (Europäische Kommission, 2002b, Tz. 7). Die Relevanz einer solchen Stellungnahme dürfte aber unter der gegenwärtigen Situation massiv gesunken sein.

Bezüglich des ersten Punktes ist damit zusammenfassend zu schließen, dass die Spielräume der Mitgliedstaaten größer geworden sind, bestimmte Unternehmen, insbesondere die des öffentlichen Sektors, als Instrumente der Wirtschafts- und Finanzpolitik einzusetzen und die Einführung einer wettbewerblichen Ordnung auch für solche DAWI-Branchen zu verhindern.

Auch im Zusammenhang mit dem zweiten Punkt, der letztendlichen Interpretationshoheit und Weisungsbefugnis, könnte die Europäische Kommission in ihren Möglichkeiten beschnitten werden. Wie bereits angesprochen, kann sie wohl nach Art. 86 Abs. 3 EGV Richtlinien auch für die Erbringung von DAWI erstellen. Insbesondere auf Druck Frankreichs (Böttcher, 2003, S. 4) wurde aber nun der bisherige Art. 16 EGV (im Verfassungsentwurf Art. III-6 (Europäischer Konvent, 2003, S. 62)) um den Passus ergänzt, dass Grundsätze und Bedingungen für die Erbringung der DAWI durch Europäische Gesetze festzulegen seien.

Sicherheit oder die Regelmäßigkeit von Lieferungen beziehen. Dabei müssen solche Verpflichtungen klar definiert, transparent, nicht diskriminierend und überprüfbar sein. Sie sind der Kommission mitzuteilen.

[150] Urteil des Europäischen Gerichtshofes in Rechtssache C-280/00 - Altmark Trans GmbH, Regierungspräsidium Magdeburg gegen Nahverkehrsgesellschaft Altmark GmbH vom 24. Juli 2003.

Damit haben sich ex post die Befürchtungen des Wissenschaftlichen Beirats beim Bundesministerium für Wirtschaft und Technologie (heute: BMWA) (2002, S. 5) bestätigt. Eindringlich fordert dieser die uneingeschränkte Zuständigkeit der Kommission, denn allein diese trage den besonderen Schwierigkeiten Rechnung, das Gemeinschaftsrecht auch gegen hoheitliche und unternehmerische Eigeninteressen und gegen den Widerstand der Mitgliedstaaten zu wahren. Es wird sich in der Zukunft herausstellen, inwieweit – um mit den Worten der Monopolkommission (2002, Tz. 16) zu sprechen – das europäische Wettbewerbsrecht als Instrument einer Modernisierung des öffentlichen Sektors seiner Wirkung beraubt wird.

Insgesamt ist damit festzustellen, dass der Druck von europäischer Seite, Wasserversorgung und Abwasserentsorgung stärker dem Wettbewerb zu öffnen, zurückgegangen ist. Sehr offensichtlich wird dies auch bei näherer Analyse der Stellungnahmen des Europäischen Parlaments. In dem gemeinhin als Langen-Bericht[151] bekannten Entwurf eines Berichts über die Mitteilung der Kommission „Leistungen der Daseinsvorsorge in Europa" wird die Ansicht vertreten, dass eine Marktöffnung in der Wasserwirtschaft weder die Trinkwasserqualität noch den flächendeckenden Grundwasserschutz gefährde. Ebenso könne die Abwasserbeseitigung nicht generell als hoheitliche Aufgabe angesehen werden und sei deshalb im Wettbewerb zu erbringen (Europäisches Parlament, 2001b, Tz. 53f.).[152] Im Entwurf einer Stellungnahme zum oben angesprochenen Grünbuch wird – ebenfalls unter dem Vorsitz von Werner Langen – nun gefordert, die Liberalisierung in der Wasserwirtschaft doch nicht voranzutreiben. Die Verfolgung einer Modernisierungsstrategie sei ausreichend (Europäisches Parlament, Ausschuss für Industrie, Außenhandel, Forschung und Energie, 2003, Tz. 14). Das Europäische Parlament (2004) ist nun in seiner Entschließung vom 14.1.2004 diesem Entwurf gefolgt. Auch das nun vorgelegte Weißbuch (Europäische Kommission, 2004) mag man in dieser Richtung interpretieren. So heißt es: "Richtlinie über Dienstleistungen im Binnenmarkt verlangt von Mitgliedstaaten weder eine Liberalisierung der Dienstleistungen von allgemeinem wirtschaftlichen Interesse noch greift sie in Modalitäten der Finanzierung und Organisation ein."(xxx)

Damit findet sich derzeit die von der Bundesregierung auch tatsächlich als „Modernisierungsstrategie" benannte Vorgehensweise legitimiert.[153] Sie beinhaltet

---

[151] Benannt nach dem Berichterstatter des „Ausschusses für Wirtschaft und Währung" des Europäischen Parlaments Werner Langen.

[152] Der Vollständigkeit halber sei angemerkt, dass jene weitreichenden Forderungen sich in der tatsächlichen Entschließung des Europäischen Parlaments (2001a) in wesentlich abgeschwächter Form finden.

[153] Beschluss des Deutschen Bundestages vom 22.3.2002; Bundestags-Drucksache 14/7177 vom 17.10.2001.

grundsätzlich gute Ansätze, ist aber frei von jeglichen im Rahmen dieses Kapitels analysierten wettbewerblichen Elementen. Die Modernisierungsstrategie beinhaltet vielmehr die Schwerpunkte der steuerlichen Gleichstellung von Wasser und Abwasser, die flächendeckende Umsetzung der materiellen Privatisierungsoption auch für die Abwasserentsorgung, die Intensivierung überregionaler Kooperationen bis hin zu Fusionen sowie die Einführung eines möglichst flächendeckenden Benchmarkings (Deutscher Bundestag, 2001).

Vor dem Hintergrund sowohl der theoretischen als auch der praktischen Auseinandersetzung mit den verschiedenen Regulierungsverfahren im Rahmen dieses Kapitels fällt die Bewertung der geschilderten Entwicklungen sowohl auf europäischer als auch auf deutscher Ebene ambivalent aus. Die Erlahmung des Drucks, mehr Wettbewerb in der Wasserwirtschaft einzuführen, ist problematisch. Aufgrund obiger Analyse kann kein Zweifel bestehen, dass die Einführung von mehr Wettbewerb auch in der Wasserwirtschaft positiv wäre. Gleichwohl ist es aber gemäß der bisherigen Analyse sachgerecht, dass das wettbewerbliche Ausschreibungsverfahren nicht als einziges Preisregulierungsverfahren etabliert wurde. Unter der Voraussetzung, dass sich im Rahmen des nächsten Kapitels die These bewahrheitet, dass auch unter Qualitätsgesichtspunkten sowohl ein Mehr an Wettbewerb als auch eine weniger fragmentierte Struktur wünschenswert ist, wird in Abschnitt 5.1 ein preisregulatorischer Vorschlag entwickelt.[154]

---

[154] Zugegebenermaßen würde die Umsetzung eines solchen Vorschlags einen gewissen politischen Willen voraussetzen. Wahrscheinlich muss der Druck vom Gemeinschaftsrecht ausgehen. Zu häufig orientieren sich nach Ansicht des Wissenschaftlichen Beirats beim Bundesministerium für Wirtschaft und Technologie (2002) öffentliche Hände bei eigenwirtschaftlicher Tätigkeit an erzielbaren Finanzmitteln, den Möglichkeiten politischer Patronage, der Erhaltung oder Schaffung an sich nicht wettbewerbsfähiger Arbeitsplätze, oder ganz allgemein an dem industriepolitisch motivierten Einfluss auf ökonomische Entwicklungen.

4 Theoriegeleitete Analyse qualitätsregulatorischer Konzepte

Im vorangegangen Kapitel wurde herausgearbeitet, dass eine Anwendung anreizorientierter Regulierungsverfahren in der Wasserwirtschaft grundsätzlich eine begleitende Qualitätsregulierung erfordert. Im Rahmen dieses Kapitels nun wird sich zunächst in Abschnitt 4.1.1 mit dem Begriff der Qualität im Allgemeinen und der Bestimmung und Kategorisierung einzelner Qualitätsziele[1] in der Wasserversorgung im Besonderen auseinandergesetzt. Darauf aufbauend werden Kriterien entwickelt, mit Hilfe derer Instrumente dahingehend beurteilt werden können, ob sie dazu beitragen, exogen vorgegebene Qualitätsziele ökonomisch sinnvoll zu erreichen.

Der Sinn und Zweck einer begleitenden Qualitätsregulierung besteht darin, einen möglicherweise mit einer effizienteren Produktion einhergehenden, unerwünschten Qualitätsabbau zu verhindern. Die Betonung des Adjektivs „unerwünscht" zeigt, dass es gleichwohl auch eine gewünschte Verminderung von Qualität geben mag. In Abschnitt 4.2.1 wird daher zunächst analysiert, welche Qualität ein unterschiedlichen Regulierungsverfahren unterliegender Monopolist anbietet. Aufbauend auf dem Konzept der Spezifizierung optimaler Qualitätsziele zeigt sich, dass die Ermittlung der Zahlungsbereitschaften der Nachfrager integraler Bestandteil einer Qualitätsregulierung zu sein hat. Wie sich die Zahlungsbereitschaften bestimmen lassen, ist Gegenstand von Abschnitt 4.2.2. Hierauf und auf eine knappe Analyse der Kostenseite der Anbieter Bezug nehmend, werden dann Möglichkeiten einer Qualitätendifferenzierung eruiert. Ökonomisch sollte sich unterscheidenden Nachfragerpräferenzen angebotsseitig entsprochen werden.

Die Auseinandersetzung mit der deutschen Regulierungspraxis von Qualitätsgrö-

---

[1] Unter einem Qualitätsziel soll hier allgemein eine Qualitätsgröße oder -determinante verstanden werden, für die bereits ein zu erreichender oder zu erhaltender Sollwert definiert ist. Der ebenfalls genutzte Begriff der Qualitätsbereitstellung wird dergestalt verstanden, dass zum einen Qualitätsziele für Qualitätsgrößen extern definiert wurden, beinhaltet aber darüber hinaus auch die Instrumente, die zur Erfüllung von Qualitätszielen Einsatz finden.

© Springer Fachmedien Wiesbaden GmbH, ein Teil von Springer Nature 2005
M. Oelmann, *Zur Neuausrichtung der Preis- und Qualitätsregulierung in der deutschen Wasserwirtschaft*, Edition KWV, https://doi.org/10.1007/978-3-658-24678-5_4

ßen wird dieses Kapitel abschließen. Hier wird auf Basis der zuvor gewonnenen theoretischen Erkenntnisse analysiert, wie Qualitätsziele festgelegt werden und mit welchen Instrumenten versucht wird, diese Ziele zu erreichen. Für die Formulierung des qualitätsregulatorischen Vorschlags in Abschnitt 5.2 wird sich als zentral erweisen, dass die einzelnen Qualitätsgrößen unterschiedlich von der Einführung eines wettbewerblichen Preisregulierungsverfahrens betroffen sein werden.

4.1 Ziele und Instrumente einer Qualitätsbereitstellung

4.1.1 Qualitätsziele

Nach DIN 55350-11 ist Qualität die „Gesamtheit von Merkmalen (und Merkmalswerten) einer Einheit bezüglich ihrer Eignung, festgelegte und vorausgesetzte Erfordernisse zu erfüllen." Volkswirtschaftlich stört an dieser Definition die Fokussierung auf das letzlich zu vertreibende Endprodukt. Dass auch an den Produktionsprozess spezielle Anforderungen gestellt sein mögen, wird in jener DIN-Abgrenzung nicht ausreichend deutlich. Vor diesem Hintergrund soll im weiteren die Definition von Niemand und Ruthsatz (1990, S. 8) genutzt werden. Hiernach bedeutet Qualität die „Eignung der Unternehmensgesamtleistung zur Erfüllung aller an sie gerichteten Aufgaben."

Für die Wasserwirtschaft sind einzelne Qualitätsziele für die eigentlichen Produkte (Trink-)Wasser und (gereinigtes) Abwasser zu entwickeln. Darüber hinaus beinhaltet die Gesamtleistung eines wasserwirtschaftlichen Unternehmens aber ebenso, dass im Produktionsprozess und im Auftreten gegenüber dem Kunden die an das Unternehmen gerichteten Aufgaben erfüllt werden.[2] Es geht damit im nächsten Schritt um die Spezifizierung der einzelnen Qualitätsziele.

Bei der Bestimmung von Qualitätsgrößen in Sektoren, die ehemals als komplett natürliche Monopole betrachtet wurden, erscheint es mittlerweile zur Tradition geworden zu sein, Qualitätsdeterminanten möglichst detailliert zu spezifizieren.[3]

---

[2] Dieser Gedanke der Zuordnung von wasserwirtschaftlichen Qualitätszielen zu den jeweiligen aufeinanderfolgenden Wertschöpfungsstufen erscheint dem Autor erstmals von Klein (1996, S. 8) entwickelt. Dessen weitere Spezifizierung einzelner Qualitätsziele führt dagegen weniger weit.

[3] Für die Bestimmung einzelner Qualitätsgrößen bei der Bahn sei auf Monami (2000a, S.

So kommt aber zumindest Monami (2000b, S. 362f.), der zuvor am liebsten noch die Farbe der Fahrradständer als Qualitätsgröße bei der Bahnregulierung zu bedenken gibt, zum Schluss, dass eine Tendenz besteht, zu stark detaillierte Qualitätziele zu entwickeln. Häufig stünden die Erhebungs-, Überwachungs- und allgemeinen Regulierungskosten in keinem Verhältnis zum anfallenden Nutzen bei Aufnahme solcher spezifischer Qualitätsziele. Daher soll hier nicht der Fehler gemacht werden, eine zu tiefgehende Zielformulierung für die Wasserwirtschaft vorzulegen.

Die Definition von Qualitätszielen stellt kein akademisches Konstrukt dar, sondern sollte aus den Präferenzen der Nachfrager generiert sein. Da es für Deutschland noch keine umfassenden Erfahrungen mit der Ermittlung von Zahlungsbereitschaften gibt, soll daher für die Festlegung einzelner Qualitätsgrößen auf diejenigen zurückgegriffen werden, die in England und Australien bereits Anwendung finden.[4] Es ist nicht zu erwarten, dass vollkommen andere Qualitätsziele für Deutschland zu definieren sind.[5]

Bezüglich der Qualitätsbereitstellung im Rahmen des Produktionsprozesses sind die beiden Qualitätsziele eines nachhaltigen Umgangs mit der Umwelt sowie mit der Infrastruktur zu unterscheiden. Dabei zeichnet sich gemäß des Brundtland-Reports eine nachhaltige Entwicklung dadurch aus, dass die gegenwärtigen Bedürfnisse so befriedigt werden, dass künftige Generationen in der Befriedigung ihrer Bedürfnisse nicht eingeschränkt werden (World Commission on Environment and Development, 1987, S. 44).

Beide Fälle, sowohl der nachhaltige Umgang mit Natur als auch der mit Infrastruktur, zeichnen sich durch das Vorliegen negativer externer Effekte aus. Im Gegensatz zu reinen privaten Gütern entstehen diese dadurch, dass ein Individuum im Zusammenhang mit seinem wirtschaftlichen Handeln die Kostenfunktion, Produktionsfunktion oder Nutzenfunktion eines anderen beeinträchtigt, ohne

---

194) oder bei der Post auf Elsenbast und Stumpf (1995, S. 4) verwiesen.

[4] In England wurden die Konsumentenpräferenzen bereits im Rahmen der Studie von Tunstall et al. (1993) im Vorfeld der ersten „Periodic Review" ermittelt. Bezüglich australischer Qualitätsindikatoren siehe zum Beispiel Essential Services Comimission (2002). Bezüglich weiterer Studien zur Ermittlung der Zahlungsbereitschaften in der Wasserwirtschaft vgl. OFWAT und Ofwat National Customer Council (2001), Accent Marketing & Research (2003) und insbesondere MVA (2003).

[5] Diese These wird von den Überlegungen in Oelmann (2004a) gestützt. Es zeigt sich, dass ein Großteil der hier zu nutzenden Qualitätsziele in der Benchmarking-Konzeption der International Water Association (IWA) auftaucht. Bei der Übertragung auf die spezifisch deutsche Situation in der Wasserversorgung – für die Abwasserentsorgung ist dies derzeit noch im Gange – sind die Qualitätsziele nur unwesentlich verändert worden.

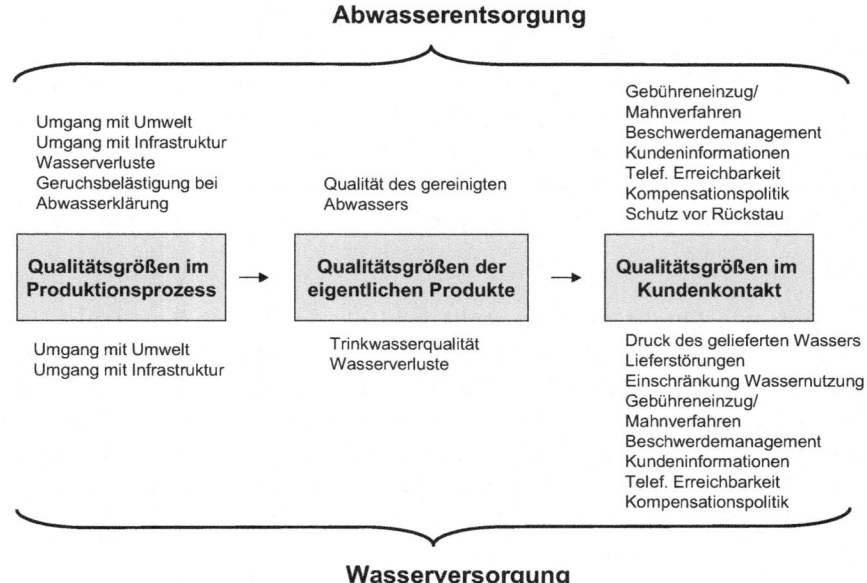

Abbildung 4.1: Qualitätsgrößen in der Wasserwirtschaft.

dass zwischen den beiden hierfür ein Preis vereinbart worden ist (Hartwig, 1999, S. 139). Es ist ökonomisch wünschenswert, dass sich diese externen Effekte in der individuellen Unternehmensrechnung auch wiederfinden. Beispiele wären das Nutzen von Pestiziden in der Landwirtschaft, die sowohl die Rohwasserqualität als auch die Oberflächengewässer beeinträchtigen. Im Preis für die landwirtschaftlichen Erzeugnisse bezahlte der Kunde in der Vergangenheit die Umweltnutzungskosten nicht mit. Zur Zahlung dieser extern verursachten Kosten wurde hingegen der wasserwirtschaftliche Kunde herangezogen.

Die Bestimmung dessen, wann ein Umgang mit Umwelt oder Infrastruktur als nachhaltig bezeichnet werden kann, ist nicht Sache des Ökonomen.[6] Dieser gibt grundsätzlich nur eine Aussage darüber ab, wie eine extern zu definierende Nachhaltigkeitsgröße ökonomisch am sinnvollsten erreicht werden kann. Zu diesem Zweck werden hierzu im nächsten Abschnitt Kriterien entwickelt, mit Hilfe derer potentielle Instrumente auf ihre Tauglichkeit überprüft werden können.

---

[6] Er weist den Naturwissenschaftler oder Ingenieur aber darauf hin, dass mit der Festlegung von Nachhaltigkeitsgrößen Opportunitätskosten einhergehen.

Wird in der wasserwirtschaftlichen Wertschöpfungsstufenabfolge fortgefahren, so geht es nun um die nähere Spezifizierung der Qualitätsziele der eigentlichen Produkte. Analog zur obigen Diskussion ist es Aufgabe anderer Disziplinen festzulegen, wann Wasser unbedenklich zu trinken ist, was eine zu starke Trübung oder einen unangenehmen Geruch bewirkt. Es sei daher an dieser Stelle für die Trinkwassergüte darauf verwiesen, dass Qualitätsziele extern vorzugeben sind. Gleiches gilt für die Frage, wie weitgehend Abwasser zu reinigen und welches zu erreichende Qualitätsziel hier vorzugeben ist.

Unter der Größe Qualitätsziele im Kundenkontakt ist zu unterscheiden zwischen Qualitätszielen, die jeweils nur Wasserversorgung oder Abwasserentsorgung betreffen, und solchen, die für beide gleichermaßen Gültigkeit besitzen. Gemäß OFWAT (2002f) ist es für die Kunden von Wasserversorgungsunternehmen (WVU) zentral, dass Wasser mit einem ausreichenden Druck geliefert wird, dass es zu möglichst wenigen Lieferunterbrechungen kommt, dass im Falle unabwendbarer Lieferunterbrechungen der Kunde ex ante informiert wird, dass die entsprechend veranschlagte Zeit der Lieferunterbrechung nicht überzogen wird und dass auch im Fall eines heißen Sommers eine ausreichende Sicherheit in der Wasserversorgung gewährleistet bleibt. Eine ausreichende Wasserversorgung ist gleichfalls für auftretende Notfälle wie Häuserbrände zu gewährleisten. Ein wichtiges Qualitätsziel für die Abwasserentsorgung besteht im ökonomisch sinnvollen Vermeiden auftretender Rückstaus auch zum Beispiel in Folge von Hochwasser.

Sowohl für Wasserversorgung als auch Abwasserentsorgung seien unter anderem Qualitätsziele für das Beschwerdemanagement, für die telefonische Erreichbarkeit, bezüglich der Qualität der Kundeninformationen, des Ablaufs von Zahlung und Mahnverfahren sowie für eine Kompensationspolitik eines wasserwirtschaftlichen Unternehmens zu bestimmen (OFWAT, 2002e, S. 11).

Die Frage der Wasserverlustraten gehört konzeptionell weniger in diese Wertschöpfungsstufe. In der Trinkwasserversorgung mag sich mit hohen Wasserverlustraten die Qualität des eigentlichen Gutes vermindern. Durch lecke Leitungen können bei einem nicht ausreichenden Druck schädliche Stoffe in das zuzuleitende und eigentlich bereits aufbereitete Trinkwasser gelangen. In der Abwasserentsorgung wären Zielgrößen für Wasserverlustraten vor dem Hintergrund des nachhaltigen Umgangs mit der Natur zu spezifizieren. Noch nicht gereinigtes Abwasser mag bei der Zuleitung zu einer Kläranlage durch Lecks austreten und Grundwasser verunreinigen oder sogar verseuchen.

4.1.2 Beurteilungskriterien für Instrumente zur Erreichung der Qualitätsziele

Die ökonomische Beurteilung der Instrumente, mit Hilfe derer vorgegebene Qualitätsziele erreicht werden sollen, verläuft anhand von Kriterien, die seit längerer Zeit in der Umweltpolitik angewendet werden:[7] Effektivität, statische Effizienz, dynamische Effizienz sowie politische Durchsetzbarkeit. Ferner sind als Nebenbedingungen zu berücksichtigen, mit welchen Transaktionskosten ein spezifisches Instrument verbunden wäre und inwiefern es Wettbewerbsverzerrungen hervorrufen könnte.

Ein Instrument ist hiernach umso effektiver, je treffsicherer es ein vorgegebenes Qualitätsziel zu erreichen vermag. Es gilt als statisch umso effizienter, je kostengünstiger ein Ziel verwirklicht wird. Mit Hilfe der dynamischen Effizienz wird ermittelt, welche Anreize für die marktlichen Akteure zur Entwicklung und Verfeinerung der angewandten Technologien bestehen. Das Kriterium der politischen (und gesellschaftlichen) Durchsetzbarkeit gibt eine Aussage darüber, wie die Akzeptanz bei den Betroffenen einzuschätzen ist. Sie mag sich über die Zeit ändern.

Unter den formulierten Nebenbedingungen wird mit den Transaktionskosten abgebildet, welche Informationsbeschaffungs-, Verhandlungs- und Durchsetzungskosten mit einem Instrument verbunden sind. Je niedriger diese sind, desto besser ist die Beurteilung unter volkswirtschaftlichem Gesichtspunkt. Der Nebenbedingung eines Vermeidens von Wettbewerbsverzerrungen wird eine große Relevanz zukommen. Dies liegt daran, dass nicht nur zu analysieren ist, ob die derzeitige Qualitätsregulierung in Deutschland mit einer wettbewerblicheren Preisregulierung kompatibel ist. Es ist auch zu zeigen, weswegen alternative Instrumente der Qualitätsregulierung gerade dazu führen, momentan bestehende Wettbewerbsverzerrungen überhaupt erst abzubauen.

Für das weitere Vorgehen ist hervorzuheben, dass die verschiedenen Kriterien nicht für die Erreichung jedes Zieles gleichermaßen wichtig sind. So gibt es Ziele, wie zum Beispiel die Sicherung der Trinkwasserqualität, bei der das Kriterium

---

[7] Bezüglich der Darstellung der einzelnen Kriterien sei auf Feess (1998, S. 49ff.) und Hartwig (1999, S. 153ff.) verwiesen. Einen detaillierteren Kriterienkatalog legen Zimmermann und Hansjürgens (1998) vor.
Die hier genutzten Kriterien sind nicht mit solchen zu verwechseln, mit denen ganze wasserwirtschaftliche Ordnungssysteme verglichen werden. Siehe für eine solche Art von Kriterien Ballance und Taylor (2001, Kap. 4).

der Effektivität eine herausragende Rolle einnimmt. Beim Ziel der Beantwortung von Beschwerden in x Tagen hingegen ist jenes Kriterium von untergeordneter Bedeutung. Die Effizienz stünde hier mehr im Zentrum der Betrachtung. Vor diesem Hintergund ist bei der Wahl eines Instrumentes zur Verfolgung eines spezifischen Qualitätszieles stets zuerst nach der spezifischen Relevanz der einzelnen Kriterien zu fragen.

4.1.3 Ausgewählte Instrumente im Vergleich

Die genannten Kriterien können in dreierlei Weise eingesetzt werden. Erstens sind sie unmittelbar anwendbar, wenn es um die ökonomische Analyse der Regulierung privater wasserwirtschaftlicher Güter und Dienstleistungen geht. Vor dem Hintergrund der Kriterien macht es so zum Beispiel einen Unterschied, ob ein Abwasserentsorgungsunternehmen die private Dienstleistung „Sicherheit vor Rückstau" differenziert anbieten darf oder aber ob es unabhängig von Kosten extern von einem Gesetzgeber Auflagen erhält.[8]

Zweitens eignen sich die Kriterien, die Vorteilhaftigkeit institutioneller Arrangements bei der Regulierung von Erfahrungsgütern[9] zu überprüfen. So handelt es sich bei Trinkwasser zwar nicht unmittelbar um ein Erfahrungsgut. Mit einem kleinen chemischen Labor ausgestattet dürfte es jedem Kunden theoretisch möglich sein, ex ante zu bestimmen, ob das Trinkwasser Krankheitserreger beinhaltet oder nicht. Hier aber ist das Kriterium der auftretenden Transaktionskosten zu berücksichtigen. Eine das Trinkwasser überprüfende Institution oder aber das WVU selber haben hier Größenvorteile, weswegen die ökonomische Vorteilhaftigkeit einer zentralen Kontrolle des Trinkwassers begründet werden kann. Im Bereich des geklärten Abwassers würde ähnliches gelten, wenngleich hier erschwerend hinzukommt, dass mit der Dienstleistung „Kontrolle der Qualität des gereinigten Abwassers" externe positive Effekte einhergehen. Da der private Kontrolleur nicht in den Genuss der von ihm hervorgerufenen positiven externen Effekte kommt, wird tendenziell eine private Kontrolle der Gewässer nicht bzw.

---

[8] In England wird heftig darüber diskutiert, wie und insbesondere wie weitgehend Haushalte vor rückfließendem Abwasser und Niederschlagswasser geschützt werden sollten. In Deutschland finden dagegen solche Rückstaus nur höchst selten statt. Vielleicht handelt es sich deshalb um ein gutes Beispiel, weil sich hier besonders deutlich zeigt, dass in Deutschland via externer Auflagen nach einem maximalen Schutz gesucht wird.

[9] Bei einem Erfahrungsgut kann der Nachfrager ex ante im Gegensatz zu einem Suchgut die Qualität des Produktes nicht feststellen.

nicht ausreichend bereitzustellen sein. Auch hier ließe sich entsprechend die Notwendigkeit einer zentralisierten Kontrolle ableiten.

Drittens eignen sich diese Kriterien auch zur Analyse der Bereitstellung von Gütern, bei denen die externen Effekte im Vordergrund stehen. Diese Prüfung hingegen ist eher mittelbarer Natur. Die obigen Kriterien dienen weniger dazu, die Regulierung der Bereitstellung des eigentlichen Gutes, als vielmehr die Art und Weise, wie mit dem externen Effekt umgegangen wird, kritisch zu hinterfragen. In besonderer Weise wird es daher nun um die Analyse solcher Instrumente gehen, mit Hilfe derer das Qualitätsziel, einen nachhaltigen Umgang mit der Natur zu gewährleisten, verfolgt wird.[10]

4.1.3.1 Zur Darstellung möglicher Instrumente

Ökonomisch gesehen handelt es sich bei Umweltmedien um knappe Güter, bei denen eine Nutzungskonkurrenz besteht. Aufgrund dieser Konkurrenz alternativer Verwendungsmöglichkeiten ist das Umweltproblem ökonomisch betrachtet im Kern ein Allokationsproblem. Es tritt immer dann auf, wenn anfallende negative externe Effekte nicht verursachergerecht angelastet werden oder aber private Verfügungsrechte nicht hinreichend spezifiziert sind.

Im ersten Fall läge ökonomisch betrachtet ein Marktversagen im Sinne Pigous vor, das durch die Einführung einer Umweltabgabe, der Anwendung des Haftungsrechts oder unter Zuhilfenahme des Ordnungsrechts (Verbote, Gebote, Auflagen) zu lösen wäre. Eine Abgabe[11] soll vom Prinzip her genau so bemessen sein, dass sie der Differenz von privaten Grenzkosten und den eben bis dato noch nicht in der individuellen Unternehmensrechnung auftretenden sozialen Grenzkosten entspricht. Das Haftungsrecht bedarf einer etwas detaillierteren Betrachtung.

Grundsätzlich werden die externen Effekte dadurch internalisiert, dass der Umweltschädiger für von ihm verursachte Schäden zu haften hat. Bei der Verschul-

---

[10] Diese Instrumente werden an dieser Stelle und nicht etwa erst in Abschnitt 4.3.1.1 behandelt, weil zum Beispiel das nun zu behandelnde Haftungsrecht oder die Auflage ebenso für die Analyse der Regulierung von Erfahrungsgütern in Abschnitt 4.3.2 heranzuziehen ist.

[11] Sofern nicht anders angegeben orientiert sich die Vorstellung der einzelnen Instrumente an Feess (1998). Für eine knappe Definition der einzelnen Instrumente sei auf Abbildung A.18 im Anhang verwiesen. Hier findet sich ebenso eine kurze Zusammenfassung der weiter unten folgenden Analyse der einzelnen Instrumente.

denshaftung ist dem Umweltschädiger ein schuldhaftes Vergehen nachzuweisen. Die Definition jenes „schuldhaften Vergehens" geschieht in der Regel durch die Vorgabe spezifischer Auflagen und Gebote. Hat er diese befolgt, so haftet er für eine auftretende Umweltschädigung nicht. Bei der Gefährdungshaftung wird der Umweltschädiger hingegen auch unabhängig davon, ob ihm eine Fahrlässigkeit vorgeworfen werden kann oder nicht, zur Verantwortung gezogen. Angesichts der Tatsache, dass ein Schaden eindeutig beziffert und gleichzeitig dieser Schaden auf das Verhalten eines Akteurs[12] zurückverfolgt werden können muss, eignet sich dieses Instrument gleichwohl nur für monokausale oder maximal alternativ kausale Fälle.

Die dritte Art, mit konstatiertem Marktversagen umzugehen und die Internalisierung negativer externer Effekte zu betreiben, ist die des Ordnungsrechts (Auflagen, Gebote, Verbote). Es ist ebenso wie die Verschuldenshaftung, aber im Gegensatz zu den anderen vorgestellten und noch vorzustellenden Instrumenten, kein marktwirtschaftliches Mittel. Unter einer Auflage ist hierbei die Vorgabe bestimmter Normen zu verstehen, bei deren Nichteinhaltung Zahlungen an die öffentliche Hand zu leisten sind. Gebote und Verbote implizieren unmittelbare Verhaltensvorschriften.

Gegenüber dem ersten Fall eines Marktversagens ist im zweiten Falle ein Staatsversagen zu konstatieren. Verfügungsrechte[13] sind von Seiten des Staates nicht ausreichend festgelegt. Der Grundgedanke der Zertifikatelösung besteht daher darin, die externen Effekte dadurch zu internalisieren, dass die insgesamt zulässige Umweltbelastung zunächst fixiert wird. Diese Umweltnutzungsrechte werden dann auf die Akteure aufgeteilt und gegebenenfalls gehandelt.

Unabhängig davon, welches der drei marktwirtschaftlichen Instrumente – Umweltabgaben, Gefährdungshaftung oder Zertifikate – genutzt wird, stimmen sie in der wesentlichen Intention miteinander überein: Dem ökonomischen Effizienzkriterium folgend, ist das Ziel nicht die maximale, sondern die optimale Beseitigung von Umweltschäden. Der Grenznutzen der Umweltschädigung entspricht im Optimum den Grenzkosten der Umweltschutzmaßnahme. Zweifellos ist, wie bereits

---

[12] Hier wird der Begriff „Akteur" im Gegensatz zu der ansonsten üblichen Bezeichnung „Unternehmen" verwendet. Im weiteren Verlauf der Arbeit wird sich herausstellen, dass gerade bezüglich eines nachhaltigen Umgangs mit der Natur die diffusen Quellen – und damit zumeist gerade nicht die Umweltnutzung der Unternehmen – das vordringlichste Problem ist. Das Verhalten von Akteuren wie den Landwirten gerät somit zum Beispiel ins Blickfeld.

[13] Die Begriffe der Verfügungsrechte und Eigentumsrechte werden hier synonym verwendet. Gleichwohl rankt sich eine ganze Diskussion um deren jeweilige Abgrenzung. Hierzu kann auf die Artikel in Schüller (1983) verwiesen werden.

angesprochen, an diesem Punkt die Wasserschutzpolitik auf die Erkenntnisse der Naturwissenschaften angewiesen. Wann die Summe der Emissionen die Selbstreinigungskraft des zugrunde liegenden Umweltmediums bei abbaubaren Stoffen übersteigt und es tatsächlich zu Immissionen (Belastungszuständen) kommt, ist exogen vorzugeben (Zimmermann und Henke, 1994, S. 443f.). Ein stetes Anpassen der exogen vorgegebenen normativen Vorgaben an sich veränderndes Wissen ist damit ein inhärentes Grundproblem einer wasserwirtschaftlichen Umweltpolitik [SVR (1996, Tz. 245) oder Zimmermann (1992, S. 317)], berührt die grundsätzliche ökonomische Herangehensweise aber nur am Rande.

4.1.3.2 Kriteriengeleitete Analyse der möglichen Instrumente

Nach der knappen Darstellung der Instrumente geht es nun um deren ökonomische Analyse. Dies geschieht mit Hilfe der in Abschnitt 4.1.2 vorgestellten Kriterien.

Ein Instrument erfüllt das Kriterium der statischen Effizienz, wenn ein vorgegebenes Qualitätsziel zu den geringsten volkswirtschaftlichen Kosten erreicht wird. Dieses erfüllen sowohl die Abgabe-, als auch die Zertifikatelösung. Jeder Akteur wird individuell zum Beispiel so lange Ableitungen in Oberflächengewässer zu vermeiden suchen, bis dessen Grenzvermeidungskosten dem Abgabensatz beziehungsweise dem Zertifikatepreis entsprechen. Da beide Instrumente stete Anreize implizieren, Emissionen auch in der Zukunft zu senken – im einen Fall würden Abgaben gespart, im zweiten Fall könnten gehaltene Emissionsrechte am Markt verkauft und somit Einnahmen erzielt werden –, gilt für beide auch das Kriterium der dynamischen Effizienz als sichergestellt. Die gleiche Argumentation bezüglich dieser beiden Kriterien besitzt auch für die Gefährdungshaftung Gültigkeit. Der Akteur bezieht den Schadenserwartungswert für das komplette Kontinuum von Umweltnutzungen in die eigene Nutzenmaximierungsbedingung ein. Die Verschuldenshaftung hingegen kann als Spezialfall der Auflagenpolitik interpretiert werden, so dass in der Folge alles für das Ordnungsrecht Abgeleitete auch für die ökonomische Analyse der Verschuldenshaftung gelten kann. Statische oder dynamische Effizienz wären nur theoretisch denkbar; dann nämlich, wenn eine Behörde zum einen in der Lage wäre, die jeweils pareto-effiziente Umweltnutzung eines Akteurs zu bestimmen und zum zweiten diesen sich unterscheidenden Größen individuelle Qualitätsziele vorschreiben würde.

Das Kriterium der Effektivität erfüllen sämtliche Instrumente bis auf die Abgabenlösung und die Gefährdungshaftung. Das Erreichen eines vorgegebenen Qualitätszieles ist jeweils in der Realität reiner Zufall. Grund sind Transaktionskosten, die es unmöglich machen, für sämtliche Produkte sämtlicher Akteure die Preiselastizitäten des Angebots und der Nachfrage im Vorhinein zu bestimmen. Bei einer Zertifikatelösung hingegen ist ein Ziel über zum Beispiel eine Obergrenze für erlaubte Abwasserableitungen ex ante definitiv vorgegeben, weswegen bei ausreichendem Monitoring deren Einhaltung wie auch bei Anwendung von Auflagen garantiert ist. Bisweilen könnten aber mit dem Monitoring solch hohe Transaktionskosten verbunden sein, dass eine Zertifikatelösung in Einzelfällen doch nicht anwendbar erscheint.

Die Nebenbedingung möglichst geringer Wettbewerbsverzerrungen ist vor allem für die Zertifikatelösung zu diskutieren. Ein Aufkauf und eine mögliche Monopolisierung von Zertifikaten würde für potentielle Konkurrenz einen Marktzugang erheblich erschweren. Der geforderte weitestmögliche Wettbewerb im Markt in Abschnitt 3.3.1 könnte somit unterlaufen werden. Vor diesem Hintergrund ist festzustellen, dass die Gefahr von tatsächlichen Wettbewerbsbeschränkungen umso niedriger ist, je liquider und damit auch größer der Markt ist (Zimmermann und Hansjürgens, 1998, S. 51). Zudem zeigen zum Beispiel die US-amerikanischen Erfahrungen, dass es sich bei der Nachfrage nach Zertifikaten im Wesentlichen um einen Wettbewerb auf der Beschaffungsseite handelt. Kommen die am Handel teilnehmenden Unternehmen aus unterschiedlichen Branchen – dies zeigt zum Beispiel die Erfahrung des RECLAIM-Programms (Fromm und Hansjürgens, 1994) – wäre ein Horten von Zertifikaten wenig rational. Ohne der weiteren Argumentation zu weit vorzugreifen, wäre damit ein Zertifikatesystem unter Wettbewerbsgesichtspunkten für die Regulierung der Abwassereinleitung innerhalb ganzer Flussgebietseinheiten gut denkbar, während die Bewirtschaftung einer strategisch wichtigen Grundwasserressource mit Zertifikaten kritischer zu sehen wäre.

Obwohl das Ordnungsrecht und die Verschuldenshaftung nur vor dem Kriterium der Effektivität Bestand haben, erfreuen sich diese Instrumente bei Politikern und Bürokraten immer noch besonderer Beliebtheit. Erstere können so einen gewissen Aktionismus demonstrieren. Letztere schaffen sich durch das zumeist komplexe Ordnungsrecht spezifisches Wissen, das sie schnell unersetzbar macht. Weniger attraktiv für Bürokraten und Politiker – und damit beim Kriterium der politischen Durchsetzbarkeit schlechter abschneidend – sind hingegen die marktwirtschaftlichen Instrumente. Einmal implementiert lassen sich diese Instrumente in Wahlkämpfen weniger gut „vermarkten" und den eigenen Handlungen zuschreiben. Die wasserwirtschaftlichen Akteure werden sich zudem wahrscheinlich gegen Abgaben und eine Erstausgabe von Zertifikaten über ein Auktionsverfahren wenden, da diese ihnen neue Kosten aufbürden (Svendsen, 2000, S. 11f.).[14] Dennoch scheinen die Mechanismen der marktwirtschaftlichen Instrumente zunehmend von der Bevölkerung verstanden zu werden. Dies würde deren politische Durchsetzbarkeit über eine größere gesellschaftliche Akzeptanz befördern.

Zusammenfassend ist festzustellen, dass externe Effekte in der Regel bestmöglich über marktwirtschaftliche Instrumente zu internalisieren sind. Einzig bei überragender Bedeutung des Effektivitätskriteriums sollte mit Ordnungsrecht oder Verschuldenshaftung gearbeitet werden.

4.2 Zur Konkretisierung von Qualitätszielen

In Abschnitt 4.2.1 wird zunächst gefragt, wie sich die Qualitätsbereitstellung eines Monopolisten bei unterschiedlichen Regulierungsverfahren gestaltet. Es wird sich herausstellen, dass nur in den seltensten Fällen eine aus ökonomischer Sicht optimale Qualität bereitgestellt wird. Zahlungsbereitschaften der Nachfrager wären weit stärker zu berücksichtigen.

In welcher Weise sich Aussagen zu den Zahlungsbereitschaften der Nachfrager generieren lassen, wird daher Inhalt des Abschnitts 4.2.2 sein. Die volkswirtschaftliche Vorteilhaftigkeit, diesen heterogenen Kundenpräferenzen auch durch eine differenzierte Qualitätsbereitstellung zu entsprechen, wird in Abschnitt 4.2.3 behandelt. Die verschiedenen denkbaren Formen einer Differenzierung in der Wasserwirtschaft wird die theoretische Analyse beschließen, bevor dann die konkrete Qualitätsbereitstellung in Deutschland analysiert wird.

4.2.1 Zur Bestimmung der optimalen Qualitätsbereitstellung

Im ersten Schritt wird die Qualitätsbereitstellung eines Monopolisten bei unterschiedlichen Regulierungsverfahren untersucht. Es interessiert, wie weit ein Einführen von mehr Wettbewerb eine begleitende Qualitätsregulierung erfordert und

---

[14] Diese theoretische Vermutung wird durch die Empirie gestützt. Fast alle Erstemissionsrechte wurden in den USA im Grandfathering-Verfahren vergeben (Norregard und Reppelin-Hill, 2000, S. 30).

ob sämtliche der in Abschnitt 4.1.1 aufgestellten Qualitätsgrößen gleichermaßen einer Qualitätsregulierung zu unterwerfen sind.

Im zweiten Schritt wird analysiert, was denn überhaupt die richtige Qualitätsmenge sein sollte. Zu den Kriterien der statischen und dynamischen Effizienz aus dem vorherigen Abschnitt wird hierzu das der qualitativen Effizienz eingeführt. Eine Ware oder eine Dienstleistung wird hiernach als qualitativ effizient bereitgestellt betrachtet, sofern die angebotenen Qualitäten den Präferenzstrukturen beziehungsweise den Zahlungsbereitschaften der Nachfrager entsprechen.

4.2.1.1 Qualitätsbereitstellung eines Monopolisten bei unterschiedlichen Regulierungsverfahren

Als Vergleichsmaßstab für die Qualitätsbereitstellung bei Monopolen wird zunächst die Situation auf Wettbewerbsmärkten betrachtet. Bei der anschließenden Analyse des monopolistischen Verhaltens bei der Qualitätsbereitstellung ist dann zu unterscheiden zwischen dem eines privaten unregulierten Monopolisten, dem eines öffentlichen unregulierten Monopolisten, dem Verhalten unter einer kostenorientierten -/Kapitalrenditenregulierung und dem unter einer Preisobergrenzenregulierung.[15]

Auf Wettbewerbsmärkten entscheiden sich die Konsumenten in Abhängigkeit von Preis und Qualität für oder gegen den Kauf eines Produktes. Es liegt an der spezifischen Kombination von Preis und Qualität, ob ein einzelner Kunde gewonnen wird oder nicht.[16]

Der Fall vollkommener Konkurrenz ist für George (1998, S. 10f.) der Vergleichsmaßstab für den Regulator, stellt dieser doch die pareto-effiziente Situation dar. Die Gesamtwohlfahrt besteht bekanntlich nur aus der Konsumentenrente. Wird die pareto-effiziente Situation mit der des unregulierten privaten Monopolisten

---

[15] Wie in Abschnitt 3.3.4 gezeigt, sind Konzessionäre ebenfalls als regionale, wenngleich zeitlich befristete Monopolisten zu betrachten. Sie könnten analog zu der hier zu verfolgenden Unterteilung nicht zusätzlich preisreguliert werden, additiv einer Kapitalrenditenregulierung oder aber ergänzend einer Preisobergrenzenregulierung unterworfen sein

[16] Ein Problem auf Wettbewerbsmärkten tritt nur im Fall asymmetrischer Informationsverteilung auf. Theoretisch kann es bei Erfahrungsgütern zu einem Verdrängen guter Qualitäten kommen. Gemeinhin wird in solchen Fällen zügig der Staat aktiv, in dem er Qualitätsstandards formuliert. Es ist ein Verdienst ökonomischer Forschung, darauf hingewiesen zu haben, dass auch private Mechanismen des Screening und Signaling dazu beitragen können, jenes potentielle Versagen des Marktes zu überwinden.

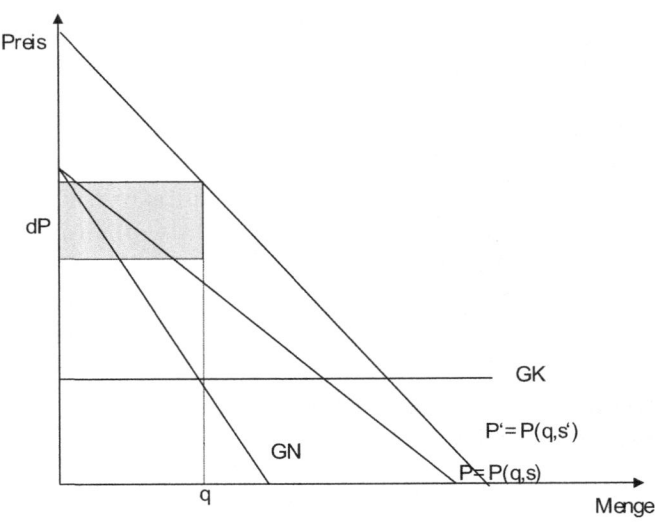

Abbildung 4.2: Effekt zusätzlicher Qualitätsbereitstellung auf Erlöse des Monopolisten; Quelle: Church und Ware (2000, S. 187).

verglichen, stellt sich heraus, dass mehr Konsumenten bedient werden und Preise sowie angebotene Qualität geringer sind. In beiden Fällen ist die Risikoallokation unter der Annahme keiner Preisdifferenzierung effizient. Der Grenzkonsument, der als risikoavers eingestuft wird, wird bei einem Qualitätsproblem vollständig entschädigt.

Impliziert dies nun, dass die vom unregulierten privaten Monopolisten angebotene Menge an Qualität für die aktuell Nachfragenden zu hoch ist? Der Darstellung von Church und Ware (2000, S. 186ff.) folgend ist genau das Gegenteil der Fall.[17] Abbildung 4.2 veranschaulicht die Veränderung der Einnahmen des Monopolisten (dunkel gepunktete Fläche) bei marginaler Erhöhung der angebotenen Qualität von s auf s' bei gegebener Menge q.

Die neue Nachfragekurve P' verläuft nicht parallel zu P, da realistischerweise angenommen wird, dass diejenigen Konsumenten, die bereits im Ausgangszustand eine höhere Zahlungsbereitschaft hatten, auch eine Erhöhung des angebotenen Qualitätsniveaus relativ mehr gutheißen. Wenn aber – wie hier aufgrund der Art der Verschiebung der Nachfragekurve dargestellt – der Nutzenzuwachs aus der

---

[17] Dieser Zusammenhang wurde erstmals von Spence (1975, S. 417f.) entwickelt.

marginalen Erhöhung des Qualitätsniveaus für den Grenzkonsumenten niedriger ist als für den durchschnittlichen Konsumenten, so wird dem intramarginalen Nachfrager ein zu geringes Qualitätsniveau angeboten. Theoretisch denkbar wäre gleichwohl auch, dass der Verlauf der verschobenen Nachfragekurve gegenüber dem Ausgangszustand weniger steil ist. Berg und Jr. (1992, S. 211) zum Beispiel modellieren den Fall, dass die erhöhte angebotene Qualität neue Nachfrager auf den Plan ruft. In einem solchen Fall würde sich also gegenüber der alten Situation die Schere zwischen marginaler und durchschnittlicher Qualitätspräferenz stärker schließen. Der Grad qualitativer Ineffizienz hängt damit also stets von den relativen Nachfrageelastizitäten ab.[18] Die Situation ließe sich ökonomisch betrachtet nur durch eine verstärkte Qualitätendifferenzierung verbessern, was Gegenstand des Abschnitts 4.2.3 sein wird.[19]

Zentral ist an dieser Stelle festzuhalten, dass, obgleich der private unregulierte Monopolist gegenüber dem Verhalten in einer pareto-effizienten Situation wohl zu wenig, zu teuer, in weit höherer Qualität, aber in Bezug auf die bedienten Kunden durch Ausrichtung am Grenzkonsumenten bei unterstelltem normalem Nachfrageverlauf eine zu geringe Qualität anbietet, dennoch nach Maßgabe der Risikoallokation volkswirtschaftlich effizient handelt. Dies ist für den Fall des unregulierten öffentlichen Monopolisten nicht zu konstatieren. In der zentralen Publikation zu diesem Thema zeigen Bös und Peters (1988, S. 237f.) indirekt auch für die bereitgestellte Qualität, dass die von öffentlichen unregulierten Monopolen in der Regel höher ist als die von unregulierten privaten Monopolen. Sie argumentieren, dass die Kosten der Bereitstellung einer größeren Menge an Qualität nicht ausreichend berücksichtigt werden. Gemäß der Neuen Ökonomie der Bürokratie wäre dies damit zu begründen, dass der öffentliche Monopolist nicht eine Qualität anbietet, bei der sich Grenzkosten und Grenznutzen (aus Sicht der Konsumenten, nicht wie hier aus Sicht des öffentlichen Managers) der Bereitstellung einer Einheit Qualität entsprechen. Dem klassischen Modell von Niskanen (1971) folgend würde der öffentliche Monopolist vielmehr sein Budget maximieren. Wie Abbildung A.17 im Anhang zeigt, impliziert dies, dass die Summe von Produzentenrente und Konsumentenrente, die bei einer angebotenen Qualitätsmenge bei $GN = GK$ maximiert wäre, in x_N komplett verausgabt würde, um

---

[18] Neben dem Artikel von Spence (1975) ist der von Sheshinski (1976) für die Frage der Qualitätsbereitstellung durch Monopolisten ein zentraler Referenzpunkt. Bezüglich der Schwierigkeit, die relativen Steigungen der Nachfragekurven zu bestimmen, folgert Sheshinski (1976, S. 128): „The overall conclusion of this analysis [...] is that a regulator has to have a great deal of information before he even knows in which direction he should intervene."

[19] Hierbei wird auch auf die oben angesprochenen Überlegungen zur asymmetrischen Informationsverteilung und zu Erfahrungsgütern erneut zurückzukommen sein.

den relativ zu hohen Anteil Qualität $(x_N - x_E)$ zu finanzieren.

Abbildung A.19 im Anhang zeigt, dass sich die Nutzenfunktionen von einem privaten und einem öffentlichen Manager unterscheiden. Es ist hervorzuheben, dass es sich hier jeweils nicht um die Nutzenfunktion der Nachfrager handelt. Unter der Voraussetzung, die Zahlungsbereitschaften der Nachfrager seien bekannt, würde obige Diskussion lediglich nahelegen, dass die Gefahr einer Überversorgung mit Qualität durch einen öffentlich Bereitstellenden relativ größer ist.

In Abschnitt 3.4.1.1 wurde die Preisregulierung in der deutschen Wasserwirtschaft vorgestellt. Sie wurde als am nächsten der kostenorientierten Preisbestimmung bezeichnet, wenngleich de facto die sachliche Notwendigkeit von Investitionen inklusive solcher der Qualitätsbereitstellung nicht nachgewiesen werden muss. Elemente dessen, was damit gerade bezüglich der Qualitätsbereitstellung des unregulierten öffentlichen Monopolisten hergeleitet wurde, mag damit auch für die deutschen wasserwirtschaftlichen Unternehmen gelten: Investitionsprojekte „tended to be ... ´gold plated´" (Rovizzi und Thompson, 1995, S. 339).[20]

Gleiches gilt für die ebenso angesprochene Kapitalrendintenregulierung immer dann, wenn die zuerkannte Kapitalrendite die Kapitalkosten übersteigt.[21] In diesem Fall gestaltet sich die Qualitätsbereitstellung, wie Besanko et al. (1988, S. 420ff.) in ihrem vielzitierten Artikel zeigen, relativ kapitalintensiver. Der Averch-Johnson-Effekt wird also lediglich übertragen. Zwar trifft dies zumindest für die deutschen Abwasserentsorgungsunternehmen, die (offiziell) keine Gewinne machen dürfen, so nur bedingt zu; gleichwohl aber ruft ein weiteres Phänomen jene Kapitalaufblähung in Deutschland hervor. Wie an späterer Stelle gezeigt werden wird, richten sich die prozentualen Zuschüsse für Kapitalinvestitionen nach der relativen Ineffizienz eines Unternehmens. Relativ zu teures Bauen (Kapitalaufblähung) wird durch die Verknüpfung von steigendem prozentualem Fördersatz

---

[20] Bei der Auseinandersetzung mit der konkreten Qualitätsregulierung in Deutschland wird sich wohl zeigen, dass wasserwirtschaftliche Unternehmen externen, durchaus zu hinterfragenden Qualitätsvorgaben unterworfen sind. Sie haben diese ökonomisch fragwürdigen Auflagen damit nicht zu verantworten, gleichzeitig aber führt der nicht existierende Wettbewerb auch nicht dazu, dass sich etwaiger Widerstand gegen eine Vorgabe, maximale Qualität bereitstellen zu müssen, regt. Wie sich an späterer Stelle für Deutschland zeigen wird, leitet sich der Zwang einer maximalen Qualitätsbereitstellung aus dem Vorsorgeprinzip und dem Ressourcenminimierungsprinzip ab. Hier handelt es sich um zwei zentrale Prinzipien der deutschen Wasserwirtschaft (Rudolph und Block, 2001, S. 17).

[21] Das Gegenteil gilt, wenn die Kapitalkosten nicht komplett erstattet werden. Dies war nach Kidokoro (2001, S. 2) für den japanischen Eisenbahnmarkt der Fall, weswegen in den 1980er Jahren unterinvestiert wurde. Die besondere Wichtigkeit der Bestimmung der richtigen Kapitalkosten für die Regulierung zeigt sich ebenso alljährlich in den Berichten von OFWAT (vgl. zum Beispiel OFWAT (2003l, S. 107ff.)).

bei steigender zu erwartender Abwassergebühr gefördert (Müller, 1997, S. 296).

Vor diesem Hintergrund passt auch für die deutsche Fragestellung die Herangehensweise von Kidokoro (2002). Er leitet die zu erwartenden Wohlfahrtseffekte einer sich verändernden Qualitätsbereitstellung her, wenn von einer Kapitalrenditenregulierung hin zu einer Preisobergrenzenregulierung gewechselt wird. Diese Fragestellung wird auch für diese Arbeit als zentral betrachtet, da die Auseinandersetzung mit den Regulierungsverfahren in Kapitel 3 festhalten ließ, dass zwar nicht alleine auf einen Wettbewerb im Markt gesetzt werden kann, dass aber das Einführen wettbewerblicher Elemente – auch in Form einer Preisobergrenzenregulierung bzw. eines Systems vergleichenden Wettbewerbs – sehr wohl anzuraten ist.

Kidokoro (2002, S. 136) stellt zunächst fest, dass empirische Studien keine eindeutige Aussage treffen, ob es beim Übergang hin zu einer Preisobergrenzenregulierung zu einer Erhöhung oder Verminderung angebotener Qualität kommt. Er zitiert Sappington und Weisman (1996) sowie Oftel (2000), wonach sich die Qualitätsbereitstellung in der Telekommunikation nicht vermindert hat, während dies nach Booz Allen & Hamilton (1999) für den Eisenbahnsektor in Großbritannien sehr wohl zu konstatieren ist. Kidokoro (2002) erklärt diese unterschiedlichen Ergebnisse damit, dass der allgemeine Qualitätsbegriff differenzierter betrachtet werden muss. Er unterscheidet zwischen einer „effort-related service quality" und einer „investment-related service quality".

Im ersten Fall handelt es sich um solche Qualitätsziele, die sich ohne wesentliche Kapitalinvestitionen verbessern lassen. Das Auftreten gegenüber dem Kunden – zum Beispiel die Qualität in der Bearbeitung von Kundenbeschwerden – wäre hier zu nennen. Für diese Qualitätskategorien sieht Kidokoro (2002, S. 140f.) im Übergang zu einer wettbewerblichen Regulierungsform ausschließlich Vorteile. Es sinken nicht nur die Preise, sondern durch verstärkte Anstrengungen in Folge des Wettbewerbsdrucks steigt auch die angebotene Qualität.

Anders sieht die Situation im zweiten Fall aus. Hier sind kapitalintensive Investitionen zu tätigen, um die angebotene Qualität zu verbessern. Ein Beispiel ist für ihn (Kidokoro, 2001) die Anschaffung von zusätzlichen Eisenbahnwaggons zur Vermeidung überfüllter Züge. Ähnliches würde gleichermaßen für wasserwirtschaftliche Investionen in Kanäle oder Rohre gelten. Für den Fall, dass dieses Qualitätsziel nicht explizit mitreguliert wird, leitet Kidokoro (2002, S. 137ff.) her, dass die angebotene Qualität unter die einer Kapitalrenditengrenzenregulierung sinkt.[22] Auch wenn die Preise sinken, so kann sich doch ein nicht wünschenswerter Nettowohlfahrtsverlust einstellen. Er fordert damit bei Qualitätszielen, die hohe Investitionen erfordern, eine Preisobergrenzenregulierung durch eine Kapitalrenditenregulierung zu ergänzen. Dabei sind in Anlehnung an die Überlegungen in Abschnitt 3.1.4 Eisenbahnwaggons noch nicht einmal sunk costs. Es ist zu vermuten, dass zur Verhinderung auch des Hold-up-Problems für solche Investitionen in Qualiät, die mit hohen sunk costs einhergehen, kostenorientiert reguliert werden muss.[23]

Es kann also an dieser Stelle sowohl allgemein als auch für die Wasserwirtschaft im Speziellen festgehalten werden, dass im Rahmen einer Preisobergrenzenregulierung insbesondere solche Qualitätsziele zusätzlich reguliert werden müssen, deren Verfolgung sehr kapitalintensiv ist. Dies ließe sich entweder mit Hilfe einer Kapitalrenditenregulierung – oder allgemeiner kostenorientierten Regulierung – erreichen oder aber durch die Festlegung von Outputvorgaben im Rahmen der eigentlichen Preisobergrenzenbestimmung. Speziell für die Wasserwirtschaft sind aber auch die weniger kapitalintensiven Qualitätsziele noch einmal anzusprechen. In solchen Netzindustrien, in denen es ernstzunehmende Substitutionsalternativen für die Kunden gibt, ist zu erwarten, dass sich die angebotene Qualität erhöht. In der Wasserwirtschaft haben insbesondere die Haushalte nahezu keine Möglichkeit mit Abwanderung zu reagieren. Vor diesem Hintergrund hätten beim Übergang zu einer Preisobergrenzenregulierung auch die „effort-related" Qualitätsgrößen additiv Berücksichtigung zu finden.

---

[22] Abbildung A.20 im Anhang verdeutlicht noch einmal das Verhalten des Monopolisten unter einer Preisobergrenzenregulierung. Wie oben wird eine Qualitätserhöhung durch Verschiebung der Nachfragekurve von P nach P' dargestellt. Unter einer Preisobergrenze $\overline{p}$ ergibt sich ein zusätzlicher Erlös Π. Der Monopolist wird die Investion in mehr Qualität durchführen, sofern dieser Erlös Π mindestens seine zusätzlich entstehenden Kosten deckt. Die Tatsache, dass gleichzeitig eine zusätzliche Konsumentenrente KR entsteht, geht nicht in das Entscheidungskalkül des Monopolisten ein. Diese Zusammenhänge begründen die Notwendigkeit einer begleitenden Qualitätsregulierung (Laffont und Tirole, 2000, S. 88). Zur Lösung dieser suboptimalen Qualitätsbereitstellung zeigten Loeb und Magat (1979) erstmals, dass zur Erreichung des sozialen Optimums der Monopolist durch eine Subvention in Höhe von KR entschädigt werden müsse. Die Regulierungsinstanz muss in diesem Fall die Nachfragefunktion, nicht aber die Kostenfunktion des Unternehmens kennen. Für eine kritische Würdigung dieses Ansatzes siehe zum Beispiel Borrmann und Finsinger (1999, S. 380ff.). Insbesondere wird hier der Finsinger-Vogelsang-Mechanismus als Preisregulierungsverfahren präsentiert. Die jeweils von Periode zu Periode neu zu bestimmenden Subventionen sollen die Veränderungen der KR abbilden. Eine sich erhöhende KR würde entsprechend über die Subvention an den Monopolisten transferiert.

[23] Es ist interessant, dass ein besonders starker Rückgang solcher Investitionen bei vertikaler Separierung zu erwarten ist. Dies ist zwar für den Bereich der Wasserwirtschaft, wie die Überlegungen zum „legal unbundling" für die Wasserwirtschaft in Abschnitt 3.3.1 zeigten, von untergeordneter Bedeutung; für solche Industrien, in denen überregionale Verbundnetze vorhanden sind, gilt dies hingegen umso mehr Buehler et al. (2000).

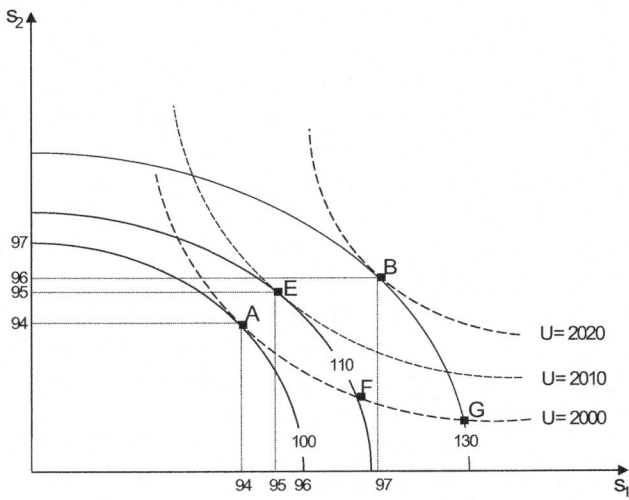

Abbildung 4.3: Zur optimalen Verfolgung zweier Qualitätsziele; Quelle: Eigene Darstellung in enger Anlehnung an Berg und Jr. (1992, S. 214).

4.2.1.2 Das Kriterium der qualitativen Effizienz

Die Besonderheit der fehlenden Abwanderungsmöglichkeit gerade der Haushalte lässt zum einen eine parallele Regulierung auch der weniger kapitalintensiven Qualitätsverbesserungen notwendig erscheinen. Zum anderen implizieren die derzeit in Deutschland fehlenden Substitutionsmöglichkeiten zumindest für kleinere Nachfrager, dass der Anbieter kaum Informationen darüber erlangt, ob der Kunde mit der angebotenen Kombination von Preis und Qualität zufrieden ist. Wie eingangs angesprochen wäre das Ziel die Erfüllung des Kriteriums qualitativer Effizienz, also die Bereitstellung von Gütern und/oder Dienstleistungen in einer Qualität, die den Zahlungsbereitschaften der Nachfrager entspricht. Ohne Kenntnis der Nachfrage ist ein Angebot, das das Kriterium qualitativer Effizienz erfüllt, reiner Zufall. Unter der Voraussetzung hingegen, sowohl Indifferenzkurven als auch Transformationskurven seien bekannt, kann anhand Abbildung 4.3 leicht veranschaulicht werden, welche Menge an Qualität optimal anzubieten wäre.

Die drei abgebildeten Transformationskurven geben an, welche Kombinationen der Qualitätsgrößen s_1 und s_2 mit einem Budget von 100, 110 und 130 Geldeinheiten (GE) effizient herstellbar sind. Für 100 GE ließen sich maximal 96 vH des

Qualitätsziels s_1 oder 97 vH von s_2 bereitstellen. Eine Kombination beider ist möglich, die stärkere Verfolgung der einen Größe geht hingegen aufgrund der bestehenden Budgetrestriktion stets auf Kosten der anderen. Grundsätzlich vermag das Unternehmen jede Kombination auf der Transformationskurve anzubieten. Der tatsächlich gewählte Punkt ergibt sich aus der Integration der Indifferenzkurve. Sämtliche Punkte einer solchen Kurve symbolisieren das jeweils gleiche Nutzenniveau für den Konsumenten. Der Nachfrager ist hier jeweils indifferent bezüglich der Aufteilung zwischen den beiden Qualitätsgrößen. Ein maximaler Nutzen von 2000 wäre im Punkt A für den Nachfrager generierbar. Der gleiche Nutzen ergäbe sich ebenfalls in den Punkten F und G, was aber mit jeweils höheren Kosten von 110 bzw. 130 verbunden wäre. Vor diesem Hintergrund ist die optimale Verwirklichung beider Qualitätsziele im Tangentialpunkt von Transformationskurve und Indifferenzkurve hergestellt.

Vom Optimalpunkt A kommend kann ebenfalls der Punkt E realisiert werden. Die Grenzkosten von 10 (110-100) entsprechen genau dem Grenznutzen (2010-2000). Eine weitere Verwirklichung von B hingegen wäre kontraproduktiv. Zusätzlichen Kosten von 20 (130-110) würde nur ein zusätzlicher Nutzen von 10 (2020-2010) gegenüberstehen.

Es ist damit festzustellen, dass die Bestimmung der optimalen Qualitätsbereitstellung Kenntnis über Indifferenzkurve (also Zahlungsbereitschaften der Nachfrager) und Transformationskurve (also Produktionsmöglichkeiten der Anbieter) voraussetzen. Dann ergibt sich die optimale Realisierung zweier Qualitätsziele im Tangentialpunkt dieser beiden Kurven. Da auf der Transformationskurve die Verfolgung beider Qualitätsziele zu den gleichen Grenzkosten erfolgt, die Indifferenzkurve jeweils die Haushaltsoptima darstellt, lässt sich für die Bestimmung der optimalen Realisierung eines einzelnen Qualitätszieles unmittelbar ableiten, dass sich auch hier die Grenzkosten für das wasserwirtschaftliche Unternehmen und der Grenznutzen für den Nachfrager entsprechen sollten. Ökonomisch ist damit stets die optimale, nie die maximale Bereitstellung von Qualität zu fordern. Der Wohlfahrtsgewinn ist im Schnittpunkt von Grenzkosten und Grenznutzen maximal, bei Bereitstellung der maximalen Qualität hingegen ohne Quersubventionierung Null.[24] Können die anfallenden Kosten ohne Probleme in den Preisen

---

[24] Vergleiche zur graphischen Darstellung Abbildung A.17 im Anhang. Hier findet sich zwar das Verhalten des Bürokraten/öffentlichen Monopolisten abgebildet, es lässt sich aber ohne weiteres auch für den hier geschilderten Zusammenhang anwenden. Die Betrachtung der Integrale zeigt, dass die Summe aus Konsumentenrente und Produzentenrente, die im Schnittpunkt von GK und GN maximal ist, im Punkt x_N „verfrühstückt" ist.
Für eine erste sehr praxisnahe Auseinandersetzung mit Kosten-Nutzen-Analysen kann Office of Regulation Review (1998, Kap. E.3) empfohlen werden.

weitergegeben werden, kann sich auch eine negative Wohlfahrt einstellen.

Auch für die Sicherung der Trinkwasserqualität oder den Schutz der Gewässer würde das bisher Gesagte gelten. Es ist nicht eine maximale, sondern stets eine optimale Qualität anzustreben. So beklagt für den Wasserbereich zum Beispiel Moeller (2001, S. 222), dass in den USA die Kosten der Einhaltung von allgemeinen Trinkwasserstandards in keinem Verhältnis zu dem erwarteten Nutzen stünden. Bisweilen stünden einem Grenznutzen (Vermeiden eines Krebsfalles) Grenzkosten von USD 1 Mrd. gegenüber. Da davon ausgegangen werden kann, dass die Wassergebühren in aller Regel nicht gemäß dem Einkommen der Wasserabnehmer differenziert sind, werden die Bezieher niedriger Einkommen relativ stärker zur Finanzierung der ökonomisch fragwürdigen Ausgaben herangezogen.

4.2.2 Bestimmung der Zahlungsbereitschaften der Nachfrager

Die Kenntnis der Zahlungsbereitschaften der Nachfrager stellt die notwendige Voraussetzung dafür dar, dass qualitativ effizient angeboten werden kann.[25] Anhand eines seit kurzem von Yorkshire Water eingesetzten Modells wird im Rahmen dieses Abschnitts gezeigt, wie Zahlungsbereitschaften in der Praxis bestimmt werden.[26] Es wird gemeinhin als tauglich angesehen, um sich als Standard in der Wasserwirtschaft zu etablieren.[27] Bisweilen wird zwischenzeitlich darauf verwiesen, welche Praktiken eingesetzt werden, um Zahlungsbereitschaften auch für öffentliche Güter oder zumindest solche mit wesentlichen positiven externen Effekten zu bestimmen.

Aufbauend auf den seitens Yorkshire Water gesehenen Qualitätszielen findet zunächst eine qualitative Befragung der Konsumenten statt.[28] Diese soll helfen

---

[25] Die hinreichende Voraussetzung wäre die Fähigkeit eines Unternehmens, Prozessen die jeweiligen Kosten zuordnen zu können. Bei den wenigsten der momentan 15.000 wasserwirtschaftlichen Unternehmen in Deutschland kann davon momentan ausgegangen werden. Mit der Begründung wettbewerblicher Verfahren wird sich dies aber wohl schnell ändern.

[26] Sofern nicht anders angegeben folgt die weitere Darstellung Acutt (2003).

[27] OFWAT hat Yorkshire Water sehr ermutigt, den individuellen Weg der Bestimmung der Zahlungsbereitschaften seiner Nachfrager weiterzugehen. Gleiches gilt für die Reporter von Yorkshire Water (SMC, 2003). Acutt, die wesentlich an diesem Thema bei Yorkshire Water arbeitet, ist für ihre theoretisch fundierte Arbeit mit der 2003 President's Medal der OR Society ausgezeichnet worden (siehe http://www.orsoc.org.uk).

[28] Aufgrund der Tatsache, dass englische wasserwirtschaftliche Unternehmen weitgehenden Einfluss darauf haben, welche Qualitätsziele sie verstärkt verfolgen wollen, kommt es, wie auch im folgenden Abschnitt gefordert werden wird, zu einer wünschenswerten regionalen Differenzierung.

einzuschätzen, ob die ex ante seitens Yorkshire Water definierten Qualitätsziele ausreichend sind, oder ob zum Beispiel aufgrund sich im Zeitverlauf ändernder Qualitätsbedürfnisse neue Ziele im Rahmen der sich anschließenden quantitativen Erhebung zusätzlich erfasst werden sollten. Für jene Analyse wird sich eines multinominalen Logit-Modells bedient.[29] Für die in Abbildung A.21 im Anhang aufgelisteten 14 verschiedenen Qualitätsgrößen gibt es somit vier verschiedene Szenarien, die Kunden zu ihrer Beurteilung vorgelegt werden.[30] Das derzeitige Qualitätsniveau könnte erhalten bleiben, es könnte in zwei unterschiedlichen Varianten innerhalb der kommenden fünf Jahre erhöht werden oder aber es könnte ein Rückgang im bestehenden Qualitätsniveau hingenommen werden, sofern ganz auf Investitionen verzichtet würde.

Jeder der in Einzelgesprächen zu befragenden repräsentativen Kunden bekommt jeweils vier verschiedene, zufällig ausgewählte Szenarien zur Bewertung vorgelegt. Jedes dieser Szenarien enthält drei Optionen, in denen ihrerseits jeweils bis zu vier verschiedene Niveaus unterschiedlicher Qualitätsziele kombiniert sind. Auf Basis über die Jahre durchgeführter kontingenter Bewertungen[31] und der eigenen Kosten- und Leistungsrechnung werden dem Kunden für jede Option die unmittelbaren Auswirkungen auf die eigene Wasserrechnung verdeutlicht.

Die Auswertungen der vier jeweils letzendlich gewählten Optionen lassen Rückschlüsse auf Kundennutzen und Zahlungsbereitschaft zu. Kombiniert mit soziodemographischen Faktoren[32] oder der Ausgangshöhe der Wasserabgabe lassen sich sowohl spezifische wie auch aggregierte Nutzenkurven ableiten. Diese Nutzenkurven werden dann zur Herleitung von Zahlungsbereitschaftskurven genutzt.

---

[29]   Siehe hierzu näher Train (1993, Kap. 5).

[30]   Zur theoretischen Herangehensweise einer Szenarienentwicklung sei auf Turner (2002) verwiesen. Er bezieht sich in seinen Arbeiten zwar stets auf die optimale Qualitätsbereitstellung in Nationalparks, seine Überlegungen lassen sich aber ohne große Probleme auch für die wasserwirtschaftliche Szenarienbildung heranziehen.

[31]   Sowohl das obige multinominale Logit-Modell als auch das kontingente Bewertungsverfahren zählen zu den direkten Methoden einer Präferenzbestimmung. Im Gegensatz dazu gibt es verschiedene indirekte Methoden. Beispiele hierfür wären die Analyse von Marktpreisdivergenzen über hedonische Verfahren oder die Bildung von Kundenvertretungen, die zum Beispiel die eingereichten Beschwerden auswerten. Die verschiedenen Verfahren finden sich grundlegend dargestellt in Endres und Holm-Müller (1998, Kap. 3) sowie Feess (1998, S. 308ff.). Versetzt mit konkreten Anwendungen in der Wasserwirtschaft vergleiche Ribaudo und Hellerstein (1992).

[32]   Im nächsten Abschnitt wird gezeigt werden, dass eine Qualitätendifferenzierung wohlfahrtssteigernd wirkt. Vor diesem Hintergrund sollte in Erinnerung behalten werden, dass – wie sich hier ableiten lässt – auch regional sehr differenzierte Zahlungsbereitschaften ermittelbar sind.

Diese Herleitung der Kurven versetzt den Anbieter entsprechend in die Lage, nicht nur wie im letzten Abschnitt kritisiert den marginalen, sondern auch durchaus den durchschnittlichen oder den intra-marginalen Konsumenten zu betrachten. Gleichung 4.1 verdeutlicht, welche Determinanten in die Berechnung der Zahlungsbereitschaft des durchschnittlichen Kunden eingehen:

$$ZB_{DK} = \alpha_{DK} + \sum_{j=1}^{N} (\beta_j \left[\sum_{i=1}^{M} \triangle w_{ij} Q_{ij} \right] - \gamma_j \left[\sum_{i=1}^{M} Q_{ij} \right] \left[\sum_{i=1}^{M} \triangle w_{ij} Q_{ij} \right]) \quad (4.1)$$

Index j bezeichnet dabei das Qualitätsziel, i die entsprechend anfallende Investitionshöhe, und $\triangle w$ bildet eine etwaige Veränderung in der relativen Wichtigkeit der einzelnen Qualitätsziele ab. Q ist die jeweilige Menge an Qualität, β und γ Koeffizienten, die aus den Nutzenfunktionen ableitbar sind und α gibt den bisherigen Preis der wasserwirtschaftlichen Dienstleistung an.

Im Ergebnis lassen sich so die Auswirkungen einer marginalen Veränderung bei der Verfolgung eines Qualitätsziels monetär bewerten. Bei Betrachtung der für Yorkshire Water gültigen Qualitätsgrößen lässt sich ableiten, dass die marginalen Zahlungsbereitschaften Rückschlüsse sowohl auf den Nutzen von privaten Gütern (zum Beispiel Trinkwasserqualität), als auch auf den (lokaler) öffentlicher Güter (zum Beispiel Reinheit Oberflächengewässer) zulassen. Daneben lässt sich auch altruistisches Denken abbilden. Werden die Berechnungen von Yorkshire Water zu Grunde gelegt, so ist der durchschnittliche Kunde bereit, pro von einem Rückstau von Abwasser gefährdetem Grundstück 2,5p zu bezahlen.[33] Bei 1,8 Millionen Haushalten ergäbe dies jeweils ein Budget von rund £ 45.000, das pro gefährdetem Grundstück maximal zur Verfügung stünde, um die Gefahr eines Rückstaus zu unterbinden.

Zusammenfassend lässt sich festhalten, dass es durchaus Mechanismen gibt, um Zahlungsbereitschaften zu ermitteln. Diese lassen sich nutzen, um die relativen Präferenzen der Nachfrager in Bezug auf die Verfolgung unterschiedlicher Quali-

---

[33] Für eine marginale Verbesserung der Qualität der Oberflächengewässer wäre die zusätzliche Zahlungsbereitschaft zum Vergleich 64p.

Ein Problem dieser Verfahren besteht darin, dass der Zahlungsbereitschaftsermittlung nicht unmittelbar auch eine reale Zahlung folgt. Vor diesem Hintergrund ist nicht auszuschließen, dass eigene Präferenzen möglicherweise überhöht angegeben werden. Anders sieht dies bei der Ermittlung der individuellen Zahlungsbereitschaften für öffentliche Güter mit Hilfe der „Clarke-Steuer" aus. Vergleiche hierzu den Ursprungsartikel von Clarke (1971) bzw. für eine Einordnung der Clarke-Steuer in die Theorie öffentlicher Konsumgüter Arnold (1992, Abschn. 2.3.1).

tätsziele zu ermitteln. Unter der Annahme der eigenen funktionsfähigen Kosten-
und Leistungsrechnung lässt sich so sicherstellen, dass jede für Qualität ausgege-
bene Geldeinheit optimal verwendet wird.

4.2.3 Qualitätendifferenzierung durch Anbieter

4.2.3.1 Preisdifferenzierung und Veränderung der Gesamtwohlfahrt

Eine Preisdifferenzierung liegt nach Bühler und Jaeger (2002, S. 67) vor, wenn
identische Einheiten eines homogenen Gutes zu unterschiedlichen Preisen verkauft werden. Eine solche Preisdiskriminierung[34] wurde nach Knieps (2001, S.
206) lange als ausbeuterisch und wettbewerbsschädlich angesehen. Mittlerweile
ist es aber einfach nachzuweisen, dass diese These nicht ohne weiteres aufrechter-
halten werden kann. Abbildung 4.4 zeigt für ein reguliertes natürliches Monopol,
dass sich durch Preisdifferenzierung die Gesamtwohlfahrt erhöhen kann. Im Ausgangszustand bietet der Monopolist zur Vermeidung von Verlusten zu $p = DK$
an. Würde bei Bestreitbarkeit ein alternativer Versorger den Preis nur marginal um ε senken[35] und gleichzeitig einen zweiten Preis p' erheben (und somit
Preisdifferenzierung betreiben), so würde die Produzentenrente um die Fläche
$(CDEF - p(p - \varepsilon)AB)$ und die Konsumentenrente um die Fläche ACF steigen.

Wie bereits in Abschnitt 3.3.1.2 festgestellt, handelt es sich weder bei Trinkwasser noch bei Abwasser um homogene Güter. Angesichts unterschiedlicher Aufbereitungskosten, Transportkosten etc. handelt es sich stets um heterogene Güter
(Tirole, 1993, S. 133ff.). Unterschiedliche Preise, wie sie auch zwischen deutschen wasserwirtschaftlichen Unternehmen erhoben werden, haben damit nichts
mit einer Preisdiskriminierung zu tun. Auch etwaige, sich unterscheidende Trinkwasserpreise oder Abwassergebühren innerhalb eines einzigen wasserwirtschaftlichen Unternehmens zum Beispiel zwischen Stadt- und Landbevölkerung oder
zwischen Haushalten und Unternehmen wären nicht als eine Preisdiskriminierung

---

[34] Die Begriffe der Preisdifferenzierung und der Preisdiskriminierung werden hier synonym
verwendet.

[35] Die in der Graphik noch erkennbare Differenz von p und $p - \varepsilon$ kann theoretisch marginal
klein sein, um Kunden zur Abwanderung zu bewegen. In einem solchen Fall würde weiterhin ungefähr q_1 angeboten, weswegen an diesem Punkt die Fixkosten als weiterhin voll
gedeckt angenommen werden. Wäre obige Differenz größer, so ergäbe der Schnittpunkt
von $p - \varepsilon$ mit der Nachfragekurve N ein größeres q, bei dem die Fixkosten ebenfalls voll
gedeckt wären.

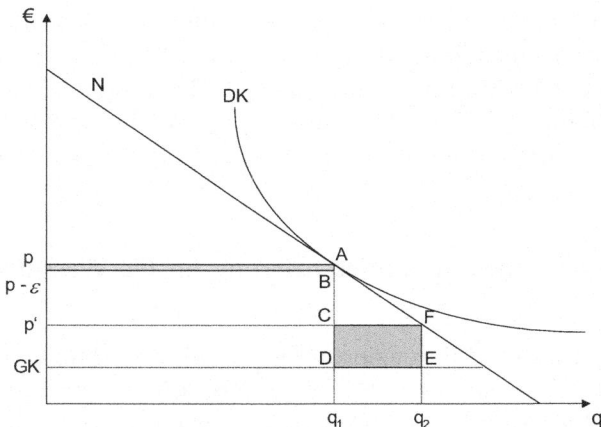

Abbildung 4.4: Preisdifferenzierung im angreifbaren natürlichen Monopol; Quelle: Knieps (2001, S. 232).

zu werten, da die Kosten der Zu- beziehungsweise Ableitung sich unterscheiden. Abgesehen davon, dass – wie auch Vogelsang (2002, S. 178) für den Telekommunikationssektor zeigt – unterschiedliche Preise zu Wohlfahrtsgewinnen führen, sind diese gleichermaßen eine Voraussetzung für Elemente eines Wettbewerbs im Markt. Wie in Abschnitt 3.3.3.2 herausgearbeitet, sind solche additiv zu anderen wettbewerblichen Regulierungsverfahren auch in der Wasserwirtschaft einführbar. Sollte vor diesem Hintergrund also der Anschluss- und Benutzungszwang wegfallen, könnte ein Durchsetzen einer Tarifeinheit im Raum[36] den bisherigen regionalen Monopolisten stark benachteiligen. Aufgrund der auch in der Wasserwirtschaft vorliegenden Dichtevorteile[37] würden sich räumliche Kostenunterschiede und Wettbewerbsunterschiede in ihrer Wirkung verstärken. Analog zur Situation für die Deutsche Telekom AG im Telekommunikationssektor (Vogelsang, 2002, S. 194) würde auch das bislang versorgende wasserwirtschaftliche Unternehmen durch eine Tarifeinheit im Raum doppelt benachteiligt. Es müsste nicht nur im Hochkostengebiet (ländlicher Raum oder Haushalt) niedrige Preise anbieten, sondern es würde gleichzeitig im Niedrigkostenbereich (urbaner Raum oder Unternehmen) Kunden an Wettbewerber verlieren. Vor diesem Hintergrund

---

[36] Pro und Contra einer Tarifeinheit im Raum werden besonders im Post- und Telekommunikationssektor diskutiert. Vergleiche hierzu Elsenbast und Stumpf (1995), Borrmann (1995, S. 36f.) oder Vogelsang (2002, Abschn. 7.2).

[37] Vergleiche hierzu Abschnitt 2.1.

ist das Setzen unterschiedlicher Preise eine Grundvoraussetzung für die Einführung von Elementen eines Wettbewerbs im Markt.[38] Oder andersherum: Eine bisherige Tarifeinheit im Raum hat nur deshalb Bestand, weil es die staatlich gesicherten Monopole in der Wasserwirtschaft gibt. Wohlfahrtstheoretisch besteht wie gezeigt kein Zweifel an der Vorteilhaftigkeit einer Preisdifferenzierung.[39]

4.2.3.2 Relevanz der Qualitätendifferenzierung für die Wasserwirtschaft

Der Begriff der Qualitätendifferenzierung meint hier die Möglichkeit für ein wasserwirtschaftliches Unternehmen, für eine unterschiedliche Qualitätsbereitstellung auch unterschiedliche Preise erheben zu dürfen. Es geht damit weniger um die Bereitstellung gleicher Qualität zu unterschiedlichen Preisen, was der obigen Abgrenzung des Begriffs der Preisdiskriminierung am nächsten käme.[40]

Hier soll in einem ersten Schritt betrachtet werden, welche Auswirkungen zu wenig ausdifferenzierte Preise für die Qualitätsbereitstellung haben. Im zweiten Schritt wird zunächst gezeigt, dass die Auffächerung angebotener Qualitäten grundsätzlich wohlfahrtserhöhend ist. Dies gilt selbst für den Fall vorliegender Informationsasymmetrien, da durch speziell konzipierte Verträge ein jeder Nachfrager dazu bewegt werden kann, seine individuellen Qualitätspräferenzen zu offenbaren. Der Abschnitt schließt mit der Analyse, welche Formen differenzierter Qualitätsbereitstellung grundsätzlich und speziell für die Wasserwirtschaft denkbar sind.

Im ersten Schritt – der Bestimmung der negativen Auswirkungen einer nicht ausreichenden Qualitätendifferenzierung – sollen Überlegungen, die ursprünglich für das US-amerikanische Gesundheitssystem konzipiert wurden (Allen und Gertler, 1987), für die Erklärung auch von Entwicklungen in der Wasserwirtschaft heran-

---

[38] Zur Vermeidung einer Quersubventionierung des dem Wettbewerb ausgesetzten Bereichs durch ein vor Wettbewerb geschütztes Segment werden zur Bestimmung der individuellen Preise für gewöhnlich die langfristigen Grenzkosten einer Belieferung zu Grunde gelegt. Vergleiche hierzu Abschnitt 3.3.1.2 sowie OFWAT (2001j) oder London Economics (1997).

[39] Der Vollständigkeit halber sei angemerkt, dass dies in aller Regel selbst für unregulierte Monopole gilt. Das Ausnutzen unterschiedlicher Preiselastizitäten der Nachfrage führt gemeinhin über einen relativ stärkeren Hinzugewinn von Kunden und der entsprechend sich erhöhenden abgesetzten Menge zu einer Erhöhung der volkswirtschaftlichen Wohlfahrt (Knieps, 2001, S. 220f.).

[40] Dieser Fall wäre gleichwohl zum Beispiel im später vorzustellenden Informationsasymmetriemodell ohne weiteres integrierbar. Es wären schlicht andere Verläufe der Isogewinnlinien des Prinzipals zu unterstellen.

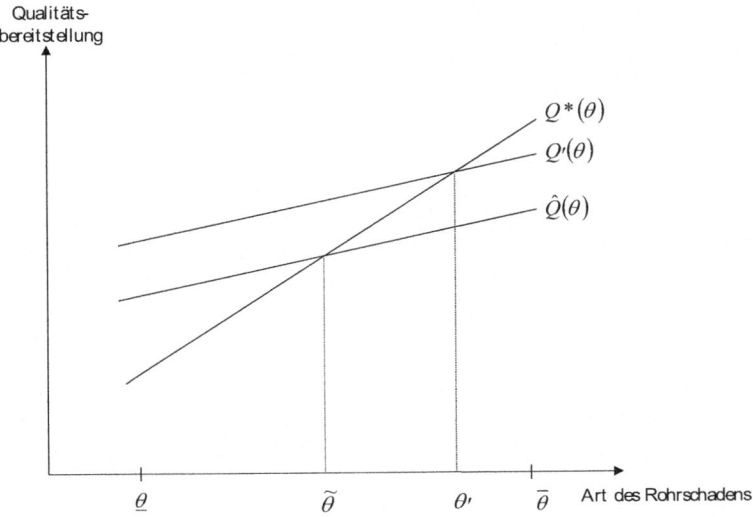

Abbildung 4.5: Qualitätsbereitstellung bei Festpreis; Quelle: Eigene Darstellung in Anlehnung an Allen und Gertler (1987, Fig. 2b).

gezogen werden. Die verbale Argumentation anhand des Beispiels der Behebung von Sickerverlusten orientiert sich an der Graphik in Abbildung 4.5.

Das allgemeine Qualitätsziel „Verminderung von Sickerverlusten" erfordert eine sehr unterschiedliche Art der Qualitätsbereitstellung, je nachdem um was für einen Rohrschaden es sich handelt. Ein kleines Loch ($\underline{\theta}$) lässt sich möglicherweise durch den Einsatz kleiner Roboter zu relativ geringen Kosten ausbessern, während ein langer Riss im Rohr ($\overline{\theta}$) gegebenenfalls den kompletten Austausch der Leitung erfordert. Die im ersten Fall bereitgestellte Qualität ist niedriger als die im zweiten Fall. Die Funktion $Q^*(\theta)$ in Abbildung 4.5 symbolisiert die jeweils pareto-effiziente Qualitätsbereitstellung; das heißt, das gewählte Mittel ist optimal gewählt, um die jeweils ganz spezifische Art des Rohrschadens zu beheben. GN und GK der Qualitätsbereitstellung entsprechen sich.

Zur Förderung effizienteren Wirtschaftens sei nun angenommen, dass im Rahmen eines Systems vergleichenden Wettbewerbs das Unternehmen Auflagen bekommt, einen jeden Rohrschaden zu beheben. Sofern sich bei einer Prüfung am Ende des Jahres herausstellt, dass der Schaden erfolgreich repariert wurde, erhält der Wasserversorger einen Festpreis. $\widehat{Q}(\theta)$ bildet den jeweiligen Zusammenhang der tatsächlich eingesetzten Mittel der Qualitätsbereitstellung unter dem jeweiligen Kontinuum der Art des Rohrschadens ab.

Es soll das Spektrum $[\underline{\theta}; \overline{\theta}]$ der spezifischen Rohrschäden betrachtet werden, für das jeweils der vorher festgelegte Einheitspreis vereinbart wurde. Angesichts der Vorgabe, jeder Schaden müsse im gesamten Spektrum am Ende eines Jahres behoben sein, bestehen Anreize, nicht die jeweils optimale Qualitätsbereitsstellung zu wählen. $\widehat{Q}(\theta)$ stellt den Zusammenhang dar. Hiernach würde es zu einer relativ zu teuren Mittelwahl für alle Rohrschäden $\underline{\theta} \leq \theta < \widetilde{\theta}$ kommen. Das WVU will absolut sicher sein, dass der relativ einfach zu reparierende Rohrschaden auch zum Zeitpunkt der Kontrolle behoben ist. Im umgekehrten Fall zeigt die Funktion $\widehat{Q}(\theta)$, dass bei relativ gravierenden Rohrschäden ($\widetilde{\theta} \leq \theta \leq \overline{\theta}$) ein zu geringer Aufwand zur langfristigen Lösung des Problems gewählt wird. Eine eventuell zu zahlende Strafzahlung wäre hier für das Unternehmen relativ leichter zu verkraften.

Nun könnte der Festpreis erhöht werden. Dies würde ceteris paribus zu einer Parallelverschiebung von $\widehat{Q}(\theta)$ nach $Q'(\theta)$ führen. Für die Behebung von Rohrschäden in einer Schwere zwischen $\widetilde{\theta}$ und θ' würden nun aber immer noch nicht die optimalen Mittel genutzt. Während zuvor auf relativ mindere Techniken zurückgegriffen wurde, werden jetzt relativ zur Art des Schadens zu überdimensionierte Techniken gewählt. Der Grad der Überdimensionierung der Qualitätsbereitstellung nimmt im Bereich von $\theta < \widetilde{\theta}$ zudem überproportional zu.

Dieses Instrument der Festpreise begründet also im Gegensatz zu einer reinen Kostenerstattung Anreize zu effizienterem Wirtschaften, führt aber zu den dargestellten negativen Begleiterscheinungen, wenn keine ausreichend differenzierte Qualitätsbereitstellung zu im Optimalfall GK=GN sichergestellt werden kann.[41]

---

[41] Es wäre interessant, welche Ergebnisse mit (Mindest)Standards verbunden wären. Empirische Untersuchungen liegen hierzu für die Wasserwirtschaft nicht vor, weswegen auf die Ergebnisse anderer Sektoren verwiesen wird. Chipty (1995) zeigt für den Markt für Kinderbetreuung in den USA, welche Auswirkungen Standards wie maximale Gruppengröße oder ein eingefordertes geringeres Betreuer/Kind-Verhältnis für Preise und damit implizit auch für die Nachfrage unterschiedlicher Einkommensschichten haben. Ein nicht ausreichend einer Prüfung unterzogener Verhaltenskodex hingegen impliziert keine identische Qualitätsbereitstellung. Gertler (1985) zeigt für den Markt für häusliche Krankenpflege in den USA, dass die Höhe des Zuschlagsfaktors bei einer kostenorientierten Regulierung bestimmt hat, ob Krankendienstleister eher Medicaid- oder Privatpatienten zu attrahieren suchten. Im ersteren Fall wurde eine wesentlich geringere Qualität bereitgestellt. Es gibt folglich einen Trade-off zwischen Qualitätsbereitstellung und dem Zugang relativ ärmerer Bevölkerungsschichten. Würde den Anbietern von Betreuungsleistungen jene Qualitätsdifferenzierung durch das Setzen von Mindeststandards verboten, steht analog zum obigen Beispiel aus dem Markt für Kinderbetreuung zu befürchten, dass die weniger Wohlhaben-

Auch die Ursache der Probleme internationaler Wasserprojekte, von denen Marin (2002, S. 4f.) berichtet, lassen sich mit einer nicht ausreichend differenzierten Qualitätsbereitstellung erklären. In solchen Projekten sei stets implizit davon ausgegangen worden, dass arme Bevölkerungsgruppen – nur für deren Versorgung waren Höchstpreise jeweils vorgeschrieben – durch eine interne Quersubventionierung auf Kosten der reicheren Bevölkerungsschichten an die Wasserver- und Abwasserentsorgung angeschlossen würden. Dies geschah aber ohne weitere Regelungen nicht.

Eine Quersubventionierung nämlich hätte eine Preiserhöhung für die wohlhabenderen Haushalte zur Folge, was wiederum einen Nachfragerückgang nach sich zöge. Um dies zu verhindern – da hier in der Regel eine Versorgung zu $GN > GK$ möglich ist –, wurden wie oben die relativ einfachen Rohrschäden hier die relativ Reichen relativ überversorgt. Marin (2002) präsentiert für die Frage, wie gerade arme Bevölkerungsgruppen von Wasserprojekten profitieren können, verschiedene Lösungsmöglichkeiten.[42] Auf diese soll hier nicht im Detail eingegangen werden. Für die Situation in Deutschland soll lediglich festgehalten werden, dass Kunden mit einer niedrigen Zahlungsfähigkeit nicht über Höchstpreise unterstützt werden sollten, sondern über direkte staatliche Transfers aus dem öffentlichen Haushalt.[43]

Sowohl von der Angebotsseite als auch der Nachfrageseite aus wurde die Sinnhaftigkeit einer Qualitätendifferenzierung aufgezeigt. Im Rahmen der Bestimmung der Zahlungsbereitschaften über das vorgestellte Verfahren von Yorkshire Water stellte sich heraus, dass Nachfrager sehr unterschiedliche Qualitätspräferenzen haben. Diesen sollte angebotsseitig durch eine Auffächerung angebotener Qualitäten möglichst entsprochen werden. Dies wird auch durch obige Überlegungen belegt. Das Verbot einer Qualitätendifferenzierung führt unmittelbar zur Überversorgung einiger Kunden und zur Unterversorgung anderer. Diese Qualitätendifferenzierung kann sich aber im Fall vorliegender Informationsasymmetrien problematisch gestalten, wie anhand des folgenden Modells verdeutlicht wird.[44]

---

den unter Umständen sogar gar nicht bedient werden. Siehe weiterführend auch Gertler (1989) und Gertler und Waldman (1990).

[42] Siehe hierzu auch die verschiedenen Artikel in Brook und Smith (2001).

[43] Beispielhaft ist hier das Vorgehen Chiles. Nach Goméz-Lobo (2001) erhielt ein einkommensschwacher Haushalt einen Berechtigungsnachweis für einen Zuschuss. Dieser wurde staatlicherseits eingelöst, wenn der private Konzessionär die Versorgung herstellte und der Haushalt eine Eigenbeteiligung aufgebracht hatte.

[44] Das hier präsentierte Modell folgt im Grobaufbau dem auch in Abschnitt 3.2 genutzten. Während dort der Informationsnachteil der Regulierungsbehörde gegenüber dem Monopolisten modelliert wurde, werden hier Implikationen aus der asymmetrischen Informationsverteilung zwischen Monopolisten und Nachfragern für die Qualitätsbereitstellung ab-

Es wird davon ausgegangen, dass ein Wasserversorgungsunternehmen (WVU) zwei Kunden gegenübersteht, die unterschiedliche Präferenzen bezüglich der Versorgungssicherheit haben. Es ergibt sich folgender Nutzen für die beiden Individuen 1 und 2:

$$U_i = \theta_i q_i - t_i \text{ mit } i = 1, 2 \tag{4.2}$$

q ist dabei das Qualitätsziel (zum Beispiel: Versorgungssicherheit), θ der positive Parameter für die Qualitätspräferenz und t der Preis. Wenn also $\theta_1 < \theta_2$, bedeutet dies, dass Kunde 2 eine grundsätzlich höhere Präferenz für jede mögliche Qualitätsalternative besitzt. Würde das WVU die Versorgungssicherheit für beide Kunden gleichermaßen erhöhen, so wäre Individuum 2 bereit, relativ mehr für diese Steigerung zu zahlen (Spence-Mirrlees Bedingung). Der Nutzen des WVUs ergibt sich aus:

$$U = t - C(q) \tag{4.3}$$

wobei mit $C(q)$ die mit der Bereitstellung der Qualität q verbundenen Kosten abgebildet werden. Der Verkäufer kann grundsätzlich jede Qualität bereitstellen. C ist strikt konvex mit $C'(0) = 0$ und $C'(\infty) = \infty$.

Im ersten Fall, analog zu einer Preisdifferenzierung ersten Grades,[45] vermag das WVU die Qualitätspräferenzen seiner beiden Kunden zu erkennen. Das WVU maximiert seinen Nutzen unter der Nebenbedingung, dass der jeweilige Kunde teilnimmt. Er bietet folglich zu $\theta_i q_i = t_i$ an. Dieser Zusammenhang findet sich graphisch dargestellt in Abbildung 4.6. Die Indifferenzgeraden der Agenten werden in den Punkten q_1^* und q_2^* von den Isogewinnlinien $IG1$ und $IG2$ des Anbieters gerade tangiert. Damit schöpft das WVU die gesamte Konsumentenrente ab. Diese Situation der vollständigen Preisdifferenzierung ist volkswirtschaftlich vorteilhafter, als wenn der Monopolist zur Bereitstellung einer Einheitsqualität gezwungen würde.

---

geleitet. Soweit nicht anders vermerkt, wird bei der Darstellung des eigentlichen Modells Salanié (1997, Kap. 2) gefolgt. Für alternative Darstellungsweisen siehe Laffont (1990, Kap. 10), Schweizer (1999, Kap. 2) und weniger formal Feess (2000, Abschn. 23.6) oder Martiensen (2000, Abschn. 10.4.2).

[45] Grundsätzlich sind drei Arten der Preisdifferenzierung zu unterscheiden. In diesem ersten Fall würde ein jeder Nachfrager in Höhe seiner ganz individuellen Zahlungsbereitschaft herangezogen. Die Konsumentenrente wird komplett abgeschöpft. In der Theorie wäre denkbar, dass ein jeder gemäß seiner Zahlungsbereitschaft für eine ganz spezifische Qualitätsmenge in Anspruch genommen würde. Um begrifflich stringent zu bleiben, impliziert aber die unterschiedliche Qualitätsbereitstellung, dass es sich nicht um homogene Güter handelt, weswegen auch die Analogie zur Preisdifferenzierung zu relativieren ist. Zu Arten der Preisdifferenzierung siehe Laffont und Tirole (1993, Kap. 3) oder etwas knapper Knieps (2001, Kap. 10).

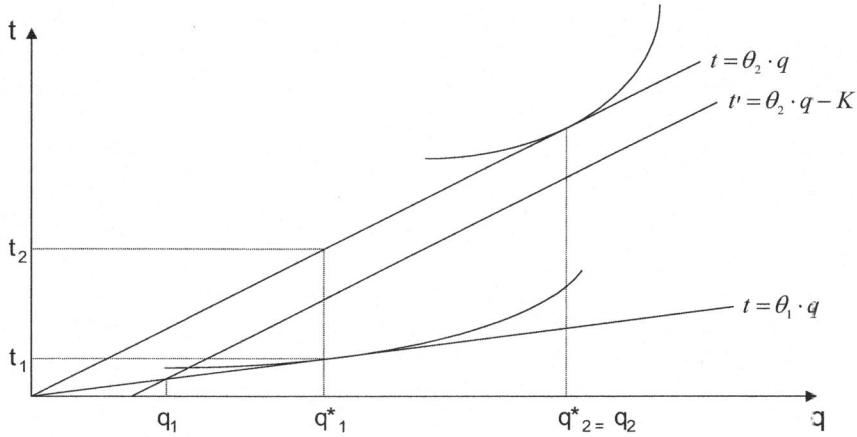

Abbildung 4.6: Pareto-effiziente Verträge und optimale Verträge bei Informationsasysmmetrie; Quelle: Salanié (1997, Abb. 2.1 und 2.3).

Dies soll anhand der Abbildung A.22 im Anhang noch einmal verdeutlicht werden. Im Ausgangszustand muss das WVU zunächst eine Einheitsqualität q^E anbieten. Unter Vernachlässigung der Kosten würde der regionale Monopolist bei vollständiger Preisdifferenzierung Einnahmen in Höhe von $0DEF$ und $0FIJ$ erzielen. Bei einer Preisdifferenzierung ersten Grades sei angenommen, dass sich durch die Tangentialpunkte mit den Isogewinnlinien des Monopolisten IG_1 und IG_2 die Qualitätsmengen q^{E-2} und q^{E+2} als pareto-effizient herausstellen. In diesem Fall würde der Monopolist $0ABC$ und $0KLM$ erhalten. Angesichts der unterschiedlichen Steigungsmaße θ_1 und θ_2 ergibt sich ein Wohlfahrtsgewinn von $FIJKLM - ABCDEF$. Ein Problem tritt nur auf, wenn der Monopolist als Prinzipal die jeweiligen Qualitätspräferenzen seiner Kunden nicht ex ante erkennen kann.

Davon wird im zweiten Fall, analog zu einer Preisdifferenzierung zweiten Grades,[46] ausgegangen. Der Kunde oder informationsökonomisch ausgedrückt Agent

---

[46] Bei einer Preisdifferenzierung zweiten Grades werden unterschiedliche Zahlungsbereitschaften von Kundengruppen durch unterschiedliche Preise abgeschöpft. Konsumenten innerhalb der gleichen Gruppe zahlen dabei den gleichen Preis, weswegen nicht die gesamte Konsumentenrente abgeschöpft wird. Dieser Fall ist weit realistischer als der der Preisdiskriminierung ersten Grades.
Während sich bei der Preisdiskriminierung zweiten Grades die Konsumenten endogen einer Gruppe zuordnen und die für sie bestimmten Pläne auswählen, werden die Konsumenten bei der Preisdiskriminierung dritten Grades durch den Anbieter nach externen Merkmalen

kennt die eigene Qualitätspräferenz, der Prinzipal hingegen kann die des Kunden nicht beurteilen. Letzterer kennt nur die Wahrscheinlichkeit π, mit der es sich bei dem Nachfrager um einen Agenten mit niedriger Qualitätspräferenz θ_1 handelt. Schlägt der Prinzipal wie im vorherigen Fall erst-beste Verträge (also q_1^* und q_2^*) vor, so zeigt Abbildung 4.6, dass auch I_2, der Kunde mit höherer Qualitätspräferenz, q_1^* wählt. Für dieses Qualitätsniveau wäre er bereit gewesen, t_2 zu zahlen, muss aber nur ein Entgelt von t_1 abführen.[47] Bei einer Wahl von q_2^* hingegen würde ihm kein Gewinn bleiben. Die Frage stellt sich für den Prinzipal, welche Kombination von Verträgen er wählen sollte, damit die Agenten gerade dazu bewegt werden, ihre wahren Qualitätspräferenzen zu offenbaren. Die Gewinnmaximierungsbedingung des Prinzipals lautet:

$$\max\{\pi(t_1 - C(q_1)) + (1 - \pi)(t_2 - C(q_2))\} \tag{4.4}$$

Dabei müssen aber folgende Nebenbedingungen erfüllt sein. Die beiden Anreizverträglichkeitsbedingungen (AVB) sollen für den Prinzipal gewährleisten, dass jeder Nachfrager den Vertrag wählt, der für ihn auch bestimmt ist.

$$\theta_1 q_1 - t_1 \geqq \theta_1 q_2 - t_2 \tag{AVB 1}$$

$$\theta_2 q_2 - t_2 \geqq \theta_2 q_1 - t_1 \tag{AVB 2}$$

Ferner wird mit Hilfe der Partizipationsbedingungen (PB) sichergestellt, dass beide Typen von Agenten auch teilnehmen. Es muss folglich erfüllt sein, dass:

$$\theta_1 q_1 - t_1 \geqq 0 \tag{PB 1}$$

$$\theta_2 q_2 - t_2 \geqq 0 \tag{PB 2}$$

Bei näherer Betrachtung von AVB 1 und 2 sowie PB 1 und 2 stellt sich heraus, dass AVB 1 und PB 2 nicht erfüllt sein müssen. So hat I_1 keinen Anreiz, sich mit einem θ_2 ausgestattet auszugeben, da I_1 in einem solchen Fall einen Verlust machen würde. Ebenso braucht PB 2 nicht notwendigerweise erfüllt zu sein, da I_2 aufgrund $\theta_2 > \theta_1$ immer noch einen Gewinn machen würde, wenn er sich als Typ mit geringer Qualitätspräferenz θ_1 offenbarte.

Die optimale Kombination von Verträgen ergibt sich nun durch Setzen von $q_2 = q_2^*$ und der Suche nach dem maximalen q_1. In der Maximierungsbedingung wird alles in Abhängigkeit von q_1 ausgedrückt. Aus PB 1 folgt, dass $t_1 = \theta_1 q_1$ und aus

---

     segmentiert. Ein Beispiel wären Studentenpreise.

[47] Unabhängig davon, ob es sich um I_1 oder I_2 handelt, erzielt der Monopolist nach Abbildung A.22 im Anhang lediglich Einnahmen von $0ABC$.

AVB 2, dass $t_2 = \theta_2(q_2 - q_1) + \theta_1 q_1$.

Die Maximierungsbedingung kann geschrieben werden als:

$$\max_{q_1}(\pi(\theta_1 q_1 - C(q_1)) - (1 - \pi)(\theta_2 - \theta_1)q_1) \tag{4.5}$$

bzw.:

$$\max_{q_1}(\theta_1 q_1 - C(q_1)) - \frac{1 - \pi}{\pi}(\theta_2 - \theta_1)q_1 \tag{4.6}$$

Gemäß Gültigkeit der Bedingung erster Ordnung ergibt sich für ein $\pi < 1$ als optimale Qualitätsmenge q_1:

$$C'(q_1) = \theta_1 - \frac{1 - \pi}{\pi}(\theta_2 - \theta_1) < \theta_1 \tag{4.7}$$

Es zeigt sich, dass, während für den Kunden mit hoher Qualitätspräferenz die gleiche Qualität wie bei vollkommener Preisdifferenzierung angeboten wird ($q_2 = q_2^*$), der Kunde mit niedriger Qualitätspräferenz suboptimal versorgt wird. Da gemäß einer geringeren Qualitätspräferenz angeboten wird, ist auch die bereitgestellte Qualität q_1 kleiner als die pareto-effiziente Menge q_1^*.[48]

Graphisch ist obiger Zusammenhang ebenfalls Abbildung 4.6 zu entnehmen. Damit der Anreiz für I_2 sich als I_1 auszugeben wegfällt, muss die alte Gerade $t = \theta_2 q$ um K parallel nach unten verschoben werden. Es ergibt sich $t' = \theta_2 q - K$. Das pareto-effiziente $q_2^* = q_2$ liegt auf derselben Gerade wie das optimale q_1, das aber unterhalb des pareto-effizienten q_1^* liegt. Die relative Abweichung von der besten Lösung bestimmt sich gemäß $\frac{(1-\pi)}{\pi}(\theta_2 - \theta_1)q_1$.

Wird das hier für zwei Kunden mit unterschiedlichen Qualitätspräferenzen vorgestellte Modell allgemeiner formuliert,[49] so lässt sich für die optimale Kombination der Verträge das Folgende ableiten:

- Der Kunde mit der höchsten Qualitätspräferenz bekommt seine effiziente Menge Qualität.

- Alle bis auf diesen mit der höchsten Qualitätspräferenz werden subeffizient

---

[48] Anhand Gleichung 4.7 zeigt sich, dass es für den Prinzipal Fälle geben kann, in denen er Kunden mit niedrigeren Qualitätspräferenzen bewusst nicht bedient. Bei einer Kombination aus niedrigem π und einer großen Differenz von θ_2 und θ_1 könnte $C'(q_1)$ negativ werden. In diesem Fall würde es sich für den Prinzipal lohnen, nur einen einzigen Vertrag für die Kunden mit Qualitätspräferenz θ_2 anzubieten.

[49] Vergleiche für ein kontinuierliches Modell auch Lambertini (1998).

bedient.

- Jeder bis auf den mit der niedrigsten Qualitätspräferenz ist indifferent zwischen dem unmittelbar für ihn konzipierten und dem nächstniedrigeren Vertrag.

- Alle bis auf den mit der niedrigsten Qualitätspräferenz erhalten eine Informationsrente von K.

- Alleine beim Kunden mit der niedrigsten Qualitätspräferenz kann der Prinzipal die gesamte Konsumentenrente vereinnahmen.

Während bislang der Notwendigkeit einer unter Berücksichtigung von Transaktionskosten weitestmöglichen Qualitätendifferenzierung das Wort geredet und gleichzeitig ein Mechanismus entwickelt wurde, wie auch bei vorliegenden Informationsasymmetrien durch eine optimale Gestaltung von Verträgen Kunden freiwillig ihre Präferenzen offenbaren, soll nun gefragt werden, in welcher Art und Weise Qualität in der Wasserwirtschaft jeweils differenzierbar erscheint. Grundsätzlich lässt sich eine Qualitätsbereitstellung individuell, regional oder zeitlich differenzieren.

Eine individualisierte Qualitätsbereitstellung dürfte aufgrund zu hoher Transaktionskosten schnell an Grenzen stoßen. Ein einzelner Kunde wird in Deutschland bei bestehender Infrastruktur von seinem WVU keine individualisierte Wasserqualität geliefert bekommen. In Regionen, in denen die wasserwirtschaftliche Infrastruktur hingegen noch nicht flächendeckend ausgebaut ist, wären die individuellen Präferenzen der Nachfrager sehr wohl interessant. So mag es in einem Entwicklungsland Stadtgebiete geben, in denen vornehmlich arme Bevölkerungsschichten leben, deren Grenznutzen gelieferten Wassers einer spezifischen Qualität q weit niedriger ist, als die Grenzkosten, die einem WVU bei der Belieferung entstünden. In einem solchen Fall hat es sich nach Baker und Trémolet (2000, S. 3) bewährt, alternative Anbieter zuzulasssen, die zu weit niedrigeren Grenzkosten die Versorgung übernehmen können. Denkbar ist zum Beispiel die Belieferung per Tanklastzug oder die Förderung von Wasser mit schlechterer Qualität. Für ein Land mit entwickelter Infrastruktur wie Deutschland mögen diese internationalen Erfahrungen begrenzt, aber zum Beispiel in der Frage eines Neuanschlusses entlegener Gebiete nicht ohne jede Bedeutung sein. Auch für ein entwickeltes Land gibt es durchaus alternative Versorgungs- und Entsorgungsmöglichkeiten.[50]

---

[50] Vgl. hierzu tiefergehend Babtie Environmental, Environmental and Scientific Consultants

Während den individuellen Präferenzen von Haushalten in Deutschland häufig ökonomisch sinnvoll nicht entsprochen werden kann, stellt sich die Situation für große Nachfrager anders dar. Es sei davon ausgegangen, dass unterschiedliche Nachfrager in der Frage der Versorgungssicherheit unterschiedliche Präferenzen haben. Ein von der öffentlichen Wasserversorgung beliefertes Unternehmen mag möglicherweise die eigene Produktion bei einer Lieferunterbrechung komplett einstellen müssen. Ein Haushalt, der rechtzeitig informiert wird, könnte hingegen keine großen Probleme mit einem zwischenzeitlichen Abstellen der Wasserzufuhr haben. Ein interessantes Modell, das Fumagalli (2001, S. 91ff.) für den Strombereich entwickelte, wird hier für die Wasserversorgung vorgestellt.

Die Autorin schlägt einen Versorgungssicherungsvertrag vor, der zwischen Versorger und Kunde zu schließen ist. Dabei wäre für das durchschnittliche aktuelle Versorgungssicherheitsniveau kein Vertrag zu schließen. Der Versorger bestimmt nun ein Menue von Versorgungssicherheitsgarantien, bei dem dem Kunden zunächst ein Angebot oberhalb und ein Angebot unterhalb des aktuellen Niveaus gemacht wird. Würde ein einzelner Nachfrager - zum Beispiel ein größeres gewerbliches Unternehmen – nun eine höhere Versorgungssicherheit wünschen, so würde er einen entsprechenden Preis für diese höhere Qualität zahlen. Seine Konsumentenrente ergäbe sich aus:[51]

$$KR = [U \bullet P(L) + E(1 - P(L)) - t] \bullet X \qquad (4.8)$$

Der Nachfrager würde hiernach eine m^3-Menge X versichern, bei dem seine Konsumentenrente maximiert wird. Dies ist unter anderem abhängig von der Differenz der Summe aus Nutzen bei Lieferung zuzüglich des Nutzens der zugeteilten Entschädigungszahlung E bei Versorgungsausfall und den Kosten für die Absicherung t. Angenommen, diese Versorgungssicherheitsverträge würde für eine größere Anzahl von Kunden reizvoll sein, könnte das WVU so wesentliche Informationen erlangen, wo welcher Infrastrukturausbau besonders nachgefragt wird. Im Ergebnis würde somit aus den individuellen Präferenzoffenbarungen nicht mehr wie üblich eine durchschnittliche Qualität im gesamten Versorgungsgebiet bereitgestellt, sondern der Ausbau der Infrastruktur verliefe theoretisch gemäß

(1998) oder Hiessl et al. (2003). In Frankreich ist es zum Beispiel üblich, entlegene Gebiete bewusst alternativ zu versorgen und zu entsorgen. Der Anteil von Kleinkläranlagen an der Gesamtentsorgung ist so in Europa hoch (Schönbäck et al., 2003a, S. 266).

[51] Für die Formel zur Berechnung der Konsumentenrente wird sich hier auf Fumagalli et al. (2001, S. 263) gestützt. Zur Vorstellung des Modells sei hingegen eher auf Fumagalli (2001, S. 92) verwiesen.

der indiviuellen Zahlungsbereitschaften.[52] Auch anreiztheoretisch ist dieses Konzept positiv zu bewerten, da das komplette Risiko aus den Verträgen beim Wasserversorger verbleibt. Durch seine spezifischen Informationen kann er mit diesem Risiko am besten umgehen.

Das Beispiel des Versorgungssicherheitsvertrages zeigt, dass sich aus den individuell unterschiedlichen Qualitätspräferenzen auch eine regionale Differenzierung ableiten lässt. Auch für die Verfolgung des Qualitätszieles „Nachhaltiger Umgang mit Umwelt" sollte eine regionale Differenzierung weitestmöglich Platz greifen. Wie in Abschnitt 4.2.3.2 gesagt, können bei besonderer Wichtigkeit des Effektivitätskriteriums nationale Mindeststandards angebracht sein. Der Mindeststandard würde dem Ökonomen gemäß $GK = GN$ vorgegeben. Dabei wäre aber darauf zu bestehen, dass jener national gültige Umweltmindeststandard für das regional am wenigsten gefährdete Gebiet herzuleiten wäre, keinesfalls hingegen für eine national durchschnittlich belastbar erscheinende Region.[53]

Eine zeitliche Qualitätendifferenzierung ist relativ zum Stromsektor für die Wasserwirtschaft von untergeordneter Bedeutung. In Abschnitt 2.1 wurde bei den Gutseigenschaften bereits darauf hingewiesen, dass Strom im Gegensatz zu Wasser nicht speicherbar ist. Vor diesem Hintergrund ist der Versuch besonderer Spitzenlasttarifierungen[54] im Stromsektor oder auch in der Festnetztelefonie nachvollziehbar. Trotz der Möglichkeit der Speicherung könnte es aber auch in der Wasserwirtschaft Fälle geben, in denen Kapazitäten vorgehalten werden, die unter Normalbedingungen sehr unausgelastet sind.[55] Zu denken wäre zum Beispiel an touristische Gebiete, in denen die zu versorgende Bevölkerung stark schwankt. Auch wird es im Tagesverlauf Spitzenlastzeiten geben. Im Einzelfall könnte als Alternative zu einer Kapazitätserweiterung daher geprüft werden, ob nicht möglicherweise größere Kunden zum Beispiel ihr Abwasser in gerade den weniger frequentierten Tageszeitabschnitten ableiten könnten oder ein von der öffentlichen Wasserversorgung beliefertes Unternehmen eigene Tanks vorhält und diese in der Nacht auffüllt.[56]

---

[52] In der Praxis werden gleichwohl häufig Unteilbarkeiten der Qualitätsbereitstellung vorliegen.

[53] Gerade dies ist – wie verschiedentlich bereits angesprochen – in der deutschen Wasserwirtschaft nicht der Fall. Hier wird sich eher flächendeckend an den EU-Höchststandards orientiert (BGW, oJ, S. 5).

[54] Zu den verschiedenen Arten siehe Knieps (2001, S. 225ff.).

[55] Vergleiche hierzu für die Wasserwirtschaft Hamann (1993, S. 114f.).

[56] Ilic et al. (2001) zeigen für den Stromsektor, wie eine zeitliche Qualitätsdifferenzierung im Detail konzipiert werden könnte. Die Kritik bei Ilic et al. (2001) richtet sich darauf, dass der individuelle Verbrauch der Kunden wohl erfasst wird, die Nachfrager aber keine Rückmeldung darüber bekommen, wann die Bereitstellung des Stromes für den Elektrizi-

Zusammenfassend ist damit festzustellen, dass analog zur Preisdifferenzierung auch eine Qualitätendifferenzierung im hier definierten Sinne positive Wohlfahrtseffekte aufweist. Sie ist von herausragender Wichtigkeit, um in einem System der Preisobergrenzenregulierung sowohl eine Unterversorgung als auch eine Überversorgung großer Teile der Bevölkerung mit Qualität zu verhindern. Darüber hinaus gibt es durchaus interessante Möglichkeiten der individualisierten, zeitlichen und räumlichen Qualitätendifferenzierung. Einzelne Modelle, die in anderen Netzwerkindustrien Anwendung finden (könnten), liefern nachahmenswürdige Anregungen auch für die Wasserwirtschaft.

4.3 Analyse der Qualitätsbereitstellung in Deutschland

Die Kategorisierung aus Abschnitt 4.1.1 aufgreifend, wird im Rahmen dieses Abschnitts analysiert, wie die einzelnen Qualitätsziele in Deutschland festgelegt werden und mit welchen Instrumenten deren Erfüllung angestrebt wird.

Zunächst wird die aktuelle Situation bei der Regulierung der einzelnen Qualitätsdeterminanten dargestellt. Die sich jeweils anschließende Beurteilung geschieht in Anwendung der in Abschnitt 4.1.2 dargelegten ökonomischen Beurteilungskriterien, der allgemeinen Instrumentenanalyse in Abschnitt 4.1.3 und der Überlegungen des vorangegangenen Abschnitts. Die Analyse der Kompatibilität mit dem preisregulatorischen Verfahren eines Systems vergleichenden Wettbewerbs ist von herausragender Bedeutung. Schließlich wurde stets betont, dass die Einführung eines geeigneten wettbewerblichen Systems nicht mit einer unerwünschten Qualitätsdegression verbunden sein darf.

---

tätsversorger besonders teuer ist. Die Spitzenlastzeiten liegen hiernach in den USA täglich zwischen 14 und 17 Uhr. In diesen Zeitspannen laufen die häuslichen Klimaanlagen auf Hochtouren. In einem Modell kommen die Autoren zu dem Schluss, dass sich Einsparpotentiale von 60 vH ergäben, falls die Nachfrager nicht konstant eine Raumtemperatur von 70 Grad Fahrenheit benötigten, sondern auch mit einer Abweichung von $+/-2$ Grad zwischenzeitlich zufrieden wären. So entwickeln sie ein Margensystem. Um tatsächlich auf Termin einkaufen zu können und nicht auf die extrem viel höheren Spotpreise angewiesen zu sein, soll sich der Kunde ex ante bezüglich seines benötigten Energiebedarfs äußern. Es wird ein individueller Vertrag für diese Spitzenlastperioden geschlossen, bei dem der Kunde ein Anrecht auf eine bestimmte Menge Strom in einer solchen Zeiteinheit hat. Bei Unterkonsumtion würde er Geld wiederbekommen, da das Unternehmen verfügbare Ressourcen zu guten Preisen auf Spotmärkten verkaufen könnte. Im Fall der Überkonsumtion würde es für den Nachfrager verhältnismäßig teuer werden.

4.3.1 Zur Qualitätsbereitstellung im Produktionsprozess

Die Produktionsprozesse erfüllen die an sie gerichteten Qualitätsanforderungen, sofern sie dem Prinzip der Nachhaltigkeit genügen. Dabei wurde der Begriff – wie auch ehemals im Brundtland-Bericht formuliert – auf den Bereich der Umwelt angewandt: Heutige Bedürfnisse sollten nur in dem Maße befriedigt werden, wie die Überlebensfähigkeit zukünftiger Generationen dadurch nicht eingeschränkt wird. Gleichzeitig aber wurde gesagt, dass Nachhaltigkeit im Bereich der Wasserwirtschaft auch einen pfleglichen Umgang mit der Infrastruktur beinhaltet. Der Begriff der Nachhaltigkeit bezieht sich hier nicht nur auf das Aktivum „Umwelt", sondern ebenso auf das Aktivum „geschaffenes Realvermögen".[57]

In einem ersten Schritt wird somit analysiert, wie sich der nachhaltige Umgang mit der Natur gestaltet. Im Anschluss daran wird sich der Frage zugewandt, ob die Art der Investitionsregulierung gemäß der bisherigen theoretischen Überlegungen verbessert werden kann.

4.3.1.1 Zur Regulierung der Umweltqualität

In diesem Abschnitt liegt der Fokus auf dem Bereich der Wasserversorgung. Im Kern geht es um den nachhaltigen Umgang mit Grundwasservorkommen, aus dem, wie bereits in Abbildung 2.2 gezeigt, über 70 vH des späteren Trinkwassers gewonnen wird.[58] Dabei sind die Grundwasservorkommen danach zu unterscheiden, ob oder ob nicht sie bereits für die Rohwassergewinnung genutzt werden. Angesichts unterschiedlich abzuleitender Implikationen werden diese beiden Fälle in den beiden folgenden Unterabschnitten getrennt voneinander analysiert.

Der Leser könnte eine Auseinandersetzung mit der Umweltverschmutzung durch nicht ausreichend geklärte Abwässer hier vermissen; diese wird erst in Abschnitt 4.3.2 geleistet. Der Grund liegt darin, dass nicht nur der Grad der Reinheit von eingeleitetem Abwasser eine Rolle für die Qualität von Oberflächengewässern spielt, sondern gleichfalls andere Arten der Nutzung (zum Beispiel durch Direkteinleiter, Binnenschifffahrt, Landwirtschaft, Badegäste oder Wassersportler)

---

[57] Der Vergleich hinkt insofern, als Realvemögen ohne weiteres wieder aufgebaut werden kann. Umweltvermögen zumindest bei nicht-abbaubaren Stoffen nicht.

[58] Die Fälle, in denen das Rohwasser aus Oberflächenreservoirs oder Uferfiltrat gewonnen wird, müssen nicht im Detail betrachtet werden, da sich die grundsätzliche Herangehensweise nicht unterscheidet.

sowie die die Selbstreinigungskraft wesentlich mitbestimmende Größe eines Vorfluters. Der Umfang jener Nutzungskonkurrenz sollte demnach Einfluss auf die Spezifizierung des Reinheitsgrades des einleitbaren Abwassers durch öffentliche Entsorger haben, weswegen es sinnvoll erscheint, diesen Punkt in seiner Gesamtheit in „Qualitätskomponenten der eigentlichen Produkte" zu behandeln.

Von der Wasserversorgung bereits genutzte Grundwasservorkommen

Die Darstellung der Wertschöpfungsstufen der Trinkwasserversorgung zeigte, dass ein WVU eine Optimierungsentscheidung zu treffen hat, welches Rohwasser es von wo beziehen will. Das WVU ist daran interessiert, qualitativ möglichst hochwertiges Rohwasser zu erhalten, da es auf diese Weise ansonsten anfallende Aufbereitungskosten einsparen kann. Gleichzeitig aber wollen andere jene Ressourcen als Aufnahmemedium ihrer Schmutzfracht nutzen. Ein Ansiedeln von Unternehmen und/oder Haushalten kann potentiell das Rohwasservorkommen ebenso verschmutzen, wie dies durch Nutzung landwirtschaftlicher Flächen geschieht.[59] Ökonomisch betrachtet liegt hier eine Nutzungskonkurrenz vor. Die Rohwasservorkommen, die dabei ausgewählt werden, haben danach den Charakter eines privaten Gutes. Die beiden Kriterien für ein privates Gut – Rivalität im Konsum und eine grundsätzliche Möglichkeit des Ausschlusses von der Nutzung – sind erfüllt. Der Argumentation aus Abschnitt 4.2.1.2 folgend ist dann das gesamtwirtschaftlich optimale Ergebnis zu erwarten, wenn die marginalen Kosten, die dem WVU zur Aufbereitung entstehen, gleich dem marginalen Nutzen sind, die anderen aus der etwaigen Verschmutzung erwächst.[60]

Vor diesem Hintergrund ist daher zu untersuchen, wie gegenwärtig Wassernutzungsrechte vergeben werden und wie ein Ausgleich der Nutzungsinteressen angestrebt wird.

---

[59] Der Landwirtschaft kommt hier eine ganz besondere Bedeutung zu. Der Größteil der in das Grundwasser gelangenden Nährstoffe kommt heute aus diffusen, also nicht punktuellen, Quellen (Nitrat 72 vH, Phosphat 66 vH). Von diesen diffusen Anteilen sind wiederum 80 vH bzw. 70 vH der Landwirtschaft zuzurechnen (LAWA, 2002, S. 4).

[60] Mit der These, ein volkswirtschaftlich optimales Ergebnis werde erreicht, ist eine wesentliche Annahme verbunden. Die Tatsache, dass durch Aufbereitung Rohwasser Trinkwasserqualität erlangen kann, beinhaltet noch nicht, dass die Rohwasservorkommen - und hier insbesondere Grundwasservorkommen - so ausreichend rein sind, dass keine externen Effekte auf Flora und Fauna der Region ausgehen. Daher sind Grenzwerte, die derartige negative externe Effekte verhindern, unabdingbar. Dabei brauchen Grenzwerte nicht unbedingt in Auflagen ihren Niederschlag finden, sondern können auch die Grundlage sein, aus denen die Gesamtverschmutzungskontingente in einem Zertifikatesystem abzuleiten wären.

Grundsätzlich ist festzustellen, dass WVU sehr eingeschränkt in der Wahl ihrer Wasserfördergebiete sind. Einer Reihe von Landesgesetzen zu Folge sind die WVU dazu verpflichtet, sich verbrauchsnaher Rohwasservorkommen zu bedienen (Ewers et al., 2001, S. 21). Auf eine Fernwasserversorgung dürfen sie nur in Ausnahmen zurückgreifen. Dies lässt sich nach Kahlenborn und Kraemer (1999, S. 79ff.) umweltpolitisch folgendermaßen begründen:

- Die lokalen Rohwasservorkommen würden nicht mehr ausreichend geschützt, sofern sie von den WVU nicht mehr in Anspruch genommen würden. Bereits das Mischen lokalen Wassers mit über Fernleitungen bezogenem Rohwasser sei kontraproduktiv.

- Die Gefahr bestünde, dass in Fernwasserförderzonen die Rohwasserressourcen überansprucht würden. Sinkende Grundwasserspiegel führten zu einem Absterben standorttypischer Vegetation sowie zu Forst- und Gebäudeschäden.

- Bei einer Fernwasserversorgung könne eine Mindestdurchflussmenge nicht gesichert werden. Dies wiederum erhöhe die Gefahr sich vermehrender Krankheitserreger.

Mit dem ersten Rechtfertigungsgrund wird sich unter dem Punkt „Von der Wasserversorgung (noch) nicht genutzte Grundwasservorkommen " auseinandergesetzt. Eine auch ökonomisch begründbare Notwendigkeit der Sicherung einer zu bestimmenden Grundwasserqualität ist unbestritten. Gleichwohl ist nicht einzusehen, weswegen ein solcher Zweck durch Einengen der betriebswirtschaftlichen Optimierungsbestrebungen des regionalen Unternehmens zu erzielen sein muss. Gleiches gilt für das Verbot, Rohwasser aus einem anderen Gebiet zur Mischung und damit zur Senkung der Kosten der eigenen Rohwasseraufbereitung zu nutzen.

Der zweiten These liegt die Vorstellung zu Grunde, dass die Konsumenten des Fernwassers die ökologischen Bedingungen der Förderzone nicht ausreichend Wert schätzen. Dem ist zu entgegnen, dass dies insofern auch nicht notwendig erscheint, da in der liefernden Region Interessen zum Erhalt des regionalen ökologischen Gleichgewichts bestehen sollten. Es ist nicht schlüssig, weswegen einem regionalen Kreistag die Kompetenz abgesprochen werden sollte, im Interesse des regionalen Umweltschutzes – insbesondere wenn es sich um eine Region handelt, die vom

Tourismus lebt – eine nachhaltige Förderquote festzulegen.[61] Zudem ist darauf hinzuweisen, dass es in Deutschland Regionen gibt, deren Problem nicht sinkende, sondern steigende Grundwasserspiegel sind. Im Kölner Becken zum Beispiel werden durch den Rückgang der produzierenden Industrie ehemals vorhandene große Wasserrechte in bedeutendem Umfang nicht mehr ausgeschöpft mit der Folge, dass es teilweise mit steigendem Grundwasserspiegel zu sehr unerwünschten Begleiterscheinungen kommt (undichte Keller, Lecks in U-Bahnen et cetera). Diesen Problemen wird durch Einsatz von Pumpen begegnet. Die Möglichkeit, Fernwasser anzubieten würde hier Entlastung bringen und der unnötigen Verschwendung von Energie Einhalt gebieten.

Im Zusammenhang mit der letzten These stimmt es, dass in Folge der demographischen Entwicklung in Deutschland bei gleichzeitigem Rückgang des Pro-Kopf-Konsums von Wasser und einer zunehmenden Tertiarisierung der deutschen Wirtschaft die zukünftig nachgefragte Wassermenge zurückgehen wird. Hingegen ist nicht zwingend, dass dann die Fernwasserversorgung eingeschränkt wird. Es könnte eine betriebswirtschaftlich interessante Überlegung für ein WVU sein, die eigene Wassergewinnung langsam auslaufen zu lassen und stattdessen freie Kapazitäten aus der Fernwasserversorgung nachzufragen.[62] Unter den in der These anklingenden Annahmen steht zu vermuten, dass diese freien Kapazitäten sehr preisgünstig – mikroökonomisch betrachtet zum Preis von 0 oder sogar gegen Erhalt einer Zahlung bei Nutzung – zu bekommen sind.

Wenn folglich die wesentliche zukünftige Aufgabe der deutschen Wasserwirtschaft darin besteht, die vorhandene Infrastruktur dem zukünftigen, schrumpfenden Bedarf anzupassen, so sollten die WVU und Abwasserentsorgungsunternehmen sämtliche betriebswirtschaftlichen Optionen durchspielen können. WVU sollten vollkommen frei über ihre Wassergewinnungsquellen und den jeweiligen Ort der Rohwasseraufbereitung entscheiden dürfen. Dies würde sowohl die Möglichkeit eines Fernwasserbezuges beinhalten als auch die einer überregionalen Kooperation, Unternehmenszusammenschlüsse eingeschlossen.

---

[61] Diese Argumentation deckt sich mit der ökonomischen Forderung, wo immer möglich dem „Prinzip der fiskalischen Äquivalenz" zu folgen. Der Kreis der Abstimmungsberechtigten sollte hiernach so gezogen werden, dass dieser sich mit dem regionalen Nutzerkreis und dem Kreis der Kostenträger deckt. Dies wäre im Bereich der dezentralen Bestimmung regionaler Förderquoten der Fall. Zur näheren Auseinandersetzung mit dem „Prinzip der fiskalischen Äquivalenz" sei auf Hansmeyer und Kops (1984) sowie weiterführend auf Hansjürgens (2001) verwiesen.

[62] Gunda Röstel (Gelsenwasser AG) berichtete im Rahmen einer Podiumsdiskussion auf der „Wasser Berlin 2003" am 7. April, dass die Gelsenwasser AG bereits zusätzliches Wasser fördere und in die Netze einspeise, um die notwendige Fließgeschwindigkeit in den Rohren aufrechtzuerhalten.

Entscheidet sich ein WVU für einen Wassergewinnungsort, steht es zumeist in Konkurrenz mit anderen Nutzern, die das Medium Grundwasser als Eigenversorger oder zur Schmutzfrachtaufnahme nutzen. Wie eingangs angesprochen gehören zu letzterer Gruppe Unternehmen und Haushalte durch (ungewollte) direkte Einträge, die Land- und Forstwirtschaft durch Nutzung von Düngemitteln und Pestiziden und die Kommunen durch den Betrieb von Deponien (zumindest noch bis zum Jahre 2005, dem Zeitpunkt, bis zu dem auch organische Stoffe noch deponierbar sind) und die Bereitstellung und Unterhaltung von Verkehrswegen. Eine zusätzliche, schwerer direkt auf einzelne Nutzer zurechenbare Belastung für das Grundwasser resultiert aus atmosphärischen Stickstoffeinträgen.[63] Es stellt sich damit zum einen die Frage, wie derzeit die Nutzungsrechte zugewiesen werden, zum anderen wie mit der eigentlichen Konkurrenzbeziehung umgegangen wird.

Bezüglich des ersten Punktes ist festzustellen, dass je nach Nutzungskonkurrenz die Nachhaltigkeit im Umgang mit den Grundwasservorkommen durch Schadstoffeinträge qualitativ verletzt werden kann. Durch Übernutzung kann dies auch quantitativ geschehen. Vor letzterem Hintergrund werden in Deutschland – in der Regel entsprechend des Antragseinganges – Wasserentnahmerechte vergeben, wobei im Falle eines Nachfrageüberhangs der öffentlichen Wasserversorgung der Vorrang eingeräumt wird. Eine solche Begünstigung ist insofern nicht nachzuvollziehen, als es für die öffentliche Wasserversorgung alternative Wassergewinnungsgebiete gibt. Ökonomisch betrachtet sollte das Recht zur Wasserentnahme bei Entnahmekonkurrenz ausgeschrieben[64] oder die entnommene Menge mit einer Abgabe belegt werden.[65]

---

[63] Einen guten Überblick über die aktuelle Situation der Güte von Grund- und Trinkwasser sowie der von Oberflächengewässern liefern Kahlenborn und Kraemer (1999, Kap. 5.1 und 5.2) und EEA (1999). Gewisse naturwissenschaftliche Zusammenhänge werden dort aufgeführt.
      Für eine nähere Auseinandersetzung mit den Nutzungskonflikten der öffentlichen Wasserversorgung mit Landwirtschaft und industrieller Eigenwasserversorgung sei auf Hamann (1993, S. 97ff.) verwiesen.

[64] Bezüglich der konkreten Anwendung von Zertifikatelösungen im Wasserentnahmekonflikt sei beispielhaft auf Hamann (1993) und Bergmann und Kortenkamp (1988) verwiesen.
      Eine Versteigerung hätte den Vorteil, dass das Ausweisen von Wasserschutzgebieten – das zumindest im gegenwärtigen Ordnungsrahmen ja gleichzeitig eine Beschränkung der möglichen kommunalen Tätigkeiten impliziert – die kommunalen Opportunitätskosten ersetzen würde. Von der Argumentation ähnlich SRU (1998, Tz. 15).

[65] Zu weiterführenden Überlegungen zu Wasserentnahmeentgelten vgl. Buckland und Zabel (1997, Kap. 2). Konkret in Deutschland wird dieses für die (Grund-)Wasserentnahme in acht von sechzehn Bundesländern erhoben (Ewers et al., 2001, S. 21). Eine Lenkungsfunktion nimmt das Wasserentnahmeentgelt dann wahr, wenn es nur bei tatsächlicher Nutzungskonkurrenz verlangt wird. Zudem wird ein solches Wasserentnahmeentgelt einem Lenkungsanspruch nur gerecht, wenn tatsächlich jeder Entnehmende den gleichen Preis zu zahlen hat (SRU, 1998, Tz. 15).

Im Zusammenhang mit der zweiten Frage, dem Umgang mit der eigentlichen Nutzungskonkurrenz, zeigt sich, dass sofern ein Wasservorkommen von einem WVU genutzt wird, zur Sicherung der Rohwasservorkommen Wasserschutzzonen eingerichtet werden. In Abhängigkeit von der Nähe zum Gewinnungsort steigen die Anforderungen bezüglich der zu berücksichtigenden Gebote und Verbote.[66] Die Wasserbehörden sind relativ frei im Ausweisen der Gebiete und sind im Grundsatz den betroffenen Nutzern und/oder Eigentümern gegenüber nicht entschädigungspflichtig. Einzig die Land- und Forstwirtschaft hat einen Anspruch auf Ausgleich der wirtschaftlichen Nachteile, sofern sie ihr jeweiliges Gewerbe „ordnungsgemäß" betreiben (Ewers et al., 2001, S. 21).[67] Dabei ist dieser Begriff nach Pfister (2002, S. 36) aber so vage formuliert, dass er in der Praxis keine wirkliche Anwendung finden kann. Er schlägt vor, eindeutige Messgrößen für den Grundwasserschutz zu spezifizieren. Wie sowohl bei den „Leitlinien für ein System vergleichenden Wettbewerbs"[68] als auch im Anschluss bei der Frage des nachhaltigen Umgangs mit der Infrastruktur betont wird, sind outputorientierte Auflagen in Form solcher Messgrößen inputorientierten Verhaltensauflagen weit überlegen.

Prinzipiell zeigt der Weg, der mit der am 22.12.2000 in Kraft getretenen Wasserrahmenrichtlinie 2000/60/EG der Europäischen Gemeinschaft (WRRL)[69] beschritten wird, in die richtige Richtung. Das zentrale Ziel besteht in der Sicherung

---

[66] Auf das Ordnungsrecht und planerischere Instrumente in der Wasserwirtschaft soll hier nicht im Einzelnen eingegangen werden. Die große Bedeutung dieser Instrumente wird in Kahlenborn und Kraemer (1999, Kap. 6.2.) dargestellt. Die Dichte des Ordnungsrechts in der deutschen Wasserwirtschaft sehen Kahlenborn und Kraemer (1999, S. 147) auch vor dem Hintergund eines wachsenden Vollzugsdefizits als problematisch an.

[67] Nach Kesting und Leymann (1989, S. 14) wird die Landwirtschaft dann „ordnungsgemäß" betrieben, „wenn die von ihr ausgehenden, nachteiligen Wirkungen auf die Umwelt so gering gehalten werden, wie dies unter Berücksichtigung der verfügbaren Produktionstechniken, der jeweiligen Standortverhältnisse [...] anzusehen ist." Für Düngemittel heißt dies im § 1a Düngemittelgesetz (DMG) in der Fassung vom 20.7.2000, dass diese nur nach guter fachlicher Praxis anzuwenden sind (Umweltbundesamt, 2001b, S. 17). Die Situation, dass die Landwirtschaft die von ihr verursachten negativen externen Effekte nicht tragen braucht, führt gleichzeitig zu relativen Wettbewerbsvorteilen gegenüber einer ökologischen Landwirtschaft. Müsste sie diese in ihren Preisen berücksichtigen, ist zu vermuten, dass die Preisdifferenz zwischen konventionellen und ökologisch produzierten Lebensmitteln kleiner würde. So folgert auch Bode (2004), dass die „Agrarwende" nicht am Verbraucher, sondern an der Politik gescheitert sei.

[68] Vgl. Abschnitt 5.1.2.1.

[69] Es gibt eine Vielzahl von Publikationen zur EU-WRRL. Für eine erste Einführung sei auf Europäische Kommission (2002a) und für Fragen der Umsetzung auf Interwies und Kraemer (2001) (samt der angegebenen weiterführenden Literatur), LAWA (2001b) und Holtmeier (2003) verwiesen. Kallis und Nijkamp (1999, S. 8ff.) zeichnen einige der umweltpolitischen Konflikte zwischen den verschiedenen Nationalstaaten (vor allem Großbritannien und Deutschland) nach, die im Rahmen der Verhandlungen zur EU-WRRL auftraten.

eines „guten Zustands" der Gewässer (Umweltbundesamt, 2001b, S. 13). Dies gilt ebenso für die Grundwässer, gleichwohl wurde die WRRL durch einen Entwurf für eine eigene Grundwasserrichtlinie ergänzt.[70] Für die deutsche Wasserwirtschaft ist damit ein ökonomisch zu begrüßender Paradigmenwechsel in der Gewässerschutzpolitik denkbar: Der im deutschen Wasserrecht (v.a. ehemaliger Art. 34 WHG) verankerte Gedanke, dass bereits die Besorgnis einer Verunreinigung bekämpft werden müsse, fehlt (Böhme, 2003, S. 10).[71]

Für Böhme (2003, S. 10) war im ersten Entwurf der Grundwasserrichtlinie zu erwarten, dass der gute vom schlechten Gewässerzustand nun durch spezifische Grenzwerte zu unterscheiden sein werde und dass deren Überschreitung unmittelbare Maßnahmen zur Verbesserung der Gewässer – und damit auch des Grundwassers – nach sich ziehen werde. Dabei müssen die spezifischen Grenzwerte nicht an einer Messstelle erfüllt sein, sondern im Mittel in einem Grundwasserkörper.[72] Dabei war vorgesehen, dass für jeden Nutzer Grenzwerte für dessen spezifische Stoffeinträge festgelegt werden. Für die Landwirtschaft wären dies Ammonium, Nitrat, Kalium und PSM, für den Verkehr Chlorid, für städtische Nutzungen Sulfat und CKW und Aluminium für die Versauerung (Böhme, 2003, S. 8). Nun sind für einzelne (wie Nitrat oder Pestizide) EU-weite Vorgaben gemacht worden, die Spezifizierung anderer bleibt hingegen den Mitgliedstaaten anheim gestellt.

---

[70] Vorschlag für eine Richtlinie des Europäischen Parlaments und des Rates zum Schutz des Grundwassers vor Verschmutzung [KOM(2003) 550 endg.]; Ratsdokument 12985/03; Annahme durch die Kommission am 19.9.2003.

[71] Salzwedel (2003, S. 4) formuliert den Sachverhalt etwas unverblümter. Gemäß jenes überzogenen Glaubenssatzes sei eigentlich alles verboten gewesen, was überhaupt zu einer Verunreinigung hätte führen können. Dennoch sei eine vollkommene Abkehr von dem bereits angesprochenen Vorsorgeprinzip noch nicht vollzogen. In der Grundwasserrichtlinie bliebe das sog. Verschlechterungsverbot aufgeführt, das auch innerhalb des guten Zustands eine Verschlechterung verbieten würde. Es wird zu beobachten sein, wie dies in der Praxis konkret ausgestaltet sein wird. Derzeit ist festzustellen, dass de iure im Entwurf der Grundwasserrichtlinie nun bis zu 30 Jahre zur Trendumkehr gegeben werden.

[72] Grundsätzlich stimmt es, dass es naturwissenschaftliche Erkenntnislücken gibt und weiterhin geben wird (SRU, 1998, Tz. 2). Dennoch ist von der WRRL hinsichtlich der Schließung dieser Lücken einiges zu erwarten (Rousseau, 2001, S. 13). Bis Ende 2004 ist in einem ersten Schritt der Bestand (und Zustand) der einzelnen „Wasserkörper" (Holtmeier, 2003, S. 9) zu ermitteln.

Auch wenn Lücken bleiben werden, ist ein pragmatisches Vorgehen analog zu dem im internationalen Klimaschutz anzuraten (Donges und Oelmann, 2001). Der Begriff „pragmatisch" ist nicht von ungefähr gewählt. Auch bei der konkreten Bestandsaufnahme ist darauf zu achten, dass die entstehenden Kosten in einem Verhältnis zum zu erwartenden Nutzen stehen. Ein Gesprächspartner, der nicht genannt werden will, vertrat die Ansicht, die Umweltbürokratie erhebe bereits andernorts verfügbares Zahlenmaterial – bzw. verpflichte die Wasserwirtschaft dies zu tun – nicht gewahr der Tatsache, dass diese Kosten vom Steuer- bzw. Gebührenzahler zu tragen seien.

Es wäre sinnvoll, dass Deutschland bundesweite Einheitswerte für die Menge der noch nicht spezifisch regulierten Stoffe, wenn überhaupt, nur auf sehr moderatem Niveau festlegt. Eine etwaige Verschärfung wäre dann auf kommunaler Ebene im Einzelfall zu prüfen.

Wie oben angesprochen sind natürlich negative Auswirkungen auf Flora und Fauna im Sinne der Nachhaltigkeit zu unterbinden. Angesichts sich unterscheidender Naturräume in Deutschland liegt die Vermutung aber nahe, dass die Grenzwerte, ab denen die jeweilige Flora und Fauna nachhaltig geschädigt würde, regional stark differieren. Diese Möglichkeit der Differenzierung sollte genutzt werden, kann so doch eine Region seinen komparativen Vorteil, der sich aus einer höheren Tragfähigkeit des Produktionsfaktors Umwelt ergibt, einsetzen. Wie bereits festgestellt, ist ökonomisch betrachtet die minimale Belastung von Grundwasser – auch vor dem Hintergrund der hier ebenso bestehenden Selbstreinigungskraft der Natur bei abbaubaren Stoffen – nicht zu begründen.[73] Volkswirtschaftlich knappe Ressourcen werden bei einem solchen Vorgehen verschwendet.

Diese regional unterschiedlichen Grenzwerte sollten sich ausschließlich daran ausrichten, ob die Stoffeinträge die Nachhaltigkeit im Umgang mit der Natur in Frage stellen. Sie sollten nicht dazu genutzt werden, eine möglichst hochwertige Qualität des Rohwassers unter Trinkwasseraufbereitungsgesichtspunkten zu generieren. Im Gegenteil: So gut es ist, dass für die Verursacher von Schadstoffeinträgen Grenzwerte festgelegt werden, so wenig ist die ausschließliche Belastung dieser angeraten.[74] Der Grund liegt darin, dass ansonsten statische und dynamische Effizienzpotentiale ungenutzt bleiben. Zur Herstellung von Trinkwasserqualität könnte die Extraktion von Stoffen preiswerter als deren Vermeidung sein. Ökonomisch sollte das WVU so lange aufbereitend tätig werden, bis dessen Grenzkosten gleich dem Grenznutzen ist, der dem Emittenten durch die Möglichkeit der Schmutzfrachteinlagerung zukommt. Eine entsprechende Ausgleichszahlung wäre vom Nutznießer zu leisten, sofern er nicht die Verfügungsrechte besäße und vice versa.

---

[73] Bereits bei der Auseinandersetzung mit der optimalen Qualitätsbereitstellung wurden vor allem das Ressourcenminimierungsprinzip (maximale Umweltqualität) und damit bedingt auch das Vorsorgeprinzip kritisch gesehen. Auch Salzwedel (2002, S. 3) sieht die Gefahr, dass verschärfte Anforderungen im Wasserrecht unter Berufung auf die EU-WRRL erlassen werden. Bei insofern auftretenden Kostensprüngen mahnt er (zu Recht) schon heute eine rechtliche Überprüfung an, ob diese vor dem Hintergrund der Verhältnismäßigkeit und Durchsetzbarkeit zu rechtfertigen sind.

[74] Nach Rudolph und Block (2001, S. 19) sowie Kahlenborn und Kraemer (1999, S. 169) gehört das Verursacherprinzip zu den Prinzipien der Nachhaltigkeit in der Wasserwirtschaft. Für eine Gesamtschau der Prinzipien vgl. Abbildung A.23 im Anhang.

Die Bestimmung der Höhe einer möglichen Ausgleichszahlung lässt sich am besten mit Hilfe eines Zertifikateverfahrens bestimmen. Innerhalb der jeweiligen Emittentengruppe (also zum Beispiel der Landwirte) würden Verschmutzungsrechte entweder auf Basis von Vergangenheitswerten vergeben oder aber versteigert.[75] Die Gesamtmenge der Verschmutzungsrechte entspräche dem zulässigen Grenzwert pro Liter multipliziert mit dem Volumen des Grundwasserkörpers. Die entsprechende Kontrolle vorausgesetzt wäre das Zertifikatemodell gemäß der Beurteilungskriterien aus Abschnitt 4.1.2 genauso effektiv wie eine Auflage. Zusätzlich aber wäre es statisch effizient, da jeder Akteur – und dazu zählt auch das WVU[76] – vor der individuellen Entscheidung steht, seine Verschmutzungsrechte in Anspruch zu nehmen oder aber durch Vermeidungsstrategien Einnahmen durch Verkauf der Zertifikate zu erzielen. Unter Einschluss des WVU als „Kläranlage" des Grundwassers hätten Emittenten zusätzlich die Option, mehr zu emittieren, als es die von ihnen gehaltenen Verschmutzungsrechte begründen würden. Das Zertifikatemodell ist überdies dynamisch effizient, da die Anreize, in Vermeidungsstrategien und/oder bessere Aufbereitungstechnologien zu investieren, fortbestehen. Wohl könnte bei einem kleinen, gleichwohl strategisch sehr wichtigen Grundwasserkörper die Nebenbedingung zu vermeidender Wettbewerbsverzerrungen ein Problem darstellen.

Dass ein solches Zertifikatemodell sowohl gesamtwirtschaftlich als auch einzelwirtschaftlich nicht nur in der Theorie erfolgreich ist, weist Hofreither (1995, S. 13ff.) in seiner Analyse des Nutzungskonflikts von Landwirtschaft und Wasserversorgung empirisch nach. Auf Basis bundesdeutscher Daten untersucht er die

---

[75] Die Zertifikatelösung bei Grundwassernutzungsrechten im weiteren Sinne ist bislang in der Literatur wenig behandelt. Vieles ließe sich aber aus den theoretischen und praktischen Erfahrungen handelbarer Verschmutzungsrechte bei Oberflächengewässern ableiten. Verweise auf weiterführende Literatur findet sich bei deren Behandlung in 4.1.3 sowie spezieller für die Wasserwirtschaft in unter anderem Kraemer und Banholzer (1999), Kraemer et al. (2002) und Rousseau (2001).

[76] Theoretisch - in der Praxis nach SRU (1998, Tz. 2) kritischer gesehen - wäre es denkbar, dass ein WVU nicht nur das Rohwasser zu Trinkwasser aufbereitet, sondern ebenso als „Kläranlage" für das Grundwasser fungierte. Es könnte Grundwasser fördern, Schadstoffe in der Höhe extrahieren, wie es die Zahl gehaltener Verschmutzungsrechte erfordert, und das gereinigte Wasser dann wieder in den Wasserkörper abgeben.
Selbstredend erschiene der Begriff „Verschmutzungsrecht" unklug gewählt, da - sollten dem WVU von Emittenten Zertifikate gegen Erhalt einer Zahlung angedient worden sein - es mehr die Pflicht zur Extraktion einer Menge X an Schadstoffen begründet. Ein Verschmutzungsrecht in der Hand eines WVU bedeutete vor diesem Hintergrund eher eine Entschmutzungspflicht. Im Kern ist das WVU als „Klärwerk" für die Wasserwirtschaft das, was Wälder als Senken in der internationalen Klimapolitik darstellen. Der Unterschied besteht nur darin, dass die Tätigkeit der WVU besser in ihrer Wirkung abschätzbar wäre und so unter Transaktionsgesichtspunkten auch sinnvoll in einem Zertifikatehandel integrierbar wäre.

Fälle, in denen jeweils ausschließlich Landwirtschaft bzw. Wasserversorgung die Nutzungsrechte haben. Im ersten Fall würde der Landwirt je nach Betrieb bis zu 320 kg N/ha düngen. Im zweiten Fall würde das WVU jegliche Düngung untersagen. Mit einer Verhandlungslösung würde ein Marktfruchtbetrieb 96 kg/N/ha und ein Betrieb mit Tierhaltung 193 kg/N/ha düngen. Dass sich beide Parteien durch Verhandlungen besser stellen können, zeigen auch andere Erfahrungsberichte (Brouwer et al., 2000, S. 11).

Von der Wasserversorgung (noch) nicht genutzte Grundwasservorkommen

Im Falle, dass ein Grundwasservorkommen weder für die öffentliche Wasserversorgung noch für Eigenversorger interessant ist, ergibt sich im Gegensatz zum oben dargestellten Fall eine ungleichgewichtige Interessenlage, die eine weitgehendere Kontrolle durch Dritte erfordert. Diese Kontrolle ist in Deutschland wie in den meisten anderen europäischen Ländern seit den 1970er und 1980er Jahren geübte Praxis (European Topic Centre on Island Waters, 1996a, S. 3; für Deutschland S. 19ff.). Selbstverständlich bleibt die Pflicht zu einem solchen Monitoring nun auch mit der WRRL bestehen. Nach Art. 4 Abs. 1 WRRL ist zum einen eine Verschlechterung aller Grundwasserkörper zu verhindern und zum anderen bis zum Jahre 2015 in der Regel ein guter Zustand des Grundwassers herbeizuführen. Die ausdrückliche Betonung aller Grundwasservorkommen erfüllt nun lange propagierte Forderungen seitens zum Beispiel des Rats von Sachverständigen für Umweltfragen (1998, Tz. 4) nach einem flächendeckenden Grundwasserschutz.

Dabei ist erneut zu betonen, dass in Abhängigkeit von der jeweiligen naturräumlichen Situation Gebrauch von regional unterschiedlichen Grenzwerten gemacht werden sollte. Die nach der WRRL eingeforderte Betrachtung von ganzen Grundwasserkörpern und die damit verbundene Abkehr von der schieren Betrachtung gemäß Gebietskörperschaftsgrenzen böte auch hier die theoretische Möglichkeit, die entsprechenden Rechte zu Schmutzfrachteinträgen zu vergeben und handelbar zu machen. Gerade vor dem Hintergrund des Kriteriums der Effektivität wäre eine Zertifikatelösung einer Schmutzfrachtabgabe vorzuziehen, wenngleich das Einführen letzterer sich sicher einfacher gestalten würde. Beide Möglichkeiten wären für die Regulierung der Schmutzfracht dem derzeit verwandten Ordnungsrecht klar vorzuziehen. Dieses Ordnungsrecht bliebe auf die Regulierung toxischer Schadstoffe beschränkt.

Sollte zum Monitoring auf die Expertise von WVU zurückgegriffen werden, sind diese ebenso wie andere Private für ihre Aufwendungen zu entschädigen. Etwas anders sähe die Situation aus, wenn ein WVU sich gewisse Grundwasservorkommen für eine spätere Nutzung sichern würde. Dies schlösse auch ein spekulatives Halten von Wasserentnahmerechten ein. In beiden Fällen, die angesichts der Klimaerwärmung durchaus durchdachte langfristige Strategien sein mögen, würde das WVU auch ohne Aufwandsentschädigung seine Interessen um Erhalt der Rohwasserqualität durch Monitoring verfolgen.[77]

Von einem nachhaltigen Umgang mit der Natur wurde im Rahmen dieses Abschnitts gesprochen, wenn weder qualitativ noch quantitativ die Grundwasservorkommen übernutzt werden. Hier stellte sich heraus, dass bislang durchaus effektive, gleichwohl uneffiziente Instrumente Anwendung finden. Das Nutzen marktlicher Instrumente wie Zertifikate und/oder Abgaben sollte weitestmöglich und unabhängig von der Frage einer wettbewerblicheren Gestaltung des Wassermarktes geschehen.

Nun wird häufig vermutet, dass die Einführung von Wettbewerb negativ auf den Umgang mit Natur wirken müsse. Es ist richtig, dass ganz grundsätzlich weder im Fall mit noch in dem ohne Wettbewerb auf eine begleitende staatliche Kontrolle verzichtet werden kann. Dies liegt im Charakter eines quasi-öffentlichen Gutes der möglicherweise betroffenen Flora und Fauna einer Region.

Es sollte aber in diesem Abschnitt deutlich werden, dass andere Punkte, die häufig gegen ein Mehr von Wettbewerb vorgebracht werden, nicht überzeugen. Beispielhaft werden die vermeintlichen Vorteile einer öffentlichen, nicht dem Wettbewerb ausgesetzten Wasserwirtschaft nach Walz (2001, S. 37ff.) einer kritischen Analyse unterzogen:

- Er ist der Ansicht, die Zusammenarbeit von Landwirtschaft und Wasserversorgung komme bei einer Einführung wettbewerblicher Preisregulierungsverfahren zum Erliegen. Wie gezeigt wird aber auch ein privates oder/und überregional tätiges WVU so lange mit anderen Nutzern verhandeln, bis sein Grenznutzen der Aufbereitungskostenverminderung den Grenzkosten entspricht, die einem anderen Nutzer durch den verminderten Stoffeintrag entstehen. Möglichst geringe Vorgaben, wie der Nutzungskonflikt regional zu handhaben ist, lässt wahrscheinlich innovative, funktionale Lösungen hervortreten.

---

[77] Zu Grundfragen des Monitoring im Grundwasserschutz vgl. European Topic Centre on Island Waters (1996b).

- Der zweite Kritikpunkt von Walz bezieht sich darauf, dass das Mischen von hochwertigem Grundwasser mit Oberflächenwasser von größeren Versorgern vermehrt eingesetzt würde. Dies ist tatsächlich zu erwarten, ist ökonomisch betrachtet aber zu begrüßen. Es geht nicht um eine maximale Reinheit des Grundwassers, sondern um eine solche, die den nachhaltigen Umgang mit Umwelt gewährleistet.[78]

- Ferner wird kritisiert, dass der sparsame Umgang mit Wasser von privaten WVU nicht ausreichend verfolgt würde. Auch dies ist wahrscheinlich, gleichwohl aber positiv zu bewerten. So sind viele Regionen in Deutschland kein Wassermangelgebiet, weswegen gegen einen verstärkten Gebrauch unter der Voraussetzung gegebener quantitativer Nachhaltigkeit wenig einzuwenden ist. Dass es zu keiner Übernutzung kommt, kann durch Erheben von Wasserentnahmeentgelten sichergestellt werden. In Gebieten mit Wassermangel ist neben dem Fernwasserbezug das Setzen von Anreizen zum Wassersparen selbstverständlich auch für ein WVU, das im Wettbewerb steht, eine betriebswirtschaftliche Option, die dieses prüfen wird.[79]

- Zur Sicherung von nachhaltigem Umgang mit Rohwasservorkommen befürchtet Walz eine Abkehr vom Vorrang einer verbrauchsnahen Wasserförderung. Zum einen wurde die Lösung dieser Auflage im Zusammenhang mit den zukünftigen Herausforderungen der deutschen Wasserwirtschaft – insbesondere der Notwendigkeit, sich an einen schrumpfenden Bedarf auch mit der Infrastruktur anzupassen – ganz grundsätzlich als wichtiger Schritt herausgearbeitet. Der Einsatz eines Ausschreibungsverfahrens ließe es aber theoretisch zu, dass eine Kommune die verbrauchsnahe Förderung oder die Durchführung sonstiger gemeinnütziger Aufgaben als Auflage macht. Sofern diese meint, etwaige höhere Kosten vertreten zu wollen bzw. die Aufgaben alternativ nicht preisgünstiger bewerkstelligen zu können, sei ihr das individuell unbenommen. Auch hier wäre vom „Wettbewerb als Entdeckungsverfahren" einiges zu erwarten.

Für Walz (2001, S. 39) resultiert einzig ein Nachteil aus der sehr fragmentierten Marktstruktur: Es sei für kleine Unternehmen schwierig, entsprechendes Knowhow für eine adäquate Wasserver- und Abwasserentsorgung kosteneffizient vorzu-

---

[78] So verweist zum Beispiel der SRU (1998, Tz. 8) darauf, dass funktionsfähige Ökosysteme anthropogene Beeinträchtigungen in weitergehender Weise kompensieren könnten, als man dies in der Vergangenheit erwartete.

[79] Siehe zu den verschiedenen Handlungsoptionen (wenngleich auf die Abwasserentsorgung angewandt) Rudolph (1997, Tafel 2).

halten. So könnten ökologische Defizite entstehen. Er kommt aber zum Schluss, dass im derzeitigen deutschen System allen Betrieben das gebündelte und veröffentlichte Wissen verschiedener wissenschaftlicher Vereinigungen zur Verfügung stehe, weswegen der Nachteil zu vernachlässigen sei. Wie diese Bündelung und Veröffentlichung von Wissen ökonomisch zu beurteilen ist, ist unter anderem Gegenstand des folgenden Abschnitts.

4.3.1.2 Zur Regulierung der Infrastrukturqualität

Wie in anderen Bereichen des Umweltrechts sind auch spezifische wasserwirtschaftliche Gesetze wie das WHG (inklusive der es konkretisierenden Landeswassergesetze) durch unbestimmte Rechtsbegriffe, sog. Technikklauseln, gekennzeichnet. So verweist der § 7a Abs. 1 WHG auf den sog. Stand der Technik und § 18b Abs. 1 WHG fordert für den Bau und den Betrieb von Abwasseranlagen neben dem Einhalten von §7a WHG, dass die allgemein anerkannten Regeln der Technik zu beachten seien. Letztere sind solche, die von der Mehrheit der Fachleute anerkannt werden, die wissenschaftlich begründet und praktisch erprobt sind und sich ausreichend bewährt haben, technische Probleme zu lösen. Für das Unternehmen, das diesen allgemein anerkannten Regeln der Technik folgt, wird angenommen, dass er das technisch Notwendige erfüllt. Dies heißt noch nicht, dass er aber auch der Sorgfaltspflicht gemäß dem Stand der Technik Genüge getan hat. Veröffentlichungen in Fachzeitschriften oder öffentliche Gutachten wären unter Umständen hinzuzuziehen.[80]

Die Verweise des staatlichen Gesetzesrechts sowohl für die Wasserversorgung als auch für die Abwasserentsorgung finden sich in der Gestalt von normkonkretisierenden Verwaltungsvorschriften oder von privaten Regelungswerken. Angesichts weitgehender Ähnlichkeiten werden hier zur Vermeidung von Dopplungen die allgemeine Wirkungsweise und die Ableitung von Reformvorschlägen detailliert anhand der Abwasserentsorgung betrachtet.[81]

---

[80] Neben den Regeln und dem Stand der Technik gibt es zusätzlich als höchste Stufe im Umweltrecht den Stand der Wissenschaft und Technik. Diese ganz besonders strengen Anforderungen sind allerdings nur zum Beispiel für Arbeiten nach dem Bundesatomgesetz, nicht aber für die Wasserwirtschaft von Relevanz.

[81] In der Wasserversorgung werden die technischen Details und damit implizit auch die Regeln der Technik von der „Deutschen Vereinigung des Gas- und Wasserfaches - DVGW" und dem „Deutschen Institut für Normung e.V. - DIN" bestimmt (Umweltbundesamt, 2001b, S. 44). Eine detaillierte Auflistung der in der Wasserversorgung geltenden Normen ist Mutschmann und Stimmelmayr (2002, Kap. 14.6.-14.8.) zu entnehmen. Besondere Erwähnung findet hier die DIN2000, die unter anderem die allgemein anerkannten Regeln

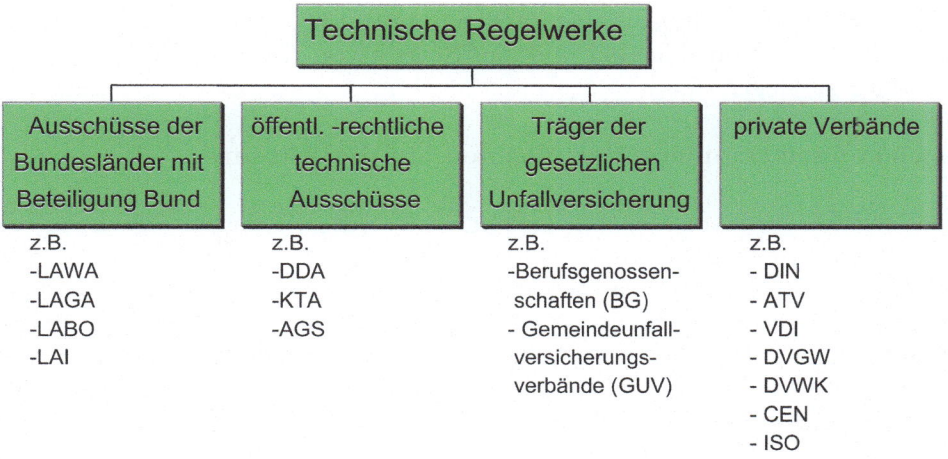

Abbildung 4.7: Institutionen zur Erarbeitung der technischen Regelwerke in Deutschland; Quelle: Böhm et al. (1999, S. 1112).

In der Abwasserentsorgung wirken an der Erstellung des technischen Regelwerkes[82] – wie Abbildung 4.7 zeigt – neben staatlichen/öffentlich-rechtlichen Organisationen die gesetzlichen Unfallversicherungsträger sowie private Verbände mit.

Der koordinierende Charakter von Normen ist für eine arbeitsteilig organisierte Wirtschaft zentral.[83] So ermöglichen einheitliche, Kompatibilität sichernde Maße überhaupt erst eine Massenfertigung. Während diese koordinierenden Normen (Böhm et al., 1999, S. 1114) in vielfältiger Weise zu einem Sinken von Transaktionskosten beitragen, gibt es in der Abwasserentsorgung gleichwohl auch regulierende Normen.[84] Von den 551, die kommunale Abwasserentsorgung betreffenden

---

der Technik für die Planung, den Bau, den Betrieb und die Instandhaltung der Versorgungsanlagen beinhaltet (Ewers et al., 2001, S.19). Verweise auf den jeweiligen Stand oder die jeweiligen Regeln der Technik finden sich in den Wassergesetzen der Länder. Für Nordrhein-Westfalen wären dies zum Beispiel die §§ 47-49 WG NRW.

[82] Hierzu gehören nach Böhm et al. (1999, S.1112) Normen, Richtlinien, Arbeitsblätter, Merkblätter oder Arbeitsberichte. Wird im Folgenden vom Begriff „Norm" oder „Standard" geredet, ist dieser nicht im eigentlichen Sinn gemeint, sondern bezeichnet ganz allgemein eine technische Regelung. An Stellen, an denen eine Unterscheidung für diese Arbeit bedeutend erscheint, wird dies jeweils besonders kenntlich gemacht.

[83] Eine Auseinandersetzung mit den Vorteilen und Nachteilen von Normen und Standards findet sich in Grupp et al. (2003). Im ersten Kapitel seiner Studie liefert Swann (2000) einen umfassenden Literaturüberblick.

[84] Die Unterteilung von Normen und Standards in solche koordinierender und regulierender

Normen sind nach Böhm et al. (1999, S. 1114) 138 regulierend. Hier werden explizit die Regeln für den Bau und den Betrieb von Abwasseranlagen und Kanalnetzen festgelegt.

Auswirkungen regulierender Normen auf die Akteure

Immer wieder wird von den regelgebenden Verbänden darauf verwiesen, dass das Regelwerk jedermann zur Anwendung freistehe und eine Pflicht zur Nutzung aufgrund von Rechtsvorschriften sich zwar ergeben könne aber nicht müsse.[85] Zudem seien in den Regelwerken viele Öffnungsklauseln enthalten, die auch ein kostengünstigeres Erstellen von Abwasseranlagen ermöglichten (LAWA, 2001a, S. 1). In der Praxis wird von diesen aber nur sehr selten Gebrauch gemacht.[86] Bei näherer ökonomischer Analyse erscheint dies auch nicht verwunderlich.

Wie oben beschrieben, gilt die Sorgfaltspflicht im Wesentlichen dann als erfüllt, wenn die allgemein anerkannten Regeln der Technik angewandt wurden. Die Bestimmung dessen, was als eine solche Regel zu begreifen ist, ist mitunter sehr diskussionsbedürftig. Alleine mit der Verfolgung des allgemeinen Regelwerkes ist absolut sichergestellt, dass tatsächlich eine allgemein anerkannte Regel der Technik angewandt wird. Aus Sicht der an einer Baumaßnahme Beteiligten [sehr stilisiert fortan angenommen als Planungsbüro, Bauunternehmen, Betreiber (Regiebetrieb), Gemeinderat (Aufsichtsorgan)] ist folgendes individuelle Entscheidungsverhalten ableitbar. In den Abbildungen 4.8 und 4.9 ist auf der Ordinate der jeweilige individuelle Nutzen, der individuelle Schaden und die Differenz beider als Gesamtnutzen abzulesen, die mit einer spezifischen Baumaßnahme X einhergehen. Die unterschiedlichen Möglichkeiten des Bauens sind auf der Abszisse abzulesen.

Angesichts der Tatsache, dass Schäden, die bei der Anwendung anerkannter Ver-

---

Natur entstammt Böhm et al. (1999). Ebenso könnten diese in förmliche und de-facto Normen unterteilt werden oder aber entsprechend dem Gegenstand der Norm (also Produkt, Dienstleistung, Prozess) spezifiziert werden. Swann (2000, S. 4ff.) gliedert entsprechend der wirtschaftlichen Wirkung in Kompatibilitätsnormen, Sicherheitsnormen, Fokussierungsinstrumente und Produktbezeichnungsnormen.

Im weiteren Verlauf dieses Abschnitts wird es weniger um die Frage gehen, wie sinnhaft Normen sind, sondern vielmehr was die Aufgabe des Staates sein kann, um den sich aus Normung ergebenden Nutzen zu erhöhen.

[85] So zum Beispiel im Arbeitsblatt ATV-DVWK-A 400, in dem die Grundsätze für die Erarbeitung des Regelwerks formuliert sind.

[86] Böhm et al. (1999, S. 1116) haben 43 konkrete Fallbeispiele untersucht und dabei festgestellt, dass nur drei Kläranlagen sich von dem vorgegebenen Regelwerk entfernten. Zu diesem Ergebnis, dass sehr selten vom aufgestellten Regelwerk abgewichen wird, kommen auch eine Reihe weiterer Studien. Vgl. zum Beispiel LAWA (2001a, S. 7).

fahren auftreten, stets auch mit Reputationsverlusten der regelgebenden Verbände einhergehen, verwundert es nicht, dass ein anerkanntes Verfahren für nahezu sämtliche Eventualitäten gewappnet sein soll. Wie Kahlenborn und Kraemer (1999, S. 136) schreiben, ist mit den Normen ein ganz grundsätzliches Problem verbunden. Zum einen gibt es in der Realität sehr viele verschiedene zu beachtende Besonderheiten, zum anderen wird bislang versucht, Normen recht detailliert zu formulieren. Soll damit eine Reputation gewährleistende Sicherheit für jeden Einzelfall garantiert bleiben, wird eine Norm stets eine große Sicherheitsmarge aufweisen. In der graphischen Darstellung des Sachverhaltes wird daher das Folgende angenommen:

- Je geringer der Abszissenabschnitt, umso höher sind die Kosten, die mit der jeweiligen Baumaßnahme einhergehen.

- Zur Integration der angesprochenen Öffnungsklauseln gibt es ein Kontinuum geprüfter Bauverfahren. Die preiswerteste Maßnahme ist damit x_g. Die Öffnungsklauseln würden hier voll ausgeschöpft.

In den Graphiken sind nun für die an einer Baumaßnahme Beteiligten die individuellen Nutzenverläufe dargestellt. Dabei werden gleiche Kurvenverläufe für Planungsbüro und beauftragtes Bauunternehmen in Abbildung 4.8 einerseits und für Betreiber und Gemeinderat in Abbildung 4.9 andererseits unterstellt. Der Verlauf des Haftungserwartungswertes eines angenommenen Schadens steigt mit der Entfernung von der billigsten, genehmigten Variante an. Hier wird folglich die Annahme getroffen, dass die Kosten, die mit einer gewählten Baumaßnahme X einhergehen, mit dem von einem Gericht festgestellten Grad einer Verschuldung korrelieren. Je billiger die Maßnahme, umso stärker wird der Verantwortliche im Schadensfall zur Rechenschaft gezogen. Es soll der Einfachheit halber angenommen werden, dass jeder am Bau Beteiligte gleichermaßen von einem auftretenden Schaden betroffen ist. Der Erwartungswert, mit dem der Einzelne meint, zur Haftung herangezogen zu werden, variiert in Abhängigkeit von seiner Fachkompetenz. Vor diesem Hintergrund können die Verläufe der Haftungserwartungswertkurven variieren. Festzuhalten ist aber zunächst, dass für alle Beteiligten der Haftungserwartungswert erst für die Bestimmung des Gesamtnutzens einer jeweiligen Maßnahme X herangezogen wird, sofern sich zu einer Abweichung von dem allgemeinen Regelwerk entschlossen wird. Für den Gesamtnutzen eines jeden Beteiligten ergibt sich:

$$G(x) = \begin{cases} U(x) \text{ für } x \leq x_g \\ U(x) - H(x) \text{ für } x > x_g \end{cases}$$

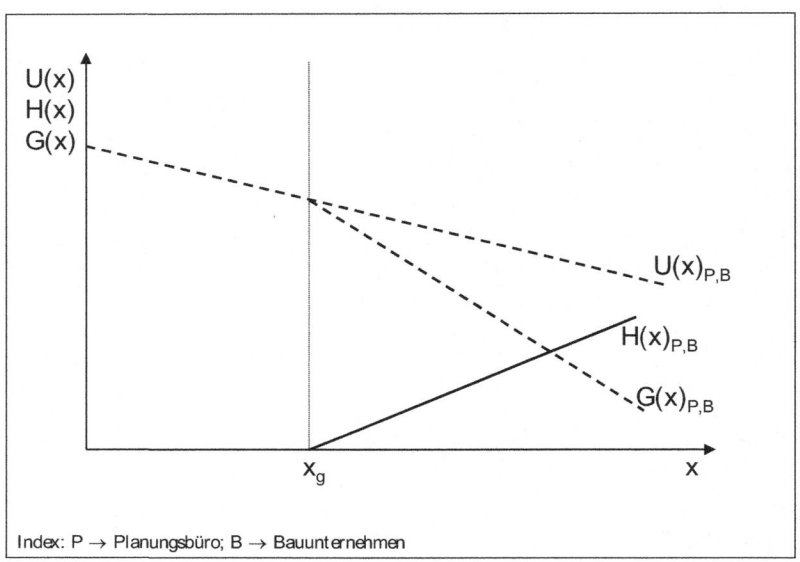

Abbildung 4.8: Entscheidungskalkül von Planungsbüro und Bauunternehmer.

mit $G(x)$: Gesamtnutzen, der mit Baumaßnahme x verbunden ist,
mit $U(x)$: Bruttonutzen, der mit Baumaßnahme x verbunden ist,
mit $H(x)$: Haftungserwartungswert, der mit Baumaßnahme x verbunden ist.

Wie nun lassen sich die angenommenen Kurvenverläufe aus den Abbildungen 4.8 und 4.9 interpretieren, wie ist vor diesem Hintergrund gemäß der Kriterien aus 4.1.2 das Regelwerk zu beurteilen und welche Verbesserungsvorschläge ergäben sich aus ökonomischer Perspektive?

Der Verlauf der jeweiligen Kurven soll folgende Sachverhalte verdeutlichen:

- Die negative Steigung der Nutzenkurve von Planungsbüro und Bauunternehmen in Abbildung 4.8 ist mit der Bezahlung nach der Honorarordnung für Architekten und Ingenieure (HOAI) zu begründen. Höhere Honorare gehen hiernach mit höherem Bauvolumen einher. Unter der Annahme einer freihändigen Vergabe haben die betrauten Unternehmen daher einen Anreiz, ein möglichst hohes Bauvolumen zu generieren. Das graphische Darstellen ihres Gesamtnutzens unter Einschluss ihrer Haftungserwartungswerte geschieht damit nur der Vollständigkeit halber. Unter den Annahmen von geltender HOAI und fehlendem Wettbewerb in der Vergabe werden sie stets bemüht sein, das maximale Bauvolumen durchzusetzen. Selbst wenn ihnen das nicht gelingt, werden sie nur in seltenen Fällen von den „ausgetrampelten Pfaden" der allgemein anerkannten Regeln der Technik abweichen. Der Grund ist nach Illian (1997, S. 313) in den Haftpflichtversicherungspolicen zu sehen, die stets eine Ausschlussklausel beinhalten, sofern von diesen Regeln abgewichen wird. Nur in den seltensten Fällen dürften damit Techniken angewendet werden, bei denen es Zweifel gibt, ob sie in einem Schadensfall vor Gericht als anerkannte Regel der Technik bestätigt würden.

- Betreiber und genehmigender Gemeinderat unterliegen, wie bereits festgestellt, einer zunehmenden Budgetrestriktion. Daher sind sie durchaus bestrebt, ihre Kosten zu verringern. Der individuelle Bruttonutzen steigt vor diesem Hintergrund umso stärker, je preiswerter die letztendlich gewählte Alternative ist. Wie aus der Graphik ersichtlich ist, weisen die beiden hier an einer Baumaßnahme Beteiligten aber unterschiedliche Haftungserwartungswerte auf. Dies wird damit begründet, dass in den Gemeinderäten für gewöhnlich eine nur geringe fachliche Kompetenz vorherrscht. Das Ausmaß, zu dem sie bei auftretendem Schaden herangezogen würden, würde von ihnen überschätzt. Demzufolge verläuft die Kurve des Haftungserwartungswertes steiler. Die Kurve des Betreibers verläuft flacher, der Haftungserwartungswert beginnt allerdings nicht bei Null. Zu begründen wäre dies damit, dass bei einem Regiebetrieb das zuständige Tiefbauamt die Mehrarbeit scheut und durchaus auch unbewusst davon ausgeht, bei einem auftretenden Schaden unmittelbar in höherem Ausmaße zur Verantwortung gezogen zu werden. Die Gesamtnutzenkurven knicken entsprechend des Verlaufs der Haftungserwartungswertkurven ab. Die Gesamtnutzenkurve des Betreibers weist an der Stelle x_g eine Sprungstelle auf. Wie die Abbildung zeigt, ergibt sich das jeweilige Gesamtnutzenmaximum für beide Akteure bei der billigsten zugelassenen allgemeinen Regel der Technik x_g.

Unter diesen stilisierten Annahmen wird nur in seltenen Fällen versucht, von dem allgemeinen Regelwerk abzuweichen. Es ist stets nur die Frage, inwieweit von den jeweiligen Öffnungsklauseln Gebrauch gemacht wird. Bezüglich der Beurteilung der Regulierung der Qualitätskomponente „Nachhaltigkeit im Umgang mit der Infrastruktur" gemäß des ersten Kriteriums der Effektivität aus Abschnitt 4.1.2, stellt sich damit die Frage, welche Sicherheit von den allgemein anerkannten

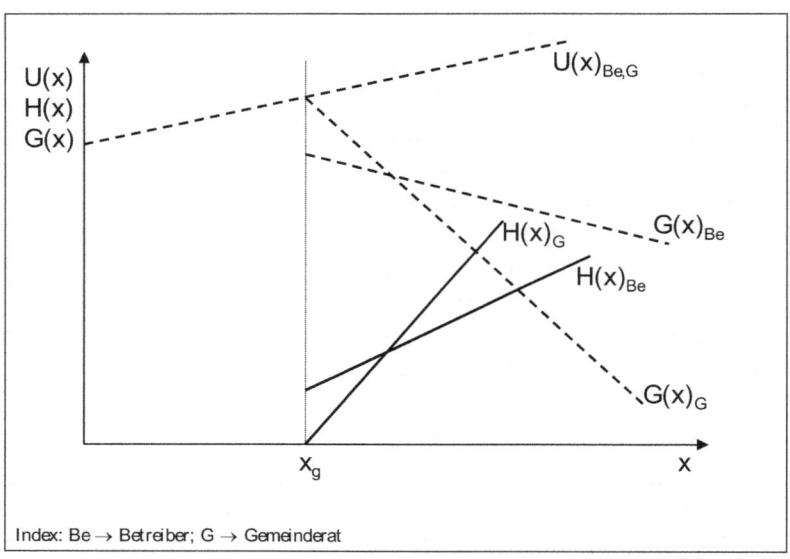

Abbildung 4.9: Entscheidungskalkül von Betreiber und Gemeinderäten.

Regeln der Technik zu erwarten ist.

Wie oben bereits angesprochen ist anzunehmen, dass ein regelgebender Verband seine Reputation sicherzustellen bestrebt ist. Dies gelingt dadurch, dass möglichst jede Eventualität, die zu einem Schadensfall führen könnte, durch das technische Regelwerk ausgeschlossen wird. Es ist daher festzustellen, dass das weitgehende Einbinden der regelgebenden Verbände – laut Kahlenborn und Kraemer (1999, S. 136) in keinem Bereich der Umweltpolitik so sehr wie in der Wasserpolitik verwirklicht – sehr effektiv ist. Schadensfälle werden weitgehend vermieden. Bezüglich der Kriterien der statischen und dynamischen Effizienz fällt das Urteil weniger positiv aus.

Bei dem Kriterium der statischen Effizienz geht es – wie in IV.1.4. angesprochen – um eine erwünschte Verbesserung der Umwelt zu den geringsten volkswirtschaftlichen Kosten. Im Fall des allgemeinen Regelwerkes soll sichergestellt werden, dass die umweltpolitisch vorgegebenen Grenzwerte eingehalten werden. Unfälle, etwa durch qualitativ mindere Inputfaktoren, sollen minimiert werden. Nun ist es – wie auch bei der Behandlung des nachhaltigen Umgangs mit der Natur – richtig, dass der Ausstoß besonders gefährlicher toxischer Stoffe zu minimieren ist. Sofern das Effektivitätskriterium von herausragender Bedeutung ist, ist der Einsatz des Ordnungsrechts durchaus zweckmäßig. Ein konkretes Beispiel wären die Auflagen, welche Beschaffenheit Trinkwasserrohre aufzuweisen haben. Allgemein aber geht es ökonomisch nicht um die maximale, sondern um die optimale Beseitigung von Umweltschäden. Das Kriterium der statischen Effizienz wäre gegenüber dem der Effektivität mindestens gleichgestellt.

Die abgeleiteten Entscheidungskalküle der an einer Baumaßnahme Beteiligten zeigten, dass alle Anreize haben, sich im Rahmen des allgemeinen Regelwerkes zu bewegen. Die damit verbundenen hohen Kosten werden hingenommen, da sie im Rahmen der Preissetzung und insbesondere der Abgabenberechnung[87] auf die Nutzer umgelegt werden können. Wird von dem allgemeinen Regelwerk nicht abgewichen, entspricht es in seiner Wirkungsweise dem klassischen Ordnungsrecht. Wie oben gezeigt erfüllt dieses das Kriterium der statischen Effizienz nicht.

Ebenso problematisch ist die Verletzung des Kriteriums der dynamischen Effizienz. Hier wird analysiert, inwieweit Anreize für die Akteure bestehen, auch über das Erreichen von gegebenen Auflagen hinaus innovativ tätig zu werden. Wie sich zeigte, fehlen für die an einer Baumaßnahme Betroffenen die Anreize, Alternativen zum herrschenden Regelwerk zu suchen. Es werden ja bereits nur selten die Öffnungsklauseln genutzt (LAWA, 2001a, S. 1). Dies lässt bremsende Auswirkungen auf die Innovationstätigkeit vermuten.[88]

Die Entwicklung von Verbesserungsmöglichkeiten läuft damit auf zwei Ebenen. Zum einen wird gefragt, wie die Anreize für die das Regelwerk nutzenden Akteure hin zu einer kosteneffizienteren und innovationsfreundlicheren Weise verändert werden könnten. Auf einer zweiten Ebene geht es um die Art der Regelsetzung selbst. Dazu unterteilen Böhm et al. (1999, S. 1120) diese Art in die eigentlichen Inhalte der Normen, in eine Analyse der Gremien, die diese Normen festlegen, und in die Frage der Normenbildung.

---

[87] Zur Preis- und Gebührenfestsetzung in der deutschen Wasserwirtschaft vgl. Abschnitt 3.4.1.1.

[88] Im Bericht zur technologischen Leistungsfähigkeit Deutschlands 2002 (Grupp et al., 2003, S. 80f.) wird diese Vermutung auch empirisch bestätigt. Danach sind im Dienstleistungssektor allgemein die Regelungen und Normen im Jahre 2000 als das wesentliche externe Innovationshemmnis zu sehen. 3,5 vH aller Unternehmen innovierten aus diesem Grunde nicht. Rechtliche Regelungen, Genehmigungs- und Zulassungsverfahren sowie Verwaltungshandeln greifen danach zu stark in den Innovationsprozess ein. Da Recht und Verwaltung stärker an die bestehenden Güter angepasst seien, müssten Innovatoren Akzeptanz oder gar Zulassung erst erwirken. Gemäß der Argumentation im Fließtext dürfte damit ein weit höherer Anteil als 3,5 vH aller potentiellen Innovationen in der Wasserwirtschaft nicht durchgeführt werden.

Verbesserungsvorschläge für die Regelanwendung

In Anknüpfung an die obigen graphischen Darstellungen sollte über eine Veränderung der Anreize für die einzelnen Akteure in folgender Form nachgedacht werden:

- Planer, ausführendes Bauunternehmen: Der Antrieb, möglichst teuer bauen zu wollen, ist durch wesentliche Änderungen in der HOAI oder ein gänzliches Abschaffen dieser Verordnung, umzudrehen. Der jüngste Vorstoß des Bundesministeriums für Wirtschaft und Arbeit (BMWA) nach Streichung der HOAI geht damit genau in die richtige Richtung (o.V., 2003b). Oberstes Ziel sollte es sein, Boni für eine kosteneffiziente Bauweise zu zahlen.[89] Die Abbildung 4.8 zeigte, dass bei der Verfolgung alternativer Verfahren Planer und Bauunternehmen jeweils befürchten müssen, zur Haftung herangezogen zu werden.[90] Zur Schaffung von Anreizen, auch andere Techniken ins Entscheidungskalkül einzubeziehen, sollten Möglichkeiten geschaffen werden, dass die Haftung zum Beispiel an den Betreiber abgetreten werden kann. Selbstverständlich schließt der Haftungsausschluss kein grob fahrlässiges Verhalten ein. Bei Anwendung dieser Vorschläge würde $U(x)_{P,B}$ im gesamten Verlauf $G(x)_{P,B}$ entsprechen und wäre monoton steigend.

Verpflichtendes Ausschreiben und eine Transparenz bei der Vergabe würden zudem helfen, aus einer ganzen Bandbreite von Möglichkeiten auszuwählen. Es bestünde ein Druck, innovative, kosteneffizientere Lösungen voranzutreiben. Es wäre zentral zu analysieren, welche Unternehmen die Aufträge bekommen. Zwar ist es richtig, dass die deutsche Wasserwirtschaft, wie in Abschnitt 2.2 gezeigt, nicht integriert organisiert ist. Dies bedeutet aber nicht, dass viele kleine und mittlere Unternehmen in Deutschland, die für Planung und Bau herangezogen werden, nicht Teil größerer Unternehmensnetzwerke sind (Ballance und Taylor, 2001, S. 124). Es ist darauf zu achten, dass keine mit dem Betreiber verbundenen Unternehmen den Zuschlag bekommen bzw., dass ausreichend transparente Verfahren dafür Sorge tragen, dass diese im Falle einer Auftragsvergabe tatsächlich die kosteneffizientes-

---

[89] Seit 1996 ist es gemäß der HOAI § 5 Abs. 4a möglich, für kostengünstigeres Bauen ein besonderes Erfolgshonorar zu vereinbaren. Dieses kann bis zu 20 vH der vom Auftragnehmer durch seine Leistungen eingesparten Kosten betragen. Weitere Vorschläge, wie die HOAI in Bezug auf innovativeres und kosteneffizienteres Planen ausgerichtet werden könnte, liefern Bever et al. (1997, S. 2052ff.).

[90] Allgemein ausgedrückt sollte derjenige Akteur das Risiko einer Handlung tragen, der zum einen dieses Risiko am besten beurteilen kann und gleichzeitig die eigentliche Handlung bestimmt.

ten sind.[91]

- Betreiber: Der Verlauf der Haftungserwartungswertkurve wurde unter der Annahme eines Regiebetriebes getroffen. Wie in den Abbildungen A.6 und A.7 verdeutlicht, ist diese Organisationsform in Deutschland selbst für den Wasserbereich nicht mehr vorherrschend. Dennoch hat die Analyse der Preis- und Abgabenfestsetzung in Abschnitt 3.4.1.1 zu denken gegeben. Von einem Betreiber ist nur dann ein unternehmerisches und gleichzeitig volkswirtschaftlich wünschenswertes Verhalten zu erwarten, wenn er weitestgehendem Wettbewerb ausgesetzt ist. Auch für öffentliche Unternehmen müsste ein ineffizientes Verhalten unmittelbare Folgen haben.

Ein möglichst weitgehender Wettbewerb inklusive ausreichender Regulierung ist damit die einzige Möglichkeit, das Entscheidungsverhalten der Betreiber zu verändern. Der Nutzen aus kosteneffizienteren Verfahren sollte dem Betreiber unmittelbar zukommen, ebenso wie die damit verbundenen Risiken ihm zuzurechnen wären (Prinzip „Kompetenz und Haftung"). Entscheidet er sich für den Einsatz alternativer Technologien, die ihm im Rahmen von Ausschreibungen von Planern vorgestellt werden, so sollte er nach Prüfung die alleinige Verantwortung tragen. Das notwendige Know-How ließe sich bei Bedarf auf dem Markt einkaufen.

- Gemeinderäte: Es ist zu erwarten, dass es Gemeinderäten zunehmend schwerer fallen wird, dem Bürger Preissteigerungen für Trinkwasser- und Abwasserdienstleistungen zu vermitteln. Graphisch könnte sich diese Annahme durch einen steileren positiven Verlauf der U_G-Kurve darstellen lassen.

Diese Argumentation setzt voraus, dass ansonsten keine verzerrenden Anreize auf das Entscheidungsverhalten einwirken. Solche Anreizverzerrungen sind aber mit der Art und Weise, wie bei Investitionen in der Abwasserwirtschaft staatliche Zuschüsse vergeben werden, sehr wohl zu konstatieren. Wie Müller (1997, S. 296) herausarbeitet, steigt der prozentuale Fördersatz mit der zu erwartenden Abwassergebühr. Am Beispiel der Investitionsför-

---

[91] Das neue EU-Vergaberecht fördert nicht notwendigerweise die Transparenz. Zu den Kernpunkten der Neuordnung zählt die Zulassung „vergabefremder Leistungen". Die Beschäftigung Langzeitarbeitsloser könnte so zum Beispiel ein entscheidendes Kriterium sein. Selbst wenn ex ante die genaue Gewichtung der Zuschlagskriterien bekannt zu machen ist, ist doch die letztendliche Vergabe weit schwerer zu kontrollieren (Kullack, 2004, S. 23). Werden die französischen Erfahrungen mit dem Ausschreibungswettbewerb aus Abschnitt 3.4.1.3 zu Grunde gelegt, dürfte mit dem neuen EU-Vergaberecht damit eine falsche Richtung eingeschlagen worden sein.

derung in Baden-Württemberg wird gezeigt, dass bis zu einer Abwasser-gebühr von 8,50 DM/m^3 der Fördersatz für Investitionen 0 vH beträgt, bei 12 DM/m^3 bereits 45 vH übernommen werden und letzlich ab 14,50 DM/m^3 90 vH der Investitionskosten durch Zuschüsse gedeckt sind. Anreize existieren folglich, besonders teuer zu bauen und den Betrieb ineffizient zu führen. In dem vorgestellten Ausgangsbeispiel (Abbildung 4.9) hätte die U(x)$_G$-Kurve eine negative Steigung. Es kann aus ökonomischer Sicht kein Zweifel bestehen, dass solche anreizverzerrenden Mechanismen abzustellen sind.

Unter der Annahme der Nichtexistenz solcher Zuschusspraktiken ist festzustellen, dass Preissteigerungen vor dem Hintergrund steigender Investitionskosten im Rahmen der Umsetzung der europäischen WRRL sich nur schwer werden vermeiden lassen. Sollte Kraemer (Ballance und Taylor, 2001, S. 124) Recht behalten, wird sich zudem der Trend zu einer stärkeren Beteiligung privater Unternehmen fortsetzen. Wird damit auch die Finanzierung privat erbracht, verlören die Gemeinderäte noch mehr an Bedeutung in obigen Überlegungen. Sollte ihre Stellung jedoch auch in Zukunft wider Erwarten gleiches Gewicht behalten, ließe sich die risikoaverse Haltung, die mit dem angenommenen Verlauf der Haftungserwartungswertkurve verbunden ist, zum Beispiel durch Weiterbildungen für die entsprechenden Kommunalpolitiker oder überregionale Beratungsbüros verändern.[92]

Verbesserungsvorschläge für die Regelsetzung

Während auf der ersten Ebene analysiert wurde, wie die Anreize für die das Regelwerk Nutzenden verändert werden sollten, geht es nun um den eigentlichen Prozess der Regelsetzung. Wie aus Abbildung 4.7 ersichtlich, sind verschiedene Organisationen bei der Erstellung von Regeln involviert. Es macht Sinn, exemplarisch die Deutsche Vereinigung für Wasserwirtschaft, Abwasser und Abfall (ATV-DVWK)[93] etwas näher zu betrachten, da diese für rund 2/3 der hier besonders im Blickpunkt stehenden Normen – denen für Bau und Betrieb von Abwasserkanälen und Kanalnetzen – verantwortlich ist (Böhm et al., 1999, S. 1114).

---

[92] In Nordrhein-Westfalen, Hessen oder Thüringen zum Beispiel gibt es bereits Abwasserberatungsstellen (LAWA, 2001a, S. 6). Ihr Ziel ist es, dazu beizutragen, dass die Kosten der Abwasserbeseitigung durch ökonomische Planungen unter Berücksichtigung von rechtlichen Vorgaben und ökologischen Aspekten zumindest konstant gehalten werden können (vgl. Internetseite http://www.abwasserberatungnrw.de).

[93] Im Jahre 2000 fusionierten die Abwassertechnische Vereinigung (ATV) und der Deutsche Verband für Wasserwirtschaft und Kulturbau (DVWK). Der Verband stellt sich unter http://www.atv.de vor.

Die ATV-DVWK ist in Deutschland mit ihren rund 16.000 Mitgliedern als politisch und wirtschaftlich unabhängiger Verein Sprecher der Abwasserentsorgungsseite für alle übergreifenden Wasserfragen. Der Schwerpunkt ihrer Tätigkeiten liegt auf der Erarbeitung und Aktualisierung eines einheitlichen technischen Regelwerkes sowie der Mitarbeit bei der Aufstellung fachspezifischer Normen auf nationaler und internationaler Ebene.

Bei der Beschäftigung mit der Regelsetzung sind, wie weiter oben bereits angesprochen, drei verschiedene Analysestränge zu unterscheiden:

- Inhalte des Regelwerkes,

- Zusammensetzung der Gremien, die über neue Regeln entscheiden,

- Zustandekommen der Normen.

Insbesondere die regulierenden Regeln, zum Beispiel die für den Bau und den Betrieb von Abwasseranlagen und Kanalnetzen, sind technisch sehr detailliert abgefasst. Hinzu kommt, dass diese Normen durch Beispiele näher verdeutlicht werden, ohne dass den Nutzern ausreichend klar wird, welche Elemente verbindlich sind und wo es Öffnungsklauseln gibt (Böhm et al., 1999, S. 1116). Natürlich ist eine weit klarere Abgrenzung hier zu begrüßen und gemäß LAWA (2001a, S. 6) bei der ATV-DVWK bereits eingeleitet.

Allgemeiner aber ist bezüglich der Inhalte des Regelwerkes erstens anzuregen, dass nur dort eine regulatorische Vorgabe gemacht wird, wo dies absolut notwendig ist (Illian, 1997, S. 313). Wo immer möglich, sollten anstatt einer Vorgabe für die Inputs funktionale Outputziele spezifiziert werden. Analog zur positiven Bewertung der Abwasserabgabe wären nur das Ergebnis bezeichnende Normen sowohl statisch als auch dynamisch effizient. Das Entdeckungsverfahren des Wettbewerbs würde genutzt, um die betriebswirtschaftlich effizienteste Technologie herauszufinden. Analog zur Argumentation im vorangegangenen Abschnitt gilt auch hier, dass stets die relative Relevanz der einzelnen in Abschnitt 4.1.2 vorgestellten Kriterien zu berücksichtigen ist. Sofern dem Effektivitätskriterium die zentrale Bedeutung zukommt, sind inputorientierte Vorgaben – bis hin zu regulierenden Normen – volkswirtschaftlich nicht zu beanstanden. Rudolph und Block (2001, S. 23) meinen, einen Trend hin zu verstärkt outputorientierten Vorgaben auszumachen, konkretere Beispiele aber geben sie nicht.

Derzeit wird in internationalen Arbeitskreisen intensiv daran gearbeitet, die verschiedenen europäischen Regelwerke einander anzugleichen. Bei den koordinierenden Normen erscheint dies gemäß der Argumentation zu Anfang des Abschnitts im Allgemeinen ratsam, bei den Regulierenden hingegen ist die Sinnhaftigkeit mehr als fraglich. Es ist einzusehen, dass gerade für die Klärung von Haftungsfragen regulierende Normen in sehr ausgewählten Bereichen ein Mittel sind, Transaktionskosten zu senken.[94] Sofern sinnvoll könnten diese neben Urteilen der Rechtsprechung Anwendung finden. Das Aufstellen regulierender Normen bedeutet aber nicht automatisch, dass dies von einer einzigen Organisation zu geschehen hat. Im Gegenteil sollten die Hayekschen Überlegungen (Hayek, 1969) vom Wettbewerb als Entdeckungsverfahren auch hier Anwendung finden.

Kahlenborn und Kraemer (1999, S. 191) ist demnach zuzustimmen, wenn sie eine Vielfalt in den regulierenden Normenwerken begrüßen. Sogar über die Förderung der Gründung neuer Verbände wäre nachzudenken. So wird ein institutioneller Wettbewerb in Gang gesetzt, und die sinnvollsten Regeln werden sich durchsetzen. Einem deutschen Betreiber steht es auch in diesem Fall weiterhin frei, in einer Ausschreibung die Vorlage eines Angebots gemäß ATV-DVWK-Regelwerk zu verlangen.[95] Gleichwohl könnte er auch auf preiswertere und unter Umständen ähnlich sichere Verfahren gemäß des zum Beispiel portugiesischen Regelwerkes bauen. In LAWA (2001a, S. 6) wird beispielhaft darauf verwiesen, dass sich in Österreich weit intensiver mit den Besonderheiten der Abwasserentsorgung im ländlichen Raum auseinandergesetzt worden ist und ein Rückgriff deutscher Betreiber auf jenes Regelwerk nur zu begrüßen wäre.

Auch die Zusammensetzung der Gremien und der Normenbildung ließe sich ausgewogener gestalten. Zwar ist positiv herauszustellen, dass Hersteller und Anlagenbauer nicht in den Gremien vertreten sind, gleichzeitig aber ist zu bemängeln, dass weder Vertretern kleiner Kommunen noch Vertretern der Gebührenzahler Einfluss in den Ausschüssen zukommt. So verwundert es nach Böhm et al. (1999, S. 1115) nicht, dass Kostenaspekte in der Vergangenheit bei der Normenfestle-

---

[94] Die Tatsache, dass regulierende Normen einen Ausschluss der Haftung implizieren, ist vor dem Hintergrund der Analyse der einzelnen Instrumente zur Qualitätsbereitstellung in Abschnitt 4.1.3 sehr kritisch zu sehen. De facto wird eine Verschuldenshaftung eingesetzt. Diese ist aber im Gegensatz zur Gefährdungshaftung dem klassischen Ordnungsrecht sehr ähnlich und wäre damit allenfalls für die Verfolgung eines Qualitätszieles einzusetzen, bei dem das Effektivitätskriterium von überragender Bedeutung ist.

[95] Es soll hier nicht gesagt werden, dass die regulierenden Normen der ATV-DVWK in Konkurrenz notwendigerweise schlechter sind. Den Nettonutzen auch der regulierenden Normen versucht zum Beispiel Pecher (1996) zu berechnen. Er kommt zu dem Ergebnis, dass der Nutzen die Kosten wahrscheinlich um den Faktor 50 übersteigt. Die genaue Definition des Vergleichszustandes bleibt er gleichwohl schuldig.

gung kaum angesprochen wurden. Es wäre daher sinnvoll, bisher nicht angehörte Vertreter in verstärkter Weise in die Gremien zu integrieren.[96] Vertreter gerade kleiner Kommunen werden vermutlich aber erst dann ihre Interessen nachhaltig vertreten, wenn ein ineffizientes Wirtschaften für sie Konsequenzen bis hin zu einer Abgabe der Tätigkeit nach sich zöge. Auch hier also könnten bereits heute die Rahmenbedingungen geändert werden; dass diese aber ihre gewünschte Wirkung zeigen, ist letztendlich von der Schaffung von mehr Wettbewerb abhängig.

Es wäre darüber nachzudenken, ob notwendigerweise jede Interessengruppe in jedem Ausschuss vertreten sein muss. Die Publikation der Sitzungsprotokolle inklusive etwaiger Abstimmungsergebnisse und detailliertem Abstimmungsverhalten der Mitglieder würde eine größere Transparenz sicherstellen und das Verfolgen der eigenen Interessen von Gremienvertretern einschränken. Dies würde weit über die derzeitige Praxis hinausgehen.[97] Der Schaffung weitestmöglicher Transparenz kommt insbesondere dann eine große Bedeutung zu, wenn der interinstitutionelle Wettbewerb von Normungsgremien gering ist. Analog zur Beschreibung des „Wettbewerbs im Markt" als bester und des „Wettbewerbs um den Markt" oder des „Systems vergleichenden Wettbewerbs" als Surrogate und zweitbeste Lösungen in Kapitel 3, wäre die Begründung oder Nutzung verstärkter interinstitutioneller Konkurrenz bei regulierenden Normen das vordringliche Vorgehen. Das Einfordern weitreichendster Transparenz wäre dann von untergeordneter Bedeutung. Gleiches gilt für die verschiedenen Diskussionen, die über Auflagen bezüglich Mehrfachmitgliedschaften in Normengremien, über das Einführen von Altershöchstgrenzen oder über die Festlegung einer maximalen Mitgliedsdauer geführt werden (Böhm et al., 1999, S. 1116).[98]

Im Kern wird mit diesen Forderungen darauf aufmerksam gemacht, dass Innovationen im Rahmen der monopolistischen Gestaltung der Bildung regulierender Regeln sich nur schwer durchsetzen können. Regulierende Normen, so schreiben Böhm et al. (1999, S. 1118), dienen dazu, technisches Wissen zum Regelungsgegenstand zu dokumentieren und gesammelte Erfahrungen zusammenzufassen.

---

[96] Für eine ähnliche Argumentation siehe auch Swann (2000, S. vii).

[97] Bislang wird wohl der Regelentwurf veröffentlicht und es kann gegebenenfalls Einspruch eingelegt werden (Pecher, 1996, S. 721).

[98] Wenngleich bei der Begründung interinstitutionellen Wettbewerbs diesen Verbesserungsvorschlägen nur eine untergeordnete Rolle zukommt, so belegt doch die Tatsache, dass zum Beispiel die ATV-DVWK vorgibt, ihre Satzung ändern zu wollen (Böhm et al., 1999, S. 1121) und dies dann im Sand verlaufen lässt, die Vermutung, dass auch ein Monopolist im Bereich der Regelsetzung seinen Monopolistenspielraum auszunutzen trachtet. Vorgenommene Satzungsänderungen sind weder in der im Internet eingestellten aktuellsten Fassung auszumachen noch war die ATV-DVWK auf Anfrage bereit, über entsprechende Änderungen Auskunft zu geben.

Diese Kenntnisse seien so für alle Fachleute zu geringen Informationskosten verfügbar und anwendbar, wie Pecher (1996, S. 727) feststellt. Ökonomisch betrachtet überzeugt diese These nicht.

In anderen Branchen werden Innovationen vor allem dadurch hervorgerufen, dass die zu Grunde liegende Technik gerade nicht sofort einem Gremium im Detail vorgestellt werden muss. Ein Unternehmen innoviert und beantragt im Anschluss gegebenenfalls ein Patent. Das Produkt wird dann produziert und vermarktet. In der Wasserwirtschaft ist zentrale Voraussetzung dafür, dass sich eine Innovation lohnt, dass diese im Regelwerk der regelsetzenden Verbände als eine allgemein anerkannte Regel der Technik offiziell anerkannt wird. Nun sind die Arbeitsgruppen, die Standards ausarbeiten, aber häufig traditionellen Ansätzen verbunden (Kahlenborn und Kraemer, 1999, S. 136). Da neue Arbeitsgruppen zudem nur von den Vorständen der Verbände eingesetzt werden, hätten neue Ansätze von unten oder von außerhalb der Verbände kaum Chancen sich zu entfalten. Auch dies spricht aus ökonomischer Perspektive für die Forcierung eines interinstitutionellen Wettbewerbs. Nur so kann das Vorsprungswissen eines Innovators gesichert und gleichzeitig die zu erwartenden Abwehrtendenzen des momentanen Marktbeherrschers für eine technische Lösung abgewehrt werden.

Abschließend ist damit zu folgern, dass der nachhaltige Umgang mit der Infrastruktur derzeit in Deutschland eine Reihe von Kritikpunkten aufweist. Regelwerke spielen eine große Rolle. Zu unterscheiden ist hier zum einen, wie dieses Regelwerk sich bildet und entwickelt und zum anderen wie dieses genutzt wird. Die Anreize, von diesem abzuweichen, lassen sich teilweise unmittelbar verändern, teilweise ist erst mit der Implementierung weitestmöglichen Wettbewerbs eine unmittelbare Motivation verbunden, alternative Wege zu suchen.

4.3.2 Zur Qualitätsbereitstellung bei den eigentlichen Produkten

4.3.2.1 Zur Regulierung der Trinkwasserqualität

In einem ersten Schritt geht es in diesem Abschnitt um die Analyse, wie einerseits die Trinkwasserqualität festgelegt und andererseits die zuverlässige Lieferung gewährleistet wird. Im zweiten Schritt ist festzustellen, dass in Deutschland im Wesentlichen jedes gelieferte Wasser Trinkwasserqualität besitzt. Während eine Differenzierung der gelieferten Wässer für Kleinabnehmer in einem Land wie

Deutschland, das bereits über eine weitestgehend flächendeckende Infrastruktur verfügt, keine wesentliche Option darstellt, mag dies für andere Regionen der Welt durchaus diskussionswürdig sein. Für Deutschland können gleichwohl Möglichkeiten der Eigenversorgung geprüft werden.

In der Verordnung über die Qualität von Wasser für den menschlichen Gebrauch (Trinkwasserverordnung - TrinkwV 2001) vom 21.05.2001[99] wird der Rahmen für die Qualität des Trinkwassers gesetzt. Zum einen erhält die TrinkwV allgemeine Anforderungen, zum anderen werden für circa 50 Parameter konkrete Grenzwerte oder Richtwerte angegeben.

Angesichts der allgemeinen Anforderungen wird ein von Krankheitserregern freies, genusstaug-liches und reines Trinkwasser nicht nur durch die Einhaltung jener Parameter determiniert, sondern ebenfalls davon, ob bei der Gewinnung, der Aufbereitung und der Verteilung die allgemein anerkannten Regeln der Technik eingehalten wurden (Ewers et al., 2001, S. 19). Teilweise werden diese Auflagen von einzelnen Bundesländern noch weiter verschärft. § 48 Abs. 1 Wassergesetz für Nordrhein-Westfalen (LWG NW) zum Beispiel fordert unter gewissen Umständen die Einhaltung des Standes der Technik.[100]

Unter Bezugnahme auf die Überlegungen im vorangegangenen Abschnitt zur Regulierung der Infrastrukturqualität ist auch für die Bestimmung, ob ausreichende Trinkwasserqualität angeboten wird, diese Art der regulierenden Normen zu kritisieren. Zur Förderung kosteneffizienten Planens, Bauens und Betreibens wird auf die entwickelten Verbesserungsvorschläge aus dem vorherigen Abschnitt verwiesen.

Zur Sicherstellung ausreichender Trinkwasserqualität ist ein funktionsfähiges Monitoring unerlässlich. Im kommunalen Bereich ist es Aufgabe der Gesundheitsämter, Maßnahmen der WVU zur Eigenkontrolle zu überwachen. Insbesondere wird den WVU die Pflicht auferlegt, jede Überschreitung der Parameterwerte umgehend zu melden (Umweltbundesamt, 2001b, S. 44). Ein Vergehen wird entweder als Ordnungswidrigkeit behandelt oder aber strafrechtlich verfolgt (Ewers et al., 2001, S. 19).

Bei der Analyse, wie eine etwaige Überschreitung der Parameterwerte von zum

---

[99] Diese Verordnung diente der Umsetzung der Richtlinie 98/83/EG des Europäischen Rates vom 3. November 1998.

[100] Zur Unterscheidung Regeln der Technik, Stand der Technik, Stand der Wissenschaft und Technik sei auf den vorhergegangenen Abschnitt verwiesen.

Beispiel Gerichten geahndet wird, zeigt sich erneut der „Bumerang-Effekt" der allgemeinen Regeln der Technik. Kann sich ein WVU nämlich darauf verlassen, dass bei Einhaltung jener Vorgaben es keine strafrechtliche Verfolgung zu befürchten hat, wird es keinerlei Anstrengungen unternehmen, ein Überschreiten der Grenzwerte anderweitig oder weitergehend zu verhindern. Damit wirkt die Verschuldenshaftung im Gegensatz zur Gefährdungshaftung[101] wie eine normale Auflage und ist damit zwar effektiv, aber weder statisch noch dynamisch effizient.

Es bleibt abschließend noch die Beurteilung über die Art und Weise, wie die einzelnen Grenzwerte bestimmt werden. In Abschnitt 4.3.1.1 wurde bereits darauf verwiesen, dass es Aufgabe der Naturwissenschaftler ist, die Grenzwerte zu bestimmen. Ökonomisch geht es darum, dass externe Effekte internalisiert werden. Dabei ist ein grundsätzliches Minimierungsgebot im Gegensatz zu einem gewissen Vorsichtsgebot als Reaktion auf Unsicherheit nicht stichhaltig. Ferner ist im Zusammenhang mit der vorgegebenen Trinkwasserqualität darauf zu verweisen, dass es eine gesellschaftspolitische Entscheidung ist, dem Kunden ein qualitativ so hochwertiges Wasser anzubieten. Es bestünden ja durchaus Möglichkeiten zum Beispiel des Abkochens oder Filterns von qualitativ schlechterem Wasser. Von vorne herein ist nicht auszuschließen, dass volkswirtschaftlich dezentrale Reinigungstechniken nicht vorzuziehen wären. Durch strikte Vorgaben in Form von Grenzwerten und Verfahrensauflagen wird aber das Entdecken der etwaigen Vorzüge alternativer Techniken unterbunden. Eine zumindest durch den Wettbewerb zu prüfende volkswirtschaftliche Vorteilhaftigkeit resultierte auch aus der durchschnittlichen Wasserverwendung bundesdeutscher Verbraucher. Gemäß Abbildung 2.3 werden nur 4 vH des Wassers für Essen und Trinken genutzt.

Gerade vor dem Hintergrund des Abschnitts 4.2 wäre damit der Konsument ganz grundsätzlich zu fragen, wieviel Wasser in Trinkwasserqualität er wünscht. Es ginge um die Analyse einer verstärkten Differenzierung gelieferter Wässer. Zwei Gründe sprächen für eine hohe durchschnittliche Qualitätsnachfrage des deutschen Verbrauchers. Zum ersten ist er es aus der Vergangenheit gewohnt, Wasser unmittelbar aus dem Wasserhahn trinken zu können. Zum anderen könnte für Deutschland die Einkommenselastizität der Nachfrage nach Wasser, das ohne zusätzliche Aufbereitung im Haushalt konsumierbar sein soll, weit größer sein

---

[101] Zur Abgrenzung der beiden Haftungsformen vergleiche Abschnitt 4.1.3 bzw. die knappe definitorische Abgrenzung beider in Abbildung A.18 im Anhang.
Gerade bei der Kontrolle der Trinkwasserqualität ohne Wettbewerb im Markt wäre aufgrund der Monokausalität eines Schadens die Gefährdungshaftung ohne weiteres anwendbar.

als 1.[102] Wie aber zuvor herausgearbeitet, sollten auch regionale Monopolisten verpflichtet werden, der jeweils individuellen Nachfrage zu entsprechen. Der einzelne, alleine oder in einer Gruppe zusammengeschlossen, sollte das weitestmögliche Recht haben, von etwaigen neuen Techniken Gebrauch zu machen.[103] Damit aber eine sinnvolle Kosten-Nutzen-Abwägung der Alternativen durchgeführt werden kann, ist es auch im Interesse der Wasserwirtschaft sicherzustellen, dass sich die Preise an den tatsächlichen Kosten orientieren. Mit einer großen Wahrscheinlichkeit werden viele von einer Anwendung alternativer (Wasserspar-)-Techniken absehen, wenn die Grundgebühr tatsächlich den hohen Fixkostenanteil widerspiegelt.[104]

Neben der zunehmenden Nutzung von Regenwasser gewinnt das aus häuslichem Grauwasser erzeugte Betriebswasser an Bedeutung. Mittlerweile sind auch integrierte Lösungen in der Erprobung. Neben der Wassereinsparung werden die Nährstoffe und Energieinhalte genutzt. Angesichts der Komplexität solcher Anlagen ergäben sich für die WVU ganz neue Möglichkeiten, „bspw. zusammen mit Energie- und Gasversorgungsunternehmen gemeinsame Kommunikationsnetze zum Beispiel für Fernablesung der Verbrauchsdaten, Fernüberwachung und Ferndiagnose, aufzubauen, um damit kundenorientierte Dienstleistungen zu schaffen" (Rudolph und Block, 2001, S. 57).

Es werden damit wahrscheinlich Chancen vertan, wenn für Kleinanlagen in der Trinkwasserverordnung hinsichtlich Versorgungssicherheit und Trinkwasserqualität grundsätzlich dieselben Anforderungen gelten wie in der öffentlichen Wasserversorgung (Umweltbundesamt, 2001b, S. 44f.).[105] Die Lösungen verlieren durch

---

[102] Es wurde hier explizit nur für den deutschen Verbraucher gesprochen. Aus der Überlegung zur Einkommenselastizität der Nachfrage kann man die Hypothese aufstellen, dass die Präferenzen des Griechen oder Portugiesen weit niedriger sein könnten. Dass so zukünftig in allen Mitgliedsstaaten der Europäischen Union die Regelungen gelten, „wie sie in Deutschland schon immer selbstverständlich waren" (Müller, 2003, S. B1) ist somit ökonomisch fragwürdig.

[103] Neuere Entwicklungen sind sehr anschaulich bei Rudolph und Block (2001, S. 49ff.) oder Hiessl et al. (2003) dargestellt.

[104] Zur Darstellung der Kostenblöcke in Abwasserentsorgung sei auf Abbildung 2.5 verwiesen. Eine Darstellung der Kostenstruktur der Unternehmen der Energie- und Wasserversorgung findet sich in Statistisches Bundesamt (2003, Kap. 14.4.2), ist aber aufgrund der zusammengefassten Darstellung wenig aussagekräftig. Eine Untersuchung für ausgewählte WVU in Bayern zeigt, dass je nach Größe des Unternehmens die Kapitalkosten zwischen 35 vH und 43 vH der Gesamtkosten ausmachen (Rödl & Partner, 2003, S. 40).

[105] Vor dem Hintergrund negativer externer Effekte könnte darüber nachgedacht werden, dass bei vermietetem Wohnraum die besondere Eignung von Kleinanlagen nachzuweisen wäre. Dabei müsste die Prüfung nicht notwendigerweise durch eine öffentliche Stelle erbracht werden. Gleichwohl ist zu erwarten, dass auch ohne staatliche Einflussnahme der Mieter es als Nachteil einer potentiellen Wohnung werten würde, wenn der Vermieter die Qualität

diese Auflagen an Konkurrenzfähigkeit. Zudem ist genau zu überprüfen, ob die Meldepflicht und scharfe technische Anforderungen für Regen- und Brauchwasseranlagen (Müller, 2003, S. B1) in der Praxis nicht ebenso als Mittel zur Marktschließung genutzt werden.[106]

Zusammenfassend sind damit auch für die Regulierung der Trinkwasserqualität einige Potentiale zur Effizienzverbesserung ohne Aufgabe der Effektivität gegeben. Eine stärkere Orientierung an den individuellen Präferenzen erscheint möglich. Diese verschiedenen Verbesserungsvorschläge sollten ganz unabhängig von einer Einführung von mehr Wettbewerb geprüft werden. Grundsätzlich ist nicht zu sehen, weswegen ein privates WVU, das auch weiterhin einer (staatlichen) Qualitätsüberwachung unterliegt, Trinkwasser anbieten sollte, das Gesundheitsauflagen verletzt.[107] Dass sich private WVU gegen Initiativen des Umweltbundesamtes zur weitergehenden technischen Dynamisierung bei der Wasseraufbereitung (Müller, 2003, S. B1) zur Wehr setzen, ist unter den in 4.2.1.2 angesprochenen Kosten-Nutzen-Gesichtspunkten positiv.

4.3.2.2 Zur Regulierung der Abwasserqualität

Die Auseinandersetzung mit der Regulierung der Qualität gereinigten Abwassers geschieht in zwei Schritten. Zunächst wird ein analoges Vorgehen wie bei der Analyse der Trinkwasserqualitätsregulierung gewählt und die derzeitigen Verfahren auf ihre ökonomische Sinnhaftigkeit hin untersucht. Gleichzeitig aber wurde im Zusammenhang mit der Diskussion zum nachhaltigen Umgang mit Natur darauf hingewiesen, dass die Vorgaben zur Trinkwasserqualität anders zu betrachten sind als solche, die für gereinigtes Abwasser festgelegt werden.

Während das Trinkwasser bei Entnahme aus dem Wasserhahn frei von Krankheitserregern, genusstauglich und rein zu sein hat, bestimmt sich der Reinheitsgrad eines Gewässers nur zum Teil aus der Qualität des geklärten Abwassers. Das Gewässer wird ebenso von Direkteinleitern oder der Schifffahrt mit Stoffeinträgen

---

des Wassers nicht ausreichend belegen könnte.

[106] Siehe hierzu die Überlegungen zur „Theorie bestreitbarer Märkte" in 3.1.4.

[107] Im November 2000 fand in Berlin eine internationale Fachtagung zum Thema „Umweltaspekte einer Privatisierung der Wasserwirtschaft in Deutschland" statt (Holzwarth und Kraemer (Hrsg.), 2001). Im Epilog wird sich mit der deutschen Sorge auseinandergesetzt, dass Privatisierung und Umweltschutz nicht vereinbar seien. „Diese Sorge wurde aber von keinem der ausländischen Experten geteilt; alle betonten, dass es weder konzeptionell, noch in der Praxis Probleme gäbe" (Ette, 2001, S. 116).

belastet. Zudem kommt den diffusen Quellen, eine große Bedeutung für die Verschmutzung von Oberflächengewässern zu.[108] Zu solchen diffusen Quellen zählen neben der Landwirtschaft[109] die Forstwirtschaft, Erosionsprobleme aufwerfende Baumaßnahmen, Parkplätze und Straßen, Rasenflächen und hier insbesondere Golfanlagen, atmosphärische Verunreinigungen sowie Veränderungen der traditionellen Flussläufe (NWF, 1999, S. 3). Gerade letztere Maßnahmen beeinflussen die Selbstreinigungskraft und damit Aufnahmefähigkeit eines Fließgewässers.

Im Ergebnis liegt also ebenso wie bei der Rohwassernutzung eine Konkurrenz bei der Nutzung von Oberflächengewässern vor, deren ökonomische Berücksichtigung im Zusammenhang mit Zertifikatesystemen unter Effizienzgesichtspunkten oft Vorteile aufweist. Die Integration einer solchen Lösung zur nachhaltigen Bewirtschaftung deutscher Flusseinzugsgebiete wird somit zu prüfen sein.

Derzeitige Regulierung der Abwasserqualität in Deutschland

Die Regulierung der Qualität des Gutes Abwasser ist der des Gutes Trinkwasser sehr ähnlich. Gemäß § 7a Absatz 1 WHG darf eine Erlaubnis für das Einleiten von Abwasser nur erteilt werden, wenn die Schadstofffracht des Abwassers so gering gehalten wird, wie dies bei Einhaltung der jeweils in Betracht kommenden Verfahren nach dem Stand der Technik möglich ist. Jene Spezifizierungen fanden sich ursprünglich in den Abwasserverwaltungsvorschriften und sind nun in die Abwasserverordnung (AbwV) [110] überführt worden. Derzeit sind in der AbwV für 57 Branchen Emissionsgrenzwerte für die jeweiligen relevanten Schadstoffe aufgeführt, die kontinuierlich dem Stand der Technik angepasst werden.[111]

Für das häusliche und kommunale Abwasser (Anhang 1 AbwV) sind diese relevanten Stoffe der chemische Sauerstoffbedarf (CSB), der biochemische Sauerstoff-

---

[108]   Die Bedeutung diffuser Quellen auch für die Belastung von Grundwasservorkommen wurde bereits in Abschnitt 4.3.1.1 gezeigt.

[109]   Nach Faeth (2000, S. 7) und den von ihm herangezogenen Studien ist in den USA die Landwirtschaft für 70 vH der Verschmutzung von Flüssen, 49 vH von Seen und 27 vH von Mündungsgebieten verantwortlich.
Ganz besonders kritisiert Faeth (2000, S. 42) die Viehwirtschaft. Eine Herde mit 1000 Tiereinheiten verschmutzt die Gewässer in der Größenordnung einer Stadt mit 25-50.000 Einwohnern. „With livestock waste trends going in the wrong direction, the nation will never be able to improve water quality if such a large source contributing such a great share of the problem is left uncontrolled."

[110]   Verordnung über die Anforderungen an das Einleiten von Abwasser in Gewässer (AbwV) vom 21.3.1997, BGBl I 1997, 566, neugefasst durch Bek. vom 15.10.2002.

[111]   Nach §7a Absatz 3 WHG stellen die Länder sicher, dass eine Anpassung an jenen neuen Stand der Technik in angemessenen Fristen durchgeführt wird.

Proben nach Größenklassen der Abwasserbehandlungs-anlagen nach kg/d BSB5	Chemischer Sauerstoffbedarf (CSB) mg/l	Biochemischer Sauerstoffbedarf in 5 Tagen (BSB5) mg/l	Ammonium-stickstoff (NH4 - N) mg/l	Stickstoff, gesamt, als Summe von Ammonium-, Nitrit- und Nitratstickstoff (Nges) mg/l	Phosphor gesamt (Pges) mg/l
kleiner als 60 kg/d BSB5 (roh) bzw.	150	40	-	-	-
60 bis 300 kg/d BSB5 (roh)	110	25	-	-	-
größer als 300 bis 600 kg/d BSB5 (roh)	90	20	10	-	-
größer als 600 bis 6000 kg/d BSB5 (roh)	90	20	10	18	2
größer als 6000 kg/d BSB5 (roh)	75	15	10	13	1

Abbildung 4.10: Anforderungen an das Abwasser für die Einleitungsstelle; Quelle: AbwV Anhang 1 Häusliches und kommunales Abwasser.

bedarf (BSB5), Stickstoff (gesamt und als Anteil, der auf Ammoniumstickstoff entfällt) sowie Phosphor. Solche gewerblichen Unternehmen, die als Indirektein-leiter ihre Abwässer über die öffentliche Abwasserentsorgung ableiten, sind damit verpflichtet, Emissionen anderer Stoffe oder Stoffgruppen durch eigene Maßnahmen zu begrenzen (Walz, 2001, S. 34).

Bei der in dieser Arbeit im Zentrum stehenden öffentlichen Abwasserentsorgung fällt auf, dass in jenem Anhang 1 AbwV die Mindestanforderungen sich in Abhängigkeit von der Kläranlagengröße unterscheiden. Abbildung 4.10 zeigt, dass Kläranlagen mit Einwohnerwerten unter 5000[112] bezüglich Stickstoff und Phospat keine Auflagen zu erfüllen haben, sofern die regionalen Wasserbehörden keinen Gebrauch von ihrer grundsätzlichen Verstrengungsmöglichkeit gemacht haben. Wird die derzeitige fragmentierte Struktur der Abwasserentsorgung als unabänderlich betrachtet, ist diese Unterscheidung ökonomisch gerechtfertigt. Würde aber das für diese Arbeit in Kapitel 3 hergeleitete Ziel verfolgt, mittelfristig eine weit stärkere Konzentration in der Branche zu befördern, ist jene Differenzierung kontraproduktiv, da sie kleine Abwasserentsorgungsanlagen im Verhältnis begünstigt.

---

[112] Äquivalent zu 300 kg/d BSB5, Umrechnungsformel: 60 g/d BSB5=1 Einwohnerwert.

Ehe sich noch grundsätzlicher mit den unterschiedlichen Vorgaben auseinanderge-setzt wird, soll zunächst die Analyse des derzeitigen, die Abwasserqualität steuernden Rechtsrahmens abgeschlossen werden. Die obigen Emissionsgrenzwerte lassen vermuten, dass die Art, wie diese zu erreichen sind, in der Entscheidungshoheit des Abwasserentsorgungsunternehmens oder allgemein des Einleiters liegen. § 18b WHG legt aber fest, dass Abwasseranlagen so zu errichten und zu betreiben sind, dass jene Anforderungen aus § 7a WHG eingehalten werden. Es herrschen also auch hier die bereits in IV.3.1 kritisierten Verfahrensauflagen vor, die weder statisch noch dynamisch effizient sind.

Vor diesem Hintergrund rechtlicher Rahmenbedingungen ist das Lob, das gemeinhin der Abwasserabgabe[113] als „einzige[r] bundesweit erhobene[r] Umweltabgabe im Wasserbereich mit Lenkungsfunktion[114]" (Rudolph und Block, 2001, S.18) gezollt wird, übertrieben. Die grundsätzlich gegebenen Effizienzvorteile einer solchen Abgabenlösung können nicht genutzt werden, da jedem öffentlichen Abwasserunternehmen durch die Verfahrensauflagen bereits weitgehend eine individuelle Alternativenabwägung versagt ist.

Vom Prinzip her werden unterschiedliche Schadstoffe in Abhängigkeit von Menge und Schädlichkeit in sog. Schadeinheiten umgewandelt. Dabei spielt die Belastbarkeit des Vorfluters in Deutschland im Gegensatz zur Ausgestaltung der Abgabe in England und Frankreich eine geringere Rolle. Angesichts der in Abschnitt 4.2.3.2 als positiv abgeleiteten weitestmöglichen räumlichen Differenzierung wäre eher ein Verfahren wie in England und Frankreich zu präferieren. Ökonomisch betrachtet stimmt die Aussage von Buckland und Zabel (1997, S. 216) daher gerade nicht, wonach Abgaben in Abhängigkeit von der Assimilationsfähigkeit des Vorfluters zu Wettbewerbsverzerrungen führen. Unter ökonomisch verstandenem effizientem Gewässerschutz ist genau das Gegenteil der Fall. Es wäre daher als Leitlinie sinnvoll, dass diejenigen Gewässer relativ stärker durch Schmutzfracht belastet würden, die dies unter dem Gesichtspunkt der Nachhaltigkeit besser vertragen können.

Die Abgabe pro einer solchen Schadeinheit wurde in zeitlicher Hinsicht – zu-

---

[113] Die Abwasserabgabe beruht auf dem Gesetz über Abgaben für das Einleiten von Abwasser in Gewässer (Abwasserabgabengesetz - AbwAG) in der Fassung der Bekanntmachung vom 3. November 1994 (BGBl. I Nr. 80 vom 18.11.1994).

[114] Die lenkende Wirkung der Abgabe wird hier nicht in Frage gestellt. Die Einnahmen aus der Lenkungsabgabe gingen nach Buckland und Zabel (1997, S. 207) um 18 vH zwischen 1988 und 1992 zurück, obwohl im gleichen Zeitraum die Abgabe um 20 vH gestiegen war. Seit 1997 wurde die Abgabe nicht mehr erhöht, weswegen deren lenkende Wirkung fortan im Gegensatz zu den Vorperioden geringer ausfällt.

mindest bis 1997 – progressiv ausgestaltet, so dass nach § 9 AbwAG diese im Jahr 1981 bei DM 12 lag und bis 1997 auf DM 70 erhöht wurde. Das unter dem Gesichtspunkt der statischen Effizienz vorteilhafte Ergebnis war, dass – wo betriebswirtschaftlich sinnvoll – die Investitionen vorgezogen wurden. Neben der noch zu diskutierenden Zertifikatelösung werden dann die ökonomischen Vorteile der Abwasserabgabe genutzt, wenn die regulierenden Normen gemäß der Diskussion in Abschnitt 4.3.1.2 weitgehend gelockert würden. Ebenso wären verschiedene andere aktionistisch anmutende Regelungen im Zusammenhang mit der Abwasserabgabe zu überdenken.

Ziel der Abwasserabgabe soll es sein, den Unternehmen kontinuierlich wirkende Anreize zur Verminderung der Emissionen zu bieten. Damit sich im Ergebnis die geeignetste Technologie durchsetzt, sollte zum einen natürlich Entscheidungsfreiheit bestehen, zum anderen aber sollte auch keine Alternative ex ante bevorteilt sein. Daher sind neben den Quasi-Verfahrensauflagen auch solche Maßnahmen zu kritisieren, bei denen einzelne Investitionen zur Verbesserung der Abwasserbehandlung mit der Abgabe verrechnet werden können (Rudolph und Block, 2001, S. 19). Dies wäre ein klassisches Beispiel dafür, wie durch Landesregierungen eine Investitionslenkung betrieben wird, der nach Hayek (1975) eine „Anmaßung von Wissen" zu Grunde läge.

Es ist grundsätzlich nicht sinnvoll, die Zweckbindung für die Abwasserabgabe nach § 13 Abs. 1 AbwAG beizubehalten. Sollte sie weiterhin Anwendung finden, könnte diese wo gerechtfertigt für solche Gewässerschutzaufgaben genutzt werden, denen tatsächlich der Charakter eines (weitgehend) öffentlichen Gutes zukommt. Nahezu keine der derzeit in § 13 Abs. 2 AbwAG aufgeführten Verwendungsmöglichkeiten der Abwasserabgabe erfüllt diese Vorgabe. Dies gilt insbesondere auch für Entschädigungen an die Landwirtschaft, die sich aus § 13 Abs. 2 Satz 5 AbwAG rechtfertigen ließen. Gemäß der bisherigen Argumentation sind die Verhandlungen von Wasserversorgung und Landwirtschaft ureigene Aufgaben dieser beiden Nutzungskonkurrenten. Ebenso ist der Grund nicht zu erkennen, weswegen gemäß § 13 Abs. 2 Satz 7 AbwAG die Fortbildung des Betriebspersonals von Abwasserbehandlungsanlagen durch die Abwasserabgabe quersubventioniert werden sollte.

Zertifikatelösung in der Abwasserentsorgung?

Während sowohl Abwasserabgabe als auch Zertifikatelösung gemäß Abschnitt 4.1.3.2 sowohl statisch als auch dynamisch effizient sind, ist letztere zusätzlich effektiv. Es soll daher nun im zweiten Schritt dieses Abschnitts untersucht werden, inwiefern der Einsatz einer Zertifikatelösung nun auch vor dem Hintergrund der WRRL und der Bewirtschaftung von ganzen Flusseinzugsgebieten sinnvoll erscheinen könnte.

Das Kennzeichen eines auch über Gebietskörperschaftsgrenzen hinausgehenden Wasserkörpers liegt darin, dass es von sog. „Hot Spots" bzw. bei Fließgewässern von der genauen Einleitstelle abgesehen, egal ist, wer an welcher Stelle einleitet. Vielmehr ist aus Gründen der Nachhaltigkeit einzig sicherzustellen, dass in der Summe eine gewisse Belastungsgrenze nicht überschritten wird.[115]

Die Bestimmung der jeweiligen Belastungsgrenzen der einzelnen Wasserkörper ist ein schwieriges Unterfangen. Gleichwohl kann die erste Phase der WRRL, in der es bis Ende 2004 um eine Bestandsaufnahme sämtlicher Wasserkörper geht, ein erster wichtiger Schritt sein. Aus den detaillierten Berichten der Teileinzugsgebiete wird das Gesamtbild eines Flusseinzugsgebietes gewonnen (Holtmeier, 2003, S. 10). Es wird jeweils zu bestimmen sein, ob die Gewässerqualität ausreicht oder aber ob Handlungsmaßnahmen erforderlich werden.

Für solche Gebiete, in denen Maßnahmen zur Verbesserung der Gewässerqualität geboten sind, kann die Zertifikatelösung nicht nur dazu beitragen, dass ein Schmutzfrachtreduktionsziel erreicht wird, sondern gleichzeitig, dass dies zu den volkswirtschaftlich geringsten Kosten geschieht. Aufbauend auf den allgemeinen Überlegungen zur Zertifikatelösung in Abschnitt 4.1.3 würde sich das Vorgehen grob wie folgt gestalten:

- Bei Gewässern mit Handlungsbedarf wird pro relevantem Stoff der insgesamt einzusparende Gewässereintrag ermittelt. Dieser ist dann auf die einzelnen Nutzer aufzuteilen. Vor dem Hintergrund des vorher Gesagten ist die Integration diffuser Quellen weitestmöglich anzustreben. Sollte geplant sein, die zugestandene Gewässerbelastung im Zeitverlauf zu verringern, bietet sich eine degressive Ausgestaltung der Verschmutzungsrechte an. Das in einem Zertifikat verbriefte Kontingent mag sich so pro Jahr um x vH verringern.

- Jedem Nutzer werden so Einsparverpflichtungen auferlegt. Dabei steht es ihm aber frei, ob er diese durch eigene Maßnahmen zu erfüllen sucht oder

---

[115] Im angelsächsischen Raum besteht, wie in Abschnitt 4.3.1.1 gezeigt, gar kein Zweifel darüber, wie diese maximal zulässige Obergrenze zu bestimmen ist. Sie bestimmt sich aus der individuellen Aufnahmefähigkeit eines Gewässers (NWF, 1999, S. 14). Dabei ist die Berücksichtigung einer angemessenen Sicherheitsmarge angebracht.

ob andere Nutzer gegen Erhalt einer Zahlung seine Einsparverpflichtungen übernehmen. Der einzelne Nutzer wird so lange den eigenen Stoffeintrag verringern, bis seine Grenzvermeidungskosten dem Zertifikatepreis entsprechen. Sind bei vollständiger Erfüllung der eigenen Einsparverpflichtungen die eigenen Grenzvermeidungskosten immer noch niedriger als der Zertifikatepreis für eine solche Einheit, wird sich der entsprechende Nutzer entschließen, weiter zu vermeiden. Er macht für diese Einheit einen Gewinn von Zertifikatepreis abzüglich Grenzkosten. Gleichzeitig stellt sich der Nutzer, der sich seiner Einsparverpflichtung entledigt, besser, da dessen Grenzkosten über dem Zertifikatepreis liegen. Im theoretischen Ergebnis wird damit das exogen vorgegebene Ziel der Gewässerqualitätsverbesserung zu den volkswirtschaftlich niedrigsten Kosten erreicht: Es vermeiden diejenigen, für die es relativ am preisgünstigsten zu bewerkstelligen ist.

Die Formulierung „im theoretischen Ergebnis" impliziert, dass gewisse Vorkehrungen für einen Erfolg zu treffen sind.

Wie bereits umfassend dargestellt, wirken beim Gewässerschutz mit dem Ordnungsrecht und der Abwasserabgabe bereits zwei umweltpolitische Instrumente. Sollte sich für den Übergang zu einem Zertifikatesystem entschieden werden, wird dieses nur dann seine ökonomisch vorteilhaften Wirkungen entfalten können, wenn Ordnungsrecht und Abwasserabgabe weitgehend an Bedeutung verlieren. Dabei wäre es sinnvoll, letztere noch für solche Stoffe einzusetzen, die im Rahmen des Zertifikatesystems nicht integriert werden. Ersteres ist selbstverständlich auch weiterhin für toxische Schadstoffe unverzichtbar. Das Ordnungsrecht, etwas weiter auch als Regeln des Zertifikatehandelns verstanden, könnte ferner das Ausbilden sog. „Hot Spots" verhindern. So würde sichergestellt, dass eine zu starke Konzentration von Emissionseinträgen mit der Folge einer regionalen Verletzung des Nachhaltigkeitsgebotes unterbunden würde. [116]

So sehr insbesondere das Ordnungsrecht kritisiert wurde, so ließe sich auf diesem für einen Übergang zu einer Zertifikatelösung doch sehr gut aufbauen. Bei der internationalen Zuordnung der Luftverschmutzungsrechte war und ist es ein wesentliches Problem, die jeweils doch sehr unterschiedlichen Umweltschutzmaß-

---

[116] Hier wird davon ausgegangen, dass eine insgesamt zu minimierende Schadstoffmenge mit Hilfe der Zertifikatelösung zu den volkswirtschaftlich geringsten Kosten vermieden wird. In diesem Fall tritt unmittelbar keine Monopolproblematik auf. Würde aber jedem Nutzer eine bestimmte Menge an Verschmutzungsrechten zugeordnet, bestünde die Gefahr, dass das Halten von Zertifikaten als Marktzutrittsschranke für etwaige Konkurrenten gebraucht würde.

nahmen der Vergangenheit adäquat zu berücksichtigen.[117] Für die Punktquellen in Deutschland ist dies kein großes Problem. Das Ordnungsrecht hat für den Status quo im Abwasserbereich dazu geführt, dass vergleichbare Einheiten wie eine Industriebranche oder die verschiedenen Unternehmen der Abwasserentsorgung ähnlich belastet sind. Bei der sinnvollen Betrachtung gesamter Flussgebietseinheiten sind damit die Fragen zu klären, wie zum einen die Einträge diffuser Quellen, zum anderen die von Quellen in Nachbarstaaten berücksichtigt werden sollen. Ferner wäre festzulegen, unter welchen Bedingungen neu auf den Markt tretende Nutzer in den Handel integriert werden sollen.

Ziel ist es, neben den Punktquellen auch diffuse Quellen in ein Zertifikatesystem zu integrieren. Dies ist damit zu begründen, dass sich die Anteile, mit denen einzelne Nutzer die Gewässer belasten, massiv verschoben haben (Faeth, 2000, S. 39). Während zwischen 1975 und 1995 bei den Punktquellen zum Beispiel bei den Nährstoffeinträgen signifikante Verminderungen zu verzeichnen sind, bleiben solche bei der Landwirtschaft bescheiden (Umweltbundesamt, 2001b, S. 58). Da zu erwarten ist, dass die Grenzkosten der Vermeidung hier noch sehr gering sind, sollten dieser Branche ebenso Reduktionsverpflichtungen auferlegt werden.[118]

Unter Gerechtigkeitsgesichtspunkten könnte gefordert werden, dass die Landwirtschaft nicht nur Reduktionsverpflichtungen zu erfüllen hätte, sondern in einem ersten Schritt als eine Voraussetzung für die Teilnahme am Zertifikatehandel gewisse landwirtschaftliche Standards implementiert haben müsste (Faeth, 2000, S. 40). Was nämlich wäre anderfalls zu erwarten? Unter der Annahme tatsächlich in der Landwirtschaft gegebener Effizienzpotentiale würde diese nicht nur ihre eigenen Emissionsverminderungsverpflichtungen realisieren, sondern zusätzlich noch weitere der Industrie und der öffentlichen Abwasserentsorgung. Da die Grenzkosten der Vermeidung unterhalb des Zertifikatepreises lägen, würde die Landwirtschaft in den Genuss von Geldzahlungen kommen. Angesichts des vierten Kriteriums aus 4.1.2, dem der politischen Durchsetzbarkeit, mag dies dem Abwassergebührenzahler und der Industrie nur schwer zu vermitteln sein.

Zwar ist diese Situation ökonomisch betrachtet immer noch um ein Vielfaches besser, als wenn die Effizienzpotentiale in der Landwirtschaft zum Gewässerschutz weiterhin relativ unberücksichtigt bleiben würden. Wird die Verteilungsfrage aus-

---

[117] Sie hierzu beispielhaft die Stellungnahme des BDI (2002) und das Auftragsgutachten des RWI und AGEP (2002).

[118] Für die jeweils anderen diffusen Quellen, die am Anfang dieses Abschnitts angesprochen wurden, wäre dies im Einzelfall zu prüfen. Bei der Begründung eines solchen Zertifikatesystems sind stets auch die anfallenden Transaktionskosten zu berücksichtigen.

geblendet, ist die Zuweisung der Emissionsvermeidungsverpflichtungen zu Beginn sogar gänzlich irrelevant.

Dennoch ist der Ausgangsvorschlag, unter Gerechtigkeitsgesichtspunkten müsse die Landwirtschaft in einem ersten Schritt einen gewissen Umweltstandard nachweisen, vor allem deshalb zu kritisieren, weil dadurch etwaige Effizienzpotentiale verschenkt werden. Wiederum würden die Vorteile eines „Entdeckungsverfahren des Wettbewerbs" nicht hinreichend genutzt. Eine sinnvollere Möglichkeit wäre daher das Vorgehen, der Landwirtschaft von vorne herein einen weit größeren Anteil an etwaigen Gesamtreduktionsverpflichtungen zuzuschlagen. Um sicherzustellen, dass im Ergebnis das Veminderungsziel tatsächlich erreicht wird, ist aufgrund der Unsicherheiten über die Wirkungszusammenhänge bei einer diffusen Quelle wie der Landwirtschaft eine weit größere Sicherheitsmarge einzuräumen. NWF (1999, S. 19) will daher eine Handelsverhältniszahl einführen. Eine von einer diffusen Quelle von einer Punktquelle übernommene Reduktionsverpflichtung sollte hiernach in 2- bis 4-facher Höhe erfüllt werden et vice versa.

Unsicherheiten sind nicht nur auf eine etwaige Unkenntnis der spezifischen Zusammenhänge in einem Ökosystem zurückzuführen, sondern in einem etwas weiteren Sinn verstanden häufig auch hausgemacht. So entstehen Unsicherheiten durch ungenügendes Monitoring, durch nicht eindeutig spezifizierte Haftungsverhältnisse und ein diskretionär gestaltetes Sanktionssystem. Für das Gelingen eines Zertifikatehandels sind Unsicherheiten weitestmöglich abzubauen.

Zusammenfassend lässt sich festhalten, dass ein Zertifikatesystem zum Schutz von Oberflächengewässern geeignet erscheint. Unter Transaktionsgesichtspunkten wäre zu prüfen, welche diffusen Quellen an einem solchen System teilnehmen sollten. Aufgrund ihrer besonderen Bedeutung sollte insbesondere die Landwirtschaft partizipieren. Es ist zu betonen, dass bei Einsatz des Zertifikatehandels die bisherige Methodik der Regulierung der Abwasserqualität auf den Prüfstand gehört. Nur dort, wo dem Kriterium der Effektivität die überragende Bedeutung zukommt, sollte das Ordnungsrecht noch Einsatz finden. Für toxische Stoffe wäre dies zum Beispiel der Fall.

4.3.3 Zur Qualitätsbereitstellung im Kundenkontakt

Es ist festzustellen, dass ein Unternehmen in einem wettbewerblichen Markt danach strebt, den Kundenerwartungen auch im Bereich Kundenservice weitestgehend zu entsprechen. Mit einem qualitativ effizienten Angebot wird es versuchen, seine Kunden zu binden. Ein unter Monopolbedingungen operierendes Unternehmen hat bei unzureichendem Service hingegen keine wesentlichen nachteiligen Folgen zu befürchten. Der Kunde hat bei fehlender Bestreitbarkeit der Märkte und nicht vorhandenem intermodalem Wettbewerb weder Möglichkeiten abzuwandern, noch auch nur mit Abwanderung zu drohen.

Nun operiert die deutsche Wasserwirtschaft unter solchen Monopolbedingungen. Unter Bezug auf die Konzepte der „effort-related service quality" und einer „investment-related service quality"(Abschnitt 4.2.1.1) lassen sich bezüglich der Qualitätsbereitstellung im Kundenkontakt aus der Theorie die folgenden Hypothesen ableiten:

1. Angesichts der fehlenden Abwanderungsmöglichkeit von Haushaltskunden ist eine eher schlechte, wenig kundenorientierte Leistung bei den „effort-related"-Qualitätsgrößen zu erwarten.

2. Im Rahmen einer kostenorientierten Regulierung ist bei solchen Qualitätszielen, deren Verfolgung sehr kapitalintensiv ist, eher eine übermäßige Bereitstellung zu erwarten.

Die weitere Analyse zum Kundenservice in Deutschland bewegt sich entlang dieser Unterscheidung. In Abschnitt 4.3.3.1 setzte ich mich mit der ersten Hypothese auseinander, in Abschnitt 4.3.3.2 mit der zweiten.

4.3.3.1 Zur Regulierung eines „effort-related"-Kundenservices

Die jüngste Eurobarometer-Umfrage (EORG, 2002, S. 15) stützt die Hypothese eines zu erwartenden schlechten Kundenservices in der deutschen Wasserwirtschaft. Sowohl in der allgemeinen Zufriedenheitsrate mit dem Kundenservice – im europäischen Vergleich waren nur die italienischen Bürger unzufriedener mit ihren Wasserversorgern[119] – als auch in der Informationsbereitstellung im Speziellen sehen die deutschen Kunden wesentliches Verbesserungspotenzial. Aller-

---

[119] In der Eurobarometer-Umfrage zwei Jahre zuvor – ebenfalls durchgeführt im Auftrag der Europäischen Kommission – ließen die deutschen Wasserversorger neben den Italienern zumindest noch die Portugiesen hinter sich (INRA (Europe) European Coordination Office S.A., 2002, S. 88).

dings waren die vorgelegten Fragebögen wenig detailliert.[120] Ebenso gibt es keine analoge Untersuchung für die Abwasserwirtschaft.

Vor diesem Hintergrund analysiert Oelmann (2004b) den Kundenservice in der deutschen Wasserwirtschaft tiefgehender. Dabei beschränkt er sich in seinen Auswertungen[121] der Internetauftritte der jeweils 15 größten deutschen Wasserversorger und Abwasserentsorger auf solche Qualitätsgrößen, zu deren Verbesserung kein großer Investitionsbedarf erforderlich ist. Im Kern werden jeweils solche Indikatoren betrachtet, aus denen sich die vielfältige Interaktion zwischen wasserwirtschaftlichem Unternehmen und seinen Haushaltskunden ableiten lässt. So werden zum Beispiel das Beschwerdemanagement und die Qualität der Informationsbereitstellung ausgewertet. Ein weiterer Schwerpunkt liegt in der Suche nach freiwilligen Serviceerklärungen, die dem Kunden einforderbare Unternehmensleistungen garantieren.

Mit der gleichen Begründung wie in Abschnitt 4.1.1 bilden die englischen Kriterien von Kundenservice den Ausgangspunkt in der Studie von Oelmann (2004b). Dies impliziert, dass deutscher und englischer Kundenservice bei den Größen der „effort-related service quality" miteinander verglichen werden konnte. Hiernach wird die erste obige Hypothese eindeutig bestätigt. Es sind die impliziten Anreize im System vergleichenden Wettbewerbs, die englische Unternehmen zu einer Kundenorientierung auch bei diesen „weichen" Qualitätsgrößen anhalten. Aus diesem Vergleich leitet Oelmann (2004b) einen weiteren Grund für die Sinnhaftigkeit eines Übergangs zu einer wettbewerblicheren Regulierung im Allgemeinen und zum System vergleichenden Wettbewerbs im Besonderen ab. Dies gilt auch deshalb, weil der englische Kundenservice in der Wasserwirtschaft nicht nur im Vergleich zu Deutschland herausragend ist, sondern sich das gleiche Ergebnis auch in vergleichenden Studien mit anderen Ländern nachweisen lässt.[122]

Interessant ist, dass eine ganz andere Hypothese[123] ebenfalls durch diese Studie bestätigt wird. Es zeigt sich, dass der in dem Artikel betrachtete Ausschnitt von Kundenservice insgesamt ausbaufähig ist. Aus dem Ergebnis, wonach private Betreiber – zumindest bei der zweiten Erhebung – nicht besser abschneiden als öffentliche Unternehmen, kann man ableiten, dass eine Privatisierung ohne gleich-

---

[120] Weder der Begriff des „Kundendienstes" noch der der „erhaltenen Informationen" ist hinreichend definiert.

[121] Stichtag der ersten Erhebung: 1. September 2003; Stichtag der zweiten Erhebung: 15. Juli 2004.

[122] Vgl. hierzu zum Beispiel OFWAT (2004b, S. 19ff.).

[123] Vgl. hierzu Abschnitt 3.1.1.

zeitige wettbewerbliche Regulierung keine Verbesserung zum Status quo für den Wasserkunden bedeutet.

4.3.3.2 Zur Regulierung eines „investment-related"-Kundenservices

Die in diesem Abschnitt zu überprüfende Hypothese lautet, dass bei solchen Größen des Kundenservices, deren Verbesserung mit hohen Kosten verbunden ist, ohne wettbewerbliche Regulierung eine zu umfangreiche Qualität bereitgestellt wird. Da die Argumentation derjenigen aus den Abschnitten 4.3.1 und 4.3.2 ähnelt, genügt hier die beispielhafte Auseinandersetzung mit nur einer der „investment-related"-Qualitätsgrößen im Kundenkontakt. Es wird das deutsche Vorgehen beim Schutz der Bürger vor einem Rückstau von abzuleitendem Wasser betrachtet.[124] Ein solcher Rückstau kann zum Beispiel eine Kellerüberflutung nach sich ziehen.

Während in England jeweils eine Unterscheidung getroffen wird, ob ein Abwasserentsorgungsunternehmen (AEU) einen Rückstau zu verantworten hat oder nicht, findet darüber in Deutschland keine Diskussion statt. Der Grund, weswegen in Deutschland seitens der Unternehmen jegliche Verantwortung für einer etwaigen Rückstau abgelehnt wird, liegt an der rechtlichen Praxis. So gilt die in Abschnitt 4.1.3 umrissene Verschuldenshaftung. Kanalbauten werden von den Wasserwirtschaftsbehörden nach Maßgabe vor allem der ATV-Merkblätter (vgl. Abschnitt 4.3.1.2) genehmigt. Hiernach determiniert die sog. Regenreihe für einen festgelegten Bezirk, wie groß der Kanaldurchmesser konzipiert sein muss, um Kellerüberflutungen weitgehend auszuschließen. Dabei mag „weitgehender Ausschluss" so definiert sein, dass eine Überflutung nur aufgrund einer Niederschlagsmenge hervorgerufen würde, die etwa alle 25 Jahre niedergeht. Sofern ein AEU entsprechend der Genehmigung baut, kann es also per Definition einen Rückstau nicht verschulden. Angesichts der Tatsache, dass die anfallenden Kosten in den Abwassergebühren durchgereicht werden können,[125] bestehen keine Anreize auf Seiten der AEU, die volkswirtschaftlich fragwürdige Art der derzeitigen Planung von Kanalnetzen zu hinterfragen. Es ist – etwas polemisch ausgedrückt – nicht wirklich einzusehen, weswegen ein paar, in einem Tal liegende Häuser mit großen Kanälen angeschlossen sein müssen.

---

[124] Unter Bezug auf die anderen Qualitätsgrößen im Kundenkontakt in Abbildung 4.1 kann man für die Bereitstellung von Trinkwasser mit ausreichendem Druck oder für die Art, wie eine Einschränkung der Wasserversorgung ökonomisch rational zu unterbinden wäre, durchaus vergleichbar argumentieren.

[125] Vergleiche Abschnitt 3.4.1.2.

Es wäre daher ökonomisch zu begrüßen, wenn AEU verschiedene Möglichkeiten eingeräumt bekämen, eine effizientere Kanalplanung betreiben zu können. Zu denken wäre an eine besondere Entsiegelungspolitik in gefährdeten Gebieten oder die schlichte Zahlung von einer Schadensersatzzahlung im Falle einer Kellerüberflutung. Wäre es sinnvoller, eine Summe von x als Kompensation zu leisten als durch eine höhere Investition von y den Schadensfall generell zu unterbinden, wäre eine Existenz dieser verschiedenen Handlungsoptionen volkswirtschaftlich für alle Beteiligten vorteilhaft.

Diese Handlungsoptionen bestehen in Deutschland jedoch derzeit nicht. Der bereits diskutierte Anschluss- und Benutzungszwang führt zum einen dazu, dass die Dienstleistung Abwasserentsorgung komplett vom regionalen Monopolisten bereitzustellen ist. Damit geht einher, dass der Hauseigentümer die Abwassersatzung zu befolgen hat. So hat er im Zusammenhang mit dem Antrag auf einen Kanalhöhenschein sicherzustellen, dass die Entwässerungsanlagen wie Bodenabläufe oder Waschbecken, die unter der „Rückstauebene" (höchster Punkt der öffentlichen Verkehrsfläche vor dem Grundstück) liegen, durch Rückstauventile gesichert sind. Der Hauseigentümer hat dies auf eigene Rechnung durchzuführen, da der Hausanschluss[126] sich in seinem Eigentum befindet. Volkswirtschaftlich betrachtet ist es nicht sinnvoll, dass jedes Haus grundsätzlich solche Rückstauventile haben muss. Es wird Regionen geben, bei denen selbst bei einem Jahrtausendregen keine Gefahr der Kellerüberflutung droht.

Der Bürger kann selbstverständlich seinen individuellen Erwartungswert einer Kellerüberflutung nicht bestimmen. Ihm fehlt das Wissen. Das AEU hingegen sollte in der Lage sein, eine Risikoverteilung einzelner Grundstücke zu berechnen. Daher ist es sinnvoll, wenn tatsächlich der gesamte Schutz vor Rückstau ganz allgemein der Verantwortung des AEUs überstellt wird. Das Unternehmen soll entscheiden können, wie groß es die Kanäle konzipiert, ob es wie auch immer geartete alternative Ableitungsverfahren für Niederschlagswasser konzipiert, ob es einzelne Grundstücke mit Rückstauventilen ausstattet[127] oder ob es schlicht gar

---

[126]   Der Hausanschluss ist zu unterteilen in den sog. Anschlusskanal (Verbindung Straßenkanal mit Grundstück) und die Grundleitung (Verbindungen Grundstück zu Entwässerungsanlagen).

[127]   Um einem AEU die Verantwortung für die Hausanschlüsse zu übertragen, sollten diese auch in dessen Eigentum übergehen. Neben dem Vorteil, dass so das AEU verschiedene Möglichkeiten hat zu entscheiden, wie es den Kunden vor Rückstau schützen will, ergeben sich vor dem Hintergrund der Qualitätsbereitstellung weitere zentrale Vorteile mit einem solchen Eigentumsübergang.
Unter Transaktionskostengesichtspunkten wird die Bauplanung vereinfacht. Da ein Versorgungsunternehmen für Gas, Strom oder Trinkwasser ebenfalls jeweils Eigentümer „seiner" Hausanschlüsse ist, würde die Abstimmung weit einfacher fallen, wenn es zur Planung ei-

nichts veranlasst und im Falle der Kellerüberflutung einen Schadenersatz leistet. Dies wäre ein volkswirtschaftlich positiv zu bewertender Übergang von einer Verschuldenshaftung zu einer Gefährdungshaftung. Selbstverständlich gäbe es damit einen „vom AEU verschuldeten Rückstau". Es ist noch einmal klarzustellen, dass eine auftretende Kellerüberflutung sowohl betriebswirtschaftlich als auch volkswirtschaftlich als auch aus Sicht des Bürgers[128], dessen Keller überflutet wurde, das geringste Übel sein kann.[129]

Ich halte also fest, dass aufgrund der Nichtexistenz der Gefährdungshaftung es derzeit keinen wesentlichen Grund für eine tatsächliche Verschuldung des AEUs gibt. Die Kombination aus Verschuldenshaftung und kostenorientierter Regulierung führt zu sowohl ineffizientem als auch zu zu kapitalintensivem Wirtschaften.

Beides – eine übermäßige wie auch eine zu knapp bemessene Qualitätsbereitstellung – ist qualitativ ineffizient. Ich werde daher in Abschnitt 5.2.2 überlegen, wie Qualitätsziele im Kundenkontakt durch Einbettung in ein System vergleichenden Wettbewerbs abgeleitet und durch den Einsatz welcher Instrumente sie effizienter erreicht werden können.

---

nes Neuanschlusses sich unmittelbar mit dem AEU in Verbindung setzen könnten. Ferner wäre ein solcher Eigentumsübergang auch im Sinne des Qualitätszieles „Nachhaltiger Umgang mit der Natur" zu begrüßen. In Deutschland sind es vor allem die maroden Hausanschlüsse, über die Abwasser austritt und unter anderem das Grundwasser belastet. Zwar ist schwer zu ermessen, wie hoch dieser Anteil exakt ist. Näherungsweise kann aber analysiert werden, wieviel sog. Fremdwasser von außen in das Kanalsystem gelangt. Nach internen Berechnungen des Ruhrverbands muss dieser so zum Beispiel täglich 232 Liter Fremdwasser pro Einwohner in seinen Kläranlagen behandeln. Zum Vergleich sei noch einmal auf Abbildung 2.3 verwiesen. Hiernach fragte im Jahr 1998 ein Bürger im Durchschnitt lediglich 129 Liter pro Tag nach.

[128] Selbstverständlich hat die Entschädigungszahlung an den Kunden mindestens dessen Grenzkosten zu entsprechen.

[129] Bei all dem sind gewisse Nebenbedingungen zu beachten. So mag die Wahl von Kanälen mit relativ kleinem Durchmesser bei gleichzeitigem Einbau von Rückflussventilen in den angeschlossenen Häusern dazu führen, dass das Schmutzwasser und Niederschlagswasser aus den Gullys tritt und die Straßen überflutet. Dies mag zu vermehrten Verkehrsunfällen führen oder/und die Fundamente der Häuser ebenso negativ berühren. Für das AEU ginge es folglich um eine betriebswirtschaftliche Optimierung unter Nebenbedingungen.

5 Für eine Reform der Preis- und Qualitätsregulierung

Im Rahmen des dritten Kapitels wurde gezeigt, dass es sich bei den deutschen wasserwirtschaftlichen Unternehmen um regulierungsbedüftige natürliche Monopolisten handelte, dass aber gleichwohl verschiedene Preisregulierungsverfahren eingesetzt werden könnten, die Anreize zu einem effizienteren Wirtschaften begründen würden. Zwar wurden bereits in der theoretischen und empirischen Auseinandersetzung mit den einzelnen Verfahren deren jeweilige Vorteile und Nachteile herausgearbeitet und auch die Entwicklungen auf bundesdeutscher und europäischer Ebene wurden erläutert, ein in sich geschlossener Reformvorschlag wurde bislang aber noch nicht präsentiert.

Dies wurde damit begründet, dass sich wettbewerbliche Verfahren nur dann für die deutsche Wasserwirtschaft empfehlen lassen, wenn gleichzeitig eine unerwünschte Qualitätsdegression verhindert werden kann. Im Kern stellte sich heraus, dass unter Beibehaltung des staatlichen Monitorings ein solches Absinken nicht zu befürchten ist. Darüber hinaus lieferte die Analyse vier weitere Erkenntnisse.

Erstens ließ sich feststellen, dass durch die Schaffung von mehr Wettbewerb sich nicht nur die Bereitstellung einzelner in Abschnitt 4.1.1 definierter Qualitätsgrößen nicht verschlechtert. Vielmehr ist die Institution Wettbewerb die Voraussetzung dafür, dass sich eine effizientere Qualitätsbereitstellung einstellt. So wurde in Abschnitt 4.3.1.2 zum Beispiel das Quasi-Monopol regelkonkretisierender Verbände kritisiert, dessen Aufbrechen erst dann zu erwarten ist, wenn durch die Begründung von mehr Wettbewerb wasserwirtschaftliche Unternehmen Anreize haben, nach alternativen Lösungsformen zu suchen.

Zweitens zeigte sich, dass die Qualitätsziele unter ökonomischem Blickwinkel in fragwürdiger Weise bestimmt werden. Grundsätzlich wäre, wie in Abschnitt 4.2.1 gezeigt, nach einer optimalen und nicht nach einer maximalen Qualitätsbereit-

© Springer Fachmedien Wiesbaden GmbH, ein Teil von Springer Nature 2005
M. Oelmann, *Zur Neuausrichtung der Preis- und Qualitätsregulierung in der deutschen Wasserwirtschaft*, Edition KWV, https://doi.org/10.1007/978-3-658-24678-5_5

stellung zu streben. Vor diesem Hintergrund wurde argumentiert, dass es bei einzelnen Qualitätsgrößen für die deutsche Wasserwirtschaft durchaus auch eine wünschenswerte Qualitätsdegression geben mag.

Drittens stellte sich heraus, dass einzelne Instrumente, die zur Verfolgung der Qualitätsziele in der deutschen Wasserwirtschaft eingesetzt werden, auf den Prüfstand gehören. Insbesondere das fast ausschließliche Nutzen des Ordnungsrechts ist zu hinterfragen. Während einige solcher Instrumente ganz unabhängig von dem eingesetzten Preisregulierungsverfahren ersetzt werden sollten, war die Aufhebung bzw. das Ersetzen anderer Instrumente die notwendige Bedingung dafür, dass überhaupt die Elemente des zu präsentierenden preisregulatorischen Rahmens geeignet erscheinen können. Zentral ging es hier um diejenigen Instrumente, die eine staatliche Marktabschottung voraussetzen. Das in vielen Bundesländern geltende Gebot einer verbrauchsnahen Förderung ist für die Wasserversorgung solch ein Instrument. Ich konnte feststellen, dass sich für die Verfolgung eines jeden Qualitätszieles alternative, unter ökonomischem Blickwinkel auch zumeist bessere Instrumente finden lassen. Gleichwohl bedeutet die Marktöffnung aber sicher den notwendigen Abschied von einigen, althergebrachten Verfahren der Qualitätsregulierung.

Viertens ließ sich aus den Überlegungen zu einzelnen Preisregulierungsverfahren in Kapitel 3 ableiten, dass die Verfolgung einzelner Qualitätsziele durch die Integration in ein System wettbewerblicher Preisregulierung zweckmäßig sein könnte. Das preisregulatorische System soll also als Instrument zur Erfüllung von Qualitätszielen fungieren. Es macht daher Sinn, dass sich die Darstellung des qualitätsregulatorischen Rahmens an die Vorstellung des preisregulatorischen Verfahrens anschließt.

Im Prinzip werden damit in Abschnitt 5.2.1 noch einmal graphisch die Kernergebnisse der Auseinandersetzung mit der derzeitigen Qualitätsregulierung in Deutschland zusammengefasst. Dabei wird das Augenmerk in Abschnitt 5.2.2 auf solche Qualitätsziele gelegt, für deren Verfolgung sich der nun zu entwickelnde preisregulatorische Rahmen als Instrument anbietet.

5.1 Kernelemente des preisregulatorischen Rahmens

5.1.1 Der preisregulatorische Ansatz im Überblick

5.1.1.1 Ausgangsüberlegungen für die Entwicklung eines preisregulatorischen Ansatzes

Die deutsche Wasserwirtschaft hat, wie gesagt, eine im internationalen Vergleich stark fragmentierte Struktur. Damit gehen zwei Probleme einher. Zum einen arbeitet der Großteil deutscher Unternehmen unterhalb ihrer optimalen Betriebsgröße. Zum anderen sind unternehmensrechtliche Zusammenschlüsse auch deshalb notwendig, weil eine tatsächlich alle Unternehmen erfassende Wettbewerbsordnung mit der derzeitigen kleinteiligen Struktur nicht vereinbar sein wird. Dies galt nicht nur für das System vergleichenden Wettbewerbs, sondern ebenfalls für den in Frankreich üblichen Ausschreibungswettbewerb.

Neben der Kritik, dass ohne Bildung größerer Einheiten die Einführung eines Ausschreibungswettbewerbs nur schwer einen flächendeckenden Wettbewerb begründet, zeigten sich bei der theoretischen und praktischen Analyse in den Abschnitten 3.3.4 und 3.4.1.3 noch wesentlichere Probleme.

So wurde festgestellt, dass es angesichts der Kapitalintensität der wasserwirtschaftlichen Produktion notwendig wäre, nicht alleine die Betriebsführung, sondern die Verantwortung für die gesamte wasserwirtschaftliche Infrastruktur auszuschreiben. So würden bei Ersatz- und Neuinvestitionen in diese Infrastruktur Anreize gesetzt, Effizienzpotentiale zu nutzen. Bei einer solchen Betreiberkonzession müssen aber, wie die französischen Erfahrungen zeigen, sehr lange Vertragslaufzeiten gewählt werden. Damit nimmt aber die Anzahl notwendig werdender Nachverhandlungen zu, da nicht alle Eventualitäten in den Konzessionsverträgen niedergelegt sein können. Im Sinne des beschriebenen Grundproblems der Regulierung in Abschnitt 3.2 wird der Konzessionär immer versuchen, seinen Informationsvorsprung zu nutzen, weswegen eine Betreiberkonzession für die ausschreibende Kommune signifikante Nachteile aufweist.

Daneben wurde auf das Hold-up-Problem verwiesen. Hiernach werden Betreiberkonzessionäre langfristige Investitionen mit hohem sunk cost Charakter nur dann tätigen, wenn sie sicher sein dürfen, auch in den Genuss der vollen Erträge zu kommen. Da gemäß der bisherigen Erfahrungen mit dem Ausschreibungswettbewerb eine solche Sicherheit nicht ausreichend gewährleistet werden kann, ist eine Betreiberkonzession auch für den Konzessionär nur bedingt interessant. Vor diesem Hintergrund können allenfalls Betriebsführungskonzessionen ausgeschrieben werden.

Zwar lässt sich die Durchführung großer Investitionsprojekte ausschreiben; in diesem Fall würde aber vermutlich aufgrund der in Abschnitt 4.3.1.2 dargestellten Haftungsproblematik das kritisierte Quasi-Monopol der regelsetzenden Verbände unangetastet bleiben. Darüber hinaus wäre weder sichergestellt, dass eine ausgeschriebene Investition überhaupt sinnvoll ist, noch ob nicht wichtige Investitionen aus politökonomischen Gründen verschoben oder gestrichen werden. In Ermangelung einer ökonomischen Regulierungsbehörde könnte zudem weiterhin eine maximale an Stelle einer optimalen Qualität seitens der etablierten (Umwelt-)Behörden angestrebt werden.[1] Die relative Vorteilhaftigkeit des Systems vergleichenden Wettbewerbs und des damit verbundenen Aufbaus einer Regulierungsbehörde wird aber nicht nur damit begründet, dass es obige Probleme des Auktionsverfahrens besser zu lösen vermag. Vielmehr weist es auch inhärente eigene Vorteile auf.

Aus der Argumentation mit den Gutseigenschaften von Trinkwasser und (zu reinigendem) Abwasser in Abschnitt 2.1 ließ sich ableiten, dass in der Wasserwirtschaft unter der Annahme technisch effizienter Produktion die Bedeutung des Wettbewerbs im Markt relativ gering sein wird. Auch langfristig wird es regulierungsbedürftige regionale natürliche Monopole geben. Aus dieser „Not" lässt sich gleichwohl eine „Tugend" machen, denn aus einem Vergleich dieser regionalen Monopolisten lassen sich wertvolle Erkennntisse ziehen, sofern den Unternehmen Anreize gesetzt sind, möglichst effizient zu arbeiten. Damit wird der Informationsvorsprung des Regulierten gegenüber dem Regulierenden vermindert.

Im System vergleichenden Wettbewerbs werden die über ein Benchmarking gewonnenen Daten im Gegensatz zu dem in Abschnitt 3.4.1 ebenso knapp angeführten Verfahren in den Niederlanden nicht nur allgemein der Öffentlichkeit zur Verfügung gestellt. Sie stellen vielmehr die Grundlage zur Berechnung der indivi-

---

[1] Wie in Abschnitt 4.2 gezeigt, ist zur Bestimmung der optimalen Qualität auch das Wissen um die Präferenzen der Kunden notwendig. Ohne eine Regulierungsbehörde wäre es nicht möglich, die Zahlungsbereitschaften der Nachfrager nach glaubwürdigen Kriterien zu entwickeln. Die englischen Regulierungserfahrungen zeigen (Abschnitt 5.2.1), dass bis zu dem Zeitpunkt, als sämtliche wasserwirtschaftliche Akteure Studien gemeinsam in Auftrag gaben, Befragungen zu gleichen Themen sich widersprechende Handlungsempfehlungen lieferten. Ohne eine ökonomische Regulierungsbehörde wären die Interessen der Konsumenten also nicht ausreichend vertreten.

duellen Preisobergrenzen dar. Im Rahmen der zugestandenen Preise bekommen die Unternehmen zum einen klare Effizienzziele vorgegeben. Diese ergeben sich aus den eingereichten Unternehmensdaten, die die Grundlage zur Bestimmung der jeweiligen relativen Effizienz eines Unternehmens darstellen.[2] Die in der Folge über die Vorgaben hinaus erzielten Effizienzgewinne verbleiben über fünf Jahre bei dem Unternehmen. Im Anschluss werden die Effizienzfortschritte unter sonst gleichen Bedingungen über sinkende Preise an die Kunden transferiert („rolling incentive").

Obgleich sich in Abschnitt 5.1.2 noch sehr viel tiefgehender mit der Kritik am englischen Verfahren auseinanderzusetzen ist, lässt sich unter theoretischen Gesichtspunkten bereits hier hervorheben, dass langfristige Eigentumsrechte mit wettbewerblichen Anreizen vereinbar sind. Positiv ist zudem der „atmende Charakter" dieses Rahmens. Sowohl Fusionen als auch Elemente des Wettbewerbs im Markt sind im englischen Konzept möglich[3] und begünstigen so eine kontinuierliche, wettbewerbliche Suche nach der jeweils optimalen Unternehmensgröße. Auch das Verfahren der wettbewerblichen Ausschreibung lässt sich in dem Grundgerüst, das das System vergleichenden Wettbewerbs aufspannt, einsetzen. Mit dem in Abschnitt 5.1.2.2 zu analysierenden Verfahren des walisischen wasserwirtschaftlichen Unternehmens Glas Cymru liegen erste praktische auswertbare Erfahrungen vor.

Die Übernahme eines zu optimierenden englischen Modells wird daher angeraten. Wie angeführt setzt dies gleichwohl eine weit geringere Fragmentierung voraus. Zum einen wäre eine zu errichtende Regulierungsbehörde überfordert, müsste es für 15.000 Wasserwirtschaftsunternehmen individuelle Preisobergrenzen festlegen. Insbesondere die Kosten der Verifizierung der gelieferten Daten wären enorm. Volkswirtschaftlich wären zum zweiten auch die hohen relativen Kosten für kleine Unternehmen zu bedenken, die diesen mit einer Pflicht zur Zusammenstellung der benötigten Informationen aufgebürdet würden.

Vorübergehend werden daher unterschiedliche Regulierungsverfahren in Abhängigkeit von der Unternehmensgröße empfohlen. Während die größeren Unternehmen zum schnellstmöglichen Zeitpunkt mit einem System vergleichenden Wettbe-

---

[2] Zur Bestimmung der relativen Effizienzen siehe Abschnitt 3.4.1.2.

[3] Elemente eines Wettbewerbs im Markt sind nicht nur gut integrierbar. In Abschnitt 3.3.1.2 wurde herausgearbeitet, dass die im Zusammenhang mit einem System vergleichenden Wettbewerbs aufzubauende Regulierungsbehörde eine grundsätzliche Voraussetzung dafür darstellt, dass der Durchleitungswettbewerb in der Wasserwirtschaft überhaupt stattfinden kann. Sie hat die Berechnung der Netzzugangsentgelte und die Verhinderung unternehmensinterner Quersubventionierungen zu überwachen.

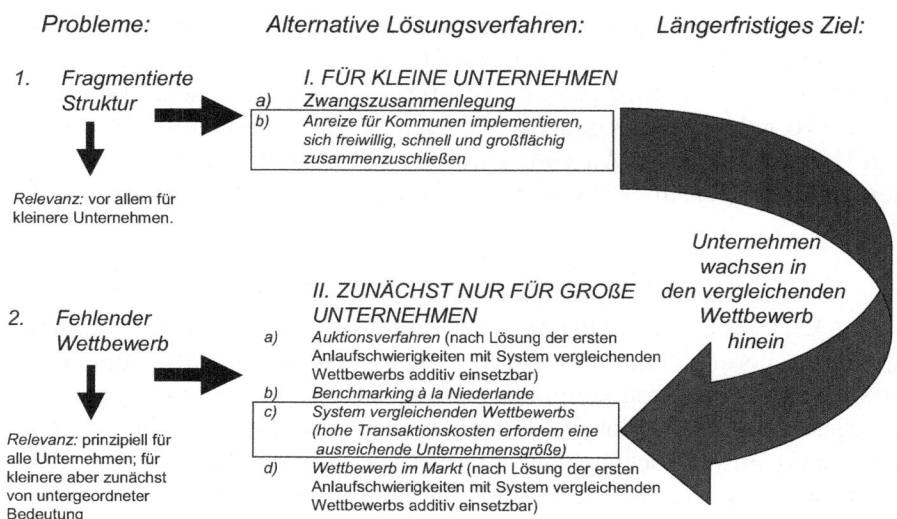

Abbildung 5.1: Grundkonzept für eine preisregulatorische Neuausrichtung der deutschen Wasserwirtschaft.

werbs beginnen sollen, geht es bei den kleineren Unternehmen zunächst primär um das Erreichen größerer Einheiten. Im längerfristigen Ergebnis sollten, wie Abbildung 5.1 zeigt, die kleineren Unternehmen durch Fusionen in das System vergleichenden Wettbewerbs hineinwachsen.

Im folgenden Abschnitt werden zunächst die jeweiligen Komponenten des preisregulatorischen Vorschlages ausgeführt. Aus den vorgeschlagenen Maßnahmen leitet sich dann der konkrete Reformbedarf ab. Diese Zusammenhänge von Maßnahmen und Reformbedarf sind in Abbildung 5.2 noch einmal zusammenfassend dargestellt.

5.1.1.2 Der Wettbewerbsrahmen für die deutsche Wasserwirtschaft

Für die großen Unternehmen: System vergleichenden Wettbewerbs nach englischem Vorbild

Für die großen Unternehmen[4] sowohl auf der Wasserversorgungs- als auch der Abwasserentsorgungsseite wird vorgeschlagen, mit einem System vergleichenden Wettbewerbs zu beginnen, das sich in seiner Konzeption möglichst weitgehend an das des englischen Regulierungsmodells anlehnt. Zum einen können so die vielfältigen Erfahrungen – sowohl die bereits gemachten als auch die im Sinne einer Optimierung noch zu machenden – genutzt werden. Zum anderen wäre in längerfristiger Perspektive der relative Erfolg der deutschen Unternehmen auch im internationalen Vergleich analysierbar.[5]

Man kann nicht davon ausgehen, dass die deutschen Unternehmen wettbewerbliche Verfahren mögen. Vor diesem Hintergrund sind Anreize zu konzipieren, die die Vorbehalte abbauen. Zunächst stellen die Entwicklungen auf europäischer Ebene einen solchen impliziten Anreiz dar. In Abschnitt 3.4.2 wurde zwar argumentiert, dass der Druck, mehr Wettbewerb in der Wasserwirtschaft einzuführen, momentan etwas erlahmt. Es wurde aber gleichfalls davon ausgegangen, dass diese Diskussion früher oder später wieder aufleben wird. Daher kann man sagen, dass längerfristig nicht mehr der derzeitige wettbewerbslose Ausgangszustand als Vergleichsmaßstab für die Beurteilung der Anreize zu gelten braucht. Ein System vergleichenden Wettbewerbs müsste daher in den Augen der Entscheidungsträger nur positiver sein als ein für alle Kommunen verpflichtender Ausschreibungswettbewerb. Wie angesprochen ist dies das Verfahren, das sich nach Ansicht vieler Branchenvertreter am wahrscheinlichsten durchsetzen könnte.[6]

Während (kommunale) Eigner von Unternehmen, die an Ausschreibungen teilnehmen, über Gewinnausschüttungen am Erfolg partizipieren, spezifiziert die ausschreibende Kommune vom Prinzip ex ante nur die Leistung. Sie erhält keine Zuweisungen, sofern ihr die Spezifizierung von zum Beispiel Querverbundsverpflich-

---

[4] Es erscheint unumgänglich, eine spezifische Größe für die Erstaufnahme vorzugeben. Eine erste Orientierung könnte eine Analyse der Unternehmensgrößen ergeben, wie sie in solchen Ländern vorherrschen, die ebenfalls ein vergleichbares Regulierungsverfahren anwenden (zum Beispiel England, Australien).

[5] De facto gibt es eine Reihe von Studien, die die Effizienz der englischen Unternehmen im Verhältnis zu denen australischer, US-amerikanischer oder niederländischer Unternehmen abbilden (siehe zum Beispiel eine zusammenfassende Darstellung von St. Pier (2003) und OFWAT (2004b)). Die schottische Regulierungsbehörde nutzt für ihre Effizienzvorgaben an die eigenen Unternehmen – respektive mittlerweile an das einzige Unternehmen – bereits den Vergleich mit den englischen Wasserversorgern und Abwasserentsorgern (Water Industry Commissioner for Scotland, 2001, zum Beispiel S. 16f.).

[6] Siehe zu dieser These zusätzlich die VKU-Beurteilung des Standes der aktuellen Modernisierungsdiskussion http://www.vku.de/vku/aktuell/wasser/wasser_1.html und Schönbäck et al. (2003b, S. 552). Unter Ausschreibungswettbewerb wird hingegen keine Verpflichtung für sämtliche Kommunen verstanden. Vielmehr greift dieser nur für den Fall, in dem eine Kommune die Dienstleistungserbringung einem Dritten übertragen will.

tungen in den Konzessionsverträgen untersagt würde. Rein aus dem Blickwinkel der Kommune argumentiert, sollte dieser Ausschreibungswettbewerb auch deshalb wenig attraktiv sein, weil sie mit einem eigenen Unternehmen in Ausschreibungen mit den großen französischen Versorgern konkurrieren würde. Vor diesem Hintergrund könnte damit gegenüber dem verpflichtenden Ausschreibungswettbewerb bereits dadurch ein Vorteil generiert werden, dass die großen (kommunalen) Unternehmen, die am System vergleichenden Wettbewerbs teilnehmen, durchaus Gewinne erzielen dürfen. Während dies für WVU in der Regel bereits heute gilt, wäre diese offene Gewinnerzielung auch den AEU zu ermöglichen. Bislang läuft sie eher versteckt ab.[7]

Nun würden damit zwar möglicherweise Anreize gesetzt, dass - wie gewünscht - ein großes wasserwirtschaftliches Unternehmen ein System vergleichenden Wettbewerbs einem Ausschreibungswettbewerb vorziehen würde. Aus der Sicht einer Kommune ist aber denkbar, dass das Verharren im gegenwärtigen Zustand die beste aller Möglichkeiten darstellt. Monopolrenten im Sinne von Abschnitt 3.4.1.1 ließen sich auch weiterhin abschöpfen. Es sind daher Verfahren zu konzipieren, die die Teilnahme an einem System vergleichenden Wettbewerbs auch gegenüber dem derzeitigen Status quo vorteilhaft erscheinen lassen. Unter der Annahme, dass wasserwirtschaftliche Unternehmen ab einer bestimmten Größe zu einer Teilnahme an einem System vergleichenden Wettbewerbs verpflichtet werden, sind daher im nächsten Abschnitt Anreize für kleinere Unternehmen zu entwickeln, dass diese ihrerseits durch Zusammenschlüsse eine Größe erreichen, um so in ein System vergleichenden Wettbewerbs quasi „hineinzuwachsen".

Das System vergleichenden Wettbewerbs ist, wie gesagt, nicht als alleiniges Preisregulierungsverfahren gedacht. Aber es spannt das Grundgerüst auf, in dem andere Preisregulierungsverfahren ebenfalls ihren Platz finden sollen. Das Nutzen verschiedener Verfahren innerhalb des Systems vergleichenden Wettbewerbs ist sinnvoll, da anzunehmen ist, dass der derzeitige Zuschnitt auch der großen Unternehmen gemäß ihrer Gebietskörperschaftsgrenzen nur selten volkswirtschaftlich effizient sein wird. Es könnte sich zum einen herausstellen, dass versorgte Einhei-

---

[7] Gemäß der kameralistischen Buchführung haben AEU die Möglichkeit, sowohl auf Wiederbeschaffungszeitwerte abzuschreiben als auch ihre Restbuchwerte mit hohen kalkulatorischen Zinssätzen zu verzinsen. Auf Basis dieser hohen kameralistischen Aufwendungen werden dann die notwendigen Abwassergebühren kalkuliert. Diese wiederum gehen in der handelsrechtlichen GuV als Einnahmen ein, denen aber in der Regel geringere tatsächliche Aufwendungen gegenüberstehen. Der sich handelsrechtlich ergebende Gewinn kann vom Eigentümer, der Kommune, einbehalten werden. Wie bereits angesprochen, bilden Abschreibungen und kalkulatorische Zinsen im Mittel 54vH der Gesamtkosten. Über obige Praxis können den Kommunalhaushalten damit nicht unwesentliche Summen jährlich zukommen.

ten besser an Nachbarunternehmen abzugeben wären. Zum anderen mag es aber auch viele Fälle geben, in denen das große Unternehmen in die Versorgungsgebiete umliegender Gebietskörperschaften eingreifen sollte. Vor diesem Hintergrund wird angeregt, dass Grundelemente eines Wettbewerbs im Markt das System vergleichenden Wettbewerbs ergänzen. Analog zum additiven Einsatz des Auktionswettbewerbs sollte dieses aber erst dann verstärkt eingesetzt werden, wenn erste Anlaufschwierigkeiten bei der Implementierung des Systems vergleichenden Wettbewerbs als Grundgerüst überstanden sind.

Für die kleinen Unternehmen: Anreize für Kommunen implementieren, sich freiwillig, schnell und großflächig zusammenzuschließen

Notwendige Bedingung: Anreize begründen, dass sich überhaupt zusammengeschlossen wird

Abgesehen von den wenigen Unternehmen, die von Beginn an am System vergleichenden Wettbewerbs teilnehmen, steht für den Rest der fast 15.000 Wasserversorgungs- und Abwasserentsorgungsunternehmen in einem ersten Schritt das Erreichen kritischer Größen im Vordergrund. Da zunächst davon ausgegangen werden soll, dass die eigentliche Entscheidung zu Zusammenschlüssen bei den Kommunen verbleibt, sind Anreize zu erdenken, wie das Bilden größerer Unternehmenseinheiten befördert werden kann.

Von zentraler Bedeutung ist eine differenziertere Interpretation des Art. 28 Abs. 2 GG. Hiernach haben zwar die Kommunen das Selbstverwaltungsrecht und können über eigene Unternehmen Dienstleistungen der Wasserversorgung und Abwasserentsorgung anbieten. Deren Kunden sollte aber gleichzeitig das Recht zugestanden werden, den Anbieter zu wechseln, sofern ein Konkurrent die Dienstleistung der Wasserversorgung oder Abwasserentsorgung bei vergleichbarer Qualität preisgünstiger anzubieten vermag. Dabei wäre der Grund des relativen Kostennachteils des bisherigen Anbieters ohne Bedeutung. Der Nachfrager sollte nicht genötigt werden können, Wasserversorgungs- oder Abwasserentsorgungsdienstleistungen von Anbietern zu beziehen, nur weil in der Vergangenheit sich eine Kommune entschieden hat, dies komplett in eigener Regie durchzuführen. Höhere Wasseraufbereitungs- oder Abwasserreinigungskosten wären demnach ausdrücklich kein Grund, der einem Anbieterwechsel entgegenstehen sollte. Der Grundwasserschutz lässt sich, wie in Abschnitt 4.3.1.1 gezeigt, auch mit anderen Instrumenten als einer Vorgabe einer verbrauchsnahen Förderung gewährleisten. Aufgrund seiner marktschließenden Wirkungen sollte diese Vorgabe aufgehoben werden.

2.1 Lösungsvorschlag für GROßE Unternehmen
1. Start eines **Systems vergleichenden Wettbewerbs mit den großen** WVU und AEU.
2. Weitestgehende **Übernahme des englischen Systems.**
3. Mittelfristig: **(Drohung der) Abwanderung und Ausschreibungswettbewerb additiv.**

Anreize, damit Unternehmen schnellstmöglich teilnehmen (wollen):
a) Teilnehmende (kommunale) Unternehmen sollten **Gewinne** machen und über ihre Gebietskörperschaftsgrenzen hinaus aktiv werden dürfen; allen anderen wäre das Erzielen von Gewinnen jeder Art zu untersagen.
b) = Sofern „Gewinnerzielungsverbot" für nicht am System vergleichenden Wettbewerbs Teilnehmende durchsetzbar **Zwangszusammenlegung.**

2.2 Lösungsvorschlag für KLEINE Unternehmen:
Förderung zügiger großflächiger Unternehmenszusammenschlüsse

2.2.1 Anreize, damit sich überhaupt zusammengeschlossen wird
1. **(Drohung der) Abwanderung** von Nachfragern zu Konkurrenzanbietern.
2. Einführung eines **Ratingverfahrens für jedes Unternehmen;** geforderte regelmäßige **Offenlegung der relativen Wasserpreise.**

2.2.2 Anreiz, damit sich schnell großflächig zusammengeschlossen wird
1. Zugestehen von Gewinnerzielungsmöglichkeiten **ausschließlich** an solche Unternehmen, die an vergleichendem Wettbewerb teilnehmen; Vorgabe einer Mindestgröße oder besser Nutzung Ratingergebnis als Teilnahmevoraussetzung für System vergleichenden Wettbewerbs.
2. Sofern „Gewinnerzielungsverbot" für nicht am System vergleichenden Wettbewerbs Teilnehmende durchsetzbar **Zwangszusammenlegung.**

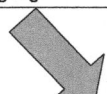

Sich ableitender Reformbedarf:

Reformblock 1: Damit kommunale Unternehmen über ihre Gebietskörperschaftsgrenzen hinaus am Markt teilnehmen dürfen; Änderungen der Gemeindeordnungen der Länder und hier insbesondere:
a) **Abschaffung Örtlichkeitsprinzip,**
b) **Abschaffung Gewährträgerhaftung** respektive Umwandlung in Bürgschaftsmodell.

Reformblock 2: Damit Kommunen trotz Gewinnerzielungsverbot nicht an unwirtschaftlichem Unternehmen festhalten:
a) **Pflicht zu testiertem Jahresabschluss** und unmittelbares Ableiten einer Effizienzeinstufung durch Rating,
b) Verbot der Subventionierung wasserwirtschaftlicher Unternehmen.

Reformblock 3: Damit Neustrukturierung der Wasserwirtschaft sich unverzerrt vollziehen kann:
Steuerliche Gleichbehandlung von Wasser- und Abwasserdienstleistungen unabhängig von Serviceart und Rechtsform Erbringer.

Reformblock 4: Damit eine (drohende) Abwanderung/Konkurrenz um große Nachfrager (bei kleinen Unternehmen: u.U. ganze Versorgungs- respektive Entsorgungsgebiete) möglich wird:
a) **Interpretation Art. 28 II GG** im Sinne des Rechts der kommunalen Selbstverwaltung aber gleichzeitig des
Rechts des Nachfragers zu Anbieterwechsel, sofern Alternativangebot zu niedrigeren langfristigen Grenzkosten,
b) **Abschaffung wettbewerblicher Ausnahmebereich Trinkwasser** § 131 Abs. 8 i.V. mit §§ 103, 103a GWB;
Demarkationsverträge untersagen,
c) Tatsächliches **Ändern der Landeswassergesetze und Erstellung von Durchführungsvorschriften,** um
Übertragung der Pflicht zur Abwasserbeseitigung tatsächlich zu ermöglichen (damit Möglichkeit des Haftungsübergangs),
d) **Neuinterpretation Anschluss- und Benutzungszwang** im Sinne von „an (irgendeinen) öffentlichen Wasserversorger und Abwasserentsorger",
e) Weitgehendes **Streichen des Gebots verbrauchsnaher Förderung.**

Reformblock 5: Damit nicht im Wettbewerb stehende Unternehmen keine Gewinne machen dürfen:
Auslegung Beihilferichtlinie Altmark-Urteil
Gemeinwirtschaftliche Verpflichtungen nach EuGH „Altmark-Urteil" (7/2003) zwar möglich, sollten aber über Kommunalhaushalt, **nicht über Querverbund oder versteckte Gewinne** finanziert werden dürfen.
Reformblock 5a: Sofern politisch nicht durchsetzbar: Zwangszusammenlegung:
Neuinterpretation des Art. 28 Abs. 2 GG – **Hochzonung.**

Abbildung 5.2: Konkretisierung des Grundkonzeptes und sich ableitender Reformbedarf.

Ein Anbieterwechsel setzt voraus, dass ein Wettbewerb im Markt in Form des Verlegens von Parallelleitungen oder auch in Form einer gemeinsamen Netznutzung grundsätzlich möglich ist. International scheint dies weitgehend außer Frage zu stehen (DWI, 2000a). So veröffentlichen, wie in Abschnitt 3.3.1.2 angesprochen, mittlerweile sämtliche englische wasserwirtschaftliche Unternehmen Netzzugangsregelungen. Diese sind in der Regel recht komplex. Für ein kleines deutsches Unternehmen mit begrenzten Mitarbeiterkapazitäten wäre ein Durchleitungswettbewerb kaum sinnvoll durchzuführen. Damit bliebe als Variante für die deutsche Situation neben dem Anschluss von Neubaugebieten und dem Einsatz von Zwischenhändlern vor allem die Erlaubnis des parallelen Leitungsbaus. Der Markt würde „bestreitbarer".

Das bedrohte wasserwirtschaftliche Unternehmen wird die Auswirkungen eines Verlustes eines (großen) Nachfragers auf die Wasserpreise der verbleibenden Kunden antizipieren können. Dabei ist zu vermuten, dass zum Beispiel eine Verdopplung[8] der Wasser- oder Abwasserpreise pro m^3 dem Bürger nur schwer zu vermitteln wäre. Demnach wird die Drohung der Abwanderung in den lokalen Entscheidungsgremien einen Diskussionsprozess in Gang setzen, der bis zur Entscheidung der Aufgabe des eigenen Unternehmens reichen könnte.

Die Einführung einer (drohenden) Nachfragerabwanderung setzt Veränderungen im regulatorischen Rahmen voraus, die überblicksartig den Punkten unter Reformblock 4 in Abbildung 5.2 zu entnehmen sind. Eine notwendig werdende Neuinterpretation des Art. 28 Abs. 2 GG wurde ebenso bereits angesprochen wie das Streichen des Gebots verbrauchsnaher Förderung.

Es wäre überdies der Anschluss- und Benutzungszwang neu zu interpretieren. Es sollte ausreichen, dass ein Nachfrager sich „an (irgendeinen) öffentlichen Wasserversorger und Abwasserentsorger" anschließen muss, nicht aber bei seinem derzeitigen Anbieter zu verbleiben hat. Ferner wäre die wettbewerbliche Ausnahmestellung von Trinkwasser nach § 131 Abs. 8 GWB in Verbindung mit §§ 103 und 103a GWB aufzuheben. Dies schlösse das Verbot zum Abschluss von Demarkationsverträgen ein.[9] Darüber hinaus wäre – und dies gilt wesentlich für den

---

[8] Die Erbringung wasserwirtschaftlicher Dienstleistungen ist, wie in Abschnitt 2.1 deutlich wurde, mit hohen Fixkosten verbunden. Ein Rückgang der nachgefragten Menge führt daher unter sonst gleichen Rahmenbedingungen zu steigenden Wasserpreisen und Abwasserpreisen/Abwassergebühren pro m^3.

[9] Damit würde den Kommunen mit der Konzessionsabgabe eine wichtige Einnahmequelle abhanden kommen. Diese rechtfertigt sich aus der Zuweisung eines Monopolrechts. Haben aber nun die großen Nachfrager eine potentielle Möglichkeit, den Anbieter zu wechseln, so wäre dieses Monopolrecht – sofern gleichzeitig eine Diskriminierung solcher Haushalte, die

Abwasserbereich – eine wasserwirtschaftliche Aufgabe nicht weiter als hoheitliche Aufgabe anzusehen. Die Abschaffung dieser Hoheitlichkeit ermöglichte dann auch die vertragliche Übertragung der Pflicht zur Abwasserbeseitigung auf durchführende Dritte. Verstöße wären durch das ausgereifte, dezentrale Monitoringsystem, das sich überdies durch die WRRL noch verbessern sollte, zu kontrollieren.[10]

Da hier gemäß der Argumentation in Abschnitt 3.1 eine Privatisierung sämtlicher wasserwirtschaftlicher Unternehmen nicht als unmittelbarer erster Schritt gefordert wird, ist in einem weiteren Reformblock sicherzustellen, dass auch kommunale Unternehmen außerhalb ihrer eigenen Gebietskörperschaftsgrenzen tätig werden dürfen. Daher wären die Gemeindeordnungen der Länder zu ändern. Es wäre insbesondere das Örtlichkeitsprinzip abzuschaffen und die Gewährträgerhaftung zumindest massiv einzuschränken (Reformblock 1 in Abbildung 5.2). In der niedersächsischen Gemeindeordnung wurde am 22. Januar 2003 ein Gesetz zur Änderung des kommunalen Unternehmensrechts beschlossen, das beispielgebend werden könnte. Hiernach haftet nach §113d NGO eine Gemeinde nicht mehr für die Verbindlichkeiten einer Anstalt öffentlichen Rechts. Vielmehr wird nach Rose (2003, S. 210) eine begleitende Ausfallbürgschaft diskutiert, die – ökonomisch betrachtet sicher eng – zu begrenzen ist.

Wären erst einmal die Rahmenbedingungen für eine (potentielle) Abwanderung von Nachfragern implementiert, stellt sich die Frage, wie sich ein bedrohtes Unternehmen wahrscheinlich verhalten wird. Gemäß der Neuen Politischen Ökonomie ist zu erwarten, dass es zu unterschiedlichen Kooperationsvereinbarungen regionaler wasserwirtschaftlicher Unternehmen kommt. So würde sichergestellt, dass einzelne Unternehmen mit den vermeintlich positiven Auswirkungen auf die regionalen Arbeitsplätze (und insbesondere Vorstandsposten) in ihrer Existenz bestehen blieben. Dies wäre sicher bereits eine Verbesserung zum Status quo, gegenüber tatsächlichen Unternehmenszusammenschlüssen aber wie oben argumentiert volkswirtschaftlich von Nachteil. Eine Defragmentierung ist zum einen die notwendige Voraussetzung für die Schaffung flächendeckenden Wettbewerbs. Zum anderen handelt es sich ökonomisch um eine Verschwendung knapper Ressourcen, wenn Arbeitskräfte in Sektoren eingesetzt werden, in denen ihre Grenzproduktivität im Gegensatz zu alternativen Einsatzmöglichkeiten gering ist. Folglich soll-

---

nicht wechseln können, unterbunden wird – gegenstandslos. Gegebenenfalls sind durch eine begleitende Gemeindefinanzreform diese Einnahmenausfälle der Kommunen zu ersetzen.

[10] Werden internationale Erfahrungen zu Grunde gelegt, führt eine Übertragung der Aufgabe an einen Dritten nicht notwendigerweise zu Problemen bei der Überwachung der Qualitätsbereitstellung (Ette, 2001, S. 116). Unter Umständen sogar im Gegenteil: Es ist durchaus denkbar, dass die (öffentlichen) Behörden bei der Überwachung (privater) Dritter noch aufmerksamer wachen werden.

ten Anreize gefunden werden, die das Festhalten am eigenen Wasserversorgungs- und/oder Abwasserentsorgungsunternehmen verringern.

Es ist zu erwarten, dass die (potentielle) Versorgung durch Nachbarunternehmen einen Druck erzeugt, in Kommunalparlamenten über die Aufgabe des eigenen wasserwirtschaftlichen Unternehmens zu beraten. Dennoch sollte unter politökonomischen Erwägungen ein Mechanismus gefunden werden, der dem Bürgermeister/dem Kommunalparlament trotz etwaiger steigender Preise und Gebühren Schützenhilfe für die Argumentation mit der eigenen Bevölkerung gibt. Er/Es muss dem Bürger einen (mittelfristigen) Verlust von regionalen Arbeitsplätzen durch die Aufgabe des eigenen Unternehmens vermitteln. Gerade in den kleinen Gemeinden werden vermutlich viele die vom Arbeitsplatzverlust Betroffenen persönlich kennen. Insofern sollte der Bevölkerung bewusst gemacht werden, dass das eigene Unternehmen im Verhältnis zu einer alternativen Dienstleistungserbringung unwirtschaftlich arbeitet.

Dies könnte zum Beispiel durch jährliche Postwurfsendungen geschehen, in denen die Preise des eigenen Unternehmens im Vergleich zu denen der umliegender Unternehmen (zum Beispiel Radius 50 km) aufgeführt sind. Da Preise wie zu Beginn von Kapitel 2 angesprochen alleine nur eine sehr begrenzte Aussagekraft besitzen, sollten diese Informationen überdies um ein Ratingverfahren ergänzt werden. Auf Basis einzelner Informationen, die weitgehend aus zu testierenden Jahresabschlüssen gewonnen werden,[11] kann eine Ratingkennzahl für jedes einzelne Unternehmen ermittelt werden. Wie ein solches Ratingverfahren aussehen könnte und welche weiteren Informationen gerade zum Unternehmensumfeld einzufordern sind, ist Gegenstand des Abschnitts 5.1.3.2.

Ein solches Vorgehen würde zudem diejenigen lokalen Entscheidungsträger unter einen Legitimierungsdruck setzen, die den Bestand des eigenen wasserwirtschaftlichen Unternehmens aus ganz anderen, privaten Interessen zu sichern suchen. Im Kontext der Neuen Politischen Ökonomie ist es leicht vorstellbar, dass lokale Entscheidungsträger nur deshalb „ihr Unternehmen" retten wollen, um so Gefälligkeitsentscheidungen für den Bürger treffen zu können, verdiente Persönlichkeiten zu alimentieren oder aber selber in leitende Positionen in jenem Unternehmen zu gelangen. Ein für ein kleines Unternehmen zu erwartendes schlechtes Rating eines externen Dritten würde diese Zusammenhänge offen legen.

---

[11] Die Pflicht zu einer Testierung von Jahresabschlüssen ist im zusammenfassenden Überblick in Abbildung 5.2, Reformblock 2 aufgeführt.

Bis hierhin lässt sich also festhalten, dass der präsentierte Maßnahmenkatalog Anreize zu Zusammenschlüssen setzen mag, die genaue Art aber der individuellen (kommunal-)unternehmerischen Entscheidung obliegt. Damit diese betriebswirtschaftliche Entscheidung auch volkswirtschaftlich vorteilhaft ist, ist sicherzustellen, dass es zu keinen allokativen Verzerrungen kommt. Die derzeitige steuerrechtliche Ungleichbehandlung von Wasser und Abwasser stellt eine solche Verzerrung dar. Die Gefahr besteht, dass eigentlich sinnvolle Unternehmensstrategien nicht durchgeführt werden, weil sie sich aufgrund der unterschiedlichen steuerlichen Behandlung betriebswirtschaftlich nicht rechnen. Jegliche Ungleichbehandlung ist damit aufzuheben (Reformblock 3 in Abbildung 5.2).

Hinreichende Bedingung: Anreize für Kommunen begründen, dass sich Unternehmen schnell und großflächig zusammenschließen

Das bisher empfohlene Verfahren des (drohenden) Wettbewerbs und der begleitenden Schaffung von größerer Transparenz, unter anderem durch ein simples Ratingverfahren für die kleineren Unternehmen, setzt erste Anreize zu Unternehmenszusammenschlüssen. Diese Anreize sind notwendig, aber noch lange nicht hinreichend dafür, dass tatsächlich das längerfristige Ziel – ein Hereinwachsen sämtlicher Unternehmen in ein System vergleichenden Wettbewerbs zu möglichst geringen volkswirtschaftlichen Kosten – erreicht wird. Zwei Gründe sind anzuführen.

Erstens wäre es volkswirtschaftlich von Nachteil, wenn eine Kleinstfusion die jeweils vorherige ablösen würde. Auf Jahre hinaus wären die wasserwirtschaftlichen Unternehmen mit nichts anderem als internen Organisationsfragen beschäftigt. In regelmäßigen Abständen müssten sich die Kunden daran gewöhnen, dass ihr Versorger erneut umfirmiert. Vor diesem Hintergrund besteht die hinreichende Bedingung darin, ein schnelles Zusammenschließen zu fördern.

Zweitens ist, wie angesprochen, nicht gewährleistet, dass Unternehmen überhaupt ein Interesse haben, sich großflächig zusammenzuschließen. Wahrscheinlich wird sogar das Gegenteil der Fall sein: Unternehmen können versuchen, bewusst unter einer Unternehmensgröße zu bleiben, die sie zur Teilnahme am System vergleichenden Wettbewerbs verpflichtet.

Vor diesem Hintergrund liegt die hinreichende Bedingung für ein Hineinwachsen der gesamten wasserwirtschaftlichen Branche in ein System vergleichenden Wettbewerbs darin, Anreize zu schaffen, die sowohl ein schnelles als auch großflächiges Zusammenschließen induzieren. Ausschließlich ökonomisch argumentiert könnte ein solcher Anreiz darin bestehen, dass solche Unternehmen, die an einem System vergleichenden Wettbewerbs teilnehmen, offiziell Gewinne erzielen dürfen, dies aber allen anderen Unternehmen untersagt bleibt. Es mag argumentiert werden, dass Monopole, die der Monopolaufsicht unterstehen, auch Gewinne machen dürfen. Gleiches könne durch Stärkung der bestehenden Missbrauchsaufsicht doch auch für die wasserwirtschaftlichen Unternehmen gelten. Ökonomisch ist hierauf zu entgegnen, dass es im Gegensatz zu „normalen Monopolen" in der Wasserwirtschaft wettbewerblich gestaltete Preisregulierungsverfahren gibt, dem sich ein Unternehmen stellen kann. Es kann also durch Teilnahme am System vergleichenden Wettbewerbs sichergestellt werden, dass eigene Gewinne keine Monopolrenten darstellen, sondern Resultat effizienten unternehmerischen Handelns sind. Eine andernfalls notwendig werdende massive Aufstockung der Landeskartellbehörden könnte so vermieden werden.

Ein Gewinnerzielungsverbot für nicht am System vergleichenden Wettbewerbs teilnehmende Unternehmen würde in Reinform implizieren, dass sowohl die Praxis des Querverbundes der wasserversorgenden Unternehmen,[12] wie auch die zu Beginn dieses Abschnitts angesprochenen versteckten Methoden der „Gewinnerzielung" auf der Abwasserentsorgungsseite zu unterbinden wären.

Zusammenfassend besteht der Reiz eines freiwilligen, durch Anreize sicherzustellenden schnellen und großflächigen Zusammenschließens folglich darin, dass sich keine oktroyierten Unternehmensstrukturen ergeben. Möglicherweise könnte auch die oben vorausgesetzte nationale Mindestgröße, die zur Teilnahme am System vergleichenden Wettbewerbs verpflichtet, durch eine gewisse Ratingkennzahl des in Abschnitt 5.1.3.2 vorzustellenden Ratingverfahrens als Zugangsvoraussetzung ersetzt werden. Das Nutzen von Performancemessziffern beinhaltet möglicherweise den Vorteil eines gleitenderen Zugangs. Tatsächlich machte bereits die Auseinandersetzung mit den wasserwirtschaftlichen Grundlagen in Abschnitt 2.1

---

[12] Der Querverbund - also zum Beispiel die Finanzierung der Infrastruktur des ÖPNV aus Gewinnen der Wasserversorgung - ist in der derzeitigen Situation selbstverständliche Praxis. Insofern wäre ein Abschaffen des Querverbundes im Sinne der Kommunen selbstverständlich um eine Gemeindefinanzreform zu ergänzen. Den Kommunen sollten Möglichkeiten der Einnahmenerzielung zugestanden werden, um fortan gemeinwirtschaftliche Verpflichtungen transparent zu finanzieren.
Dabei stünde aber eine als gemeinwirtschaftlich definierte Aufgabe stets unter einem Finanzierungsvorbehalt. Sollte es der politische Wille sein, den ÖPNV zu subventionieren oder die Sauberkeit von Badeseeufern zu fördern, steht es den politischen Entscheidungsträgern frei, dies offen über ihre städtischen Budgets zu finanzieren.
Im Rahmen des hier präsentierten Vorschlags wird daher stets für eine komplette Abschaffung des Querverbundes in Kombination mit einer umfassenden Gemeindefinanzreform plädiert.

deutlich, dass sich nicht nur im Zeitverlauf, sondern auch in Abhängigkeit von den jeweiligen naturräumlichen Besonderheiten regional jeweils unterschiedlich effiziente Unternehmensgrößen herausbilden werden.

Gleichwohl ist einzuräumen, dass sich dieses Verfahren eines Gewinnerzielungsverbots für Unternehmen, die nicht an einem System vergleichenden Wettbewerbs teilnehmen, im politischen Prozess schwer durchsetzen lässt. Vor diesem Hintergrund mag die einzige Alternative doch in einer Zwangszusammenlegung wasserwirtschaftlicher Unternehmen bestehen.[13] Zwar könnte bereits die Drohung einer solchen Zwangszusammenlegung dazu beitragen, dass das oben vorgeschlagene Gewinnerzielungsverbot für nicht am System vergleichenden Wettbewerbs teilnehmende Unternehmen sich doch durchsetzen könnte. Da davon aber nicht ausgegangen werden kann, soll abschließend auf der Basis der bisherigen Argumentation skizziert werden, worauf bei einer Zwangszusammenlegung zu achten wäre.[14]

- So wie die WRRL eine Bewirtschaftung der Gewässer nach Flussgebietseinheiten vorsieht, so sollte sich auch bei einer Zwangszusammenlegung an diesen Strukturen ausgerichtet werden.

- Es müssen nicht sämtliche wasserwirtschaftliche Unternehmen eines Flusseinzugsgebietes zu nur einem einzigen Unternehmen zusammengefasst werden. Die Studien zur optimalen Betriebsgröße in Abschnitt 3.1.3 ließen für England ableiten, dass möglicherweise die Unternehmen bereits dort den technischen Optimalpunkt überschritten haben. Angesichts der Unsicherheit über das jeweils auch regional differierende Betriebsoptimum sollte eine unter Transaktionskostengesichtspunkten maximale Zahl an Unternehmen

---

[13] Wie in Abschnitt 3.4.1.1 geschildert, erscheint eine Zwangszusammenlegung auf den ersten Blick ein rein theoretisches Konstrukt zu sein. Aufgrund Art. 28 Abs. 2 GG ist am Selbstverwaltungsrecht der Kommunen nur schwer zu rütteln. Andererseits handelt es sich nach Dr. Christian Scherer-Leydecker, Wasserrechtler bei der Anwaltskanzlei Norton Rose Vieregge, Köln (Gespräch vom 7.8.2003), um eine Frage des politischen Umsetzungswillens. Grundsätzlich sei eine sog. Hochzonung – also die Übertragung der kommunalen Aufgabendurchführung auf höhere Ebenen wie Kreis oder Land oder auch eine Pflichtteilnahme an regionalen Verbänden – denkbar. Analog zur Diskussion in der Kreislauf- und Abfallwirtschaft ließe sich eine Hochzonung auch für die Wasserwirtschaft folgern, da aufgrund immer komplexer werdenden Aufgaben (z um Beispiel Umsetzung WRRL) nicht mehr jede "Teilaufgabe ohne weiteres als Angelegenheit der örtlichen Gemeinschaft qualifiziert werden kann" (Monopolkommission, 2003, Tz. 140).

[14] Da zwar die Etablierung eines Gewinnerzielungsverbotes im Gegensatz zu einer Zwangszusammenlegung als Anreiz bevorzugt wird, dieses sich im politischen Prozess aber wohl wird nur schwer durchsetzen können, sind beide Verfahren unter Reformblock 5 und 5a in Abbildung 5.2 aufgeführt.

am System vergleichenden Wettbewerbs teilnehmen.

- Inwiefern Synergien in der Zusammenführung von Wasserversorgung und Abwasserent-
sorgung bestehen oder ob grundsätzlich sämtliche Unternehmen ex ante materiell zu privatisieren sind, konnte empirisch nicht eindeutig geklärt werden. Deshalb sollten mit einer Zwangszusammenlegung möglichst wenige, schwer revidierbare Tatsachen geschaffen werden.

Zusammenfassend sei damit festgestellt, dass es zwar wünschenswert ist, wenn sich eine Zwangszusammenlegung verhindern lässt. Sollte sie aber notwendig werden, wäre dies bei Beachtung obiger Vorgaben kein ernsthaftes Problem. Durch den Einsatz des Wettbewerbs im Markt ist zudem zu erwarten, dass sich eine Feinjustierung der jeweils optimalen Betriebsgröße auch ex post noch einstellen kann. Ebenfalls wird sich durch die Nutzung des Systems vergleichenden Wettbewerbs implizit herausstellen, ob Wasserversorgung und Abwasserentsorgung zusammenzuführen sind und ob private Unternehmen signifikant besser abschneiden werden als öffentliche Unternehmen. Eine Integration auch des Ausschreibungswettbewerbs ermöglicht es überdies, dass das Suchen nach der jeweils optimalen Betriebsgröße nicht auf der Ebene der Unternehmen Halt macht. Sollte sich im Wettbewerb herausstellen, dass eine spezifische wasserwirtschaftliche Dienstleistung in noch größeren Einheiten durchgeführt werden sollte, könnte ein solcher Konzessionär diese Dienstleistung für verschiedene Unternehmen gleichzeitig erbringen. Insgesamt erlaubt es damit der hier vorgestellte Rahmen, dass sich endogen jeweils die volkswirtschaftlich sinnvollste Organisationsform herausbilden kann.

Im weiteren Verlauf dieser Arbeit wird das jeweilige Vorgehen für große und kleine Unternehmen näher ausgeführt. Zunächst werden in Abschnitt 5.1.2.1 Leitlinien aufgestellt, anhand derer sich die Implementierung eines Systems vergleichenden Wettbewerbs in Deutschland zu orientieren hätte. Es sind sozusagen die konstituierenden Prinzipien, die für die wasserwirtschaftliche Wettbewerbsordnung zu gelten haben. Einige dieser Leitlinien werden anschließend auch zur strukturierten Auseinandersetzung mit der vorgebrachten Kritik am englischen System genutzt (Abschnitt 5.1.2.2). In den Ausführungen in Abschnitt 5.1.3 wende ich mich dann näher ausgewählten Elementen des preisregulatorischen Ansatzes für kleine Unternehmen zu. Hier geht es zunächst um die besondere Rolle, die dem Wettbewerb im Markt zukommt. Es wird gefragt, ob die Regulierungsbehörde, die ja bereits für die großen Unternehmen das System vergleichenden Wettbewerbs durchgeführt, spezifische Aufgaben für die Regulierung kleiner Unternehmen zugeteilt bekommen soll. Im Anschluss daran wird in Abschnitt 5.1.3.2 ein erster Vorschlag zu einem einfachen Ratingverfahren entwickelt.

5.1.2 System vergleichenden Wettbewerbs für die größeren Unternehmen

Es zeigte sich, dass dem System vergleichenden Wettbewerbs eine exponierte Stellung im vorgeschlagenen preisregulatorischen Zielsystem zukommt. Zwar werden langfristig auch der Wettbewerb im Markt und der Ausschreibungswettbewerb additiv verwendet, das System vergleichenden Wettbewerbs ist aber stets leitend. Daher begründet sich die intensivere Analyse dieses Verfahrens im weiteren Verlauf der Arbeit.

Im Rahmen des allgemeinen Ansatzes wurde es als zweckmäßig erachtet, dass – sofern auf eine Zwangszusammenlegung verzichtet werden kann – das System vergleichenden Wettbewerbs zunächst nur für die bereits großen wasserwirtschaftlichen Unternehmen geöffnet wird. Zum einen wurde dies mit den hohen Transaktionskosten einer Teilnahme begründet. Des Weiteren birgt eine solche Regelung aber auch den Vorteil, dass sich die neuartige Regulierung der Wasserwirtschaft zunächst einspielen kann. Bei einer kleineren Anzahl von Teilnehmern werden die Abstimmungskosten im Verhältnis geringer sein.

Dieses Faktum ist nicht zu unterschätzen. Es dauert einige Zeit, bis die eingereichten Daten eine solch ausreichende Qualität aufweisen, dass sie tatsächlich für eine Preisobergrenzenregulierung einsetzbar sind. Die hohen Schwankungsbreiten einiger Kennzahlen in England Ende der 1980er und Anfang der 1990er Jahre (OFWAT, 2002d, S. 63f.) werden im Wesentlichen auf diese ganz natürlichen Anlaufschwierigkeiten zurückzuführen sein.[15] Die allgemeine Unsicherheit betrifft aber zunächst nicht nur die Datenqualität, sondern ebenso die Prognose über vorliegende Effizienzpotentiale bei den Unternehmen. Vor diesem Hintergrund ist die sich jeweils aus den ersten Jahren ableitende Kritik am englischen System zu hinterfragen. So wird das englische System als nicht praktikabel bewertet, weil innerhalb der ersten fünf Jahre sowohl Managergehälter als auch Unternehmensgewinne exorbitant angewachsen seien.[16] Nach Berechnungen von

---

[15] Für eine Darstellung dieser Schwankungsbreiten siehe Abbildung A.24 im Anhang.

[16] Selbst in neuester Zeit argumentieren wasserwirtschaftliche Verbände noch mit Zahlen aus den frühen 1990ern und leiten hieraus eine nicht wünschenswerte Übertragung des engli-

Frontier Economics lagen die Ertragsraten nach Steuern in der ersten Hälfte der 1990er Jahre bei über 12vH. Im Jahre 2001 lagen diese bei unter 6vH (Riechmann et al., 2002, S. 664).

Die Argumentation ist exakt andersherum geführt stichhaltiger. Auf Seiten der Regulierungsbehörde wurden solche Effizienzpotentiale nicht vermutet. Vor diesem Hintergrund wurden im Verhältnis zu hohe Preisobergrenzen gesetzt. Diese ermöglichten es den Unternehmen, hohe Gewinne zu erzielen, wie sie sich aus Abbildung A.13 im Anhang ableiten lassen. Da ungerechtfertigt hoch erscheinende Gewinne die Unterstützung für eine Reform in der Bevölkerung untergraben können, sollte die erste Periode, für die Preisobergrenzen festgelegt werden, kürzer sein.[17] Die Regulierungsbehörde könnte bei ähnlich hohen Gewinnen die Preisobergrenzen vermindern und würde damit die Unterstützung innerhalb der Bevölkerung für mehr Wettbewerb im Wassersektor sichern.

Es ist zu erwarten, dass das englische Regulierungsverfahren für die Anwendung in Deutschland in Einzelpunkten leicht abzuändern ist. Vor diesem Hintergrund erscheint es aber ratsam, die zentralen Grundbestandteile eines Systems vergleichenden Wettbewerbs – quasi die konstituierenden Prinzipien der wasserwirtschaftlichen Wettbewerbsordnung – herauszuarbeiten. Die im Rahmen des nächsten Abschnitts zu entwickelnden Leitlinien können als Orientierungshilfe dienen, was grundsätzlich veränderbar erscheint und was hingegen der Grundkonzeption zuwiderliefe.

Diese Leitlinien dienen auch in Abschnitt 5.1.2.2 als Kriterien, die vorgebrachte Kritik am englischen Regulierungssystem zu beurteilen. Zur Vermeidung von Dopplungen wurde sich bislang nur sehr unzureichend mit der zum Teil durchaus berechtigten Kritik auseinandergesetzt.

---

schen Systems ab. So zum Beispiel Helmut Mödlhammer, Präsident des Österreichischen Gemeindebundes, in der Festrede anlässlich des 50. Österreichischen Gemeindetages: „Wir haben schließlich genug warnende Beispiele vor Augen, etwa in England und Frankreich [....]. So hat etwa in Großbritannien Northumbria[n] [Ergänzung, M.O.] Water [...] von 1989 bis 1995 den Wasserpreis um insgesamt 110 Prozent erhöht. Gleichzeitig stieg das Salär ihres Präsidenten um 150 Prozent, der Unternehmensgewinn schnellte sogar um 800 Prozent in die Höhe" (Mödlhammer, 2003).

[17] Eine theoretische Alternative wäre, eine Preisobergrenzenregulierung durch ein „Profit Sharing" Abkommen zu ergänzen (Burns et al., 1995).

5.1.2.1 Leitlinien der Regulierung in einem System vergleichenden Wettbewerbs

Das Ziel eines Systems vergleichenden Wettbewerbs ist die nach den volkswirtschaftlichen Kriterien der Effizienz und Effektivität verbesserte Erbringung der als ganzheitlich verstandenen wasserwirtschaftlichen Dienstleistungen (Abbildung 5.3). Durch weitestmögliche Integration aller Qualitätskomponenten in einem System vergleichenden Wettbewerbs kann sichergestellt werden, dass deren Erfüllung an den Zielen der Effizienz und Effektivität ausgerichtet ist.[18]

Einer Regulierungsbehörde kommt in einem System vergleichenden Wettbewerbs eine zentrale Rolle zu. Ganz im Sinne von Hayeks hat sich die Regulierungsbehörde darüber bewusst zu sein, dass sie selber über nur beschränktes Wissen verfügt. Das über die gesamte Branche gestreute Wissen ist um ein Vielfaches größer; daher besteht die zentrale Leitlinie darin, den Unternehmen weitestmögliche Entscheidungs- und Gestaltungsspielräume zuzugestehen. Aus diesem Postulat lassen sich jeweils individuelle Leitlinien für das Handeln der Regulierungsbehörde, das der Unternehmen und der Art der Interaktion von Regulierungsbehörde und Unternehmen bzw. allgemeiner Öffentlichkeit ableiten.

Die Aufgabe der Regulierungsbehörde besteht darin, Anreize so zu setzen, dass Unternehmen ihre Dienstleistungserbringung zunehmend an den Präferenzen der Bürger ausrichten. Dazu besteht die notwendige Bedingung darin, zunächst überhaupt Gestaltungsspielräume einzuräumen. Dies geschieht über eine Regulierung, die sich zentral an Ergebniszielen orientiert, nicht hingegen an Inputgrößen.[19]

Neben der notwendigen Bedingung, überhaupt Gestaltungsspielräume zu begründen, ist die hinreichende Bedingung zu beachten. Ein Unternehmen wird nur dann sein Vorsprungswissen aktiv nutzen, wenn sich dies für es auszahlt. Im englischen System orientiert sich die individuelle Preisvorgabe, die alle fünf Jahre erneut stattfindet, zum einen an dem prognostizierten Effizienzpotential der gesamten Branche, zum anderen an der relativen Effizienz eines einzelnen Unternehmens. Damit muss auch das bereits effizienteste Unternehmen nicht einfach nur seinen Status quo halten, sondern es hat das zu erwartende Effizienzpotential der Branche zu erzielen. Die schlechteren Unternehmen haben darüber hinaus, wie Abbildung 3.3 zeigte, einen prozentualen Anteil der Lücke zum effizientesten Un-

---

[18] Vgl. hierzu Abschnitt 5.2.2.
[19] Vgl. hierzu Abschnitt 5.2.2. Hier wird gezeigt, wie sowohl Infrastrukturinvestionen als auch Kundenservice über Outputvorgaben reguliert werden können.

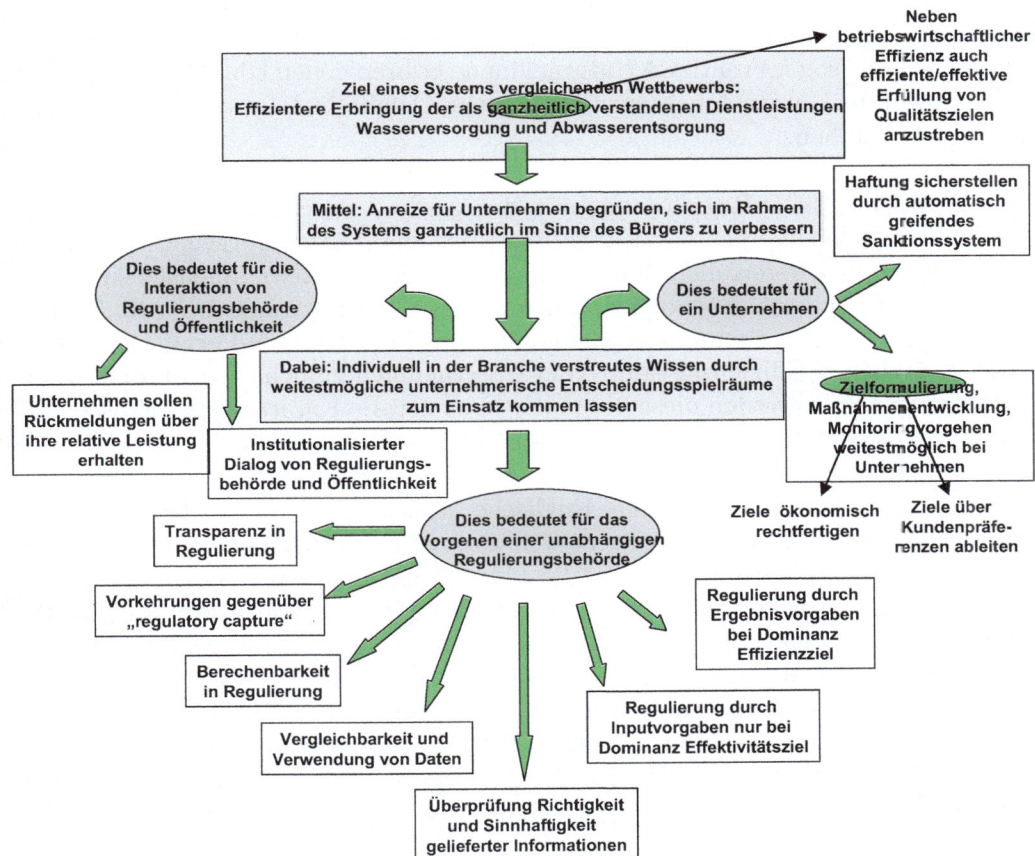

Abbildung 5.3: Leitlinien der Regulierung in einem System vergleichenden Wettbewerbs.

ternehmen innerhalb einer vorgegebenen Zeitperiode zu schließen. Es zeigt sich damit, dass die relative Effizienzverbesserung gerade der besten Unternehmen von zentraler Bedeutung ist. Nur dadurch, dass die bereits guten Unternehmen sich noch weiter verbessern, entstehen auch für die Folgeperioden Effizienzlücken, die von den weniger guten Unternehmen in der Folge zu verkleinern sein werden. In diesem Zusammenhang wurde bereits die Skepsis von OFWAT gegenüber weiteren Unternehmenszusammenschlüssen angesprochen. Es wird befürchtet, dass durch Fusionen sog. „Frontier"- Unternehmen verloren gehen könnten. Angesichts der Vielzahl an Unternehmen wird eine solche Gefahr in Deutschland auf lange Zeit nicht bestehen.

Neben dieser „Stick"-Regulierung, mit der gewisse zu erzielende Effizienzverbesserungen schlicht über das Setzen der Preisobergrenzen vorgegeben werden, schlägt sich ein Übererfüllen der Vorgaben in einem Unternehmensgewinn nieder. Sie trägt den bezeichnenden Rahmen „Carrot"-Regulierung: Über fünf Jahre dürfen – unabhängig davon in welchem Jahr einer Fünf-Jahres-Periode anfallend – die zusätzlichen Effizienzgewinne vom Unternehmen einbehalten werden. Nach Ablauf dieser Frist werden diese über sich verringernde Kapitalzugeständnisse und damit sinkende Preisobergrenzen an die Bürger weitergegeben.

Zweierlei sollte klar geworden sein. Englische wasserwirtschaftliche Unternehmen sind deshalb so produktiv geworden, weil zum einen die Unternehmen dank der Regulierung über Outputvorgaben die Chance bekamen, ihr spezifisches Wissen tatsächlich in Innovationen umzusetzen. Eine solche Innovation braucht dabei nicht notwendigerweise nur eine neue, noch modernere Klärtechnik zu sein. Die englischen Erfahrungen zeigen, dass bereits einfachste Prozessinnovationen zu enormen Einsparpotentialen führen können (Babtie Environmental, Environmental and Scientific Consultants, 1998). Zum anderen beruht die Produktivitätsentwicklung der Branche gerade darauf, dass die Unternehmen nicht angehalten wurden, ihre Erfahrungen offen miteinander auszutauschen.

Das englische Verfahren steht der deutschen Modernisierungsstrategie mit einem (freiwilligen) Benchmarking diametral gegenüber. Zentraler Bestandteil allgemein von Benchmarkingverfahren ist es, dass ein teilnehmendes Unternehmen eine Rückmeldung über sein individuelles Abschneiden erhält.[20] Darüber hinaus

---

[20] Benchmarking als solches ist ein Instrument, mit dem Vergleiche von Produktionsabläufen innerhalb von Organisationen, aber auch Vergleiche zwischen Organisationen, Sektoren oder auch Ländern vorgenommen werden (Clausen und Scheele, 2001, S. 3). Auch dem englischen System eines vergleichenden Wettbewerbs liegt im Kern ein Benchmarking zu Grunde. Zu den Elementen dieses Benchmarkings vgl. Oelmann (2004a).

ist es aber für das für Deutschland angedachte System zentral, dass ein Dialog zwischen den Unternehmen über den jeweils besten Prozess in Gang gesetzt werden soll.[21] Die englischen Erfahrungen zu Grunde legend, ist dieser branchenweite Diskurs gerade nicht anzustreben. Einem Unternehmen, das die Effizienzführerschaft im Erreichen einer Outputvariablen hält, sollte das Geheimnis seines Erfolges nicht branchenweit teilen müssen. Gerade die Aussicht auf Pionierunternehmergewinne treibt es an, auch weiterhin nach Möglichkeiten einer Steigerung seiner Produktivität zu suchen.

Die besondere Betonung der Regulierung über Outputgrößen darf nicht darüber hinwegtäuschen, dass es einzelne Bereiche geben mag, in denen das Effizienzziel gegenüber dem Effektivitätsziel zurücktritt. Unter Bezugnahme auf die Vorstellung der wasserwirtschaftlichen Zusammenhänge in Kapitel 2 sind so zum Beispiel Inputvorgaben bei der Sicherung der Trinkwasserqualität durchaus sinnvoll. Es reicht hier nicht nur aus, dass unter gesundheitlichen Gesichtspunkten einwandfreies Trinkwasser das Wasserwerk verlässt. Es ist ebenso sicherzustellen, dass dieses den Bürger auch in ebensolchem Zustand erreicht. Hier wäre Platz für die ansonsten in Abschnitt 4.3.1.2 kritisierte Vorgabe einer (schnell verpflichtend wirkenden) Empfehlung einer branchenweiten Arbeitsgruppe. Es ist damit als weitere Leitlinie festzuhalten, dass die Regulierung über Inputgrößen immer dann Anwendung finden sollte, wenn dem Effektivitätsziel eine absolute Dominanz einzuräumen ist. Einzig in diesen Fällen wäre es legitim, die Entscheidungsfreiheit der Unternehmen einzuschränken.

Neben der Anforderung, wo immer möglich Outputvorgaben zu machen, lassen sich für das Verhalten einer Regulierungsbehörde weitere Leitlinien entwickeln. Ihr Vorgehen sollte transparent sein. Es sollte sichergestellt werden, dass Entscheidungen über langfristig ausgerichtete Investitionspläne nicht durch unberechenbares Regulierungsverhalten beeinflusst werden. Darüber hinaus beruht selbstverständlich die gesamte Regulierung zum einen darauf, dass die von den Unternehmen gelieferten Daten richtig sind. Ferner ist zentral, dass diese Daten für das Setzen von Preisobergrenzen vergleichbar gemacht werden können. Diese das Regulierungsverfahren betreffenden Punkte sind im Wesentlichen diejenigen, an denen sich, wie noch zu zeigen sein wird, die Kritik entzündet. Ein besonderes

---

[21] Im Rahmen der Fachtagung Wasser am 22.10.2003 in Köln wurde der Gedankenaustausch der Unternehmen im Anschluss an das Benchmarkingprojekt „Effizienz- und Qualitätsuntersuchung der kommunalen Wasserversorgung in Bayern" als ein zentraler Bestandteil hervorgehoben. Einem bislang wenig effizienten Unternehmen könnten die Ansprechpartner der ansonsten anonymen Effizienzführer vermittelt werden. So könnten prinzipiell alle Teilnehmer des Benchmarkings vom jeweils Besten lernen.

Augenmerk ist stets auf Vorkehrungen gegenüber einer Vereinnahmung der Regulierungsbehörde durch die zu Regulierenden („regulatory capture") zu legen.

Das Postulat, möglichst mit Hilfe von Outputvorgaben zu regulieren, sollte Anreize für die Unternehmen begründen, das jeweils aus ihrer Sicht beste Vorgehen zu entwickeln. Über die Rückmeldung seitens der Regulierungsbehörde erfährt das Unternehmen alljährlich die eigene relative Effizienzposition. Das Unternehmen bekommt so einen Eindruck, bei welchen Prozessen die Effizienzpotentiale besonders hoch zu sein scheinen. Die Interaktion von Unternehmen und Regulierungsbehörde ist hingegen nicht nur eine Einbahnstraße. Eine Regulierungsbehörde spiegelt einem Unternehmen nicht nur dessen relativen Leistungsstand wider. So wie sie aufgrund fehlenden Wissens nur in den seltensten Fällen Prozessvorgaben machen sollte, ist auch eine gewisse „Demut" im eigentlichen Regulierungsvorgehen als Leitlinie zu formulieren. Sie kann wichtige Anregungen für ihre Regulierungspraxis gewinnen, sofern sie ihre Ideen zur Diskussion stellt. Zwar wird, wie sich im nächsten Abschnitt zeigt, OFWAT häufig eine fehlende Transparenz hinsichtlich ihrer gewählten Methoden vorgeworfen. Gleichwohl aber bleibt positiv festzuhalten, dass richtungsweisende Papiere in enger Abstimmung, einer Art institutionalisiertem Dialog von Regulierungsbehörde und Öffentlichkeit[22], entstehen. OFWAT stellt zunächst einen eigenen Vorschlag vor und formuliert dazu erste Leitfragen. Innerhalb einer vorgegebenen Frist werden Rückmeldungen erbeten. Die Anregungen werden inklusive einer Stellungnahme von OFWAT in einer weiteren Publikation zusammengestellt. Aus diesem Diskurs entwickelt sich abschließend das letztendliche Vorgehen, das der Transparenz halber ebenso in einer Publikation der Öffentlichkeit zugänglich gemacht wird.

Nach der Formulierung von Leitlinien für das Vorgehen der Regulierungsbehörde und für die Gestaltung der Interaktion von Regulierungsbehörde und Öffentlichkeit, bleibt zu fragen, was die Forderung nach weitestmöglichem unternehmerischem Entscheidungsspielraum für ein wasserwirtschaftliches Unternehmen impliziert. Eucken (1959, S. 174) formulierte bezüglich des Unternehmerverhaltens im Rahmen seiner konstituierenden Bedingungen einer marktwirtschaftlichen Ordnung bereits zu Beginn der 1950er Jahre, dass ganz grundsätzlich der für Pläne und Handlungen Verantwortliche jeweils auch zu haften habe. Das Haftungsprinzip ist damit ebenso grundlegend wie eine konkurrenzfördernde Vertragsfreiheit.

---

[22] Öffentlichkeit ist hier sehr breit zu verstehen. Neben den Unternehmen, den Konsumentenvertretungen sowie sonstigen interessierten Gruppen beinhaltet Öffentlichkeit auch andere Regulierungsinstanzen, Ministerien und Wettbewerbsbehörden.

Gerade bezüglich der Haftung ist im englischen System eine weitere Optimierung möglich. Als Leitlinie lässt sich bereits an dieser Stelle festhalten, dass ein möglichst automatisch greifendes Sanktionssystem die grundsätzliche unternehmerische Freiheit und die Suche nach der besten Handlungsoption zu begleiten hat. Gemeinhin übt der Kapitalmarkt in England die wesentliche Kontrollfunktion aus. Dort wo die disziplinierende Wirkung des Kapitalmarktes eingeschränkt ist, setzt OFWAT ganz konkrete Auflagen.[23] Sie mögen auch für Deutschland überlegenswert sein. Gleichwohl mag vermutet werden, dass die deutschen kommunalen Unternehmen, die an einem System vergleichenden Wettbewerbs teilnehmen, unter ganz enormem Druck stehen werden. Sollten sie signifikant unwirtschaftlicher arbeiten, werden die öffentlichen Eigentümer von alleine eine Privatisierung oder Ausschreibung der wasserwirtschaftlichen Dienstleistungen erwägen.

Auch wenn die Sanktionierung über den Kapitalmarkt in der Regel funktioniert, zeigt der jüngste Fall von Thames Water[24] doch, dass die Haftung ausgeprägter sein könnte. Im Kern offenbarten Kontrollen Mitte 2001, dass Sickerverluste von Thames Water nicht ausreichend überwacht wurden. Mittlerweile macht OFWAT (2003k, S. 30) wohl konkrete Auflagen bezüglich maximal erlaubter Sickerverluste. Gleichwohl wäre unter dem Leitbild der Haftung ein früheres Handeln OFWATs wichtig gewesen. Es ist sinnvoll, Unternehmen im Sinne einer Nutzung des dezentral gestreuten Wissens Vorschläge zum Monitoring machen zu lassen. Gleichwohl sollten aber – wieder im Sinne von Vertragsfreiheit und Haftung – zur Abschreckung von potentiellen Nachahmern fühlbare, möglichst regelgebundene Sanktionen greifen, wenn sich ex post ein nicht ausreichendes Monitoring herausstellen sollte.

Neben der sicherzustellenden Haftung bildet die konkurrenzfördernde Vertragsfreiheit für ein wasserwirtschaftliches Unternehmen eine weitere Leitlinie für unternehmerisches Verhalten. Dabei ist sogar die obige Formulierung „Regulierung über Outputvorgaben" zu relativieren. Bei näherer Analyse stellt sich heraus, dass bis Ende der 1990er Jahre die englische Regulierungsbehörde vor allem Outputvorgaben setzte. Mittlerweile ist dies aber nicht mehr notwendigerweise der Fall. Dies liegt im Wesentlichen daran, dass bei verschiedenen Qualitätszielen nun Niveaus erreicht sind, die OFWAT grundsätzlich als zufriedenstellend be-

---

[23] Vgl. hierzu die Auflagen für Glas Cymru Cyfyngedig, auf die im nächsten Abschnitt noch näher einzugehen ist.

[24] Die Entwicklung im Fall „Thames Water" lässt sich gut anhand der drei aufeinanderfolgenden Jahresberichte zu Versorgungssicherheit, Sickerverlusten und der effizienten Nutzung von Wasser 2000/01-2002/03 nachzeichnen (OFWAT, 2001e, 2002k, 2003k).

trachtet.[25] Daraus folgt, dass sie wohl fordert, das erreichte Qualitätsniveau aufrechtzuerhalten, einer Erhöhung aber nicht per se zustimmt. Es ist vielmehr die Aufgabe der Unternehmen nachzuweisen, dass ein verbessertes Qualitätsniveau tatsächlich im Interesse seiner Nachfrager liegt. Bislang waren die Unternehmen sehr einfallsreich, immer neue Ausgaben bewilligt zu bekommen. Daraus lässt sich folgern, dass zumindest bislang die Grenzkosten der Kapitalaufnahme niedriger waren als die Grenzerträge, die den Unternehmen über die bewilligten Preisobergrenzen zuflossen.[26]

Eine Zielformulierung für den Umfang bereitzustellender Qualität orientiert sich an den in Kapitel 4 formulierten Abläufen. So ist die Bereitstellung zum einen durch ein Erfragen von Kundenpräferenzen zu rechtfertigen. Die daraus ableitbaren oder zu schätzenden Grenzzahlungsbereitschaften haben dabei den jeweiligen Grenzkosten auf Seiten der Unternehmen zu entsprechen. Es ergibt sich zum Beispiel ein „economic level of leakage" (OFWAT, 2003k, S. 31), die ökonomische Rechtfertigung für eine anzustrebende Zielgröße. Wie angesprochen wird dadurch ein optimaler Qualitätsumfang im Gegensatz zu einem maximalen Qualitätsumfang bereitgestellt. Unter der Voraussetzung, dass die externen Kosten berücksichtigt sind, ist dieses Verfahren unter ökonomischem Blickwinkel sachgerecht. Die Kritik gerade deutscher wasserwirtschaftlicher Verbände läuft insoweit ins Leere.

Die Tatsache, dass England im Verhältnis zu Deutschland hohe Wasserverlustraten aufweist, ist nicht auf eine gescheiterte Regulierung zurückzuführen.[27] Die

---

[25] Leider sind die jährlichen Berichte zu Leistungen der Unternehmen in der Regel erst seit 1996 im Internet abrufbar. Ein Vergleich der noch früheren Berichte mit denen von heute offenbart die veränderte Herangehensweise OFWATs. Während einzelne Qualitätsdeterminaten des Bereichs „Kundenservice" früher jeweils vergleichend dargestellt wurden (zum Beispiel OFWAT (1996, S. 9)), ist nun die Darstellung absolut. OFWAT äußert sich in Tabelle 2 (OFWAT, 2002e) lediglich noch dazu, ob bei einzelnen Determinanten für ein Unternehmen noch Verbesserungspotential gesehen wird.

[26] So ist festzustellen, dass in der letzten, den Abschluss einer Price Review bildenden „Final Determinations" keinem Unternehmen zusätzliche Mittel zugewiesen werden mussten (OFWAT, 1999, S. 39ff.). Dies wäre zu erwarten gewesen, wenn Unternehmen Investitionen zu vermeiden gesucht hätten. Unternehmen sind hingegen sehr findig, zusätzliche Ausgaben bewilligt zu bekommen: Bauliche Vorkehrungen, die die Auswirkungen der Klimaveränderungen nach 2020 vermindern sollen, dürfen sukzessive vorgenommen werden (OFWAT, 2003l, S. 51). Ebenso macht sich nun der wasserwirtschaftliche Verband Water UK (2001, Kap. C) Gedanken, wie Vögel in Sumpfgebieten zusätzlich geschützt werden können.
Für eine gegensätzliche Argumentation – Grenzkosten von Investionen für die Unternehmen also (phasenweise) niedriger als Grenznutzen – siehe Schönbäck et al. (2003a, S. 194). Im Kern geht es in der Regulierungspraxis stets um eine möglichst zutreffende Bestimmung der Kapitalkosten. Siehe hierzu OFWAT (2003l, S. 107ff.).

[27] Siehe exemplarisch Folie 11 des Vortrages „Management- und Kennzahlensysteme zur Stei-

relativ hohen Raten werden vielmehr als ökonomisch optimal angesehen. Sollten Kosten-Nutzen-Analysen in Deutschland geringere Wasserverlustraten im Gegensatz zu England rechtfertigen, ist nichts dagegen einzuwenden, dass höhere Qualitätsziele im Rahmen eines Systems vergleichenden Wettbewerbs verfolgt werden.

Die englischen Unternehmen werden mittlerweile bei der eigenen Zielformulierung und Maßnahmenplanung unterstützt. Zwischen April 2001 und März 2002 wurde unter Federführung des UK Water Industry Research Institutes (UKWIR)[28] sowie unter Beteiligung auch der Regulierungsbehörden ein Rahmen entwickelt, wie die Sinnhaftigkeit von Maßnahmen sicherzustellen ist. Dieser Rahmenplan (UKWIR, 2002b) trägt im Titel zwar den Begriff der Kapitalerhaltungsplanung, braucht sich aber nicht alleine auf Fragen der Kapitalerhaltung zu beschränken. Gleichfalls kann er dazu dienen, die betriebswirtschaftliche und volkswirtschaftliche Rechtfertigung für Kapitalerweiterungsmaßnahmen und operative Ausgaben zu leisten. Auf dieses Konzept wird in Abschnitt 5.2.2.1 noch näher zurückzukommen sein.

5.1.2.2 Optimierungspotential im System vergleichenden Wettbewerbs

Die im letzten Abschnitt herausgearbeiten Leitlinien sind konstituierend für ein System vergleichenden Wettbewerbs und sollten bei dessen Einführung in Deutschland leitend sein. Diese Leitlinien lassen sich aber zur Darstellung und Beurteilung

---

gerung der Leistungsfähigkeit aus Sicht des BGW" von Michaela Schmitz/BGW auf der Fachtagung Wasser am 22. Oktober 2003 in Köln. Aus der Gegenüberstellung der Wasserverluste in verschiedenen europäischen Ländern und der Feststellung, dass im Verhältnis in Deutschland die Wassserverlustraten gering sind, folgert die Referentin, dass sich das deutsche wasserwirtschaftliche Regulierungssystem bewährt habe.

28 Das UKWIR (http://www.ukwir.org.uk) wurde 1993 gegründet. Mitglieder sind sämtliche englische und einige weitere britische Wasserwirtschaftsunternehmen. In Fragen, die als zentral für die gesamte Branche angesehen werden, wird eine gemeinsame Forschung durchgeführt. Darüber hinaus gibt es eine ganze Reihe weiterer Forschungseinrichtungen der Wasserwirtschaft. Das Water Research Center (WRc) (http://www.wrcplc.co.uk) zum Beispiel war bis 1989 eine öffentliche Forschungseinrichtung. Mit der Privatisierung der englischen wasserwirtschaftlichen Unternehmen und der Einführung von Wettbewerb wurde auch dieses Institut privatisiert und jeglicher Sonderrechte entledigt. Verschiedenste Tätigkeiten, die in Deutschland von regelgebenden Verbänden durchgeführt werden, bietet auch das WRc über seine Plattform http://www.waterportfolio.com an. Es steht dabei in Konkurrenz zu einer großen Anzahl weiterer Forschungsinstitutionen und Beratungsbüros.

der Kritik am Regulierungsverfahren von OFWAT nutzen. Eine solche Auseinandersetzung zeigt, wo sich zum einen das praktische englische Regulierungssystem von seinem theoretischen Referenzmodell zu weit entfernt hat. Zum anderen offenbart eine solche Analyse aber auch, wo einzelne Leitlinien miteinander in Konflikt stehen und folgerichtig Kompromisse bei der Einführung eines Systems vergleichenden Wettbewerbs notwendig sind.

Im Kern lassen sich die in der Literatur vorgebrachten Kritikpunkte folgendermaßen kategorisieren:

- Fundamentalkritik,

- Standardisierungskritik,

- Detailkritik.

Fundamentalkritik

In den theoretischen Überlegungen in Abschnitt 3.3.1 wurden die Möglichkeiten eines Wettbewerbs im Markt in der Wasserwirtschaft diskutiert. Das Ergebnis war, dass dieses Regulierungsverfahren zwar nicht als alleiniges Ordnungsprinzip, wohl aber in Ergänzung Anwendung finden sollte. Autoren wie zum Beispiel Colin Robinson (2002; 1997), die dem Prinzip eines Wettbewerbs im Markt optimistischer gegenüberstehen und es als alleiniges Regulierungsverfahren für einsetzbar halten, bestreiten folgerichtig die grundsätzliche Notwendigkeit eines Systems vergleichenden Wettbewerbs.[29] Auch wenn Elemente eines Wettbewerbs im Markt hier nicht noch einmal diskutiert werden müssen, lässt sich in Übereinstimmung mit dem allgemeinen preisregulatorischen Ansatz dennoch formulieren, dass der Einsatz solcher Elemente weitestmöglich verfolgt werden soll. Die Umsetzung der derzeit noch im Gesetzgebungsverfahren befindlichen sog. Water Bill sieht ebenfalls vor, dass der Wettbewerb im Markt in England zukünftig noch mehr genutzt werden soll. So wird zum Beispiel die Grenze, ab der Unternehmen ihren Wasserversorger wechseln dürfen, auf eine Jahresabnahme von 50.000 m³ (=50 Megaliter) gesenkt bei gleichzeitiger Ankündigung, diese Grenze gegebenenfalls weiter zu vermindern (OFWAT, 2003i, S. 20).[30]

---

[29] Blundell und Robinson (1999) beziehen sich zwar nicht konkret auf den Wasserbereich, aber dennoch sind deren grundsätzliche Überlegungen zu einer „Regulierung ohne Staat" hier einschlägig.

[30] Seitens der Konsumentenvertretung WaterVoice wird dieses Vorgehen als übervorsichtig bewertet. Nach WaterVoice (2003c, Tz. 27) sollte bereits ab einer Abnahmemenge von

Standardisierungskritik

Während OFWAT einer Integration von Elementen eines Wettbewerbs im Markt stets offen gegenüberstand, war dies mit dem Zugeständnis alternativer Organisationsformen anders. Noch Mitte 2000 wurden die Restrukturierungspläne der Kelda Group plc für Yorkshire Water unter anderem mit einem Verweis auf die guten Ergebnisse mit den regional integrierten Gesellschaften, die sich wesentlich über Eigenkapital finanzieren, abgelehnt (OFWAT, 2000b, S. 1).

Im Kern argumentieren Kritiker wie Ballance und Taylor (2001, siehe insbesondere Fachinterviews S. 68ff.) oder Elliott (2002, S. 3), dass weitere Effizienzpotentiale vor allem durch die Realisierung von neuen Organisationsformen oder dem Ausnutzen von Größenvorteilen realisierbar sind. OFWAT steht – wie bereits bei der Beschreibung des englischen Systems in Abschnitt 3.4.1.2 angesprochen – weiteren Fusionen kritisch gegenüber.[31] Seit dem von OFWAT genehmigten Verkauf der Dwr Cymru Cyfyngedig (Dwr) an die Glas Cymru Cyfyngedig (Glas) im Juli 2001 (OFWAT, 2001c) beschäftigt die Branche hingegen weit mehr die Auseinandersetzung mit den unter dem Sammelbegriff „mutual" (OFWAT, 2000c, S. 1) zusammengefassten alternativen Organisationsmodellen.

Im Kern geht es bei diesen Modellen jeweils um die Trennung von Kapitaleigentum inklusive der Gesamtverantwortung gegenüber der Regulierungsbehörde einerseits und den operativen Aufgaben andererseits. Im Fall von Glas als Kapitaleigentümer handelt es sich um eine sog. „company limited by guarantee". Der Unternehmenszweck beschränkt sich auf jenes Kapitaleigentum, das über eine Anzahl von Konzessionen für die wasserwirtschaftlichen Dienstleistungen genutzt wird. Das Unternehmen finanziert sich ausschließlich durch die Aufnahme von Fremdkapital (OFWAT, 2001h, S. 5). Es gehört offiziell zu bestimmenden Mitgliedern, die aber, da sie selber nicht mit Eigenkapital engagiert sind, auch keine entsprechenden Dividenden erwarten. Die daraus resultierenden geringeren Finanzierungskosten machen auch nach Einschätzung von OFWAT den grundsätzlichen Reiz dieses Modells aus. Solche Finanzierungskosten, mittlerweile 30 vH der Gesamtkosten erreichend, ließen sich nach Modellberechnungen um 25 vH senken (OFWAT, 2001h, S. 7). Dies aber ist nur eine Seite der Medaille. Es ist anzunehmen, dass die Risiken sich in andere Geschäftsbereiche verlagern. Ent-

---

10.000 m³ der Anbieter gewechselt werden dürfen.

[31] Auch Ende 2003 ist dies noch eine zentrale Position von OFWAT. In OFWAT (2003i, S. 19) ist zu lesen: „A merger between two water companies would result in the loss of an independent comparator. There would also be one less independent management team aiming to improve returns to investors and push back the efficiency frontiers.'

sprechend zu erwartende Risikoaufschläge könnten die Einsparungen im Bereich der Finanzierung durchaus überkompensieren. Vor diesem Hintergrund bestand OFWAT darauf, dass Glas seinen Kunden außerplanmäßige Rabatte einzuräumen habe (OFWAT, 2001c). Dieser Auflage kam Glas im Februar 2003 nach und gewährte Preisnachlässe von 9 Pfund Sterling pro versorgtem Hauhalt (Glas Cymru Cyfyngedig, 2003, S. 3).[32]

Die derzeit in England über dieses Modell geführte Diskussion ist für ein Land, das eine erstmalige Einführung eines Systems vergleichenden Wettbewerbs plant, scheinbar zunächst von untergeordneter Bedeutung. Sie gründet darauf, dass wesentliche Einsparpotentiale bereits genutzt worden sind. Nachdem in der englischen Wasserwirtschaft bei den operativen Kosten enorme Einsparpotentiale generiert wurden, schließt sich nun die Frage an, wie weitere Kostensenkungen aufgespürt werden können. Das Anknüpfen an den Finanzierungskosten ist eine Möglichkeit. Gleichwohl ist dieses Modell inklusive der Vorgaben OFWATs unter zwei anderen Gesichtspunkten für Deutschland, wenn es denn ein System vergleichenden Wettbewerbs einführen sollte, von Bedeutung.

Zum einen ist mit diesem Modell ein verpflichtendes wettbewerbliches Ausschreiben von Konzessionsverträgen verbunden. Sie zeigen, wie sich Ausschreibungsverfahren auch in Deutschland in ein System vergleichenden Wettbewerbs integrieren ließen. Zum anderen soll einem möglicherweise ableitbaren Missverständnis entgegengewirkt werden, wonach dieses Modell als eine Art Rekommunalisierung betrachtet werden könnte. Das genaue Gegenteil ist der Fall: Gerade das fehlende Gewinnstreben und die fehlende disziplinierende Kontrolle des Kapitalmarktes sind für OFWAT die zentralen Probleme. Daher ist es das Ziel der Regulierungsbehörde, andersartige Anreize zu begründen, die ein weiteres Suchen nach Effizienzpotentialen auch weiterhin erwarten lassen, ohne aber ein Unternehmen aus der Haftung zu entlassen.[33] Im Rahmen des obigen für Deutschland präsentierten preistheoretischen Rahmens wurde bewusst darauf verzichtet, eine materielle Privatisierung vorzuschreiben. Gleichwohl ist zu erwarten, dass kommunale Unternehmen signifikant schlechter abschneiden werden als private Unternehmen, sofern sie nicht ähnliche Anreize in ihren Unternehmenssatzungen begründen, wie sie OFWAT von Glas einfordert.

---

[32] Trotz dieses neuen Modells erreichte Glas die Zielvorgabe von 263 Pfund Sterling pro Haushalt (OFWAT, 1999, S. 42) im Jahr 2003/04 nicht. Die durchschnittlichen Kosten pro Haushalt für wasserwirtschaftliche Dienstleistungen betragen 277 Pfund Sterling (Glas Cymru Cyfyngedig, 2003, S. 3).

[33] Siehe hierzu die Leitlinien, wie sich im Rahmen eines Systems vergleichenden Wettbewerbs das Unternehmerverhalten gestalten sollte (Abschnitt 5.1.2.1).

Solche Auflagen, unter denen OFWAT der Dwr-Übernahme zustimmte, oder aber solche, die in Folgefällen zusätzlich Bedeutung erlangen könnten, finden sich zusammengefasst in Abbildung 5.4.[34] Dabei ist zwischen den Grundprinzipien einerseits und sonstigen Auflagen andererseits zu unterscheiden. Zunächst ist zentral, dass Glas dem System vergleichenden Wettbewerbs weiterhin vollständig unterliegt. Die derzeit gültigen Preisvorgaben gelten fort und auch in der Zukunft werden neue Obergrenzen nach dem hergebrachten Verfahren festgelegt. Als zweites Grundprinzip wird das Festlegen eindeutiger Verantwortlichkeiten herausgestellt. Der Konzessionsgeber ist der ausschließliche Ansprechpartner für OFWAT. Es ist allein seine Aufgabe, die Verträge mit den Konzessionsnehmern so auszuarbeiten, dass sie nicht mit dem System vergleichenden Wettbewerbs konfligieren. Zu dieser Verantwortung des Konzessionsgebers gehört auch das Tragen sämtlicher Risiken. Eine spezifische Ausgestaltung der „Shipwreck Clause"[35] lehnt OFWAT (2001g) richtigerweise ausdrücklich ab. Drittens sind Vorkehrungen zu treffen, dass mögliche negative Begleiteffekte einer „Mutual"-Organisationsform ausbleiben. Zu diesem Zweck werden Auflagen implementiert.

Jene Vorkehrungen sollen sicherstellen, dass erstens die neue Gesellschaft krisensicher ist und weiterhin als ein ausreichend sicheres Anlageobjekt gesehen werden kann. Zweitens sind Anreize zu konzipieren, die die nicht mehr durch Anteilseigner und Kapitalmarkt disziplinierten Vorstände und Aufsichtsräte trotzdem zu effizientestem Handeln motivieren. Ferner ist festzustellen, dass mit einer zusätzlichen Organisationsform die Überwachung schwerer wird (Elliott, 2002, S. 3). Sinn der dritten Gruppe von Auflagen ist daher, eine möglicherweise von Unternehmen gewünschte zunehmende Intransparenz zu unterbinden. Die bereits angesprochene Auflage, außerplanmäßige Rabatte zu gewähren und die offizielle Zustimmung von Konsumentenvertretungen zu erlangen, könnte als eine vierte Gruppe gesehen werden. Da diese aber für eine Anwendung des Systems vergleichenden Wettbewerbs in Deutschland zumindest in der ersten Zeit vollkommen

---

[34] Zur besseren Lesbarkeit des Fließtextes finden sich die Literaturverweise ausschließlich in jener Graphik. Um diese ebenfalls nicht zu überladen, verbirgt sich hinter einer Ziffer die Seitenangabe aus OFWAT (2001h). Tz. und Ziffer verweist auf die entsprechenden Stellen in OFWAT (2000c). Letztere Publikation ist grundsätzlicher Natur. Obwohl sich nicht sämtliche der hier angesprochenen Punkte auch für die Vorgaben zur Dwr-Übernahme wiederfinden, könnten sie doch in nachfolgenden Konsultationen aufgegriffen werden. Einen knapperen Überblick über die Forderungen OFWATs liefert OFWAT (2001i) in Verbindung mit OFWAT (2001c).

[35] Unter einer „Shipwreck Clause" kommt es zu Preisobergrenzenanpassungen innerhalb einer 5-Jahres-Periode, sofern ein nicht vom Management verschuldeter externer Schock die abdiskontierten Umsätze um 20vH verändert. Zur Abgrenzung der Shipwreck Clause zu anderen unterjährigen Verfahren der Preisobergrenzenanpassung siehe die Ausführungen unter dem folgenden Punkt „Detailkritik".

Grundprinzipien für OFWAT:
a)   Weiterhin Anwendung des Systems vergleichenden Wettbewerbs (11, Tz. 11)
b)   Festlegung klarer Verantwortlichkeiten gegenüber OFWAT (7, Tz. 31)
c)   Vorkehrungen gegenüber negativen Begleiteffekten durch Auflagen

Mögliche negative Begleiteffekte (2):
a)   Höhere Krisenanfälligkeit einer fremdfinanzierten Gesellschaft (6)
b)   Geringere Anreize zu effizientem Handeln (7)
c)   Zunehmende Intransparenz mit Gefahr höherer Regulierungskosten (8)

Vorkehrungen ad a)
a)   Haftung Fremdkapitalgeber (10, Tz. 57)
b)   Sicherheiten durch Anlagen-übergang unter Wert (10)
c)   Unternehmenszweckbegren-zung auf Wasserwirtschaft (17, Tz. 10)
d)   Satzungsänderungen nur nach Genehmigung durch OFWAT (17, Tz. 11)
e)   Notfallplan für doch ein-tretende Krise (10)

Vorkehrungen ad b)
a)   Für eine qualifizierte Kontrolle durch Mitglieder
     aa) Mitglied muss fachlich Vorstand ersetzen können (Tz. 48)
     ab) transparentes Auswahlverfahren Mitglieder (9, Tz. 50)
     ac) Vetomöglichkeit von OFWAT zu Berufung eines neuen Mitglieds
     ad) Entlohnung nach Unternehmenserfolg (10)
b)   Für ein unternehmerisches Handeln des Vorstands
     ba) Unabhängigkeit für Entscheidungen (Tz. 8)
     bb) Entlohnung nach Unternehmenserfolg und Rechtfertigungspflicht gegenüber Öffentlichkeit (7, 18, Tz. 25)
     bb) Möglichkeit der Amtsenthebung (Tz. 18); u.U. automatisch, wenn an Börse gelistete Anleihe sich im Verhältnis zu schlecht entwickelt (18, Tz. 35)
c)   Keine Bestandsgarantie für Unternehmensform; Zwangsprivatisierung möglich (Tz. 12)
d)   Ausschreibungspflicht für Dienste (8, Tz. 26, 27)
e)   Wettbewerb im Markt nicht ausschließbar (Tz. 43)

Vorkehrungen ad c)
a)   Abgrenzung regulier-ter Bereiche (12, Tz. 18)
b)   Durchgrifsmöglich-keit auf Konzessi-onär (12)
c)   Rahmenauflagen für Ausschreibun-gen (Tz. 27-29)

Abbildung 5.4: Grundprinzipien und Auflagen bei alternativen Organisationsformen in der englischen Wasserwirtschaft [Ziffer hinter Grundprinzip/Auflage => Seitenangabe aus OFWAT (2001h); Tz. und Ziffer => Stelle in OFWAT (2000c)]; Quelle: Eigene Darstellung in Anlehnung an OFWAT (2001h) und OFWAT (2000c).

irrelevant sind, seien diese Punkte nur knapp erwähnt.

Die langfristig die Anlagen haltende Gesellschaft soll sich tendenziell vollständig fremdfinanzieren. Damit deren Sicherheit nicht nur für dauerhaft niedrigere Finanzierungskosten gewährleistet bleibt, werden einzelne Fremdkapitalgeber in die Pflicht genommen. Bei der Dwr-Übernahme leistete die MBIA Assurance S.A. als größter Gläubiger eine Ausfallbürgschaft.[36] Ein weiterer für die Dwr-Übernahme spezifischer, aber dennoch auch verallgemeinerbarer Punkt war die Auflage, dass der Verkaufspreis zur Ausstattung der neuen Gesellschaft mit Rücklagen unterhalb des (RCV)-Buchwertes zu liegen habe. In Kombination mit der Forderung nach vollkommener Unabhängigkeit von Käufer und Verkäufer[37] mag es nicht verwundern, dass dieses Modell bislang wenig Nachahmer findet. Der Verkäufer muss sich tatsächlich um nahezu jeden Preis aus dem Wassergeschäft zurückziehen wollen und dabei bereit sein, auch Verluste zu akzeptieren.[38] Absolut gerechtfertigt erscheint die Forderung OFWATs, dass der Zweck der die Infrastruktur haltenden Gesellschaft ausschließlich mit der Wasserwirtschaft verbunden sein muss. Ebenso ist es richtig, dass OFWAT eine jede Satzungsänderung im Vorfeld zur Bestätigung vorzulegen ist. Während mit den bisherigen Punkten Vorkehrungen gegen Krisen getroffen werden, hat Glas zudem aufzuzeigen, wie es bei einem Ausfall eines Konzessionärs die Versorgung aufrechtzuerhalten gedenkt.

Der zweite Satz von Auflagen setzt Anreize für Entscheidungsträger, sich möglichst unternehmerisch zu verhalten. Zunächst soll eine qualifizierte Kontrolle durch die Mitgliederversammlung, eine Art Aufsichtsrat, gewährleistet sein. Deren Mitglieder sollen eine solche Fachkompetenz aufweisen, dass sie im Zweifel den geschäftsführenden Vorstand ablösen können. OFWAT behält sich vor, eine Berufung einer nicht ausreichend kompetenten oder nicht genügend unabhängigen Person in diese Mitgliederversammlung abzulehnen. Überhaupt fordert sie ein ausreichend transparentes Auswahlverfahren potentiell neuer Mitglieder. Der vom Aufsichtsrat kontrollierte Vorstand braucht zur Umsetzung seiner unternehmerischen Ideen die entsprechenden Freiheiten. Sowohl sein Entgelt als auch das der überwachenden Mitglieder soll eng mit dem unternehmerischen Erfolg verknüpft werden. Es könnte sich an der jeweils erzielten relativen Effizienz innerhalb

---

[36] Der so garantierte Teil des aufgenommenen Fremdkapitals wurde von Standard and Poor's (2003, S. 21) mit „AAA" eingestuft.

[37] Diese Unabhängigkeit wurde in der Stellungnahme von OFWAT (2000e, Tz. 61) zum Kelda-Vorschlag (siehe Beginn Abschnitt „Standardisierungskritik") zentral mit dem Argument begründet, dass Käufer und Verkäufer über den Preis der Anlagen zu verhandeln hätten.

[38] Im Fall der Dwr-Übernahme war dies der Fall: Der Eigentümer Western Power Distribution war ausschließlich am Stromsektor der alten Hyder plc. interessiert (Lawrence, oJ, S. 31).

einer Periode orientieren. Darüber hinaus wird in der Literatur argumentiert, dass auch im Fremdkapitalbereich eine Disziplinierung durch den Kapitalmarkt durchaus vorstellbar ist. Ein Unternehmen könne gegebenenfalls verpflichtet werden, die Börsennotierung einzelner Unternehmensanleihen zu erwirken. Eine Veränderung des Ratings zum Negativen könnte mit Sanktionen für die Entscheidungsträger verbunden werden. Der Druck, unternehmerisch erfolgreich tätig zu sein, beschränkt sich nicht auf den einzelnen Funktionsträger. Auch die Gesamtgesellschaft ist bei unzureichender Leistung in ihrem Bestand nicht geschützt, sondern kann wieder in eine nach Gewinn strebende Unternehmung umgewandelt werden.

Als weiteren Anreiz fordert OFWAT neben der weiterhin sicherzustellenden Möglichkeit eines Wettbewerbs im Markt eine Ausschreibungspflicht für einzelne wasserwirtschaftliche Dienstleistungsprozesse. Wie weiter oben angemerkt, ist zu erwarten, dass die sich verringernden Risiken, die mit der Finanzierung einhergehen, sich auf die Konzessionäre verlagern. Es bleibt abzuwarten, ob jene Glas-Konstruktion im Ergebnis eine Nettoersparnis für den Kunden bedeuten wird. Vor diesem Hintergrund ist die bereits vorne angesprochene abwartende Haltung sowohl von OFWAT als auch vom zuständigen Ministerium DEFRA nachzuvollziehen.

Unabängig von der mit dem Glas-Modell möglichen Risikoverlagerung zeigen die Vorkehrungen gegenüber einer zunehmenden Intransparenz, wie sich Ausschreibungen grundsätzlich in ein System vergleichenden Wettbewerbs integrieren lassen. Dabei ist erneut an das Grundprinzip der eindeutigen Verantwortungszuordnung zu erinnern. Der Ausschreibende als Lizenzhalter und damit Ansprechpartner für OFWAT hat sicherzustellen, dass ein Konzessionär sämtliche notwendigen Daten bereithält. Er hat auch zu gewährleisten, dass ein Wettbewerb im Markt weiterhin möglich bleibt. Zudem will OFWAT nachgewiesen haben, dass der regulierte vom nicht-regulierten Bereich ausreichend abgegrenzt ist. Dies ist in der Regel schwerer, besteht hier doch im Gegensatz zu einem einzelnen, vertikal integrierten Unternehmen ein doppeltes Prinzipal-Agenten-Problem. Die Überwachung wird zudem durch die unterschiedlich lang laufenden Konzessionsverträge und eine häufig größere Anzahl von Konzessionsnehmern erschwert. Unter Transaktionskostengesichtspunkten der Regulierung ist OFWAT durchaus zuzugestehen, in die unternehmerischen Freiheiten des Konzessionsgebers bezüglich Beginn, Dauer, Terminierung und Abgrenzung des auszuschreibenden Bereichs einzugreifen. Neben diesen die Komplexität reduzierenden Maßnahmen definiert OFWAT weitere Punkte, insbesondere in Bezug auf die Ausgestaltung von Konzessionsverträgen, die es zu genehmigen hat. Sollte sich irgendwann das Ausschreiben von Maßnahmen als eindeutig effizienzfördernste Organisationsform herausstellen, mag darüber diskutiert werden, ob Modifikationen in der Art der Regulierung ratsam erscheinen. Dabei geht es nicht alleine um die betriebswirtschaftlich effizienteste Form. Volkswirtschaftlich bleibt die Kontrolle der wasserwirtschaftlichen Unternehmen von herausragender Bedeutung (Lawrence, oJ, S. 30).

Zusammenfassend ist damit festzuhalten, dass OFWAT lange an der Erbringung wasserwirtschaftlicher Dienstleistungen durch ein integriertes Unternehmen festhielt. Vor dem Hintergund der in Abschnitt 3.1.3 angeführten Studien mag dies zwar gerechtfertigt gewesen sein, gleichwohl bleibt abzuwarten, als wie erfolgreich sich das Glas-Modell herausstellen wird. Neben den ableitbaren Implikationen, wie bereits bestehende Konzessionen in Deutschland im Rahmen eines Systems vergleichenden Wettbewerbs integriert werden könnten, lieferte das durchexerzierte Beispiel ebenfalls Denkanstöße, mit Hilfe welcher Maßnahmen kommunale Unternehmen im Wettbewerb mit Privaten bestehen könnten.

Detailkritik

Im Rahmen der Erstellung von Leitlinien eines Systems vergleichenden Wettbewerbs wurde bereits angemerkt, dass Kritik vor allem am eigentlichen Vorgehen OFWATs ansetzt. Damit sind Fragen der Vergleichbarkeit und der weiteren Verwendung von Daten gemeint. Der Abschnitt schließt mit einer knappen Analyse, inwiefern die Gefahr einer möglichen Vereinnahmung der regulierenden Instanzen durch die zu Regulierenden („regulatory capture") bestehen könnte.

Bezüglich des Leitbilds einer Vergleichbarkeit der Daten lässt sich ganz grundsätzlich feststellen, dass jede statistische Analyse mit Unsicherheiten behaftet sein wird. Zur Minimierung dieser Unsicherheiten lassen sich gleichwohl Mindestanforderungen formulieren. Zunächst ist eine höchstmögliche Qualität der von den Unternehmen gelieferten Daten anzustreben. OFWAT (2003l, S. 150) versucht dies durch detaillierte Definitionen der einzelnen abgefragten Größen, durch Leitlinien zur Kostenzuordnung, durch Aussagen über die relative Güte der gelieferten Daten sowie durch Überprüfung der Richtigkeit der Informationen sicherzustellen. Tatsächlich mag eine Gefahr bestehen, dass über die Zeit die Menge der abgefragten Informationen stark zunimmt.

Mit Hilfe dieser vielen Daten, so meint NAO (2002, Tz. 3.41), versuche eine Regulierungsbehörde diskretionäre Entscheidungen zu rechtfertigen. Dabei tritt insbesondere dann ein Problem auf, wenn die eigentliche Berechnung von Preisobergrenzen intransparent abläuft. Dem einzelnen, die Daten liefernden Unternehmen ist nicht ersichtlich, wofür diese tatsächlich gebraucht werden. Bemerkenswert ist, dass 11 von 15 befragten englischen Wasserunternehmen angeben, sie könnten nur bei maximal 50 vH der Daten deren weitere Nutzung im Regulierungsverfahren wahrnehmen (NAO, 2002, Tz. 3.41). Auf der anderen Seite werden mit der „Aquarius 3 Software" und den entsprechenden Erläuterungen (OFWAT, 2003b, insbesondere Tz. 2.5) exakt die Algorithmen zur Verfügung gestellt, die auch OFWAT bei der Bestimmung der Preisobergrenzen für die Jahre 2005-10 nutzt. Es sollte vermutet werden, dass diese Informationen den Unternehmen helfen zu rekonstruieren, wofür die Informationen, die im Rahmen der „June Returns" und der verschiedenen Schritte einer „Periodic Review" eingefordert werden, tatsächlich im Detail genutzt werden. Die Vertraulichkeit der eingereichten Daten (Zabel, 2001, S. 243) untersagt natürlich die öffentliche Diskussion am konkreten Fall. Gleichwohl sollte aber auch im Einzelgespräch eine weitestmögliche Transparenz angestrebt werden. Dies schließt auch die Methodik der Berechnung der relativen Effizienzen ein.

Wie bei der Vorstellung des regulatorischen Ansatzes in England dargestellt, nutzt OFWAT vor allem Regressionsanalysen. Auch wenn die Vorgehensweise nach Ballance und Taylor (2001, S. 41, 43f.) von der Wettbewerbsaufsicht in verschiedenen Urteilen bestätigt wird, wird diese Methode in der Literatur doch kritisch diskutiert. Neben Schwächen im eigentlichen Modell[39] wird beklagt, dass nicht zusätzliche ökonometrische Verfahren zur Absicherung der Ergebnisse genutzt werden.[40] Ganz grundsätzlich kann damit festgehalten werden, dass die englische Methode zur Berechnung der relativen Effizienzen nutzbar ist, gleichwohl aber auch weiterhin nach einer Verbesserung der Techniken gestrebt werden sollte (Shew, 2000, S. 41). Für die Anwendung des Systems vergleichenden Wett-

---

[39] So sei der Erklärungsgehalt der Schätzgleichungen teilweise gering (Shew (2000, S. 40) und Green (2001, S. 163)), die erklärenden Variablen würden mitunter ohne ausreichende Erklärungen im Zeitablauf geändert oder die Behandlung von Ausreißern bei Regressionsanalysen habe rein diskretionären Charakter (Jones, 1999, S. 2). Ferner erschließe sich der logische Zusammenhang von Kostentreiber und zu erklärender Outputgröße bisweilen nicht (Green, 2001, S. 162f.). OFWAT setzt sich mit diesen Kritikpunkten erst in jüngerer Zeit auseinander (OFWAT (2003l, Appendix 2) und vor allem in OFWAT (2004c)). Noch in der Evaluation zur „Price Review 1999" (OFWAT, 2000f) gab sich die Regulierungsbehörde recht zugeknöpft.

[40] Tendenziell werden hier die sog. Data Envelopment Analysis (DEA) sowie die Stochastic Frontier Analysis (SFA) genannt. Für weitergehende Informationen vgl. Coelli et al. (1998). Grundsätzlich wird nicht gefordert, dass diese Ansätze jeweils die Regressionsanalyse ersetzen sollen, sondern dass diese lediglich ergänzend herangezogen werden sollten (Lieb-Dóczy und Shuttleworth (2002, S. 3ff.) oder Webb et al. (2003, S. 3)). Nachdem es schon längere Zeit eine einfache Gegenüberstellung der Ergebnisse der angewandten Regressionsanalyse im Gegensatz zu DEA und SFA (OFWAT, 2002n, S. 41) gab, werden nun auch die konkreten Verläufe der Regressionsgerade bekannt gegeben. Als ein Beispiel siehe Abbildung A.10 im Anhang.

bewerbs in Deutschland kann diese in England verstärkt geführte Diskussion nur von Vorteil sein, weil eine sich einstellende Optimierung des Systems der deutschen Regulierungspolitik unmittelbar zugute käme.

Es soll noch einmal knapp auf den Vorwurf der übergroßen Fülle eingeforderter Daten zurückgekommen werden. Wie in der theoretischen Auseinandersetzung mit der Preisobergrenzenregulierung aufgezeigt, bestand die ursprüngliche Idee des wegweisenden Aufsatzes von Shleifer (1985) darin, eine für alle geltende Preisobergrenze zu bestimmen. Dies aber setzte voraus, dass sich sämtliche Kostendifferenzen alleine durch Effizienzunterschiede erklären lassen. Da davon in der Wasserwirtschaft nicht ausgegangen werden kann, sind die wesentlichen die Kosten beeinflussenden, aber außerhalb des Einflussbereiches des jeweiligen Unternehmens liegenden Faktoren zu bestimmen und zur Gewährleistung einer unter Kosten-Nutzen-Gesichtspunkten weitestmöglichen Vergleichbarkeit der Unternehmen herauszurechnen.[41]

Bezüglich der Berücksichtigung der spezifischen Sonderfaktoren steht die Regulierungsbehörde vor einer Grundsatzentscheidung. Sie kann versuchen, möglichst sämtliche dieser Einflussgrößen in die Berechnung einfließen zu lassen. Dies aber würde erstens die Regulierungskosten stark ansteigen lassen. Zweitens wäre zu erwarten, dass Unternehmen sehr innovativ sein werden, die sie negativ beeinflussende Rahmenbedingungen ausfindig zu machen, positive hingegen weitestmöglich zu verschweigen und/oder zu negieren. Vor diesem Hintergrund ist zu vermuten, dass negative Begleitumstände durch positive abgeschwächt werden, dass aber insgesamt nicht ausgeschlossen werden kann, dass einzelne Unternehmen benachteiligt werden. Da OFWAT neben der Effizienzförderung auch sicherstellen muss, dass ein wasserwirtschaftliches Unternehmen seinen Aufgaben nachkommen kann (OFWAT, 2003l, S. 3), kommt die Regulierungsbehörde nicht umhin, für etwaige kleine Nachteile, denen ein Unternehmen ausgesetzt sein mag, vorzusorgen.[42] Dies tut sie durch moderate Vorgaben zur Effizienzsteigerung, wie zum Beispiel die in Abbildung 3.3 dargestellte Verpflichtung, eine Effizienzlücke nur

---

[41] Nach Shew (2000, S. 37) wären dies Skalen- und Dichteeffekte, ein Arbeiten in einem höheren Kostenumfeld, inhomogene Leistungen der Unternehmen und Zufallseinflüsse. Auch wenn diese Elemente vom Grundsatz her richtig sind, setzt deren Berücksichtigung voraus, dass sich bereits halbwegs effiziente Unternehmensgrößen herausgebildet haben. Da dem in Deutschland nicht so ist, sind diese Punkte nur für die Regulierung solcher Unternehmen eine Orientierungshilfe, die bereits eine Größe erreicht haben, mit der sie an einem System vergleichenden Wettbewerbs teilnehmen können.

[42] Auch wenn OFWAT nicht unmittelbar ein Unternehmen in den Konkurs treibt, so fördern die Entwicklungen der Börsenkurse doch unternehmerisches Handeln. Im vorherigen Unterabschnitt wurde gezeigt, wie alternativ Druck aufgebaut werden kann, wenn die Disziplinierung durch den Kapitalmarkt wegfällt.

anteilsmäßig schließen zu müssen.[43]

In ähnlicher Weise kann man eine andere Kritik entkräften. Wie bei der Vorstellung des englischen Regulierungsverfahrens dargestellt, kann eine Outputvorgabe sowohl durch erhöhte Kapitalausgaben als auch durch erhöhte Betriebsführungsausgaben erreicht werden. Vor diesem Hintergrund meint Jones (1999, S. 4), ein Orientieren am jeweils Besten sowohl bei den Ausgaben für Kapitalerhaltung als auch bei denen der Betriebsführung würde zu einem Setzen unrealistischer Effizienzvorgaben führen. Dem kann man die Analyse in Abschnitt 3.4.1.2 entgegenstellen, wonach sich gerade nicht starr an dem jeweils Besten orientiert wird. Vielmehr zeigen die Erfahrungen der Vergangenheit, dass die Effizienzvorgaben in der Regel signifikant übererfüllt wurden.[44]

Die Auseinandersetzung mit der Frage, wie weit man spezifische Rahmenbedingungen berücksichtigen sollte, ist zentral mit der Leitlinie der Regulierung nach Outputvorgaben zu führen. Es ist immer wieder darauf zu verweisen, dass ein zu detailliertes Regulieren die Anreize zu Effizienzsteigerungen untergräbt (Ballance und Taylor (2001, S. 67), Stern (2003b, S. 12) oder auch OFWAT (2003l, Tz. 9.33)). Dabei geht es nicht nur statisch darum, wie spezifische Sonderfaktoren bei Festlegung der Preisobergrenzen berücksichtigt werden sollten. Vielmehr ist auch ein Vorgehen zu entwickeln, wie mit unterjährigen Veränderungen des Unternehmensumfeldes verfahren werden soll, die innerhalb der fünf Jahre auftreten.[45] Indiskutabel wäre unter Anreizgesichtspunkten ein Umgang mit Risiken dergestalt, dass etwaige im Vorhinein nicht antizipierte Kosten einfach durchgereicht werden. OFWAT wählt hier ein anderes Vorgehen.[46] Es soll knapp dargestellt werden, da gerade der Umgang mit etwaigen Risiken die Gefahr birgt, vom Postulat einer Outputregulierung zu Gunsten einer vermeintlichen Berücksichtigung sämtlicher spezifischer Sonderfaktoren abzuweichen. Eine hier zu oberflächliche Kenntnis der englischen Praxis könnte dazu führen, dass man zwar vordergründig ein System vergleichenden Wettbewerbs in Deutschland einführen würde, de

---

[43] Abbildung A.16 im Anhang zeigt beispielhaft, dass Effizienzvorgaben in der Vergangenheit erreichbar gewesen sind. Vor diesem Hintergrund ist die Forderung von Water UK (Baker et al., 2002, S. 21), dem Verband englischer Wasserwirtschaftsunternehmen, nach einer weniger starken Nutzung konkreter Effizienzvorgaben („Stick"-Regulierung, vgl. Abschnitt 3.4.1.2) lediglich als Klientelpolitik zu sehen.

[44] Die getrennte Behandlung von Kapitalkosten einerseits und Betriebsführungskosten andererseits wirft aber gleichwohl ein anderes, ernster zu nehmenderes Problem auf: Es könnten allokative Verzerrungen hervorgerufen werden (Ballance und Taylor, 2001, S. 49). Auf diesen Punkt wird in Abschnitt 5.2.2.1 noch zurückzukommen sein.

[45] Wie angesprochen ist dies der Zeitraum, für den im Rahmen einer „Periodic Review" (PR) ex ante Preisobergrenzen festgelegt werden.

[46] Sofern nicht spezifisch gekennzeichnet wird hier OFWAT (2003l, Kap. 9) gefolgt.

facto es aber bei einer weitgehenden Inputregulierung bliebe.

Abgesehen von der sog. „Shipwreck Clause"[47] finden Preisanpassungen innerhalb einer laufenden 5-Jahres-Periode nur im Rahmen der sog. „Interim Determination" (ID) statt.[48] Diese greift, sofern zum Beispiel aufgrund neuer Umweltauflagen eine nachhaltige Veränderung der Rahmenbedingungen („Relevant
Change in Circumstances" [RCC]) eintritt oder aber der Grund für eine nachhaltige Veränderung im Rahmen der PR ex ante als sog. „Notified Item" (NI)
seitens OFWAT anerkannt wurde. Zur Veranschaulichung des zweiten Punktes
soll bei den Preisobergrenzenzugeständnissen eine Nachfrage der Kunden nach
Wasserzählern von x unterstellt werden. In der Folge stellt sich aber heraus, dass
der tatsächliche Wert vom angenommenen Wert abweicht. Bereits im zweiten Kapitel wurde darauf hingewiesen, dass eine sinkende Wassernachfrage zu höheren
Gesamt-m^3-Preisen führt, da die Fixkosten nun auf eine geringere abrechenbare
Menge aufgeteilt werden müssen. Eine weit höhere Nachfrage nach Wasserzählern
als erwartet führt damit – empirisch belegbar[49] – zu sinkenden Wassermengen,
was in der Folge Preiserhöhungen rechtfertigt. Dabei ist aber einschränkend festzustellen, dass Untergrenzen definiert werden, ab denen erst eine ID beantragt
werden kann. Diese liegt bei abdiskontierten Umsatzeinbußen von 10 vH. Ferner
ist auf den symmetrischen Charakter des Rechts, eine Neufestlegung der Preisobergrenzen zu beantragen, hinzuweisen. Auch OFWAT kann eine ID in Gang
setzen, sofern sie vermutet, dass ein Unternehmen durch aktuelle Entwicklungen begünstigt wird (OFWAT, 2003f). Das obige Beispiel heranziehend wäre dies
der Fall, wenn sehr viel weniger Haushalte sich zum Einbau eines Wasserzäh-
lers entschließen, als dies ex ante angenommen war. Insgesamt ist festzustellen,
dass wohl vor allem aufgrund der Untergrenze nur selten eine Neufestsetzung der

---

[47] Sollte ein im Vorfeld nicht erwarteter und nicht beeinflussbarer Umstand die abdiskontierten Umsätze um 20 vH vermindern, so kann ein betroffenes Unternehmen eine unterjährige
Preisanpassung beantragen. Dies könnte zum Beispiel der Fall sein, wenn ein Großkunde
in Konkurs geht und als Nachfrager ausfällt. Eine "Shipwreck Clause" wirkt stets sym-
metrisch. Wenn also ein stark die Kosten verringernder Umstand eintritt, kann ebenso
OFWAT eine Neuanpassung der Preisobergrenzen fordern. Seit neuestem wird für den Begriff „Shipwreck Clause" auch der Begriff „Substantial Effect Determinations" verwendet
(OFWAT, 2003n, S. 29).

[48] Von den Preisobergrenzenanpassungen ist die jährliche Bestimmung der relativen Effizienzen zu unterscheiden. Wie bereits dargestellt, können Unternehmen sowohl atypische
Kosten als auch Ausgaben in Folge von spezifischen Sonderfaktoren geltend machen. Es
ist durchaus zu fragen, ob hier nicht bereits zu viele Zugeständnisse gemacht werden. Zu
den anerkannten Kosten siehe beispielhaft OFWAT (2002n, S. 45, 48).

[49] 2002 wurden im Durchschnitt bei Haushalten ohne Wasserzähler 153 l/Kopf/Tag im Gegensatz zu 135 l/Kopf/Tag bei Haushalten mit Wasserzähler nachgefragt (OFWAT, 2002k,
S. 30f.). Da die Werte über die Jahre recht konstant geblieben sind, kann man davon ausgehen, dass bei einer gleichzeitigen Zunahme der Haushalte mit Wasserzählern die Wassernachfrage der neu nach Verbrauch abgerechneten Kunden tatsächlich zurückgeht.

Preise beantragt wird.[50]

Von der ID ist das Hoch- und Runterstufen („Logging up and down" [LUD]) zu unterscheiden. Auch hier werden die Gründe nach RCCs und NIs unterteilt. Ihre Auswirkungen auf die Umsätze eines Unternehmens sind aber weniger stark. Daher ist ein zugestandener LUD im Gegensatz zu einer ID nicht für die laufende 5-Jahres-Periode wirksam, sondern wird erst bei den Preisobergrenzenfestlegungen der kommenden PR berücksichtigt. Im Kern ist es bei einer LUD damit das Ziel eines Unternehmens, sich mit Beginn der neuen PR höhere Kapitalzugeständnisse zu sichern. Ganz grundsätzlich ist positiv zu vermerken, dass stets das Unternehmen die Regulierungsbehörde zu überzeugen hat, einen Sonderfaktor anzuerkennen, und dies nicht etwa umgekehrt zu geschehen hat (Webb et al., 2003, S. 3).

Insgesamt wundert es nicht, dass sich Unternehmen ein anderes Verfahren zur Behandlung zukünftiger Risiken wünschen. Über den eigenen Verband, WaterUK, fordern sie, den Prozess des LUD stärker zu kodifizieren (Water UK, 2002, S. 18f.). Es ist richtig, dass ein nicht ausreichend transparenter Prozess des LUD über eine erhöhte Unsicherheit zu im Verhältnis steigenden Kapitalkosten führt und dass diese höheren Kapitalkosten in einer Branche mit relativ so hohen Fixkosten ein tatsächlich großes Problem darstellen. Dies darf aber trotzdem nicht dazu führen, dass Kosten in Folge unternehmerischer Unsicherheiten zu übernehmen sind und OFWAT zu stark in die Inputregulierung oder kostenorientierte Regulierung verfällt.

Die Auseinandersetzung mit der Leitlinie der Datenvergleichbarkeit zeigte, dass dieses Postulat in der konkreten Regulierungspolitik zum einen mit dem der Transparenz und noch viel stärker mit dem der Outputorientierung konfligiert. Ein ähnlicher Konflikt besteht zwischen den Leitlinien der Berechenbarkeit und einer Akzeptanzsicherung des Regulierungssystems. Am Anfang dieses Kapitels wurde bereits erwähnt, dass zu Beginn der 1990er Jahre Unternehmensgewinne und Managergehälter in einer Art und Weise stiegen, dass die Bevölkerung ernstlich an der Sinnhaftigkeit des neuen Regulierungsverfahrens zweifelte.[51] Als

---

[50] Über die Internetseite von OFWAT (http://www.ofwat.gov.uk) lassen sich jeweils aktuell die seit der letzten PR durchgeführten IDs einsehen. Kurz vor Beginn der neuen Preisobergrenzenfestlegung Ende 2003 waren dies acht abgeschlossene und drei noch laufende Verfahren. Häufig finden sich in einer ID RCCs und NIs gleichermaßen. Siehe hier beispielhaft den Fall von Northumbrian Water Ltd. vom 5.11.2003 (OFWAT, 2003g).

[51] Ein Zitat aus dem Economist vom 11.3.1995 (zitiert nach Ballance und Taylor (2001, S. 62)) gibt einen guten Eindruck von der Stimmung, die zu diesem Zeitpunkt geherrscht haben muss: „So far, privatisation has worked superbly, judged on economic grounds, but

dann auch in der zweiten 5-Jahres-Periode Effizienzfortschritte generiert wurden, die seitens der Regulierungsbehörde nicht erwartet wurden, führte die Regierung eine Steuer ein, mit der die als zu hoch empfundenen Gewinne abgeschöpft wurden. Dieses Vorgehen generierte 1997 1,8 Mrd. Pfund Sterling (Ballance und Taylor, 2001, S. 59), erhöhte die Unterstützung des Regulierungssystems in der breiten Bevölkerung, aber steht selbstverständlich absolut konträr zum Leitbild einer berechenbaren Politik. Jenem Postulat abträglich scheint zunächst auch das parallele Vorgehen dreier Regulierungsbehörden.[52] Dennoch wird diese grundsätzliche Aufteilung als positiv betrachtet, werden so doch die unterschiedlichen Sichtweisen in einem öffentlichen Diskurs ausgetragen.[53] Ferner sind auch die Zuständigkeiten und Entscheidungsbefugnisse so eindeutig geklärt – letztendlich entscheiden nur Regierung und Parlament – , dass Unsicherheiten entsprechend minimiert werden. Die Berechenbarkeit hat sich in der jüngeren Vergangenheit auch durch eine verstärkte Zusammenarbeit der Regulierungsbehörden erhöht. Die Leitlinien gerade des zuständigen Ministeriums – für die aktuelle PR konkret DEFRA (2002b) – sind für die Erwartungsbildung an den Kapitalmärkten von großer Bedeutung.

Eine unberechenbare Regulierung würde derzeit die Kapitalkosten für deutsche wasserwirtschaftliche Unternehmen relativ unbeeinflusst lassen. Der Grund ist die Gewährträgerhaftung, die aber im Rahmen des preisregulatorischen Vorschlags in Abschnitt 5.1.1.2 aufgehoben werden soll. Dies sowie eine zu erwartende verstärkte Privatisierungstätigkeit wird dazu führen, dass das Leitbild einer berechenbaren Regulierung vor dem Hintergrund der Auswirkungen auf die Kapitalkosten auch für Deutschland relevant werden wird. Für die Entscheidung für oder gegen langfristige Investitionsvorhaben ist dieses Leitbild von Beginn an zentral.

Abschließend soll ein mögliches Optimierungspotential bezüglich des Leitbilds der Vorkehrungen einer Vereinnahmung der Regulierenden durch die zu Regulierenden („regulatory capture") eruiert werden. Selbstverständlich hat die eigentliche Regulierungsbehörde auch in Deutschland unabhängig zu sein. Daneben aber wird in England ein Großteil der Überwachung und Kontrolle dezentral geleis-

---

politically it is starting to look like a disaster. Distracted by the pay packets of a few utility company bosses, and the dithering of government ministers who have lost their bearings, the Great British public can no longer recognise a good deal when it stares them in the face."

Zwar müsste sich auch in Deutschland ein System vergleichenden Wettbewerbs erst einspielen, aber dennoch kann man aus den anfänglichen Fehlern in England viel lernen.

[52] Neben OFWAT sind dies das „Drinking Water Inspectorate" (DWI) und die „Environmental Agency" (EA).

[53] Für eine gegenteilige Meinung siehe Greenough et al. (2001, S. 163).

tet.[54] Unternehmen beauftragen sog. Reporter, die die gelieferten Daten nicht nur auf formale Richtigkeit, sondern einzelne Projekte auch auf ihre inhaltliche Notwendigkeit und Angemessenheit prüfen. Gerade diese Prüfung wurde als ein wesentlicher Grund für die Vorteilhaftigkeit dieses englischen Systems herausgearbeitet. Es steht zu vermuten, dass die massiven Überinvestitionen in Ostdeutschland nach der Wiedervereinigung nicht stattgefunden hätten, wären die Investitionspläne einer stärkeren externen Überprüfung unterzogen worden.

Gleichwohl mag die intensive Zusammenarbeit von Reporter und wasserwirtschaftlichem Unternehmen zu einer auch mit Nachteilen behafteten Verbundenheit führen. Auch die Tatsache, dass ein Reporter vom Unternehmen beauftragt und nicht etwa von OFWAT zugeteilt wird, wirft die Frage auf, wie unabhängig ein Reporter tatsächlich seiner Arbeit nachgeht. Eine in Auftrag gegebene Studie (KPMG Management Consulting, 1998) kommt zwar zu dem Schluss, dass im Allgemeinen den Reportern eine sehr gute Arbeit zu bescheinigen ist. Trotzdem stellt sich die Frage, wie die Überwachenden zu überwachen sind. Es ist geplant, dass sich die Reporter von Zeit zu Zeit gegenüber einem von OFWAT eingesetzten Expertengremium verantworten müssen (OFWAT, 2003j, Tz. 6).[55] Zudem hat ein Unternehmen seinen Reporter freizustellen, sofern OFWAT dies wünscht. Gleichzeitig darf aber ein Unternehmen seinerseits einen Vertrag mit einem Reporter nur nach Bestätigung durch OFWAT kündigen (OFWAT, 2003j, Tz. 7.4 und 7.6). Insgesamt könnte das gewählte Verfahren damit einen ausreichenden Druck auf die Reporter ausüben, auch bei einer längerfristigen Tätigkeit für ein Unternehmen die eigene Unabhängigkeit zu bewahren. Die herausragende Bedeutung dieser Reporter würde aber ein hartes Vorgehen erfordern, sofern Zweifel an einem ausreichend kritischen Prüfen aufkommen.

Zusammenfassend kann man damit feststellen, dass es an Kritik an der konkreten Regulierungspraxis OFWATs nicht mangelt. Ein Großteil der Punkte ist alleine betrachtet nicht falsch; dennoch hat eine Beurteilung aber stets auch die Aus-

---

[54] Zur Beurteilung der Regulierungskosten des englischen Modells genügt es daher nicht, nur die unmittelbar mit der Regulierungsbehörde einhergehenden Kosten zu veranschlagen. Sowohl die Löhne für Reporter und Wirtschaftsprüfer als auch die intern bei den Unternehmen zusätzlich anfallenden Kosten wären zu berücksichtigen. Insgesamt werden somit die Regulierungskosten wesentlich höher pro Haushalt liegen als die häufig zu lesenden 0,5 Pfund Sterling pro durchschnittlicher Jahresrechnung von 294 Pfund Sterling (Ballance und Taylor (2001, S. 58) in Verbindung mit OFWAT (2002n, S. 15f.)).

[55] Konkrete Maßnahmen sind mittlerweile eingeleitet. Ein Expertenteam wurde in der zweiten Hälfte 2003 zusammengestellt, dessen Aufgabe die Beurteilung der Reporter im Zusammenhang mit der Prüfung der eingereichten vorläufigen Businesspläne sein wird (OFWAT, 2003d). Zur Einordnung dieser Phase in die „Periodic Review 04" sei auf Abbildung A.8 im Anhang verwiesen.

wirkungen auf andere Leitlinien für ein System vergleichenden Wettbewerbs zu berücksichtigen. Vor diesem Hintergrund kann man im Großen und Ganzen das Vorgehen OFWATs als erfolgreich bewerten, wenngleich es Optimierungspotentiale gibt. Deutschland würde bei einer Implementierung des Systems vergleichenden Wettbewerbs sowohl von den Fehlern der englischen Regulierungspraxis in der Anfangszeit als auch von den derzeitigen Diskussionen um eine weitere Optimierung profitieren.

„Regulation has proven to be a process in trying to balance the interests of a number of stakeholders (e.g. companies, customers, politicians and the media)", schreiben Ballance und Taylor (2001, S. 60). Dem kann man im Rückblick zustimmen, wenngleich OFWAT für die Zukunft die eigene Politik in erster Linie aus den Konsumenteninteressen ableiten sollte.

5.1.3 Ein Rahmen zum schnellen endogenen Herausbilden größerer Unternehmenseinheiten

Obwohl langfristig sämtliche wasserwirtschaftliche Unternehmen einem System vergleichenden Wettbewerbs sowie den additiv eingesetzten Verfahren unterworfen sein sollen, sind die kleinen Unternehmen, wie in Abschnitt 5.1.1.2 argumentiert, zunächst zu großflächigen und schnellen Zusammenschlüssen zu animieren. Dies geschieht zum einen durch die Nutzung von Elementen eines Wettbewerbs im Markt; zum anderen wurde die Einführung eines Ratingverfahrens vorgeschlagen.

5.1.3.1 Der Anreizmechanismus des Wettbewerbs im Markt

Der Zweck, zu dem der Wettbewerb im Markt für solche Unternehmen eingesetzt wird, die bereits an einem System vergleichenden Wettbewerbs teilnehmen, unterscheidet sich fundamental von dem für kleine Unternehmen. Auf diesen grundsätzlichen Unterschied soll an dieser Stelle noch einmal aufmerksam gemacht werden.

Im ersten Fall sind die Unternehmen bereits dem System vergleichenden Wettbewerbs unterworfen. Zu starke betriebswirtschaftliche Ineffizienzen werden durch die wirkenden Anreize des Regulierungsverfahrens schnell ausgeräumt sein. Gleichwohl ist zu erwarten, dass in vielen Fällen der Zuschnitt von Versorgungsgebieten[56] nach Gebietskörperschaftsgrenzen nicht die ökonomisch effizienteste Lösung darstellt. Insofern dienen die verschiedenen Formen eines Wettbewerbs im Markt hier dazu, eine ökonomisch betrachtet jeweils effizientere Feingliederung der Versorgungsstruktur hervorzubringen. Von besonderer Bedeutung war hier gemäß der Diskussion in Abschnitt 3.3.1.2 der Durchleitungswettbewerb. Die Regulierungsbehörde ist angesichts der vielfältigen Informationen, die sie über die Unternehmen besitzt, in der Lage, als Schlichtungsstelle bei Streits um die konkreten Durchleitungsentgelte zu fungieren.[57]

Im zweiten Fall hingegen unterliegen die Unternehmen noch keinem wettbewerblichen Preisregulierungsverfahren. Das vordringliche Problem besteht hier weniger in der statischen und dynamischen, sondern in der technischen Ineffizienz der Unternehmen. Es wird die These aufgestellt, dass ein Abbau der staatlichen Marktzutrittsschranken zur Übernahme ganzer Versorgungsgebiete durch Nachbarunternehmen führen wird. So führt der Einsatz von Elementen eines Wettbewerbs im Markt hier dazu, die geforderte stärkere Defragmentierung der deutschen Wasserwirtschaft voranzutreiben. Im Gegensatz zum obigen Fall besteht die Funktion dieses Regulierungsverfahrens nicht in einer Feingliederung, sondern einer neuen Grobgliederung der Versorgungsstruktur. Es stellt sich die Frage, was eine Regulierungsbehörde hier für Aufgaben haben sollte.

Ein konkurrierender Versorger wird sich nur dann um Kunden in benachbarten Gebieten bemühen, wenn deren Belieferung langfristig gewinnbringend ist. Konkurrenzangebote alternativer WVUs sind damit grundsätzlich unproblematisch. Auch das Argument eines „ruinösen Wettbewerbs" sticht, wie in Abschnitt 3.1.4 gezeigt, nicht. Das Verhaltens des bisherigen Versorgers hingegen bedarf einer kritischeren Analyse.

Wie bei der Auseinandersetzung mit dem natürlichen Monopol deutlich wurde, senkt der momentane Anbieter eines Einproduktunternehmens seinen Preis theoretisch bis zu seinen variablen Grenzkosten. Die von ihm bereits getätigten Investitionen werden aufgrund ihres Charakters als versunkene Kosten nicht mehr berücksichtigt. Ein neuer Versorger ist hingegen zu Investitionen gezwungen. Entweder fallen diese an, um den neuen Nachfrager über eine Parallelleitung

---

[56] Der besseren Lesbarkeit halber wird in diesem Abschnitt nur von Versorgungsgebiet, Versorger und Kanälen etc. gesprochen. Diese können — wo nicht explizit anders vermerkt — stets auch durch die entsorgungsseitigen Begrifflichkeiten ersetzt werden.

[57] Bezüglich der eingeforderten Informationen vgl. im Detail Oelmann (2004a).

anzuschließen oder aber sie resultieren aus einer Zahlung an den bisherigen Netz-inhaber sowie etwaiger weiterer Investitionen, um in Kooperation mit dem alten Versorger eine gemeinsame Netznutzung zu ermöglichen.

Zusätzlich wird der bisherige Versorger, der vor dem Verlust eines großen Nach-fragers steht, von diesem noch nicht einmal die zurechenbaren variablen Kosten einfordern. Vielmehr wird er einen Anreiz haben, diesen Kunden über Quersub-ventionen zu halten. Die Preise für kleine Nachfrager, die keine Möglichkeit des Anbieterwechsels haben – sofern sich ein Nachbarversorger nicht direkt das ge-samte Versorgungsgebiet einverleibt –, werden steigen.

Volkswirtschaftlich muss man das Verhalten des bisherigen Versorgers in beiden Fällen kritisch sehen. Eine Regulierungsbehörde müsste eigentlich sowohl dar-über befinden, ob ein Netzzugang tatsächlich nicht möglich ist als auch, ob eine ungerechtfertigte Quersubventionierung stattfindet. Gleichwohl wäre dies unter Transaktionskostengesichtspunkten utopisch. Vor diesem Hintergrund werden ei-nige ökonomisch sinnvolle Unternehmenszusammenschlüsse unterbleiben. Ange-sichts zu erwartender sehr großer Unterschiede in der relativen technischen Effi-zienz werden diese Fälle aber im Verhältnis zu den stattfindenden Fusionen von marginaler Bedeutung sein. Den Elementen eines Wettbewerbs im Markt kommt damit zur Förderung großer und schneller Unternehmenszusammenschlüsse die zentrale Rolle zu.

5.1.3.2 Konzeption eines für kleine Unternehmen verpflichtenden Ratingverfahrens

Das langfristige Ziel besteht darin, die gesamte Branche einem System verglei-chenden Wettbewerbs zu unterwerfen. Für alle Fälle, in denen der Wettbewerb im Markt nicht zu einem Herausbilden ausreichend großer Einheiten führt, wur-de in Abschnitt 5.1.1.2 die Einführung eines verpflichtenden Ratingverfahrens angeregt.

Ein Ratingverfahren ist im hier gebrauchten Sinne eine Kombination aus einer Benchmarking-Initiative und einem System vergleichenden Wettbewerbs. Analog zu einem Benchmarking werden Daten gesammelt und aufbereitet. Angesichts des verpflichtenden Charakters geben die Kenngrößen und die gebildeten Kenn-zahlen einen repräsentativen Branchenüberblick. Analog zu einem System ver-gleichenden Wettbewerbs werden die Kennzahlen unterschiedlicher Unternehmen miteinander in Beziehung gesetzt und der Öffentlichkeit zugänglich gemacht. Die Ergebnisse dieser Unternehmensvergleiche werden hingegen nicht für das Setzen von Preisobergrenzen verwendet.

Im Zusammenhang mit der Frage, welche Daten von den Unternehmen eingefordert werden sollten, steht unter volkswirtschaftlichem Blickwinkel wieder das Ziel einer Minimierung der Transaktionskosten im Vordergrund. So wird dieses Ratingverfahren nur zwischenzeitlich gebraucht werden. Sobald sämtliche Unternehmen ausreichend groß sind, um an einem System vergleichenden Wettbewerbs teilzunehmen (und dies aufgrund der eingeräumten Gewinnerzielungsmöglichkeit dann auch tun), wird dieses Ratingverfahren obsolet. Gleiches gilt, wenn über das letzte Mittel der Zwangszusammenlegungen die größeren Unternehmenseinheiten etabliert würden.

Die bisherigen Überlegungen zeigten, dass die Daten, die für die Durchführung eines vergleichenden Wettbewerbs notwendig sind, unter anderem aus einer internen Unternehmensrechnung zu generieren sind. Vor diesem Hintergrund macht es unter dem Gesichtspunkt der Minimierung von Transaktionskosten Sinn, für ein Ratingverfahren eine Auswahl der Daten zu erfragen, die später in wesentlich komplexerer Form auch in einem System vergleichenden Wettbewerbs Verwendung finden.[58] Zwar wird der Großteil der zu Beginn an einem Ratingverfahren teilnehmenden Unternehmen in größeren Einheiten aufgehen, für die Integration verschiedener Unternehmen ist es aber sicher vorteilhaft, wenn die Prozessabläufe sich in der internen Unternehmensrechnung ähnlich darstellen.

Merkel (2003b, Folie 5) zeigt, dass aus dem gleichen Bestand an Daten unterschiedliche Verhältniszahlen ermittelt werden können, die ihrerseits für die ein-

---

[58] Oelmann (2004a) analysiert, ob es in der deutschen Wasserwirtschaft bereits Benchmarking-Initiativen gibt, bei denen Informationen genutzt werden, die in ähnlicher Form auch für ein System vergleichenden Wettbewerbs benötigt würden. Er kommt zu dem Schluss, dass mit dem Verfahren der International Water Association (IWA) ein solches Konzept vorliegt. Es ist unter Federführung des IWW Mülheim/Ruhr auf deutsche Spezifika angepasst worden. Eine Verknüpfung mit einzelnen Prozessbenchmarkingprojekten, zum Beispiel im sog. EffWB-Projekt von Rödl & Partner, ist ebenfalls gegeben. Aufgrund der geforderten Datenkomplementarität wird daher im weiteren Verlauf dieses Abschnitts häufig Bezug auf diese Benchmarking-Konzepte der IWA, des IWW und dem von Rödl & Partner genommen.
Einen umfassenden Überblick zum IWA-Konzept liefert für die Wasserversorgungsseite Alegre et al. (2000), für die Abwasserentsorgungsseite Matos et al. (2003). Für knappere Zusammenfassungen sei auf Alegre und Baptista (2002) und Alegre et al. (2002) bzw. Matos et al. (2002) verwiesen. Zur Anpassung des international abgestimmten Konzepts auf Deutschland vgl. IWW (2003). Knappe Einführungen zum EffWB-Projekt liefern Berger und Löhner (2002), Kiesl und Schielein (2002) und Knaus (2003).

zelnen hierarchischen Ebenen innerhalb eines Unternehmens unterschiedlich relevant sind. Analog zu dieser Idee eines pyramidalen Aufbaus sind im IWA-Konzept Alegre et al. (2000) die Kennzahlen der Wasserversorgung[59] gemäß ihrer relativen Wichtigkeit für die Unternehmensführung in drei Kategorien eingeteilt. Von den insgesamt 133 Verhältniszahlen sind hiernach für den Gesamtüberblick 26 besonders wichtig, 56 wichtig und 51 zunächst weniger wichtig (Alegre et al., 2000, S. 7). In Abbildung A.28 im Anhang sind jene wichtigsten Kennzahlen aufgeführt.[60]

Angesichts der obigen Überlegung, dass die im Rahmen des Ratingverfahrens zu erfragenden Daten einen Ausschnitt der Datenmenge darstellen, auf die später bei einem System vergleichenden Wettbewerbs zurückgegriffen werden wird, soll anhand dieser wichtigsten Kennzahlen diskutiert werden, welche sich zur Erstellung einfacher Ratings anbieten. Zentral für die Analyse ist nicht, wie effizient ein Unternehmen bei gleicher Qualität im Ausgangszustand ist. Das Ziel des hier vorzunehmenden Ratings ist vielmehr herauszufinden, ob ein Unternehmen seine spezifischen Effizienzpotentiale nutzt. Hierbei braucht ausdrücklich nicht von zukünftig unveränderten Strukturen ausgegangen werden. In Abschnitt 3.1.3 wurde bereits verdeutlicht, dass größerflächige Zusammenschlüsse kleiner Unternehmen erhebliches Synergiepotential erwarten lassen. Vor diesem Hintergrund hat eine Ratingkennzahl daher im Kern die Lücke von erreichter Effizienz zu potentieller Effizienz innerhalb eines Unternehmens abzubilden. Es unterscheidet sich damit ganz fundamental von dem Erkenntnisinteresse der Benchmarking-Initiativen.

Die Spezifizierung dieser Lücke bis ins kleinste Detail wird dabei nicht gelingen können und sollte auch nicht angestrebt werden. Die Nebenbedingung möglichst minimaler Ratingerstellungskosten ist zu berücksichtigen. Einem kleinen Unternehmen mit fünf Mitarbeitern ist nicht zuzumuten, auch nur annähernd die Menge an Informationen zusammenzustellen, die eine Teilnahme am System vergleichenden Wettbewerbs erfordern würde. Im Gegenteil: Ausgewählte Größen

---

[59] Es werden hier die Grundzüge eines Ratingverfahrens für die Wasserversorgung entwickelt. Die grundsätzlichen Überlegungen zur Vorgehensweise lassen sich für die Abwasserentsorgung übertragen.

[60] Die Kennzahlen in dieser Abbildung inklusive ihrer Berechnung entstammen dem originären, auf internationaler Ebene abgestimmtem IWA-Konzept (Alegre et al, 2000). Da nur eine der Kennzahlen QS1 bis QS3 genutzt werden soll, sind QS1 und QS2 in Klammern angegeben. Die fett unterlegten finden sich dabei auch in der deutschen Abwandlung des IWW (IWW, 2003). Es zeigt sich, dass vor allem diejenigen Kennzahlen nicht übernommen wurden, die für ein hochentwickeltes Land wie Deutschland keine Rolle spielen. Der Großteil der Haushalte ist an die öffentliche Wasserversorgung angeschlossen, weswegen eine Kennzahl, die die Entfernung zur nächsten Wasserentnahmestelle für Deutschland abbildet, keine sonderliche Aussage hätte.

aus den aus Abbildung A.29 im Anhang ersichtlichen Obergruppen Kontextdaten, Datenvariablen und Kennzahlen haben auszureichen und werden sich unter
anderem aus der verpflichtend zu erstellenden externen Unternehmensrechnung
ableiten lassen.

Nach diesen Vorüberlegungen wird am Beispiel der Wasserversorgung ein einfa-
ches Ratingverfahren vorgestellt, das eine Grundlage für eine weitere Diskussion
bilden könnte. Es würde zeitgleich für die Kleinen mit einem System vergleichenden Wettbewerbs für die Großen eingeführt und würde als eines der beiden
in Abbildung 5.2 formulierten Elemente Anreize setzen, dass es schnell endogen zu großflächigen Zusammenschlüssen kommt. Ziel des Ratingverfahrens ist
nicht, kleine Unternehmen möglichst schlecht abschneiden zu lassen. Wohl ist zu
erwarten, dass mit der derzeitigen kleinteiligen Struktur und dem Fehlen von flä-
chendeckendem Wettbewerb Effizienzpotentiale nicht ausreichend genutzt werden. Wo dies der Fall sein könnte, soll gegenüber dem Status quo abgebildet
und der Öffentlichkeit zur Kenntnis gegeben werden. Zur Bestimmung nicht ge-
nutzter Effizienzpotentiale werden, methodisch ähnlich dem Vorgehen bei einem
System vergleichenden Wettbewerbs, schlicht Kennzahlen verschiedener Unternehmen miteinander in Beziehung gesetzt.

Es werden die folgenden drei Anknüpfungspunkte gesehen:

1. Ein kleines, nicht dem Wettbewerb ausgesetztes Unternehmen könnte relativ ineffizienter wirtschaften. Potentiale spielen hier noch keine Rolle.

2. Ein kleines, ehemals nach entsprechender Gebietskörperschaftsgrenze be-
   gründetes Unternehmen könnte durch fehlende Zusammenarbeit in der Investitionsplanung mit umliegenden Unternehmen wesentliche Effizienzpotentiale ungenutzt lassen.

3. Es mag weitere Zusammenhänge geben, über die die Öffentlichkeit informiert sein sollte. So wird gefragt, ob das Ziel allokativer Effizienz weitestmöglich beachtet wird und inwieweit ein nicht an einem System vergleichenden Wettbewerb teilnehmendes Unternehmen seiner Verpflichtung
   nachkommt bzw. volkswirtschaftlich nachkommen sollte, sich im Dienste
   seiner Kunden kontinuierlich zu verbessern.

Zunächst ist unter dem ersten Anknüpfungspunkt vorstellbar, dass kleine Unternehmen operativ relativ ineffizienter arbeiten als große Unternehmen. An ver-

schiedenen Stellen in dieser Arbeit wurde gezeigt, dass von ungenutzten Größenvorteilen in der deutschen Wasserwirtschaft auszugehen ist. Gleichzeitig belegen aber zum Beispiel die Ergebnisse der Effizienz- und Qualitätsuntersuchung in Bayern (Rödl & Partner, 2003, S. 40ff.), dass die Kapitalkosten mit zunehmender Unternehmensgröße von 0,58 Euro/m^3 auf 0,37 Euro/m^3 sinken, die laufenden Kosten aber über die verschiedenen Größenklassen relativ konstant um die 0,70 Euro/m^3 liegen. Wäre daraus abzuleiten, dass tatsächlich von einer ähnlichen operativen Effizienz kleiner und großer Unternehmen auszugehen ist?

Diese Frage ist zu verneinen. Der Vergleich großer und kleiner Unternehmen hat erstens zu berücksichtigen, dass kleine Unternehmen weniger Aufgaben wahrnehmen als große. Kennzahlen haben damit selbstverständlich auch den Grad der Aufgabenwahrnehmung abzubilden. Dies geschieht durch explizite Berücksichtigung der Kosten für von Dritten übernommene Tätigkeiten.[61] So hat wie in Abbildung 5.5[62] dargestellt die erste Kennzahl relativer Effizienz die Kosten outgesourcter Aufgaben explizit zu integrieren.[63] Dies gilt ebenso für die Kennzahl „Mitarbeiter pro Hausanschluss". In Abhängigkeit vom Outsourcinggrad können unter Zuhilfenahme der Erfahrungen von Rödl & Partner (2003, S. 47) Anpassungen bei der Mitarbeiterzahl vorgenommen werden, die dann eine aussagekräftigere Kennzahl berechnen lassen.

Zweitens suggeriert die Aussage (Rödl & Partner, 2003, S. 10), wonach der Verwaltungskostenanteil mit der Unternehmensgröße auf über 30 vH steigt, dass seitens der großen Unternehmen möglicherweise auch zuviel des Guten getan wird. Da große Unternehmen im Rahmen ihrer Teilnahme an einem System vergleichenden Wettbewerbs einem wettbewerblichen Verfahren ausgesetzt sein werden, sollten nicht die derzeitigen hohen operativen Kosten für einen Vergleich zu Grunde gelegt werden, sondern diese abzüglich der zu erwartenden Effizienzverbesserungen. Bis konkrete Zahlen für Deutschland vorliegen, könnte auf die eng-

---

[61] Es stellt sich heraus, dass im Gegensatz zum System vergleichenden Wettbewerbs hier zur Erstellung eines Ratings zumeist auf Inputgrößen zurückgegriffen wird. Dies liegt daran, dass ein kleines Unternehmen nicht über ein so ausgefeiltes Monitoring-System verfügt, um tatsächlich aussagekräftige Outputdaten zu generieren. Gemäß der Zielvorstellung, dass es schnell zu großflächigen Zusammenschlüssen kommt, wäre es nicht ratsam, für ein nur vorübergehend gebrauchtes Instrument wie dieses Ratingverfahren komplexe neue Systeme einzuführen.

[62] Die erfragten Informationen und speziell die diesen zu Grunde liegenden Definitionen sind weitestmöglich dem IWA-Verfahren entnommen. Konkret entstammen sie – soweit nicht anders angegeben – entweder den IWA-Kennzahlen und/oder Kontextdaten.

[63] Diese laufenden Kosten ließen sich selbstverständlich weiter zum Beispiel in Betriebaufwand/m^3 und Betriebs- und Verwaltungskosten/m^3 unterteilen. Davon wird hier Abstand genommen, um das Verfahren vor dem Hintergund der Transaktionskosten möglichst einfach zu halten.

lischen Erfahrungen zurückgegriffen werden. Abbildung A.11 in Zusammenhang mit Abbildung A.16 im Anhang lässt erwarten, dass an einem wettbewerblichen Verfahren teilnehmende Unternehmen ihre operativen Kosten recht kurzfristig signifikant verringern können.[64]

Es wird somit vorgeschlagen, kleine Unternehmen stets mit solchen großen Unternehmen zu vergleichen, die an einem System vergleichenden Wettbewerbs teilnehmen. Da die relativen operativen Kosten von einer Vielzahl von Faktoren abhängen, sollte ein kleines Unternehmen jeweils demjenigen großen Wasserversorger zugeordnet werden, dem es relativ am meisten ähnelt. Die Erfahrungen von OFWAT (2002n, S. 21) zu Grunde legend, wären die Kostentreiber bei der „Betriebsführung Wasserversorgung" der relative Anteil großer zu kleiner Rohre[65] sowie die Rohwasserqualität.[66] Neben diesen Determinanten, die die Zuordnung eines kleinen zu einem großen Unternehmen begründen, gibt es weitere Größen, die für einen Vergleich zu berücksichtigen wären.

Zunächst sind dies, wie bereits genannt, die relativen Größen der Rohwasserqualität und des Anteils großer zu kleiner Rohre. Nur in seltenen Fällen wird eine tatsächliche Übereinstimmung in den Größen zwischen den beiden zu vergleichenden Unternehmen vorliegen. Relative Unterschiede wären damit erklärend abzubilden. Abbildung 5.5, die neben den Kennzahlen der relativen Effizienzen (1.) auch die kostenerklärenden Variablen (2.) beinhaltet, wäre daher wie folgt zu lesen: Das große, die Vergleichsbasis darstellende Unternehmen markiert stets den Nullpunkt. Verfügt demnach zum Beispiel das kleine Unternehmen über relativ besseres Rohwasser als das große Unternehmen – was unmittelbar relativ

---

[64] Gegebenfalls könnte ein externes Forschungsinstitut zu Grunde liegende Effizienzpotentiale berechnen. Damit würde dem englischen Vorgehen gefolgt. Wie in Abschnitt 3.4.1.2 gezeigt, ist dieses Procedere in der englischen Wasserwirtschaft üblich. Es ermöglicht, selbst den bereits besten Unternehmen stets neue Vorgaben zu weiterer Effizienzerzielung begründet auferlegen zu können.

[65] Die Kosten von Reparaturen, Unterhaltung und Inspektion nehmen relativ mit der Größe des Rohrdurchmessers zu. Im Rahmen des für Deutschland angepassten IWA-Konzepts taucht hingegen die Unterteilung nach Rohrdurchmessern nicht auf. Hier müsste daher auf das englische Original (Alegre et al., 2000, C15-C17) zurückgegriffen werden.

[66] In OFWAT (2002n, S. 21) werden zwar neben der Rohwasserqualität noch mehrere Größen genannt, zur Berechnung der relativen Effizienz stützen wir uns aber vor allem auf Aussagen zur Rohwasserqualität („Proportion of Distribution Input from Rivers") (OFWAT, oJ). Die Argumentation am englischen Beispiel wäre, dass mit abnehmender relativer Wasserentnahme aus Flüssen die operativen Kosten der Aufbereitung sinken. Für die Zuordnung im Rahmen des hier vorgeschlagenen Ratingverfahrens bräuchte sich nicht auf eine Größe beschränkt zu werden. In Anlehnung an Rödl & Partner (2003, S. 33) könnten die am System vergleichenden Wettbewerbs teilnehmenden Unternehmen untergliedert werden nach „keine Aufbereitung", „nur Desinfektion", „konventionelle Aufbereitung" und „weitergehende Aufbereitung".

geringere Aufbereitungskosten impliziert – , so wäre dies auf jenem Kontinuum im negativen Bereich zu vermerken.[67] Unter sonst gleichen Rahmenbedingungen sowie gleichen Kennzahlen wäre das große Unternehmen kosteneffizienter.

Bezüglich der weiteren kostenerklärenden Variablen ist ferner festzustellen, dass je höher der relative Anteil der Energiekosten (bei vergleichbar gemachten relativen Aufwendungen für so große Posten wie AfA und Zinsen) ist, umso eher weist dies auf relativ unvorteilhaftere topographische Verhältnisse hin, was wiederum relativ höhere laufende Kosten erklären könnte.[68] Ein relativ größerer Anteil an Instandhaltungskosten lässt unter sonst gleichen Umständen auf eine relativ nachhaltigere Infrastrukturunterhaltung schließen.[69] Die Indizes Organisationsqualität und Kundenservice sind selbsterklärend. Es wäre zu überlegen, wie diese Indizes zusammengesetzt sein sollten. Erste Anknüpfungspunkte könnten für den der Organisationsqualität die Erfahrungen aus dem bayerischen EffWB-Projekt (Rödl & Partner, 2003, S. 35f.) sein oder schlicht, ob ein Unternehmen gemäß verschiedener Managementsysteme sich hat zertifizieren lassen.[70] Für einen Index, der die Qualität des Kundenservices abbilden soll, können die Kriterien herhalten, die von Oelmann (2004b) bei der Analyse des Kundenservice in der deutschen Wasserwirtschaft genutzt werden.

Zur Minimierung der Transaktionskosten der Erhebung könnte man jedes Unternehmen verpflichten, die entsprechenden Angaben zu Organisationsqualität und Kundenservice online zu liefern. Gleiches kann auch für einen Großteil der Informationen gelten, die im Rahmen der Erstellung der zweiten und dritten Teilratingnote erfragt werden. Die online abgegebenen Angaben sollten dann stichprobenartig überprüft und Falschangaben spürbar sanktioniert werden.

---

[67] Unter Einsatz standardmäßiger Computertechnologie könnten die Daten sämtlicher kleiner Unternehmen, die mit einem einzelnen großen verglichen werden, analysiert werden. Die relative Entfernung bei einer Größe zum Nullpunkt wäre demnach nicht nur ein Vergleich von kleinem zu großen Unternehmen. Auch die kleinen Wasserversorger, die zum gleichen großen Unternehmen gebenchmarkt würden, ließen sich so unmittelbar miteinander vergleichen.

[68] Diese kostenerklärenden Kennzahlen berücksichtigen nicht jeden Sonderfall . Es ist aber erneut zu betonen, dass es neben dem Grenznutzen einer zusätzlich zu integrierenden Information auch die Grenzkosten ihrer Erhebung und Validierung gibt.

[69] Diese Aussage träfe nur zu, wenn von einem vergleichbaren relativen Alter der Anlagen ausgegangen werden kann. Da diese Größe auch zur Herleitung der zweiten Teilratingnote genutzt werden wird, kann sich zur Beurteilung der relativen Nachhaltigkeit eines Querverweises bedient werden.

[70] Dies ist eine Größe, die im originären IWA-Konzept (Alegre et al., 2000, S. 32) nicht auftaucht, wohl aber in der Anpassung auf deutsche Besonderheiten durch das IWW. Sie findet sich unter Kontextdaten, Profil Versorgungsunternehmen. Einzelne Zertifizierungsverfahren werden beispielhaft genannt.

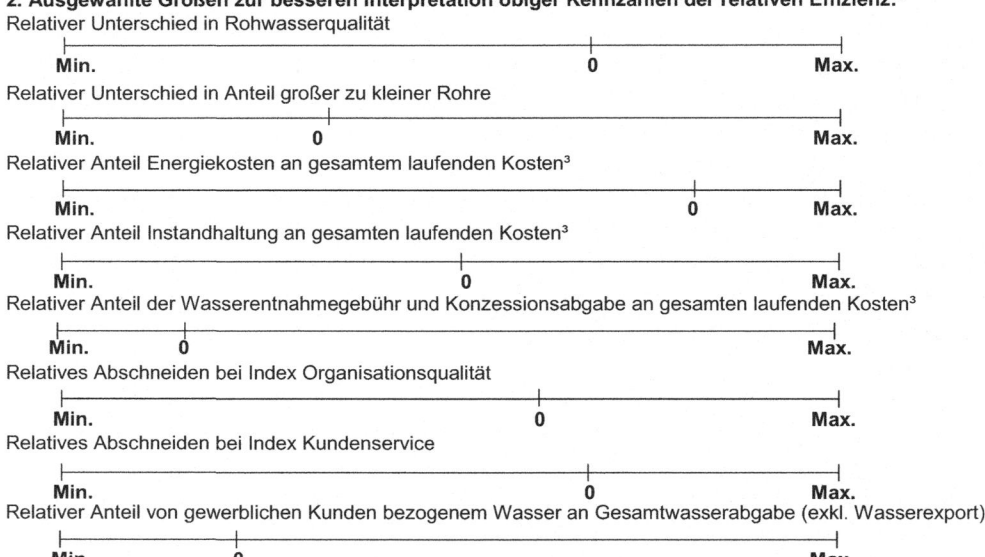

1. Kennzahlen der relativen Effizienz:
Laufende Kosten (inkl. Kosten für outgesourcte Tätigkeiten)/m³ von kleinem und großen Unternehmen[1]
Korrigierter Anteil Mitarbeiter (um laufende Kosten-Kosten für outgesourcte Tätigkeiten) /Hausanschluss
von kleinem und großen Unternehmen[1]

2. Ausgewählte Größen zur besseren Interpretation obiger Kennzahlen der relativen Effizienz:[2]
Relativer Unterschied in Rohwasserqualität

    Min.   0   Max.
Relativer Unterschied in Anteil großer zu kleiner Rohre

    Min.   0   Max.
Relativer Anteil Energiekosten an gesamtem laufenden Kosten[3]

    Min.   0   Max.
Relativer Anteil Instandhaltung an gesamten laufenden Kosten[3]

    Min.   0   Max.
Relativer Anteil der Wasserentnahmegebühr und Konzessionsabgabe an gesamten laufenden Kosten[3]

    Min.   0   Max.
Relatives Abschneiden bei Index Organisationsqualität

    Min.   0   Max.
Relatives Abschneiden bei Index Kundenservice

    Min.   0   Max.
Relativer Anteil von gewerblichen Kunden bezogenem Wasser an Gesamtwasserabgabe (exkl. Wasserexport)

    Min.   0   Max.

3. Zusammenfassung der relativen Effizienz des kleinen Unternehmens zu einer einzigen Ratingnote

1)   Kleines Unternehmen wird mit dem großen, an einem System vergleichenden Wettbewerbs teilnehmenden Unternehmen verglichen, dem es gemäß der Kriterien Rohwasserqualität und Anteil großer zu kleiner Kanäle am ehesten entspricht. Dabei sind Kennzahlen der großen Unternehmen um zu erwartende Effizienzverbesserungen anzupassen.
2)   Jeweiliges Minimum und Maximum wird ermittelt aus relativen Positionen sämtlicher kleiner Unternehmen, die mit dem gleichen großen Unternehmen verglichen werden. Nullpunkt ist dabei stets das große Unternehmen.
3)   Bei unterstellten gleichen relativen Anteilen von großen Positionen wie AfA oder Zinsen an laufenden Kosten.

Abbildung 5.5: Entwicklung der ersten von drei Teilratingnoten zur Abbildung der relativen Effizienzposition von kleinem zu großem Unternehmen.

Neben den bislang angesprochenen Kennzahlen gilt darüber hinaus noch als kostenerklärend, wie hoch der relative Anteil von Wasserentnahmegebühr und Konzessionsabgabe ist sowie wie hoch sich der relative Anteil der Wasserabnahme gewerblicher Kunden bemisst. Besonders spannend ist zudem, wie hoch der relative Anteil des größten Wasser nachfragenden Unternehmens an der Gesamtwassernachfrage ist. Sollte dieser im Verhältnis hoch sein, lässt dies zum einen eine geringere Rechtfertigung relativ höherer operativer Kosten ableiten, da die Versorgung gewerblicher Kunden insgesamt im Verhältnis billiger ist. Darüber hinaus steigt aber möglicherweise der Druck auf die Wasserpreise, falls das bisherige Versorgungsunternehmen jenen großen Nachfrager an einen Konkurrenzversorger verliert.

Nachdem die einzelnen Größen ausgewählt wurden, die einer besseren Interpretation der relativen Effizienz dienen, sei noch einmal knapp die Aussage dieser kostenerklärenden Kennzahlen zusammengefasst. Angenommen die Kennzahl der relativen Effizienz „Laufende Kosten (inkl. Kosten für outgesourcte Tätigkeiten)/m^3 Wasserabgabe" würde zwischen großem und kleinem Unternehmen übereinstimmen, dann wäre ein in den Kennzahlen überwiegendes Abweichen ins Negative – das Datum des großen Unternehmens symbolisiert ja stets den Nullpunkt – dergestalt zu interpretieren, dass relativ zu den Kosten weniger Nutzen generiert wird.

Sinn des Ratingverfahrens ist die Information der Öffentlichkeit. Sicher sollten die Ergebnisse dem Bürger sowohl bei den Kennzahlen der relativen Effizienz als auch den sonstigen kostenerklärenden Variablen zugänglich gemacht werden, noch wichtiger aber wäre, dass das relative Abschneiden eines kleinen Unternehmens auf einer (Schulnoten-)Skala zusammenfassend bewertet wird (3.). Bei der Art der Zusammenführung der drei Teilnoten zu einer Gesamtnote bestünde noch Diskussionsbedarf. Grundsätzlich scheint dem nun zu behandelnden zweiten Anknüpfungspunkt die größte Wichtigkeit beizumessen sein. Schließlich wird hier die Diskrepanz zwischen Status quo und der potentiell möglichen Effizienzverbesserung besonders deutlich.

Auch wenn die fragwürdigen Investitionsentscheidungen der Vergangenheit nicht mehr rückgängig gemacht werden können, bleibt die Infrastrukturplanung weiterhin wesentlich und kann – in größeren Einheiten durchgeführt – zur Generierung von Effizienzpotentialen genutzt werden. Im Rahmen dieses zweiten Anknüpfungspunktes will ich darum abbilden, wie dringend eine über die Gebietskörperschaftsgrenzen hinausgehende Planung anzuraten ist. Dabei wird unterstellt, dass die Wassernachfrage konstant bleibt. Die Gründe für eine sich vermindernde zukünftige Nachfrage heben sich annahmegemäß mit denen einer sich erhöhenden auf.

Diese Annahme kann man wie folgt begründen: Abbildung 2.4 zeigt, dass zwischen 1990 und 2000 die nachgefragte Menge um 20 vH zurückgegangen ist. Nun gab es Sondereinflüsse wie die deutsche Wiedervereinigung, aber der Tertiarisierungstrend der Wirtschaft, die demographische Entwicklung sowie technologische Neuerungen zu noch effizienterer Wassernutzung sprechen dafür, dass auch für die Zukunft eine weiter sinkende Wassernachfrage zu erwarten ist. Daneben führt aber die Begründung eines wettbewerblichen Systems in Deutschland zu sinkenden Preisen, was wiederum eine Erhöhung der Nachfrage erwarten ließe. Es wird sicher so sein, dass sich der konkrete Trend in der Wassernachfrage je nach regionalem Einzelfall unterscheiden mag. Vor dem Hintergrund steigender Transaktionskosten bei einer Zunahme zu berücksichtigender Informationen sollte diesen spezifischen Besonderheiten aber nur in extremen Sonderfällen Rechnung getragen werden.[71]

Grundsätzlich sind etwaige Überkapazitäten in einem Versorgungsgebiet unterschiedlich relevant. Von einer überregionalen Kooperation mit Nachbarunternehmen können umso mehr Effizienzpotentiale erwarten werden,[72]

1. je weniger die eigenen Aufbereitungs- und Speicherkapazitäten ausgelastet sind.

2. je weniger die Aufbereitungs- und Speicherkapazitäten der jeweiligen Nachbarunternehmen genutzt werden.

3. je weniger anteilig die eigenen verfügbaren Ressourcen Verwendung finden.

4. je weniger anteilig die verfügbaren Ressourcen seitens der jeweiligen Nachbarunternehmen in Anspruch genommen werden.

5. je eher das WVU zusätzlich Wasser in die Netze einspeisen muss, um die notwendige Fließgeschwindigkeit in den Versorgungsleitungen sicherzustel-

---

[71] Die Überlegungen zu den „Interim Determinations" von OFWAT in Abschnitt 5.1.2.2 könnten analog ableiten lassen, wann etwas als extremer Sonderfall betrachtet werden sollte. Klar sollte auch sein, dass die Beweispflicht, dass es sich um einen Sonderfall handelt, stets beim Unternehmen zu liegen hat.

[72] Bei den Größen unter 1.-4. und 7. kann auf die begrifflichen Definitionen des IWA-Konzepts zurückgegriffen werden (Kennzahlen bzw. Kontext/Profil Versorgungssystem).

len.

6. je eher die jeweiligen Nachbarunternehmen zusätzlich Wasser in die Netze einspeisen müssen, um die jeweils notwendige Fließgeschwindigkeit in ihren Versorgungsleitungen aufrechtzuerhalten.

7. je höher das mittlere Alter der eigenen Anlagen (nach Abschreibung) ist.[73]

8. je näher das eigene Wasserversorgungssystem an denen der Nachbarunternehmen liegt.

9. je näher eine (nutzbare) Fernwasserleitung am eigenen Versorgungssystem verläuft.

Beim zweiten Anknüpfungspunkt vergleicht man nun nicht mit einem großen Unternehmen, sondern von Bedeutung sind neben eigenen Kennzahlen die der unmittelbaren Nachbarunternehmen. Insofern wird bei der Ermittlung der zweiten Teilratingnote nicht eine Kennzahl um ausgewählte Einflussfaktoren nach oben oder unten verändert, wie dies für die erste Teilratingnote galt, sondern hier können die einzelnen gewichteten Größen aufaddiert werden. Unausgelastete eigene Kapazitäten sind alleine betrachtet zunächst noch nicht problematisch. Es ist kritisch anzumerken, dass scheinbar bei Durchführung der Investition falsch geplant wurde. Aktuell ist aber nur dann eine Abkehr von ausschließlich individueller Planung zu fordern, wenn überhaupt eine konzertierte Investitionsplanung mit benachbarten Versorgern Sinn macht. Von nicht genutzten Effizienzpotentialen ist daher zum Beispiel umso stärker auszugehen, je unausgelasteter auch die Kapazitäten der Nachbarunternehmen sind, je notwendiger Investitionen in die bestehende Infrastruktur erscheinen und je eher eine Verbindung der Versorgungsnetze – gemessen an der räumlichen Nähe der eigenen zu Nachbarnetzen[74]

---

[73] Es mag erstaunen, dass nicht analog zu den bisherigen Fällen auch das mittlere Alter der Anlagen von Nachbarunternehmen interessiert. Dieses Faktum ist deshalb zu vernachlässigen, weil die relative Höhe der Ersatzinvestitionen mit dem Alter der Anlagen zunimmt. Bevor die damit tendenziell höheren realen Ausgaben getätigt werden, ist daher zu fragen, ob ein Verzicht auf solche Investitionen durch Nutzung fremder Anlagen nicht vorteilhafter ist. Dieses Nutzen ist unabhängig vom Anlagenalter der Nachbarn. Bei relativ niedrigem Alter wird so möglicherweise die bestehende Anlage des Nachbarn genutzt, bei relativ hohem Alter können Synergiepotentiale durch gemeinsame Investitionsplanung generiert werden. Das Alter der eigenen Anlagen gibt also unabhängig vom Alter der Anlagen der Nachbarn vor, für wie sinnvoll eine gemeinsame Planung aus Sicht des eigenen WVUs anzusehen ist.

[74] Sollte dem Prinzip der verbrauchsnahen Versorgung weiterhin gefolgt werden, könnte die Entfernung zwischen Netzen mit der schon bekannten Größe der Unterschiede zwischen

– möglich ist.

Mit dieser zweiten Teilratingnote wird nicht das Ziel verfolgt, einzelne WVU an den Pranger zu stellen. Sie haben in der Regel in dem ihnen vorgegebenen Rahmen gehandelt. Jene zweite Ratingnote soll aber durchaus eine Aussage ableiten lassen, welche Effizienzpotentiale mit einer großflächigeren Gestaltung der Wasserversorgung im Einzelfall zusätzlich gewonnen werden können. Die Öffentlichkeit sollte hierüber informiert werden.

Beim dritten Anküpfungspunkt zur Ableitung der noch fehlenden letzten (Teil-)Ratingnote werden sonstige Elemente erfragt, die für die Bevölkerung zusätzlich von Interesse sein sollten. Hier vergleicht man nun weder mit einem großen Unternehmen noch mit den jeweiligen Nachbarunternehmen, sondern es wird ausschließlich das individuelle Verhalten des WVU betrachtet. Die in Abbildung 5.6 aufgeführten Fragen sind grob zwei Themenkomplexen zuzuordnen.

Zunächst ist es erstens zentral, dass die Kosten der Wasserversorgung sich tatsächlich in den Preisen widerspiegeln (Punkt 1 in Abbildung 5.6). Dies gilt allgemein, weswegen ich hier gleichermaßen Subventionen wie Gewinne[75] (inklusive jeweils der Konzessionsabgabe und der Wasserentnahmegebühr) vor dem Hintergrund des Ziels allokativer Effizienz als nachteilig ansehe. Es könnten Bandbreiten von +/-10 vH-Abweichung von Preisen zu Kosten, +/- 20 vH-Abweichung von Preisen zu Kosten usw. gebildet werden. Je größer die Abweichung, umso negativer würde sich dies anteilig in der dritten Ratingnote niederschlagen.

Mit den Fragen des zweiten Themenkomplexes (Punkte 2-5 in Abbildung 5.6) wird überprüft, inwiefern ein nicht am System vergleichenden Wettbewerbs teilnehmendes Unternehmen seiner Verpflichtung, sich kontinuierlich im Sinne seiner Kunden zu verbessern, gerecht wird bzw. überhaupt gerecht werden kann. Ein jedes Unternehmen hat die Möglichkeit, durch Teilnahme an einem Benchmarking nach individuellem Verbesserungspotential zu suchen (Punkt 2). Hat ein Unternehmen damit an einer überregionalen Benchmarking-Initiative teilgenommen, wirkt sich dies anteilig positiv auf jene dritte Teilratingnote und damit natürlich auch auf die letztendliche Gesamtnote aus. Im umgekehrten Fall ergibt sich ein

---

Rohwasserqualitäten relativiert werden. Da hier eine Beibehaltung dieses Prinzips abgelehnt wird, halten wir die Größe „Nähe eigener Netze zu denen der Nachbarunternehmen" grundsätzlich für alleine aussagekräftig.

[75] Sollte sich – wider Erwarten – ein Gewinnerzielungsverbot im politischen Prozess durchsetzen und somit keine Zwangszusammenlegung nötig werden, so macht ein zu ratendes Unternehmen per Definition keinen Gewinn. Vergleiche Abschnitt 5.1.1.

> 1. Wie hoch ist der Kostendeckungsgrad? Wie hoch ist der Anteil von (Gewinn+Konzessions-abgabe+Wasserentnahmegebühr) respektive (Konzessionsabgabe+Wasserentnahmegebühr-Subvention) an den Gesamtkosten?*

> 2. Wurde bereits an einem überregionalen Benchmarking teilgenommen?

> 3. Auf welchen Produktionsstufen wird wie mit Nachbarunternehmen kooperiert?

> 4. Inwiefern kommen Informationstechnologien auf den verschiedenen Produktionsstufen der Wasserversorgung zum Einsatz?

> 5. Über welche Qualifikation (Abschluss, Jahre Berufserfahrung in der Wasserversorgung) verfügt der Geschäftsführer, der kaufmännische Leiter, der technische Leiter? Gibt es einen Juristen im Unternehmen?

*Sämtliche der Größen sind auch im IWA-System respektive der Anpassung des IWW für Deutschland entweder bei den Kennzahlen oder den Kontextdaten (Profil Versorgunssystem) aufgeführt. Die begriffsdefinitorischen Fragen sind damit geklärt.

Abbildung 5.6: Determinanten der dritten Teilratingnote.

negativer Einfluss. Gleiches gilt für die Frage, ob und in welchem Ausmaß bereits mit Nachbarunternehmen kooperiert wird (Punkt 3). Je stärker die überregionale Zusammenarbeit, umso positiver sollte der Einfluss auf die Ratingnote sein.[76]

Neben diesen beiden, grundsätzlich allen WVU offen stehenden Handlungsoptionen – Teilnahme an einem Benchmarking sowie überregionale Kooperation –, gibt es solche, für deren Anwendung ein Unternehmen eine Mindestgröße aufweisen muss. Dies gilt für den Einsatz moderner Informationstechnologien zum Beispiel in Form eines automatisierten Leitungsnetz- oder Anlagenüberwachungssystems (Punkt 4) ebenso wie für die Qualifikation der Mitarbeiter (Punkt 5). Sowohl ein geringer Einsatz von Monitoring-Technologien, als auch eine geringe Qualifikation der Entscheidungsträger hätte einen anteilig negativen Einfluss auf die Ratingnote. Dies kann man mit den immer neuen (Umwelt-)Vorgaben von Seiten der Europäischen Union begründen. Die zu erwartenden Auswirkungen der Umsetzung der WRRL sind hierfür, wie in Abschnitt 4.3.1.1 gezeigt, ein Beispiel.

---

[76] Selbstverständlich ist diese Größe auch abhängig vom Grad der Aufgabenwahrnehmung. Dieser fand ja bereits für die Bereinigung der Kennzahlen relativer Effizienz im Rahmen der Entwicklung der ersten Teilratingnote Anwendung.

Man kann argumentieren, dass etwaige höhere Anforderungen an ein WVU auch von externen Dienstleistern erbracht werden können. Hier sei erneut auf die Überlegungen in Abschnitt 5.1.1 verwiesen. Es wird als wesentliches Ziel betrachtet, dass die gesamte Branche einem wettbewerblichen Verfahren unterworfen wird.

Zusammenfassend kann man damit festhalten, dass ein Ratingverfahren durchaus als Anreizinstrument zu verstärkten Zusammenschlüssen dienen kann. Im Kern soll dieses den lokalen Entscheidungsträgern Rückendeckung gewähren, wenn es gilt, die Schließung des eigenen wasserwirtschaftlichen Unternehmens den eigenen Bürgern zu „verkaufen". Im anderen Fall – dass jene Entscheidungsträger das Fortbestehen des entsprechenden wasserwirtschaftlichen Unternehmens aus sehr viel persönlicherem Interesse zu sichern versuchen – wird durch dieses Rating gleichermaßen ein Rechtfertigungsdruck gegenüber der Öffentlichkeit aufgebaut.

Bei der Vielzahl wasserwirtschaftlicher Unternehmen ist ein Ratingverfahren zu möglichst minimalen volkswirtschaftlichen Kosten zu konzipieren. In dynamischer Hinsicht wurde bei der Entwicklung der Ratinggrößen stets darauf geachtet, dass eine Kompatibilität mit dem IWA-System besteht. In statischer Hinsicht wurde darauf hingewiesen, dass man weitestmöglich auf eine Online-Übermittlung von Informationen bei gleichzeitig drastischer Sanktionierung von Falschangaben setzen sollte.

Wichtig bei dem vorgeschlagenen Rating ist, dass man nur beim dritten Anknüpfungspunkt unmittelbar auf ein einzelnes Unternehmen schaut. In den ersten beiden Fällen wurde das betrachtete WVU stets relativ entweder gegenüber einem großen, an einen System vergleichenden Wettbewerbs teilnehmenden Unternehmen oder aber im Verhältnis zu den unmittelbaren Nachbarunternehmen analysiert. Unter jedem der drei Anknüpfungspunkte erstellt man Teilratingnoten, die letzlich zu einer Gesamtnote zu aggregieren sind. So wird das Ergebnis nicht nur für Insider interessant, sondern wird auch von der breiten Öffentlichkeit wahrgenommen werden. Aussagen zur genauen Spezifizierung der Gewichte einzelner Determinanten sowohl zur Entwicklung der Teilratingnoten als auch der letztendlichen Gesamtnote wurden bewusst vermieden. In diesem Zusammenhang weise ich aber dennoch darauf hin, dass das Ratingverfahren nicht nur abbilden soll, wo im gegebenen Rahmen Effizienzpotentiale ungenutzt bleiben, sondern noch viel mehr, wo dies vor dem Hintergrund eines alternativen Rahmens gelten dürfte. Der ersten Teilratingnote kommt damit im Verhältnis gerade zu der zweiten keine überragende, allenfalls eine anteilig gleiche Bedeutung zu.

5.2 Kernelemente des qualitätsregulatorischen Rahmens

5.2.1 Der qualitätsregulatorische Ansatz im Überblick

In der Einleitung zu dieser Arbeit wurde betont, dass wettbewerblichere Preisregulierungsverfahren in der deutschen Wasserwirtschaft unbedenklich sind, wenn – und nur wenn – eine unerwünschte Qualitätsdegression durch eine begleitende Qualitätsregulierung verhindert werden kann. Nach der Analyse in Kapitel 4 kann man davon nun ausgehen. Zwar sollte auch weiterhin bei erheblicher Relevanz des Effektivitätskriteriums das Ordnungsrecht zum Einsatz kommen. Wie sich aber zeigte, ist eine solche überragende Bedeutung nur höchst selten zu konstatieren. In den meisten Fällen stellte sich vielmehr heraus, dass die Förderung von mehr Wettbewerb unmittelbar positiv auf die Effizienz der Qualitätsbereitstellung wirkt. So wurde zum Beispiel in Abschnitt 4.3.1.2 das Quasi-Monopol privater Verbände bei der Konkretisierung des technischen Regelwerkes – und hier vor allem der regulierenden im Gegensatz zu den koordinierenden Normen – kritisiert. Es ist anzunehmen, dass erst der wettbewerbliche Druck dazu führt, dass wasserwirtschaftliche Unternehmen Dienstleistungen auch alternativer regelkonkretisierender Organisationen nachfragen. Neben den bereits bestehenden Normsetzern in anderen europäischen Ländern werden bei entsprechender Nachfrage schnell zusätzliche, möglicherweise sehr spezialisierte Anbieter auf den Markt treten.

Bei der Erörterung einer möglichen wettbewerblicheren Preisregulierung wurden mehrere Verfahren gewürdigt. Das Grundgerüst wird zwar von einem System vergleichenden Wettbewerbs aufgespannt, aber auch der Einsatz von Elementen eines Wettbewerbs im Markt – insbesondere zur Herausbildung technisch effizienterer Unternehmenseinheiten – wurde in Betracht gezogen.

Damit ein solcher Wettbewerb im Markt aber möglich ist, wäre die derzeitige Praxis staatlicher Marktabschottung zu untersagen. Dies würde zum Beispiel bedeuten, dass der Grundwasserschutz mit Hilfe des Gebots verbrauchsnaher Förderung zur Disposition steht. Auch hier zeigte die Analyse, dass ein Grundwasserschutz ebenso mit alternativen Instrumenten gewährleistet werden kann und somit die staatlich verordnete Marktabgrenzung entbehrlich ist. Unter der Voraussetzung einer Nutzung solcher alternativer Verfahren steht demnach auch der Einführung von Elementen eines Wettbewerbs im Markt unter Qualitätsgesichtspunkten nichts im Wege.

Qualitätsziel	Derzeitiges Instrument zur Verfolgung Qualitätsziel	Vorgeschlagenes Instrument zur Verfolgung Qualitätsziel
Nachhalti-ger Umgang mit Umwelt Grundwasser-schutz	- Vergabe Wasserentnahmerechte (bei Nutzungskonkurrenz Vorrang öff. Wasserversorgung) - Ausweisen von Wasserschutzzonen mit spezifischen Verhaltensauflagen	- Versteigerung von Wasserentnahmerechten, wo Nutzungskonkurrenz besteht
	- Trotz der Pflicht zu einer „ordnungsgemäßen" Landwirtschaft sind de facto Land- und Forstwirtschaft privilegiert bei Nutzung Grundwasser	- Verpflichtung auch der Land- und Forstwirtschaft zur Teilnahme an Zertifikatesystem
	- Gebot der verbrauchsnahen Förderung in Kombination mit staatl. Marktabschottung	- Aufhebung des Gebots verbrauchsnaher Förderung; solche Vorkommen, bei denen in Folge keine Nutzungkonkurrenz staatliche Verantwortung; Staat mag sich Privater bedienen in Aufgabenerfüllung
	- möglichst maximaler Grundwasserschutz	- möglichst optimaler Grundwasserschutz; dabei in Abhängigkeit von jeweiliger naturräumlicher Situation Gebrauch regional variierender Grenzwerte
	- Ordnungsrecht bei nicht-abbaubaren Stoffen	- Ordnungsrecht bei nicht-abbaubaren Stoffen
	- Neue Qualitätsauflagen (z.B. durch WRRL) erfordern Neuinvestitionen; weitgehende Inputregulierung über Stand und Regeln der Technik (s. Umgang mit Infrastruktur); fehlende Effizienzkontrolle der durchzuführenden Maßnahme	- *Effiziente Erstellung von Neuinvestitionen über System vergleichenden Wettbewerbs befördern*

Abbildung 5.7: Instrumente zur Gewährleistung nachhaltigen Umgangs mit der Umwelt (Grundwasserschutz).

Neben diesen zentralen Kernaussagen lieferte die Analyse in Kapitel 4 eine ganze Reihe weiterer Anregungen, wie man die derzeitige Qualitätsregulierung ökonomisch rationaler ausgestalten könnte. Sie sind in den Abbildungen 5.7 bis 5.10 zusammengefasst. Wo es unter ökonomischem Blickwinkel angeraten erschien, wird einem derzeit eingesetzten Instrument zur Verfolgung eines Qualitätszieles ein alternatives Vorgehen entgegengestellt. Aufgrund einer unumgänglichen Fokussierung im Rahmen einer solchen Arbeit müssen Analyse und weiterführend angegebene Literatur zur Regulierung derjenigen Qualitätsgrößen ausreichen, die als unabhängig von dem entwickelten Preisregulierungsverfahren zu sehen sind.

Im Rahmen dieses Abschnitts geht es damit zum einen detaillierter um diejenigen Qualitätsziele, bei denen ein System vergleichenden Wettbewerbs als geeig-

Qualitätsziel	Derzeitiges Instrument zur Verfolgung Qualitätsziel	Vorgeschlagenes Instrument zur Verfolgung Qualitätsziel
Nachhaltiger Umgang mit Umwelt Oberflächen-gewässer schutz/ Ausreichende Reinigung des Abwassers	- Erlaubnis zum Einleiten von Abwässern wird erteilt, wenn Schadstofffracht bei Anwendung des Stands der Technik minimiert wird	- Zertifikatesysteme in einzelnen Flussgebietseinheiten; gleichzeitiges Abschaffen des Ordnungsrechts für abbaubare Stoffe und Abwasserabgabe - Wird Abwasserabgabe beibehalten, Verwendung der Mittel ausschließlich für Bereitstellung öffentlicher Güter im Gewässerschutz
	- Diffuse Quellen, inkl. Landwirtschaft, werden nicht erfasst	- Diffuse Quellen weitestgehend zur Teilnahme an Zertifikatesystem verpflichten
	- Geringe Differenzierung von Vorgaben in Abhängigkeit Aufnahmefähigkeit Vorfluter	- Festlegung der Obergrenze für Aufnahme abbaubarer Stoffe in Abhängigkeit von Selbstreinigungskraft Vorfluter/ Flussgebietseinheit
	- Gewisse Differenzierung in Abhängigkeit Größe Kläranlage	- Differenzierung i.O., sofern in Deutschland technisch effizient produziert würde => derzeit kontraproduktiv
	- für nicht-abbaubare Stoffe Ordnungsrecht	- für nicht-abbaubare Stoffe Ordnungsrecht
	- Minimierung der Wasserverluste	- Minimierung gerechtfertigt für nicht-abbaubare Stoffe; ansonsten optimale Wasserverlustrate beachten
	- Neue Qualitätsauflagen (z.B. durch WRRL) erfordern Neuinvestitionen; weitgehende Inputregulierung über Stand und Regeln der Technik (s.u.); fehlende Effizienzkontrolle der durchzuführenden Maßnahme	- Effiziente Erstellung von Neuinvestitionen über System vergleichenden Wettbewerbs befördern

Abbildung 5.8: Instrumente zur Gewährleistung nachhaltigen Umgangs mit der Umwelt (Oberflächengewässerschutz).

netes Instrument zur Zielverfolgung dienen könnte. Angesichts der Tatsache aber, dass mit der Begründung eines solchen preisregulatorischen Verfahrens auch eine ökonomische Regulierungsbehörde zu errichten ist, kann diese zum zweiten auch etwaige sonstige Aufsichtsfunktionen bei der Verfolgung von Qualitätszielen wahrnehmen. Damit wirken wettbewerbliche Preisregulierungsverfahren nicht nur, wie gezeigt, allgemein positiv auf die Effizienz der Qualitätsbereitstellung, sondern es wird sich zudem herausstellen, dass konkret auch die Nutzung eines Systems vergleichenden Wettbewerbs und die damit verbundene Begründung einer Regulierungsbehörde vorteilhafte Auswirkungen für die Qualitätsbereitstellung implizieren. Diese vorteilhaften Auswirkungen lassen sich dabei gemäß der folgenden vier Punkte kategorisieren:

- Es wurde festgestellt, dass Investitionen, die mit hohen versunkenen Kosten

Qualitätsziel	Derzeitiges Instrument zur Verfolgung Qualitätsziel	Vorgeschlagenes Instrument zur Verfolgung Qualitätsziel
Nachhaltiger Umgang mit Infrastruktur	-Prüfung der Sinnhaftigkeit einer Ersatzinvestition fehlt weitgehend; bei Neuinvestitionen Prüfung zumeist nicht nötig, da Pflicht exogen z.B. durch EU-Richtlinie vorgegeben	*-Prüfung der Sinnhaftigkeit von Ersatzinvestitionen durch ökonomische Regulierungsbehörde*
	- Stand und Regeln der Technik werden in Gestalt von normkonkretisierenden Verwaltungsvorschriften und privaten Regelungswerken (Abwasser: maßgeblich ATV) ausgefüllt	*- Effiziente Erstellung von Neu- und Ersatzinvestitionen über System vergleichenden Wettbewerbs befördern; Wettbewerb zwischen privaten Regelungswerken implementieren; sofern sich dieser nicht hinreichend einstellen sollte, Verbesserungsmöglichkeiten für Regelanwendung und Regelsetzung; Inputregulierung nur noch dort, wo Kriterium der Effektivität herausragend*
	-Versuch der europaweiten Abstimmung auch der regulierenden Normen	*- Europaweite Abstimmung verhindern*
	-Verschuldenshaftung	*- Gefährdungshaftung*

Abbildung 5.9: Instrumente zur Gewährleistung nachhaltigen Umgangs mit der Infrastruktur.

einhergehen, immer mit dem Problem eines Hold-up's verbunden sind. Im Kern wird so kostenorientiert zu regulieren sein (Abschnitt 3.3.2). Gerade in der Wasserwirtschaft zeigen die Erfahrungen der Vergangenheit, dass immer neue Vorgaben zur Umweltqualität oder Trinkwasserqualität zu erfüllen sind. Dies bedeutet gleichzeitig immer wieder, zusätzliche Investitionen in die Infrastruktur tätigen zu müssen. Unterschiedliche Qualitätsgrößen können betroffen sein, wie die kursiven Hervorhebungen in den Abbildungen 5.7, 5.8 und 5.9 zeigen.

Unabhängig von der Zielfestlegung, die wie hergeleitet Kosten–Nutzen-Gesichtspunkte nicht außer Acht lassen sollte, sind auch die Investitionen, die zur Zielerreichung getätigt werden, zu hinterfragen. In welcher Art und Weise dies im Rahmen eines Systems vergleichenden Wettbewerbs geschehen kann und inwiefern trotz kostenorientierter Regulierung dennoch Anreize zu möglichst effizientem Wirtschaften gesetzt werden können, ist Gegenstand von Abschnitt 5.2.2.1.

- Nicht nur bei Neuinvestitionen, auch bei Ersatzinvestitionen stellt sich das Hold-up-Problem. Zur Sicherstellung eines nachhaltigen Umgangs mit der Infrastruktur – der Bereitstellung einer „investment-related service quality" (Kidokoro, 2002) – ist ebenso kostenorientiert zu regulieren. Damit gilt für

Qualitätsziel	Derzeitiges Instrument zur Verfolgung Qualitätsziel	Vorgeschlagenes Instrument zur Verfolgung Qualitätsziel
Am Nachfrager ausgerichteter Kundenservice	-Nachfragerpräferenzen werden systematisch nicht erfragt => Kundenservice kann sich auch nicht an solchen orientieren - Kein Instrument, das Unternehmen zu verbessertem Kundenservice motiviert	- *Nachfragerpräferenzen sollen Ausgangspunkt für die Ableitung strategischer Unternehmenspläne sein* - *Leistungen im Kundenservice im Rahmen des Systems vergleichenden Wettbewerbs abbilden*

Abbildung 5.10: Instrumente zur Gewährleistung an der Nachfrage ausgerichteten Kundenservices.

die Kapitalerhaltung das Gleiche, was zuvor für Kapitalerweiterungsmaßnahmen aufgrund neuer Qualitätsanforderungen gesagt wurde. Während aber bei exogenen Vorgaben zum Beispiel durch EU-Richtlinien sich die Frage der Sinnhaftigkeit nicht stellt – diese stand allenfalls zuvor bei der Qualitätszielbestimmung im Raum –, ist bei Ersatzinvestitionen sehr wohl deren Notwendigkeit zu ergründen. Daher wird im folgenden Abschnitt ebenso analysiert, wie die für gewöhnlich auftretende Informationsasymmetrie bei der Frage, ob und wenn ja in welchem Ausmaß Kapitalerhaltung bewilligt werden soll, im Rahmen eines Systems vergleichenden Wettbewerbs – trotz im Prinzip kostenorientierter Regulierung – vermindert werden kann.

- Der explizite Verweis, die Sinnhaftigkeit von Investitionen zu hinterfragen, impliziert, dass eine Qualitätsdegression, wie in Abschnitt 4.2 gezeigt, auch gewollt sein kann. Während für die Festlegung einiger Qualitätsziele Fachleute mit zu Rate gezogen werden, gibt es viele Qualitätsgrößen, bei denen das optimale Niveau der Qualitätsbereitstellung durch die Übereinstimmung von Grenznutzen für den Nachfrager und Grenzkosten des Wasserwirtschaftsunternehmens gekennzeichnet ist. Eine funktionsfähige Kosten- und Leistungsrechnung in den Unternehmen vorausgesetzt, kommt damit der Ermittlung der Kundenpräferenzen die zentrale Bedeutung zu.
Dabei ist deren Bestimmung nur mittelbar Aufgabe der Regulierungsbehörde.[77] Vielmehr ist die Ermittlung der Kundenpräferenzen der erste Schritt

---

[77] Grundsätzlich wäre mit der Etablierung einer ökonomischen Regulierungsbehörde die Hoffnung verbunden, dass diese solche Organisationen, die mit der Umweltregulierung oder Trinkwasserqualitätsregulierung betraut sind, zur Verfolgung einer optimalen, nicht maximalen Umweltqualität bzw. Trinkwasserqualität verpflichten kann. Da zur Bestimmung der optimalen Qualitätsbereitstellung die Kundenpräferenzen eine zentrale Determinante darstellen, lässt sich für die Diskussion mit anderen wasserwirtschaftlichen Akteuren das eigene Durchführen von Studien auch durch die Regulierungsbehörde begründen.

für die Unternehmen, ihre zu verfolgenden Ziele zu entwickeln. Jene Autonomie in der Zielformulierung wurde als eine zentrale Leitlinie eines Systems vergleichenden Wettbewerbs ausgemacht, um das in der Branche verstreute Wissen weitestmöglich zum Einsatz kommen zu lassen.

Eine mögliche Methodik zur Bestimmung der Kundenpräferenzen in der Wasserwirtschaft wurde in Abschnitt 4.2.2 präsentiert. An dieser Stelle ist noch einmal zu betonen, dass eine autonome Festlegung von Qualitätszielen durch die Unternehmen voraussetzt, dass eine Regulierungsbehörde errichtet ist, die die Unternehmensstrategien überwacht. Nur die Kontrolle der Pläne verhindert, dass es zu einer unerwünschten Qualitätsdegression kommt. Das Beispiel von British Telekom in Abschnitt 4.2.1.1 zeigte, dass ohne begleitende Qualitätsregulierung eine (auch unerwünschte) Qualitätsdegression nicht unterbunden werden kann.

- Neben der „investment-related service quality", die aufgrund der mit ihr verbundenen versunkenen Kosten begleitend zu regulieren ist, wurde in Abschnitt 4.2.1.1 argumentiert, dass bei einer „effort-related service quality" grundsätzlich eine geringere Regulierungsnotwendigkeit besteht. Gleichwohl überzeugen die Ergebnisse des Kundenservices in der deutschen Wasserwirtschaft nicht [Abschnitt 4.3.3 und weiterführend Oelmann (2004b)]. Vor diesem Hintergrund soll in Abschnitt 5.2.2.2 untersucht werden, inwieweit eine Integration der Kundenservicegrößen in ein System vergleichenden Wettbewerbs die Qualitätsbereitstellung im Sinne der Konsumenten verbessern hilft. Damit können, müssen aber nicht notwendigerweise pekuniäre Anreize verbunden sein. Alleine die Transparenz über die relative Leistung eines Wasserwirtschaftsunternehmens mag bereits eine Verbesserung bereitgestellter Qualität nach sich ziehen.

Bei der weiteren Analyse in den folgenden beiden Abschnitten wird weiterhin häufig auf die bisherigen englischen Erfahrungen Bezug genommen. Zum einen sind die eingesetzten Instrumente mittlerweile praxiserprobt, zum anderen wird damit das bisherige Vorgehen fortgesetzt, die in Abschnitt 5.1.2.1 formulierten Leitlinien eines Systems vergleichenden Wettbewerbs anzuwenden.

Bis zur PR 2004 führte ein jeder Akteur in der englischen Wasserwirtschaft seine eigene Umfrage durch, mit dem Resultat, dass sich zum Teil die Ergebnisse widersprachen. Zu diesem Zweck wurden für die kommende PR 2004 zwei gemeinsame Studien in Auftrag gegeben [MORI (2002), MVA (2003)]. Auftraggeber sind neben OFWAT die Trinkwasserbehörde DWI, die Umweltbehörde EA, das zuständige Ministerium DEFRA, der Welsh Assembly Government, die Verbraucherorganisation WaterVoice, der Unternehmensverband Water UK sowie die Umweltschutzorganisationen English Nature und Wildlife and Countryside Link.

5.2.2 System vergleichenden Wettbewerbs als Instrument zur Verfolgung von Qualitätszielen

5.2.2.1 Infrastrukturinvestitionen und System vergleichenden Wettbewerbs

Zur Bereitstellung der optimalen Infrastrukturqualität ist zum einen die sachliche Notwendigkeit von Investionen zu hinterfragen. Hierzu wird im Rahmen dieses Abschnitts gezeigt, unter welchen Umständen verstärkte Ersatzinvestitionen gerechtfertigt erscheinen. Die Analyse der Notwendigkeit von Erweiterungsinvestitionen ist im Gegensatz zu der von Ersatzinvestitionen hier von untergeordnetem Interesse. So wurde bereits festgestellt, dass Neuinvestitionen zumeist das Ergebnis neuer Umweltauflagen oder verschärfter Vorgaben zur Trinkwasserqualität sind. Zum zweiten sollen die gerechtfertigten Investitionen möglichst statisch und dynamisch effizient getätigt werden.

Bei der Vorstellung des englischen Regulierungsverfahrens (Abschnitt 3.4.1.2) wurde auf die alle fünf Jahre stattfindende Periodic Review (PR) verwiesen. Als Grundlage für deren Erstellung dienen Informationen, die die Regulierungsbehörde von den Unternehmen einfordert. Neben einer Vergangenheitsanalyse ist der wasserwirtschaftliche Versorger oder Entsorger aufgefordert, eine Unternehmensstrategie zu entwickeln und einzureichen.[78]

Dieser Zusammenhang dient als Ausgangspunkt für die folgende Analyse. Zum einen soll anhand der Auswertung der Vergangenheitsdaten analysiert werden, wie konkret die sachliche Prüfung der Notwendigkeit von Kapitalerhaltungsmaßnahmen seitens der Regulierungsbehörde erfolgt. Zum anderen wird gezeigt, wie Unternehmen bei der Erstellung ihrer in die Zukunft gerichteten Unternehmensstrategien geleitet werden. OFWAT bietet das von nahezu der gesamten Wasserbranche in Auftrag gegebene und bereits von einzelnen Unternehmen erfolgreich in der Praxis erprobte UKWIR-Konzept[79] nun allen Unternehmen zur Entwicklung ihrer Unternehmensstrategien an (OFWAT, 2003l, S. 59). Es bildet das Herzstück des sieben-schrittigen Verfahrens der Erstellung einer Unternehmensstrategie, auf deren tiefere Darstellung hier aus Platzgründen verzichtet wird.[80]

---

[78] Welche Informationen im Detail eingefordert werden, findet sich gesammelt auf der CD-Rom „Business Plan Reporting Requirements", die über OFWAT (http://www.ofwat.gov.uk) bezogen werden kann. Oelmann (2004a) zeigt, wie die Unternehmen bei der Erstellung von Unternehmensstrategien von der Regulierungsbehörde begleitet werden.

[79] Zu den Praxiserfahrungen vgl. UKWIR (2002a).

[80] Zur Analyse dieses Verfahrens - auch als Anregung für die derzeitige Diskusssion um die

Die knappe Vorstellung des eigentlichen UKWIR-Konzepts ist hingegen interessant, weil es Anreize liefert, effektive und effiziente Instrumente zur Qualitätszielverfolgung zu entwickeln. Dies gilt insbesondere für das Ziel der Gewährleistung einer nachhaltig funktionsfähigen wasserwirtschaftlichen Infrastruktur.

Zur Prüfung der Notwendigkeit von Kapitalerhaltungsmaßnahmen

Zusätzliche Mittel zur Infrastrukturerhaltung werden, wie Abbildung A.25 im Anhang zeigt, nur dann zugestanden, wenn Indizien vorliegen, dass die bestehenden Vermögensgegenstände ihre Funktion nicht mehr in bisheriger Art und Weise erfüllen.[81] Andernfalls bleibt die Höhe der genehmigten Mittel konstant oder sie kann sogar zurückgefahren werden, sofern die Funktionserfüllung auch zu geringeren Kosten gewährleistbar erscheint.[82] Es ist also ein Zusammenhang zwischen vergangenen Investitionen in die Kapitalerhaltung und der Funktionsfähigkeit des Kapitalstocks aufzustellen.

Während die zurückliegenden Ausgaben leicht zu ermitteln sind, werden zur Abbildung der Qualität der Infrastruktur die sog. „Serviceability Indicators" (SI) gebildet. Mit Hilfe dieser Indikatoren sollen Aussagen darüber getroffen werden können, wie funktionstüchtig die Kapitalgüter sind, um die ihnen zugewiesenen

---

Einsatzmöglichkeiten von Benchmarking - vgl. Oelmann (2004a, Kap. 3).

[81] Hiernach hängt die Höhe der von OFWAT bewilligten Kapitalzugeständnisse einerseits von dem Spaltenwert einer im Unternehmensvergleich relativen Kapitalqualität und andererseits dem Zeilenwert der relativen Entwicklung eines Outputfaktors für ein Unternehmen über die Zeit ab. Ein Unternehmen, das hiernach zum Beispiel über ein im Verhältnis intaktes Wasserversorgungsnetz verfügt und gleichzeitig in der Vergangenheit keine Zunahme im Outputfaktor „Rohrbrüche" nachweisen kann, würde tendenziell keine zusätzlichen Mittel zum Infrastrukturerhalt erwarten dürfen.

[82] Wie bereits festgestellt werden die wasserwirtschaflichen Kapitalgüter nicht nur der Wasserversorgung und Abwasserentsorgung, sondern auch den Bereichen „infrastructure" (unterirdische Güter) und „non-infrastructure" (oberirdische Güter) zugeordnet. Erstere werden wohl nicht abgschrieben, gleichwohl wird aber für eine Periode von 15 Jahren ein Gesamtersatzinvestitionsbedarf angenommen. Unter der Annahme jährlich gleicher Investitionen in den Kapitalerhalt kann pro Jahr eine „infrastructure renewals expenditure" (IRE) angenommen werden, die über die „infrastructure renewals charge" (IRC) über die Preise refinanziert werden darf. Im langfristigen Mittel sollten sich IRC und IRE entsprechen. Ist hingegen IRE<IRC und bleibt die Infrastruktur gleichermaßen leistungsfähig, so würden die zugestandenen Mittel für den Kapitalerhalt abgesenkt. Im zweiten Fall, der non-infrastructure, gibt es Abschreibungen („current cost depreciation" [CCD]). Sind diese im Rahmen der PR zugestandenen Mittel kontinuierlich höher als die konkreten Ausgaben („maintenance non-infrastructure" [MNI]) würden ebenso die Mittel gekürzt, sofern die Leistungsfähigkeit dieser oberirdischen Kapitalgüter erhalten bleibt. Siehe zu diesem ganzen Bereich OFWAT (2003l, S. 60ff.).
Wie bereits bemerkt sind, sofern nicht anders angegeben, mit „Infrastruktur" immer sämtliche wasserwirtschaftliche Kapitalgüter gemeint.

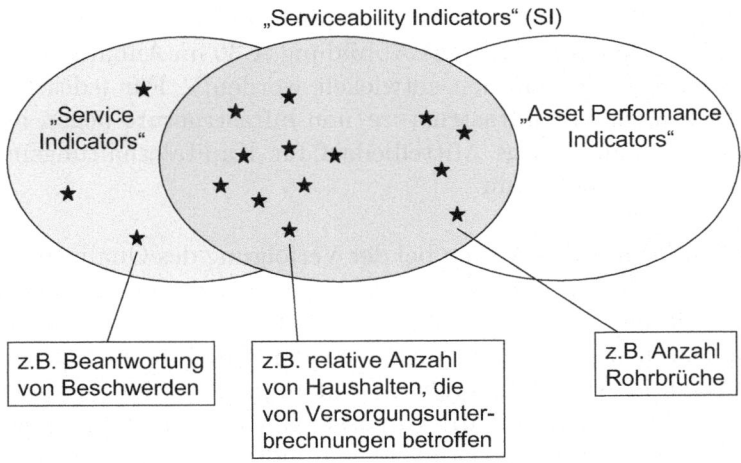

Abbildung 5.11: OFWATs Outputgrößen und deren Eignung als Serviceability Indi-cator (SI); Quelle: Darstellung in weitgehender Anlehnung an UKWIR (2002b, S. 9).

Aufgaben weiterhin erfüllen zu können (OFWAT, 2002g, S. 5). Bei dieser Defi-nition ist auf zweierlei hinzuweisen. Zum einen impliziert der Begriff „weiterhin" auch die in der Zukunft liegende Fähigkeit. Er deckt sich insofern mit dem in Abschnitt 4.1.1 betonten Aspekt der Nachhaltigkeit. Daneben fällt zum zweiten an der Definition auf, dass die zugewiesenen Aufgaben als gegeben angenommen werden. Das momentane Niveau ist zu sichern (UKWIR, 2002b, S. iii). Unter Bezug auf Abbildung A.24 im Anhang bedeutet dies, dass eine möglichst gleich-bleibende Qualität der Leitungsnetze anzustreben ist. Unter der Voraussetzung, dass sich im eigentlichen Qualitätsziel Grenznutzen und Grenzkosten entsprechen, wird eine optimale Qualität angeboten.[83]

Als SI können, wie Abbildung 5.11 zeigt, zum einen „Service Indicators" und zum anderen „Asset Performance Indicators" fungieren. Die Funktionsfähigkeit eines Kapitalgutes würde im Prinzip von zwei Seiten aus betrachtet: Die Ursa-che „vermehrte blockierte Abwasserkanäle" (Asset Performance Indicator) würde die Wirkung „mehr von einem Rückstau betroffene Grundstücke" (Service Indi-cator) hervorrufen. Lange wurden vor allem Service Indicators als SI genutzt. Damit ging die Kritik einher, möglicherweise würde eine Verschlechterung der

---

[83] Eine hohe Wasserverlustrate kann hiernach kein Indiz für ein nur unzureichend funktio-nierendes englisches Preisregulierungsverfahren darstellen. Unter Berücksichtigung der ex-ternen Effekte entspricht sie den Kundenpräferenzen.

Qualität der Infrastruktur später als tatsächlich notwendig erkannt. Vor diesem Hintergrund sind in jüngerer Zeit,wie Abbildung A.30 im Anhang zeigt, vor allem Asset Performance Indicators neu entwickelt worden.[84] Für jedes Feld der Matrix Wasser/Abwasser mit infrastructure/non-infrastructure liegen nun mehrere SI vor, so dass der zukünftige Mittelbedarf für Kapitalerhaltungsinvestitionen besser abgeschätzt werden kann.

Aus solchen Erfahrungen wie denen bei der Verfolgung des Qualitätszieles „Nachhaltiger Umgang mit Infrastruktur", kann man einiges für die deutsche Qualitätsregulierung lernen. So wird es einige Zeit dauern, bis die Unternehmen die notwendigen Daten zu den SI in ausreichender Qualität zu liefern vermögen. Die sprunghaften, in Abbildung A.24 im Anhang ablesbaren Veränderungen der SI bis 1997 sind vor allem auf die Anpassungsschwierigkeiten zurückzuführen. Gleichsam lehren die englischen Erfahrungen, möglicherweise von Anfang an mit mehr SI zu starten. Darüber hinaus ist die Bedeutung der SI gar nicht ausreichend genug zu betonen. Im Prinzip wird mit der Formulierung von SI der in Abschnitt 5.1.2.1 aufgestellten Leitlinie der Regulierung anhand Outputgrößen entsprochen.

Die Alternative zu diesem Vorgehen wäre eine inputorientierte Regulierung. Es wären zunächst Unternehmenspläne zur Kapitalerweiterung zu analysieren, Kosten zuzuweisen, die tatsächliche Durchführung der Projekte zu überwachen und abschließend auch die Verausgabung der zugewiesenen Mittel nachzuhalten. Die Regulierungsbehörde wäre damit „drawn into micro-micromanagement", wie es OFWAT (2002h, S. 15) formuliert. Jegliche Anreize für die Unternehmen, möglichst effizient zu wirtschaften und das von ihnen gehaltene spezifische Wissen zum Wohle des Kunden zu nutzen, würden unterbunden.

Gleiches würde gelten, wenn schlicht Kapitalgüter nach vollständiger Abschreibung ersetzt würden. Abgesehen davon, dass laut OFWAT (2002h, S. 13) die Funktionsfähigkeit eines Kapitalgutes nicht notwendigerweise mit dessen Alter korreliert, wären so noch keine Anreize gesetzt, alternative Techniken einzusetzen oder möglicherweise sogar von Kapitalinvestitionen abzusehen und stattdessen die gefragte Qualität mit vermehrten Betriebskosten zu generieren. Ebenso wenig wären Anreize zu kosteneffizientem geschweige denn qualitativ effizientem Handeln begründet.

Kapitalplanung mit Hilfe des UKWIR-Konzepts

---

[84] Für eine tiefgehende Analyse der einzelnen SI siehe UKWIR (2002c, Teil B).

Vier-Stufen-Ansatz
Stufe A: Gewährleitung, dass Infrastruktur ihre Funktion auch nachhaltig erfüllen kann (Aufrechterhaltung der sog. „Serviceability")
Vergangenheitsbetrachtung: Zusammenhang herstellen zwischen vergangenen Investitionen in Kapitalerhalt und aktueller Funktionsfähigkeit des Kapitalstocks (letzteres über „Serviceability Indicators" (SI))
Stufe B: Ist die zukünftige Periode anders?
Zukunftsbetrachtung: Durch welche Unterschiede könnte die zukünftige Periode gekennzeichnet sein, dass das Investitionsniveau, das in der Vergangenheit ausreichend zur Aufrechterhaltung der Serviceability war, zu verändern ist?
Stufe C: Spielraum für Effizienzverbesserungen
Beurteilung der relativen Effizienz jedes Unternehmens bezüglich seiner Kapitalerhaltungsmaßnahmen und des Potentials jedes einzelnen Unternehmens, die Effizienz auch in der Folge weiter verbessern zu können.
Stufe D: Auswirkungen der Verbesserungsprogramme auf Kapitalbedarf
Ableitung der zusätzlichen Kapitalerfordernisse aus den Verbesserungsprogrammen eines jeden Unternehmens

Abbildung 5.12: Vier-stufiger-Ansatz zur Bewilligung von Mitteln zur Kapitelerhaltung; Quelle: Eigene Darstellung in Anlehnung an OFWAT (2003l, S. 54ff.).

Neben zusätzlichen Maßnahmen des Kapitalerhalts, die notwendig werden, sofern bei gleichen Ausgaben die Werte der SI sich verschlechtern, gibt es verschiedene Gründe, die Neuinvestitionen in die wasserwirtschaftliche Infrastruktur erfordern. Dies können erstens neue Qualitätsauflagen, die wie gesagt ebenfalls unter Kosten-Nutzen-Gesichtspunkten zu rechtfertigen sind, oder aber zweitens zunehmende Qualitätspräferenzen der Nachfrager sein. Denkbar wäre drittens auch, dass durch technischen Fortschritt sich die Grenzkosten von Qualitätsverbesserungsmaßnahmen so vermindern, dass bei gleichbleibendem Grenznutzen die optimale Qualitätsbereitstellung bei einem höheren Qualitätsziel liegt.

Die Kapitalplanung, die sich auch für Deutschland eignen würde, rechtfertigt zum einen Ausgaben und liegt damit im Bereich der sachlichen Begründung von Kapitalmaßnahmen. Daneben aber weiß das Unternehmen, dass sämtliche anderen Unternehmen ebenfalls Planrechnungen zu sehr ähnlichen Fragestellungen einreichen. Vor diesem Hintergrund argumentiere ich hier, dass bereits im Formulieren der strategischen Unternehmenspläne Anreize zu effizientem Wirtschaften begründet liegen.

Der Rahmen, wie zukünftig nach englischem Vorbild eine Kapitalplanung ablaufen könnte, wird in UKWIR (2002b) vorgestellt. Im Kern unterteilt sich die Kapitalplanung in drei Phasen, die sich nahezu perfekt den vier Stufen zuordnen lassen, die bereits bei der letzten PR 1999 Einsatz fanden und in Abbildung 5.12 dargestellt sind. Während die erste Phase fast deckungsgleich mit Stufe A ist und mit den obigen Äußerungen zu den SI als ausreichend behandelt angesehen werden kann, werden in der dritten Phase die Stufen C und D zusammengefasst. Hier werden aber keine Erkenntnisse hervorgebracht, die über diejenigen hinausgehen, die nicht schon im Rahmen der Analyse des eigentlichen vergleichenden Wettbewerbs behandelt wurden. Der eindeutige Schwerpunkt dieses UKWIR-Konzepts liegt damit auf der Konkretisierung der Stufe B in Abbildung 5.12.

OFWAT (2003l, S. 59) sieht diese strukturiertere Führung der Unternehmen im Erstellen ihrer Pläne als großen Schritt in die richtige Richtung. Dieses Konzept legt die Grundlage dafür, dass die zentrale Leitlinie aus Abschnitt 5.1.2.1, wonach die Zielformulierung, die Maßnahmenentwicklung sowie das Monitoringvorgehen weitestgehend in der Hand der Unternehmen liegen sollte, überhaupt verfolgt werden kann. Gleichwohl sind gemäß einer anderen Leitlinie stets Vorkehrungen gegenüber einer „regulatory capture", einer Vereinnahmung des Regulierenden durch die Regulierten, zu treffen.

Im Rahmen der zweiten Phase des UKWIR-Konzepts, der Konkretisierung der Stufe B (Abbildung 5.12), sind die Unternehmen aufgefordert, ihren zukünftigen Mittelbedarf herzuleiten. Dabei sollen Ziele, die zum Beispiel seitens Umweltbehörden oder Gesundheitsämtern formuliert wurden, Berücksichtigung finden. Es zeigt sich damit, dass es hierbei nicht nur um die Kapitalerhaltung geht, sondern gleichzeitig Kapitalerweiterungsplanung betrieben wird. Angesichts der Tatsache, dass sämtliche Unternehmen zum Beispiel von einer neuen EU-Richtlinie, die binnen vorgegebener Frist in nationales Recht umzusetzen ist, betroffen sind, besteht bereits an dieser Stelle ein gewisser Wettbewerb zwischen den Unternehmen. Bei der individuellen Umsetzung der WRRL würde so zum Beispiel OFWAT nachfragen, wenn ein einzelnes Unternehmen antiquierte Techniken zu überhöhten Preisen einsetzen wollte.

Diese zweite Phase unterteilt sich wiederum in drei Stadien. Im Rahmen des ersten Stadiums wird das Unternehmen aufgefordert, eigene Schwerpunkte für die Zukunft zu setzen. Sofern es Qualitätsziele formuliert, die über die bisherigen hinausgehen und die nicht per Gesetz neu legitimiert sind, hat es mit Hilfe von Kundenbefragungen nachzuweisen, dass diese erhöhten Niveaus auch gewünscht werden.[85] Ganz analog zur Analyse in Abschnitt 4.2.1.2 wird auch in UKWIR (2002c, S. 3-2) mit Transformationskurven und Indifferenzkurven ar-

---

[85] Bezüglich der möglichen Methodik siehe die Ausführungen in Abschnitt 4.2.2.

gumentiert und der folgende allgemeine Schluss formuliert: „The 'right' level of capital maintenance [and capital enhancement; M.O.] is that which meets the regulatory requirement for steady or improving service at least cost, *and* improves that service where the cost of the improvements are outweighed by their value to customers."[86] Neben der Zielformulierung und der Maßnahmenentwicklung hat das Unternehmen zudem – ganz im Einklang mit obiger Leitlinie – nachzuweisen, dass es ein ausreichendes Monitoring betreibt.

Nachdem im Rahmen des ersten Stadiums die Pläne des jeweiligen Unternehmens konkretisiert sind, ist es Gegenstand des zweiten Stadiums, die Folgen für die Qualitätsbereitstellung und die Kosten aufzuzeigen, wenn das Unternehmen die obigen Pläne nicht durchführt. Die Argumentation des UKWIR (2002b, S. ii) ist stichhaltig, wonach die Feststellung, ein Teil der wasserwirtschaftlichen Infrastruktur könne ausfallen, noch keine ausreichende Begründung darstelle, Mittel zum Kapitalerhalt auch tatsächlich bereitgestellt zu bekommen. Vielmehr muss man fragen, wie hoch die Wahrscheinlichkeit eines solchen Ausfalls ist und welche Konsequenzen dies für die Qualitätsbereitstellung und die Kosten hätte.

Es zeigt sich hier beispielhaft, dass das einzelne Unternehmen in keiner Weise vorgegeben bekommt, welche jeweilige Methodik es einzusetzen hat. Dem Unternehmen steht es durchaus frei, Unternehmensberatungen einzuschalten oder erprobte Verfahren von anderen wasserwirtschaftlichen Unternehmen einzusetzen. Aus einer solchen ganz bewusst geförderten institutionellen Konkurrenz entspringen dann solche Verfahren wie das in Abschnitt 4.2.2 vorgestellte zur Kundenpräferenzermittlung.[87]

Am Ende des zweiten Stadiums soll dann ein Unternehmen eine Aussage darüber treffen können, welche Auswirkungen ein Unterlassen von proaktivem Management auf Qualität und Kosten hat. Auf dieser Basis ist dann im dritten Stadium abzuleiten, wo und wie doch investiert werden soll. Dabei hebe ich explizit hervor, dass eine Aufgabe, die traditionell durch längerfristige Kapitalinvestitionen erbracht wurde, möglicherweise bei gleicher langfristiger Effektivität durch Betriebsaufwendungen effizienter erfüllt werden kann. Im Ergebnis werden damit diejenigen Maßnahmen formuliert, die die nachgefragte Qualität zu den über den

---

[86] Kursive Hervorhebung im Original.

[87] Derzeit wird überlegt, wie den Unternehmen eine Rückmeldung bezüglich der Formulierung ihrer Unternehmensstrategie gegeben werden kann. Auch hier wird in gewisser Weise das System vergleichenden Wettbewerbs angewandt. Jedes vorgelegte Strategiepapier eines Unternehmens wird anhand von 18 Kriterien von OFWAT beurteilt. Zu diesen Kriterien vgl. OFWAT (2002j).

Planungshorizont hinweg geringsten Kosten zu gewährleisten vermögen. Nachdem mit dem dritten Stadium somit die zweite Phase abgeschlossen ist, schließt sich dann die aus Abschnitt 3.4.1.2 bekannte Berechnung der relativen Effizienzen der Unternehmen an.

Man kann damit abschließend festhalten, dass die Integration des Qualitätsziels „Nachhaltiger Umgang mit Infrastruktur" in ein System vergleichenden Wettbewerbs sehr positiv zu bewerten ist. Aus der Regulierungstheorie war zu folgern, dass Investitionen mit hohen versunkenen Kosten stets kostenorientiert zu regulieren sind. Das englische Vorgehen zeigt nun, dass eine Regulierungsbehörde mit Outputgrößen sowohl die sachliche Notwendigkeit von Ersatzinvestitionen als auch die effiziente Durchführung von Kapitalinvestitionen insgesamt nachhalten kann. Darüber hinaus werden die genehmigten Kapitalmaßnahmen dem vergleichenden Wettbewerb unterworfen, mit dem Ergebnis, dass auch in diesem Bereich die Unternehmen Vorgaben zur Effizienzverbesserung erhalten.

Das UKWIR-Verfahren ist sowohl für das einzelne Unternehmen als auch für die Regulierungsbehörde sehr komplex. Obschon auch für die Anwendung in Deutschland erstrebenswert, werden aber sowohl die an einem System vergleichenden Wettbewerbs von Beginn an teilnehmenden Unternehmen als auch die neu zu errichtende Regulierungsbehörde zunächst mit den Grundelementen des Systems vergleichenden Wettbewerbs ausreichend beschäftigt sein. Das neue Preisregulierungsverfahren muss sich daher zunächst ausreichend etablieren, bevor man ein derart ausgefeiltes Kapitalplanungsinstrument in der deutschen Wasserwirtschaft sinnvoll nutzen kann.

5.2.2.2 Kundenservice und System vergleichenden Wettbewerbs

Während bei der Verfolgung einzelner Qualitätsziele hohe versunkene Kosten getätigt werden müssen, ist zumindest der Großteil der in Abbildung 4.1 aufgeführten Qualitätsziele im Kundenkontakt ohne große Investitionen erreichbar. Unter der Annahme, dass es bedingte Abwanderungsmöglichkeiten für die Kunden gibt, kann man erwarten, dass eine solche effort-related service quality sich beim Übergang zu einer Preisobergrenzenregulierung nicht vermindert. Qualitätsgrößen des Kundenservices bräuchten nicht reguliert zu werden. Nun existiert aber eine Abwanderungsmöglichkeit für Kleingewerbe und Haushaltskunden in der Wasserwirtschaft de facto gerade nicht. Daher lässt sich aus den theoretischen Überlegungen folgern, dass auch für Qualitätsgrößen des Kundenkontaktes, die keine Investionen mit hohem sunk cost Charakter erfordern, eine begleitende Qualitätsregulierung zu entwickeln ist. Doch nicht nur aus der Theorie lässt sich eine solche Notwendigkeit ableiten. Auch die empirische Analyse des Kundenservices in der deutschen Wasserwirtschaft in Abschnitt 4.3.3 und weiterführend in Oelmann (2004b) zeigte, dass dieser ausbaufähig ist.

In der englischen Wasserwirtschaft geht es mittlerweile nicht mehr um die Verbesserung des Kundenservices. Nach OFWAT (2003h, S. 4) decken sich angebotener Kundenservice und Zahlungsbereitschaften der Kunden.[88] Einer Anhebung des Kundenservices kann man im Einklang mit der Argumentation im vorigen Abschnitt nur dort zustimmen, wo sich dies durch regionale Kundenbefragungen rechtfertigen lässt.

In Abbildung A.9 im Anhang werden die Qualitätsgrößen genannt, zu denen die Unternehmen alljährlich im Rahmen ihrer JR Daten zu liefern haben:

- Kundenservice im engeren Sinne: „Beantwortung von Rechnungsanfragen", „Beantwortung von allgemeinen Anfragen", „Rechnungserstellung ohne Berücksichtigung vorhandener Wasserzähler", „Beantwortung eingehender Telefonate"

- Kundenservice im weiteren Sinn Wasserversorgung: „Lieferung mit zu geringem Wasserdruck", „Versorgungsunterbrechung von 12 und mehr Stunden ohne vorherige Benachrichtigung", „Ausgesprochene Gartensprengverbote"

- Kundenservice im weiteren Sinn Abwasserentsorgung: „Von Rückstaus bedrohte Grundstücke")[89].

---

[88] Trotz des derzeit zufriedenstellenden Zielerreichungsgrades haben sich, wie Abbildung A.9 im Anhang zeigt, diese Ergebnisse nicht über Nacht eingestellt. Die Analyse der vergangenen „Level of Service Reports" (LoS Report) zeigt, dass OFWAT in jedem Jahr Grund zu nachhaltiger Kritik hatte. Noch in OFWAT (2001b, S. 9f.) werden explizit die Unternehmen genannt, die darzulegen hatten, wie sie Missstände zukünftig zu vermeiden gedachten.

[89] Für eine genaue Definition dieser Größen, die zum Teil, wie im vergangenen Abschnitt gezeigt, auch als SI fungieren, siehe OFWAT (2002f, Appendix 1-8). Ursprünglich wurde unter der Größe DG1 das Vorhandensein ausreichender Wasservorkommen überprüft (OFWAT, 1996, S. 6), was mittlerweile aber nicht mehr geschieht.
Einen guten Einblick, wie sich die Beschwerden der Bürger auch im Zeitverlauf entwickelt haben und wie sie sich auf die einzelnen Kundenservicegrößen aufteilen, ist am anschaulichsten den jährlichen Berichten der Konsumentenvertretung WaterVoice zu entnehmen. Siehe beispielhaft WaterVoice (2003a, S. 23).

Auf die Überlegungen im letzten Abschnitt rekurrierend, haben die Unternehmen große Freiheiten, eigene Ziele für diese Qualitätsgrößen zu formulieren. Wohl müssen diese Ziele stets durch die Zahlungsbereitschaften der Kunden legitimiert sein. Daneben aber werden weitgehende Freiheiten nur dann eingeräumt, wenn einer anderen zentralen Leitlinie für die Anwendung eines Systems vergleichenden Wettbewerbs entsprochen wird: Egal, welches Monitoringsystem das Unternehmen nutzt, es hat zu gewährleisten, dass die gelieferten Daten von ausreichender Qualität sind. Andernfalls werden diese bei dem nun zu behandelnden „Overall Perfomance Adjustment" (OPA) nur mit Abschlag berücksichtigt, was, wie sich zeigen wird, nicht im Interesse des Unternehmens liegt. Zwar ist die Publikation der individuellen Unternehmensleistung in einem LoS-Report nicht zu unterschätzen. So bereitet auch die Vertretung der Wasserkonsumenten („WaterVoice") alljährlich einen Bericht mit den branchenweiten Vorzeigeunternehmen im Kundenservice vor (WaterVoice, 2003b). Eine positive Reputation mag also aufgebaut werden können. Monetäre Auswirkungen hingegen folgen im Gegensatz zum relativen Abschneiden beim OPA aber nicht.

Wie der Begriff „Overall" in OPA bereits suggeriert, werden neben den Größen, die auch im LoS-Report aufgeführt werden, weitere Determinanten berücksichtigt. Leistungskennzahlen, die vom DWI bezüglich der Trinkwasserqualität und von der EA bezüglich der Qualität abgeleiteten Wassers gebildet werden, finden im OPA ebenso Aufnahme wie weitere Kundenservicekriterien. Im Rahmen dieser letzten Indikatoren wird unter anderem die Qualität, mit der die Bürger informiert werden, die besonderen Dienste für behinderte und alte Mitbürger und die generelle Kompensationspolitik analysiert (OFWAT, 2002f, S. 40ff.). Anhand dieses letzten Punktes – dem der Kompensationspolitik – will ich beispielhaft aufzeigen, wie sich eine relativ gute Leistung in der OPA-Kennzahl letztendlich niederschlägt.

Ein jedes Unternehmen ist den allgemeinen Bedingungen zur Kompensation („Guaranteed Standards Scheme") (OFWAT, 1991) verpflichtet. So hat ein Unternehmen zum Beispiel bei einer notwendig werdenden Wasserlieferunterbrechung die betroffenen Parteien 48 Stunden vorher zu informieren. Andernfalls hat es 20 Pfund Sterling zu zahlen. Kann es den Schaden in der vorher angegebenen Zeit nicht beseitigen, werden ebenso 20 Pfund Sterling – sich stufenweise mit der Dauer der Überschreitung weiter erhöhend – fällig. Seit September 2000 sind diese Zahlungen automatisch zu leisten. Andernfalls folgen weitere Strafzahlungen (OFWAT, 2001b, S. 34). Darüber hinaus leisten viele Unternehmen weitergehendere Kompensationsleistungen. Der Grund ist darin zu sehen, dass die relative Leistung eines Unternehmens im Rahmen des OPA unter Umständen Einfluss auf die Berechnung des K-Faktors nimmt.

Unternehmen mit einem besonders guten OPA-Ergebnis können hiernach eine um 0,5 vH-Punkte höhere Preisobergrenze ansetzen. Bei im Verhältnis sehr schlechten Unternehmen behält sich OFWAT vor, die bewilligte Preisobergrenze um bis zu 1 vH-Punkt im Rahmen einer PR zu senken (OFWAT, 2003l, S. 48).[90] Wie nun vollzieht sich die Berechnung der OPA?

Grundsätzlich sind für jede der in Abbildung A.32 genannten 15 Qualitätsgrößen jeweils 50 Punkte zu erreichen. Eine dieser Größen nennt sich „Other Customer Service", unter der auch die Kompensationspolitik eines Unternehmens als wiederum einer von zehn Unterpunkten Berücksichtigung findet. Die 50 Punkte dieser Kategorie teilen sich gleichmäßig auf diese zehn Bereiche auf. Die damit für die Kompensationspolitik zu erzielenden maximalen fünf Punkte werden hierbei nur erreicht, wenn signifikant mehr geleistet wird, als per Guaranteed Standards Scheme sowieso bereits verlangt wird. Es verwundert daher erstens nicht, dass wie oben festgestellt nahezu alle Unternehmen weitgehendere Kompensationsleistungen zahlen (OFWAT, 2003h, S. 42).[91] Zweitens aber wird der marginale Beitrag der Kompensationspolitik deutlich.

Wie Abbildung A.32 im Anhang zeigt, sind für ein Unternehmen zwar grundsätzlich jeweils 50 Punkte pro Outputgröße erreichbar, diese wiederum aber sind gewichtet. Der Qualitätsgröße „Other Customer Service" ist so ein Gewichtungsfaktor von 0,75 zugeordnet. Anstatt der ungewichteten 50 Punkte sind nun gewichtet noch maximal 37,5 erreichbar. Die mit einem Anteil von einem Zehntel eingehende Kompensationspolitik kann also höchstens 3,75 Punkte erbringen. Bei insgesamt 437,5 Punkten sind dies gerade 0,86 vH.

---

[90] Im Rahmen der letzten PR 1999 wurden die Preisobergrenzen von vier Unternehmen um 0,5 vH-Punkte nach oben und von fünf Unternehmen um 0,5 vH-Punkte nach unten korrigiert (OFWAT, 1999, S. 39ff.). Auch für die kommende PR soll das bisherige Verfahren beibehalten werden. Das Sanktionsinstrument, die Preisobergrenze um einen ganzen vH-Punkt abzusenken, will OFWAT (2002f, S. 10) nur in extremen Sonderfällen einsetzen. Bei der Formulierung der Leitlinien für ein System vergleichenden Wettbewerbs in Abschnitt 5.1.2.1 wurde ein möglichst transparentes Vorgehen der Regulierungsbehörde sowie ein institutionalisierter Dialog von Regulierungsbehörde und Öffentlichkeit gefordert. Unter diesen Gesichtspunkten überzeugt die englische Vorgehensweise. So ging OFWAT (2002f) zunächst mit OFWAT (2001f) eine Befragung der wasserwirtschaftlichen Akteure zu deren Vorstellungen zum OPA-Verfahren voraus. Derzeit werden mit OFWAT (2003o) wieder einzelne Elemente zu diesem Vorgehen zur allgemeinen Diskussion gestellt.

[91] „Weitgehender" bedeutet hier, dass zum einen der Wert der Entschädigungszahlung für bereits aufgeführte Sachverhalte höher sein kann oder aber zum anderen noch mehr Entschädigungsgründe formuliert werden.

Von diesem durchgespielten Beispiel ausgehend sind die Leistungen der Unternehmen beachtlich. Abbildung A.31 im Anhang zeigt, dass drei der zehn Unternehmen bei aufgerundet 438 insgesamt zu erreichenden Punkten mehr als 400 aufweisen. Das schlechteste Unternehmen kommt noch immerhin auf 329 Punkte.[92] Auf den ersten Blick überzeugen diese Zahlen, auf den zweiten hingegen fällt die Beurteilung nicht mehr so positiv aus.

Im Verlauf der Arbeit – und insbesondere noch einmal im Rahmen des letzten Abschnitts – habe ich immer wieder darauf verwiesen, dass eine verbesserte Leistung nur zu rechtfertigen ist, wenn deren Grenznutzen die anfallenden Grenzkosten übersteigt. Vor diesem Hintergrund ist es ökonomisch nicht verwunderlich, dass es in verschiedenen Regionen zum Beispiel unterschiedlich optimale Wasserverlustraten gibt. Gleiches mag für die Kompensationspolitik oder den Umweltschutz gelten. Daher stellt sich die Frage, ob dieses OPA nicht Anreize setzt, eher eine maximale denn eine optimale Qualität bereitzustellen. Unter der zu Beginn dieses Abschnitts formulierten Feststellung, dass mittlerweile ein Kundenserviceniveau erreicht ist, was im Kern den Zahlungsbereitschaften der Nachfrager entspricht, muss man wohl sicherstellen, dass die bereitgestellte Qualität nicht sinkt. Ein sich möglicherweise signifikant verschlechterndes Unternehmen sollte damit auch weiterhin der drohenden Absenkung seiner Preisobergrenze ausgesetzt sein.

Ein solches Vorgehen steht auch mit den formulierten Leitlinien für einzuforderndes Unternehmensverhalten im Einklang. So wichtig es ist, dass Unternehmen zur Nutzung ihres spezifischen Wissens Freiheiten in der Zielformulierung, Maßnahmenentwicklung und im Monitoringvorgehen besitzen, so zentral ist, dass sie für fehlerhafte Entscheidungen haften. Ein (drohendes) Absinken der Preisobergrenzen bei einer zukünftigen PR ist ein glaubwürdiger und vor allem automatisch wirkender Sanktionsmechanismus. Die Frage der positiven Sanktionierung im Rahmen des OPA beurteile ich hingegen kritisch. Es ist schwer vorstellbar, dass in England eine weitere Annäherung an die maximale Punktzahl ökonomisch rational ist.

Mittlerweile räumt OFWAT (2003l, S. 49) ein, dass sie auch bei der Berechnung der OPA unternehmensspezifische Faktoren berücksichtigen will. Gemäß bisheriger Argumentation ist dem grundsätzlich zuzustimmen. Ein Unternehmen, das ein Qualitätsziel nicht erhöhen darf, weil bei verstärktem Anbieten die Grenzkosten für die Kunden über den Grenznutzen lägen, darf nicht dafür bestraft

---

[92] Bei Betrachtung nur der Wasserversorgungsseite ist das Ergebnis noch überzeugender: 14 von 22 Unternehmen erzielen bei einer insgesamt möglichen Gesamtpunktzahl von 288 Punkten 270 und mehr Punkte (OFWAT, 2003h, S. 11).

werden, sich im Rahmen des OPA nicht weiter verbessern zu dürfen. Es ist allerdings schwer vorstellbar, wie solche unternehmensspezifischen Faktoren unter dem Gesichtspunkt vertretbarer Transaktionskosten tatsächlich erfasst werden können. Vor diesem Hintergrund ist die derzeitige Form des OPA – und hier vor allem die positive Sanktionierung – für England nachhaltig in Frage zu stellen. Für ein Land wie Deutschland hingegen, das gerade erst mit einem System vergleichenden Wettbewerbs beginnen würde und dessen Kundenserviceniveau im Ausgangszustand nicht überzeugt, halte ich eine solche Herangehensweise für sachgerecht.

Insgesamt kann man damit festhalten, dass das Instrument eines vergleichenden Wettbewerbs nicht nur zur Berechnung der relativen Effizienzen genutzt werden kann. Die Vergleichbarkeit der Unternehmen hilft ebenso, den Kunden Informationen über das relative Serviceniveau des eigenen wasserwirtschaftlichen Unternehmens zur Verfügung zu stellen. Man kann annehmen, dass sich analog zur Entwicklung in England auch in Deutschland das Niveau des Kundenservices schnell verbessern würde.

Für Deutschland empfehlen wir, einen Indikator für den Kundenservice im engeren Sinne zu definieren.[93] Gerade für die ersten Jahre, in denen sich die WVU und AEU noch nicht in ihrem jeweiligen Optimum der Kundenservicebereitstellung befinden, sollten monetäre Anreize zur Verbesserung gesetzt werden. Die Integration im Rahmen der Preisobergrenzenberechnung macht hier Sinn.

Die Einführung eines umfassenderen Indikators in der Art des englischen OPA muss man hingegen für Deutschland kritisch sehen. Bei einzelnen Qualitätsgrößen findet bereits eine übermäßige Bereitstellung statt. Ein zusätzliches positives Sanktionieren einer noch weiteren Verbesserung wäre daher ökonomisch kontraproduktiv.

---

[93] Siehe hierzu „Customer Service" in Abbildung A.9 im Anhang sowie die nähere Ausführung zu den jeweiligen Qualitätsgrößen in OFWAT (2002f, Techn. Anhang).

6 Zusammenfassung der Ergebnisse

Bislang sind deutsche wasserwirtschaftliche Unternehmen keinem wirklichen wettbewerblichen Druck ausgesetzt. Angesichts der positiven Effekte von Wettbewerb, die weit über die reine Kosteneffizienz hinausgehen, ist ein Verzicht auf diese Institution nur dann gerechtfertigt, wenn sich entweder kein wettbewerbliches Verfahren findet oder aber die Einführung mit einer unerwünschten Qualitätsdegression verbunden ist, die auch über eine begleitende Qualitätsregulierung nicht verhindert werden kann.

Es wurde gezeigt, dass man verschiedene wettbewerbliche Verfahren einsetzen könnte. Aufgrund der spezifischen Gutseigenschaften von Trinkwasser und Abwasser lassen sich wohl die Regulierungsansätze aus der Telekommunikation oder Strom/Gas nicht übertragen. Bedingt helfen langfristig zwar Elemente eines Wettbewerbs im Markt, die jeweils optimale Betriebsgröße zu determinieren, die eigentliche Regulierung des diskriminierungsfreien Netzzugangs ist aber für die Wasserwirtschaft von relativ untergeordneter Bedeutung. Vielmehr wird diese Branche auch langfristig durch nicht-bestreitbare natürliche Monopole gekennzeichnet sein. Angesichts fehlenden intermodalen Wettbewerbs ist eine Regulierungsnotwendigkeit festzustellen.

Auf dieser Basis wurde im dritten Kapitel analysiert, welche Preisregulierungsverfahren sich sonst für den Einsatz in der Wasserwirtschaft anbieten. Dabei war von zentraler Bedeutung, ob ein Verfahren das Kernproblem jeglicher Regulierung – das des Informationsnachteils des Regulierenden – zu vermindern half. Im Kern war dies sowohl für die Preisobergrenzenregulierung als auch für den Ausschreibungswettbewerb festzustellen.

Die spezifische Besonderheit der Wasserwirtschaft, dass sich verschiedene regionale Monopole miteinander vergleichen lassen und daraus wesentliche Informationen für die Regulierung gewonnen werden können, war ein erstes Indiz dafür, sich mit dem System vergleichenden Wettbewerbs als spezifischer Form der Preisobergrenzenregulierung näher auseinanderzusetzen. Im Kern werden die einem

© Springer Fachmedien Wiesbaden GmbH, ein Teil von Springer Nature 2005
M. Oelmann, *Zur Neuausrichtung der Preis- und Qualitätsregulierung in der deutschen Wasserwirtschaft*, Edition KWV, https://doi.org/10.1007/978-3-658-24678-5_6

einzelnen Unternehmen bewilligten Preise für eine zukünftige Periode nicht aus
dessen vergangenen Kosten abgeleitet, sondern aus der Leistung relativ zu der
anderer Unternehmen. Diese Situation – dass das eigene momentane Verhalten
keinen Einfluss auf eigene zukünftige Preisobergrenzen ausübt – nimmt den Unternehmen die Anreize, intertemporal strategisch zu agieren.

Nun werden auch durch den Ausschreibungswettbewerb Anreize zu effizientem
Handeln begründet. Angesichts des Hold-up-Problems, dass also langfristige Investitionen mit hohen sunk costs nur dann durchgeführt werden, wenn der Konzessionär sicher sein kann, dass ihm auch die Erträge aus diesen zukommen, muss-
te sowohl theoretisch als auch praktisch geschlossen werden, dass allenfalls eine
Betriebsführungskonzession ausgeschrieben werden kann. Die eigentliche Verantwortung für die wasserwirtschaftliche Infrastruktur verbleibt bei der öffentlichen
Gebietskörperschaft.

Unabhängig vom Vorliegen einer Betriebsführungskonzession ließe sich die Erstellung der Investition wettbewerblich ausschreiben, so dass Anreize zu einer
effizienten Mittelverwendung sowohl mittelbar beim Ausschreibungswettbewerb
als auch unmittelbar beim System vergleichenden Wettbewerbs vorliegen. Aus der
theoretischen Auseinandersetzung mit den einzelnen Verfahren und dem Heranziehen auch der praktischen Erfahrungen konnte ich damit zum Abschluss des
dritten Kapitels schließen, dass das System vergleichenden Wettbewerbs vor dem
Hintergrund der besseren Vereinbarkeit sowohl mit dem Ausschreibungsverfahren als auch mit dem Wettbewerb im Markt leichte Vorzüge gegenüber dem Ausschreibungswettbewerb aufwies; diese Vorteile waren aber noch nicht signifikant.
Somit hätte man an dieser Stelle das Fazit anderer Studien teilen können, dass
unter der Annahme einer begleitenden Qualitätsregulierung grundsätzlich beide
Verfahren geeignet erscheinen.

Diese Analyse aber greift zu kurz. Vielmehr muss man sich mit Fragen der Qualitätsbereitstellung in der spezifischen regulierungsbedürftigen Branche auseinan-
dersetzen. Zum einen war zu zeigen, dass bei Einführung einer wettbewerblichen
Preisregulierung mit Hilfe einer begleitenden Qualitätsregulierung sich tatsächlich eine unerwünschte Qualitätsdegression verhindern lässt. Zum zweiten verfolg-
te ich das Ziel, aus einer zu optimierenden Qualitätsregulierung eine deutlichere
relative Vorteilhaftigkeit eines der beiden grundsätzlich möglichen Preisregulierungsverfahren ableiten zu können.

Bezüglich des ersten Punktes zeigte sich, dass eine Qualitätsregulierung eine
notwendige Voraussetzung dafür ist, dass über die Einführung wettbewerblicher

Preisregulierung überhaupt nachgedacht werden kann. Insbesondere solche Qualitätsziele, zu deren Verfolgung Investitionen mit hohen sunk costs notwendig sind, bedürfen der intensiven Beobachtung. Insgesamt aber kann man jegliche nicht akzeptierbaren Begleiterscheinungen durch eine Qualitätsregulierung verhindern. Im Kern zeigte die theoretische Auseinandersetzung mit der Qualitätsbereitstellung bezüglich des zweiten Punktes, dass analog zu normalen Gütern der Grenznutzen angebotener Qualität deren Grenzkosten zu entsprechen hat. Dies gilt nicht nur für die letztlich bereitgestellte Menge einer Qualitätsgröße, sondern betrifft ebenso die Festlegung von konkreten Qualitätszielen.

An dieser Stelle wurde deutlich, dass das System vergleichenden Wettbewerbs signifikante Vorteile gegenüber dem Ausschreibungswettbewerb aufweist. Ein solches Verfahren erfordert das Errichten einer Wasserregulierungsbehörde. Zwar setzte ich mich nicht mit der konkreten institutionellen Ausgestaltung auseinander, doch konnte festgestellt werden, dass eine ökonomische Behörde ein wesentlicher Akteur sein kann, um sowohl bei der Bestimmung von Zielgrößen für die Qualitätsbereitstellung als auch bei der Instrumentenauswahl zur Verfolgung dieser Qualitätsziele Anregungen zu geben. Daneben wies ich auf die Vorteilhaftigkeit der Differenzierung von Qualität nach Maßgabe der Zahlungsbereitschaften der Nachfrager hin. Auch hier kämen einer Regulierungsbehörde zentrale Aufgaben zu.

Letztlich ausschlaggebend für die Vorteilhaftigkeit eines Systems vergleichenden Wettbewerbs aber war, dass mit dessen Hilfe sich zum einen die sachliche Notwendigkeit für konkrete Kapitalerhaltungsmaßnahmen ableiten lässt und zum zweiten auch die Wirksamkeit alternativer Lösungstechniken überwacht werden kann. So hätte ein System vergleichenden Wettbewerbs in der Vergangenheit eine Kapitalverschwendung, wie sie sich in Ostdeutschland vollzog, verhindert. Ein System vergleichenden Wettbewerbs für Deutschland hätte man sich aber nicht nur bei vergangenen Herausforderungen gewünscht. Angesichts der vielen Investitionen, die im Zusammenhang mit der Umsetzung der WRRL anstehen, sind Anreize, nach alternativen Lösungswegen zu suchen, auch weiterhin von nicht zu überschätzender Bedeutung.

Die Auseinandersetzung mit einer ökonomisch sinnvollen Qualitätsbereitstellung bekräftigte damit die Ende des dritten Kapitels formulierte Hypothese, wonach langfristig die gesamte deutsche Wasserwirtschaft einem Preisregulierungsverfahren unterworfen werden sollte, das zentral durch ein System vergleichenden Wettbewerbs gekennzeichnet ist. Im Zielzustand wurde auch der additive Einsatz von Wettbewerb im Markt und Ausschreibungswettbewerb empfohlen.

Bevor ich im fünften Kapitel den eigentlichen ganzheitlichen Vorschlag zur Regulierung der deutschen Wasserwirtschaft präsentierte, lieferte die Analyse der aktuellen Qualitätsbereitstellung in Deutschland (Abschnitt 4.3) interessante Erkenntnisse. Ohne nun die Ergebnisse im Einzelnen zu wiederholen, ließ sich doch bei sämtlichen Qualitätsgrößen signifikantes Verbesserungspotential konstatieren. Ebenso ließen sich für sämtliche Qualitätsziele, die momentan mit solchen Instrumenten verfolgt werden, die eine staatliche Marktabschottung erfordern, alternative, zumindest gleich gute Instrumente finden. Dies war wesentlich, ist doch für den Einsatz von Elementen eines Wettbewerbs im Markt ein Aufheben dieser Marktzugangsschranken unabdingbar.

Im Rahmen dieser Arbeit war es nicht zu leisten, jeden Alternativvorschlag zur Qualitätsregulierung im Detail zu entwickeln. Insofern versuchte ich, die Grundzüge zum Beispiel eines Zertifikatesystems für die Verschmutzung einzelner Gewässer in einem Flusseinzugsgebiet vorzustellen, eine tiefergehende Analyse für eine konkrete Anwendung in Deutschland hingegen bleibt anderen Arbeiten vorbehalten.

Einzelne Aspekte der Qualitätsregulierung wurden im fünften Kapitel (Abschnitt 5.2) nur noch dann weiter gehend analysiert, wenn der Einsatz des Instruments „System vergleichenden Wettbewerbs" jeweils konkrete Qualitätsziele zu verfolgen half. Neben der Regulierung der Qualitätsgröße „Nachhaltiger Umgang mit Infrastruktur" waren dies zudem die einzelnen Determinanten des Kundenservices. Gerade vor dem Hintergrund des mäßigen Abschneidens deutscher wasserwirtschaftlicher Unternehmen bei dieser Qualitätsgröße (Abschnitt 4.3.3) war die Vorstellung der englischen Vorgehensweise aufschlussreich. Auch bezüglich einer ökonomisch rationalen Kapitalplanung konnte in Abschnitt 5.2.2.1 gezeigt werden, dass das System vergleichenden Wettbewerbs nicht nur bei Kapitalerhaltungsmaßnahmen sondern auch bei Kapitalerweiterungsmaßnahmen ein sinnvolles Instrument darstellt. Überhaupt lieferte die Auseinandersetzung mit der Integration der Qualitätsregulierung in ein System vergleichenden Wettbewerbs ex post noch einmal einen weiteren Beleg, weswegen die Einführung dieses preisregulatorischen Systems für Deutschland als Grundgerüst, in das sich auch andere wettbewerbliche Regulierungsverfahren einordnen lassen, als sinnvoll betrachtet wurde: Durch die Anwendung des Systems vergleichenden Wettbewerbs wird auch die Qualitätsbereitstellung signifikant verbessert.

Nun zeigte sich aber, dass die Implementierung eines derartigen Preisregulierungsmixes eine weit weniger fragmentierte Struktur in der deutschen Wasserwirtschaft voraussetzt. Gegenwärtig gibt es in Deutschland nahezu 15.000 wasserwirtschaftliche Unternehmen. Zwar ließen die analysierten empirischen Studien zur optimalen Unternehmensgröße ableiten, dass die deutschen Unternehmen in der Regel nicht technisch effizient arbeiten und selbst eine Zwangszusammenlegung analog dem Vorgehen in England und den Niederlanden im Ergebnis eine Produktion näher am Betriebsoptimum implizieren würde. Gleichwohl wurde im Rahmen dieser Arbeit immer die These vertreten, dass sich ökonomisch geeignete Produktionsstrukturen möglichst endogen herausbilden sollten. Dies galt für die spezifische Größe, für eine eventuelle Integration von Wasser und Abwasser sowie gleichsam für die Frage, welche Dienstleistungen integriert innerhalb eines Unternehmens angeboten werden. Selbst öffentliche Unternehmen sollen eine faire Chance haben, den Vorwurf, sie seien stets ineffizienter, widerlegen zu können. Zugegebenerweise ist diese Position einer absoluten Endogenität zu relativieren, wenn das Ziel verfolgt wird, langfristig die gesamte Wasserwirtschaft einem System vergleichenden Wettbewerbs zu unterwerfen.

Dann nämlich – so argumentierte ich in Abschnitt 5.1 – haben Unternehmen eine Mindestgröße aufzuweisen, damit ihre Teilnahme an einem System vergleichenden Wettbewerbs unter Transaktionsgesichtspunkten unterstützt werden kann. Damit mag theoretisch der Fall eintreten, dass Unternehmen doch gezwungen sind, jenseits ihres spezifischen Betriebsoptimums zu produzieren. Eine Produktion in der optimalen Betriebsgröße würde verhindert. Diesem Einwand kann man entgegnen, dass unter Vermeidung einer unerwünschten Qualitätsdegression die Begründung wettbewerblichen Drucks für die gesamte Branche oberste Priorität darstellt. Zudem wird man mit der mittelfristigen Integration von Ausschreibungswettbewerb und Wettbewerb im Markt sicherstellen können, dass etwaige erzwungene großflächige Zusammenschlüsse in ihren Wirkungen korrigiert werden.

Tatsächlich impliziert der in Abschnitt 5.1 vorgeschlagene preisregulatorische Rahmen mehr als sanften Druck zu schnellen und großflächigen Zusammenschlüssen. Im Kern sollten nur solche Unternehmen (versteckte) Gewinne einbehalten dürfen, deren Handeln in einem wettbewerblichen Umfeld abläuft. Damit könnten implizit nur diejenigen Unternehmen Gewinne machen, die auch an jenem System vergleichenden Wettbewerbs teilnehmen. Obgleich sich dieser Vorschlag im politischen Prozess wahrscheinlich nur schwer durchsetzen lässt, kann man hoffen, dass die alternativ geforderte Zwangszusammenlegung vielleicht das „scheinbar Utopische" doch möglich macht.

Angesichts der unmittelbaren Auswirkungen selbst auf die Finanzierung gemeinwirtschaftlicher Verpflichtungen wäre eine solche Reform der wasserwirtschaftlichen Ordnung durch eine Gemeindefinanzreform zu ergänzen. Ganz unabhängig davon, dass diese Maßnahme für die Durchführung wasserwirtschaftlicher Dienstleistungen sinnvoll ist, wäre auch grundsätzlich eine solche transparentere Verfolgung und Finanzierung öffentlicher Aufgaben zu befürworten.

Neben jener dargestellten „Pull"-Wirkung hin zu größeren, sich im Wettbewerb messenden Einheiten wurden zusätzlich „Push"-Elemente entwickelt. So wurde in Abschnitt 5.1.3.2 die Grundkonzeption eines verpflichtenden Ratingverfahrens vorgestellt. Ein etwaiges schlechtes Abschneiden sollte den Verantwortlichen in den Kommunen eine Argumentationshilfe geben, wenn die Aufgabe des eigenen wasserwirtschaftlichen Unternehmens erforderlich wird. Gleichfalls will ich solche Entscheidungsträger unter Legitimationsdruck setzen, die in Wirklichkeit den Fortbestand des eigenen wasserwirtschaftlichen Unternehmens unter eigennutzorientierten und nicht gemeinwohlorientierten Interessen verfolgen.

Gerade der Blickwinkel der Neuen Politischen Ökonomie lehrt damit zu rechnen, dass Elemente in Reformvorschlägen herausgebrochen werden könnten, die eigentlich einen integralen Bestandteil des Gesamtkonzepts darstellen. Aus diesem Grund habe ich in Abschnitt 5.1.2.1 Prinzipien entwickelt, durch die ein System vergleichenden Wettbewerbs konstituiert sein sollte. Diese trugen zum einen zu einer strukturierteren Auseinandersetzung mit der teilweise durchaus berechtigten Kritik an der englischen Regulierungspraxis bei. Zum anderen können diese aber auch zeigen, an welchen Stellen spezifische deutsche Besonderheiten berücksichtigt werden sollten und wo ein vermeintlich guter Gedanke zu stark mit den zentralen Grundideen des Systems in Konflikt gerät.

Die hier abgeleiteten Konzepte habe ich ausschließlich auf die Wasserwirtschaft angewandt. Die entwickelten theoretischen Überlegungen mögen aber ebenso interessant für der Wasserwirtschaft relativ ähnliche Branchen sein. Man kann sagen, dass je irrelevanter das Nutzen gemeinsamer Netze ist und insbesondere je bedeutender versunkene Kosten bei gleichzeitigem Fehlen intermodalen Wettbewerbs sind, umso interessanter ist das System vergleichenden Wettbewerbs. Konkret heißt dies, dass dieses wettbewerbliche Regulierungsverfahren für einen Sektor wie die regionale Abfallentsorgung imVerhältnis weniger relevant wäre als zum Beispiel für die Regulierung des ÖPNV. Für den Fall, dass ein Ausschreibungswettbewerb für eine Branche zu empfehen ist, kann die Auseinandersetzung zur optimalen Qualitätsbereitstellung hilfreich sein.

Anhang

Land	Wasserpreis (DM/m³)	Wasserverbrauch (m³/Einwohner/Jahr)	Wasserkosten (DM/Einwohner/Jahr)
Deutschland	3,21	46	**148,8**
Dänemark	2,95	51	**149,7**
Belgien	2,78	44	**121,8**
Niederlande	2,26	47	**107,2**
Frankreich	2,22	57	**126,4**
Großbritannien	2,13	54	**115,8**
Italien	1,37	78	**106,5**
Finnland	1,24	53	**65,6**
Schweden	1,05	70	**73,2**
USA	0,92	108	**99,1**
Australien	0,90	93	**84,1**
Kanada	0,72	93	**67,0**

	Deutschland	Dänemark	Frankreich	Italien	Österreich	England & Wales
AbwGeb	**215**	**183**	**134**	**50**	**304**	**129**
Kosten	**361**	**268**	**247**	**133**	**314**	**147**

Alle Angaben in unterer Abbildung in DM pro an die Kanalisation angeschlossenem Einwohner im Jahr.

Abbildung A.1: Kosten von Wasserversorgung und Abwasserentsorgung im internationalen Vergleich; Quelle: Gassert et al. (1999, S. 8) und Rudolph et al. (1998, S. 15), ohne genaue Jahresangaben.

© Springer Fachmedien Wiesbaden GmbH, ein Teil von Springer Nature 2005
M. Oelmann, *Zur Neuausrichtung der Preis- und Qualitätsregulierung in der deutschen Wasserwirtschaft*, Edition KWV, https://doi.org/10.1007/978-3-658-24678-5

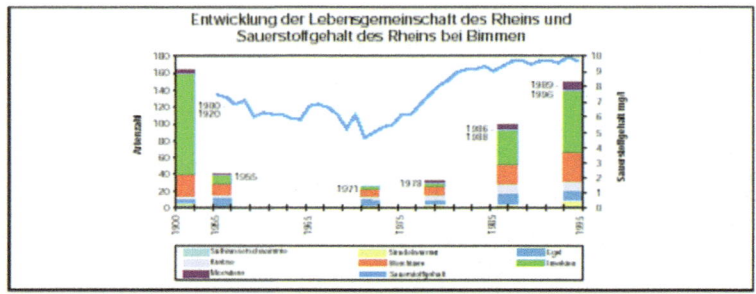

Abbildung A.2: Wasserqualität des Rheins zwischen 1900 und 1995; Quelle Umweltbundesamt (2001b, S. 32).

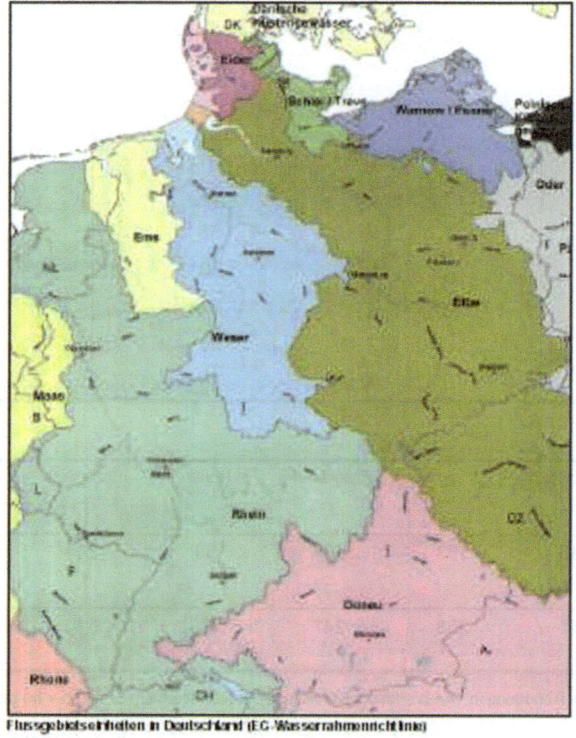

Abbildung A.3: Flussgebietseinheiten in Deutschland;
Quelle: (Umweltbundesamt, 2001b, S. 8).

Organisationsform	Beschreibung
Regiebetrieb (municipal department)	Betrieb eingebettet in die allgemeine Gemeindeverwaltung
Eigenbetrieb (municipal utility)	Betrieb durch die Gemeinde als Sondervermögen mit eingeständiger Buchführung
Eigengesellschaft (municipal company)	Betrieb durch gemeindeeigenes Unternehmen in privater Rechtsform (GmbH oder AG); AöR Eigengesellschaft in öffentlicher Rechtsform
Kooperationsmodell (joint company)	Kommunales Unternehmen unter Beteiligung eines Privatunternehmens
Betriebsführungsmodell (management and service contract)	Anlageneigentum und Verantwortung für Aufgabenerfüllung verbleiben bei Kommune; Betriebsführung und u.U. Managementaufgaben werden an Privaten übertragen
Betreibermodell (BOO, BOOT, BOT...)*	Übertragung des Anlagebetriebes auf privaten Unternehmer; Verantwortung für Aufgabenerfüllung verbleibt bei Gemeinde

* BOO Build-Own-Operate, BOOT Build-Own-Operate-Transfer, BOT Build-Operate-Transfer

Abbildung A.4: Organisationsformen in der deutschen Wasserver- und Abwasserentsorgung; Quelle: Eigene Darstellung in Anlehnung an Rudolph und Block (2001, S. 14).

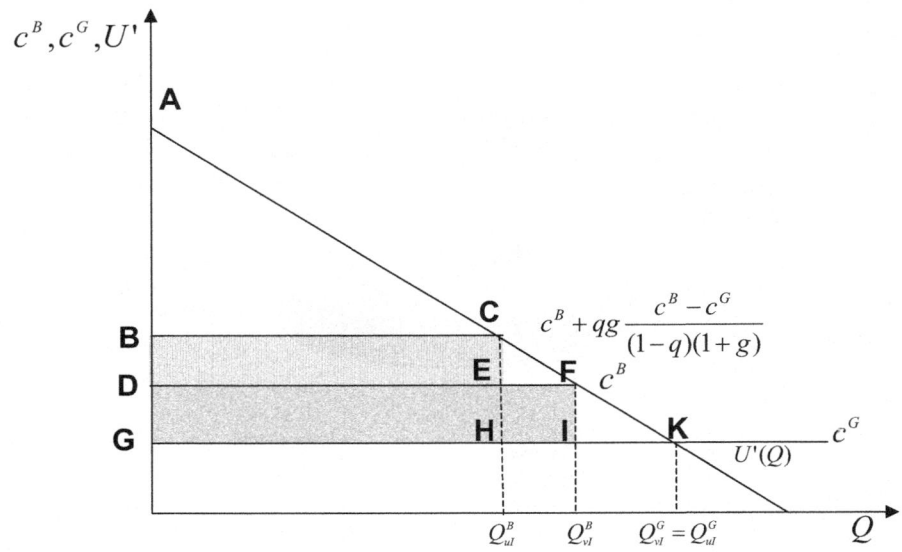

Abbildung A.5: Informationsasymmetrien als Kernproblem von Regulierung.

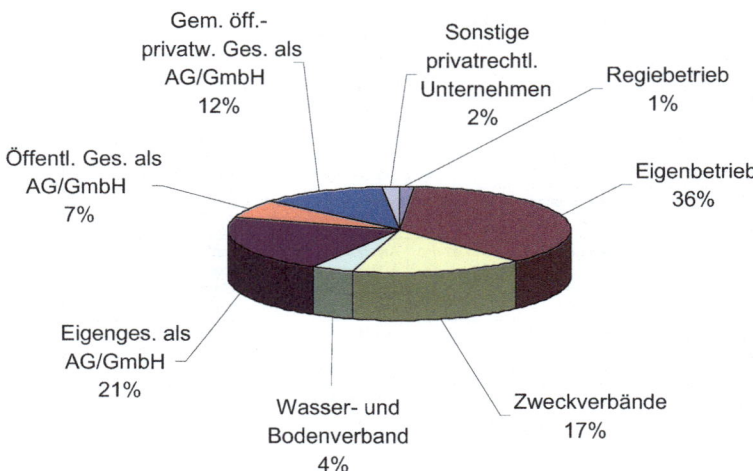

Abbildung A.6: Unternehmensformen in der deutschen Wasserversorgung (Anteil an Gesamtzahl WVU in vH; Berichtsjahr 2000); Quelle: BGW (2001, S. 30).

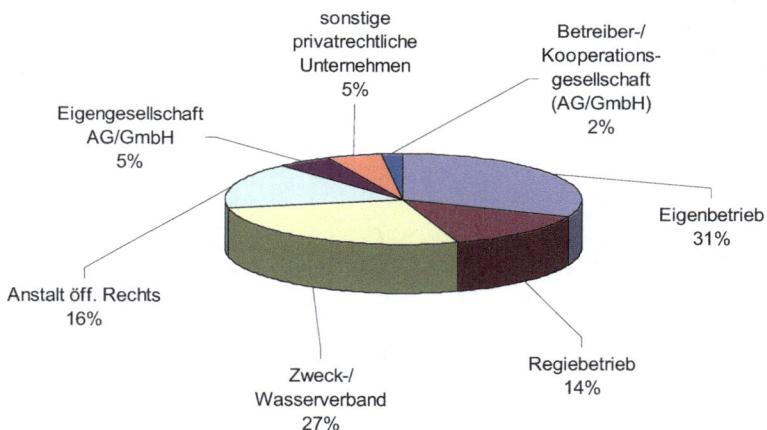

Abbildung A.7: Organisationsformen der Abwasserbehandlung in Deutschland bezogen auf die Anzahl der angeschlossenen Einwohner; Quelle: BGW (2003, S. 11).

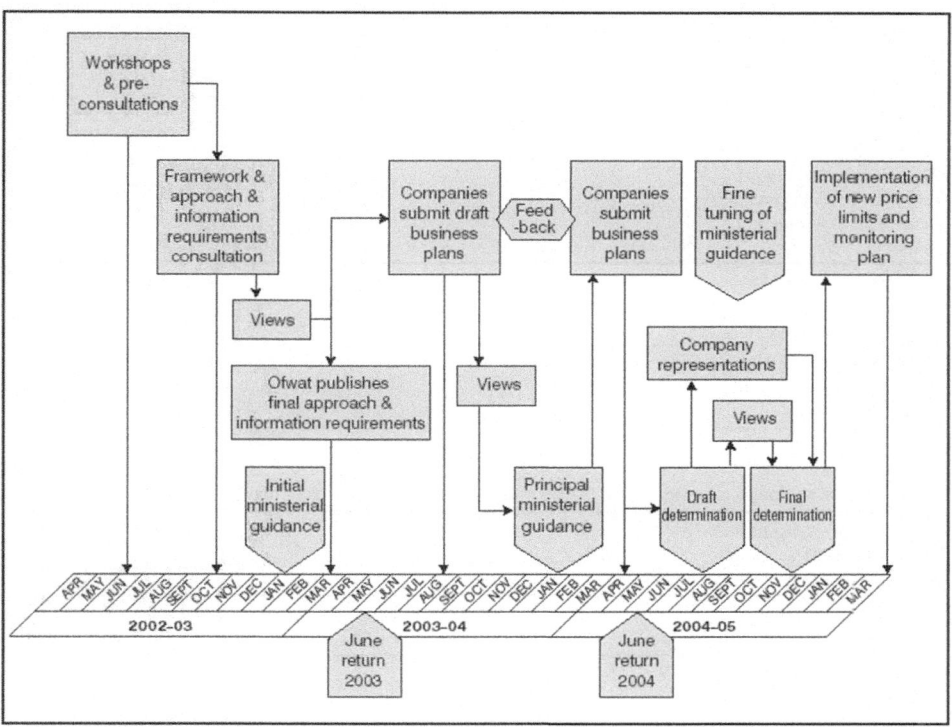

Abbildung A.8: Zeitplan für Bestimmung Preislimits 2005-2010 im Rahmen der Periodic Review; Quelle: OFWAT (2003a, S. 8).

Description	1990 -91 %	1992 -93 %	1994 -95 %	1995 -96 %	1996 -97 %	1997 -98 %	1998 -99 %	1999 -00 %	2000 -01 %	2001 -02 %	2002 -03 %
DG2: Properties at risk of low pressure.	1.85	1.26	0.80	0.78	0.43	0.25	0.16	0.13	0.11	0.10	0.06
DG3: Properties subject to unplanned supply interruptions of 12 hours or more.	0.42	0.38	0.26	0.58	0.21	0.15	0.05	0.06	0.11	0.12	0.05
DG4: Population subject to hosepipe bans.	41	12	3	39	30	3	3	0	0	0	0
DG5: Properties subject to sewer flooding incidents (overloaded sewers and other causes).		0.05	0.03	0.02	0.02	0.03	0.02	0.03	0.03	0.02	0.02
DG5: Properties at risk of flooding from sewers (once in ten years).				0.07	0.07	0.07	0.07	0.08	0.08	0.05	0.04
DG5: Properties at risk of flooding from sewers (twice in ten years).		0.09	0.09	0.07	0.06	0.05	0.05	0.04	0.04	0.02	0.01
DG6: Billing contacts not responded to (within 5 working days).	31.18	20.15	11.05	10.00	8.16	4.74	2.53	1.52	0.86	1.23	0.53
DG7: Written complaints not responded to (within 10 working days).	31.09	18.14	5.48	5.79	5.07	1.99	1.28	0.64	0.44	0.66	0.15
DG8: Bills not based on meter readings.				3.67	2.32	0.87	0.34	0.33	0.70	0.45	0.16
DG9: Received telephone calls not answered within 30 seconds.					26.97	18.76	9.70	9.21	7.64	6.37	7.49[1]

Notes:

It is not appropriate simply to add up the totals for each indicator to determine the overall total of customers receiving poor service. Some customers may be included in more than one row. For example, a customer at risk of low pressure (DG2) may also have written to the company to complain (DG7).

Where information was not collected, it is shown as a blank space.

[1] This figure is the average of those companies able to measure calls answered within 30 seconds accurately (see table 6).

Abbildung A.9: Entwicklung des Kundenservices in England und Wales (1990/91-2002/03); Quelle: OFWAT (2003h, S. 5).

Water service:	Resources and treatment expenditure	
Data:	June return 2003	
Modelled cost:	Resources and treatment functional expenditure less power expenditure (£m), less Environment Agency charges (£m), divided by resident population (millions)	
Explanatory variables:	Coefficient	Standard error
Constant	1.485	1.927
Number of sources divided by distribution input	16.770	6.268
Proportion of supplies derived from river sources	5.124	2.449
Form of model:	(Resources and treatment expenditure (£m) less Environment Agency charges and power)/resident population (millions) = 1.485 + 16.770 x (number of sources/distribution input (Ml/d)) + 5.124 x (proportion of supply from rivers)	
Statistical Indicators:	Number of observations: 22	R²: 0.274
	Model Standard Error: 1.859	Model significance (Ftest): 0.048

Abbildung A.10: Regression Betriebsführungsausgaben in der Wasserförderung und Wasseraufbereitung; OFWAT (2004c, Abb. 14b).

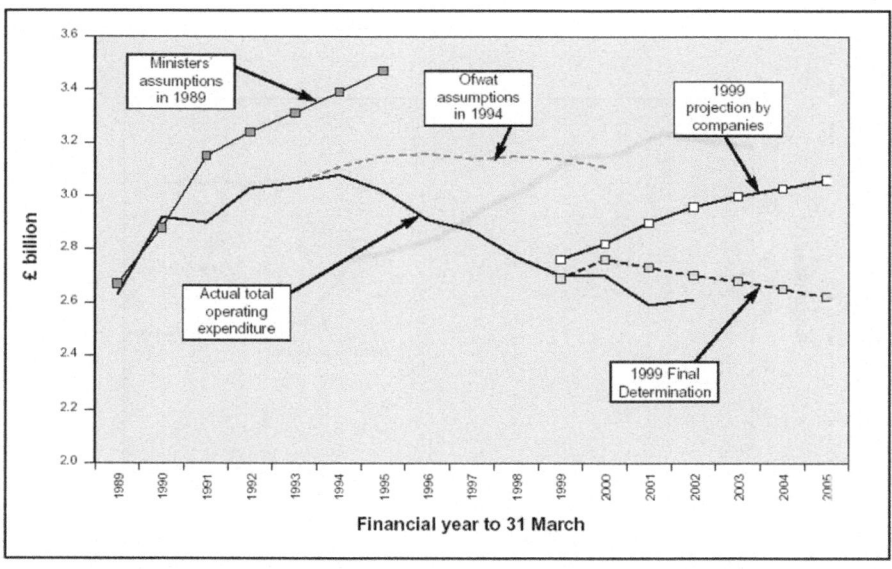

Abbildung A.11: Vergleich der gesamten Opex in Preisen von 2001-02; Quelle: OF-WAT (2002n, S. 33).

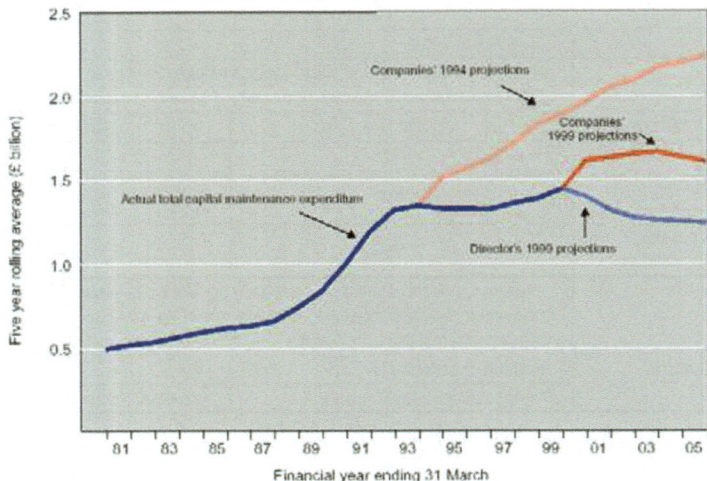

Abbildung A.12: Ausgaben für Kapitalerhaltung im Zeitablauf; Quelle: OFWAT (1999, S. 29).

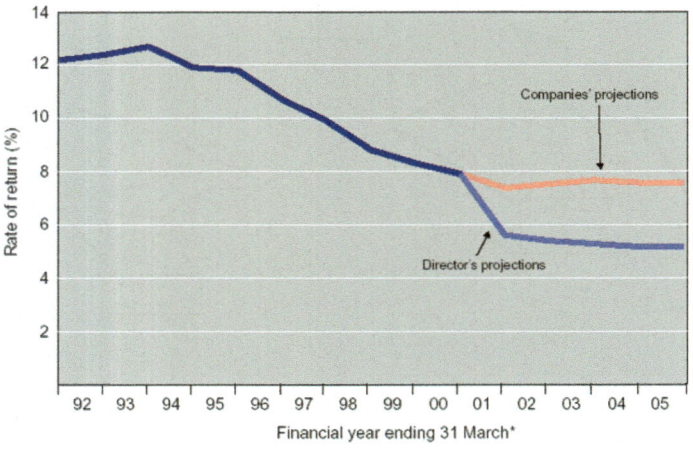

Abbildung A.13: Kapitalrenditen nach Steuern im Zeitverlauf; Quelle: OFWAT (1999, S. 31).

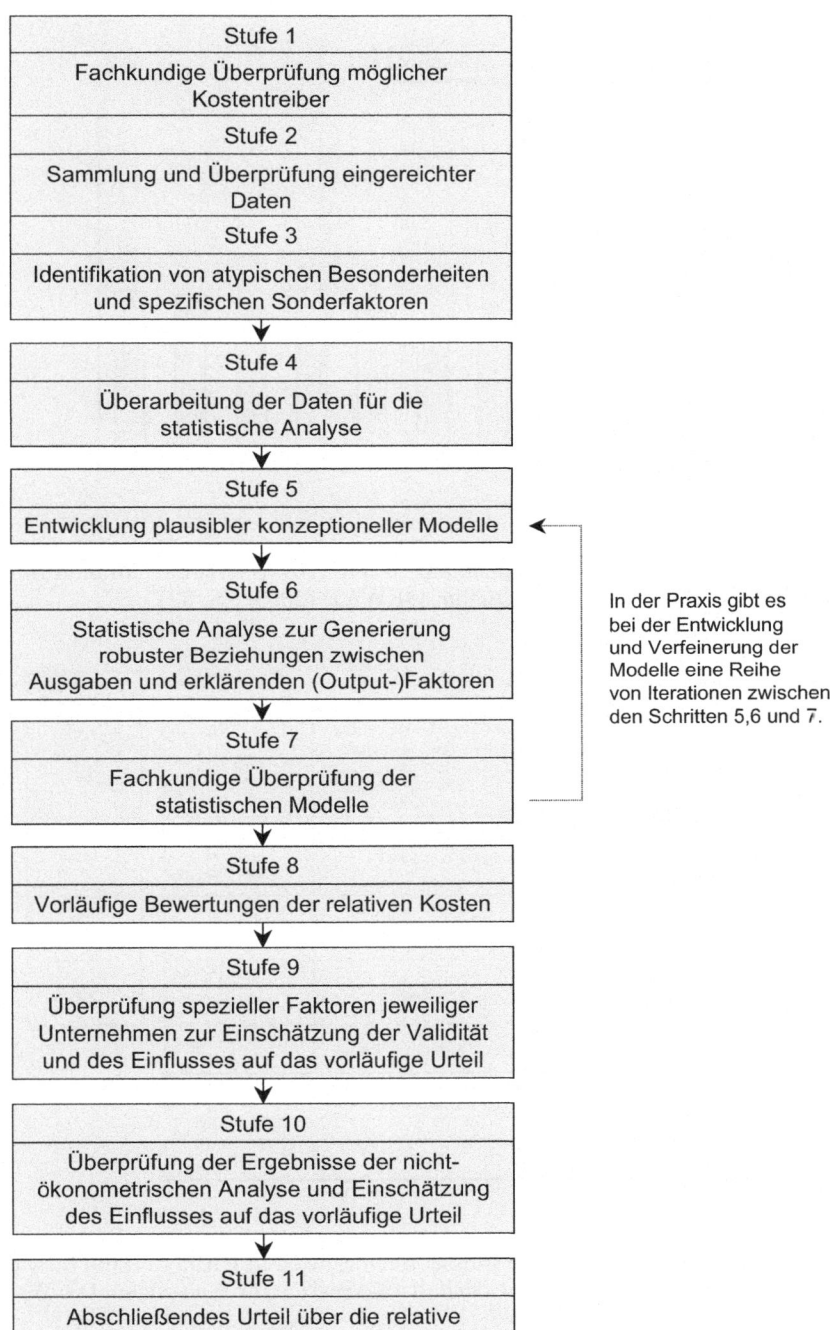

Abbildung A.14: Vorgehen bei der Bestimmung der Modelle zur relativen Effizienz; Quelle: OFWAT (2002n, Appendix 1), Übersetzung M.O.

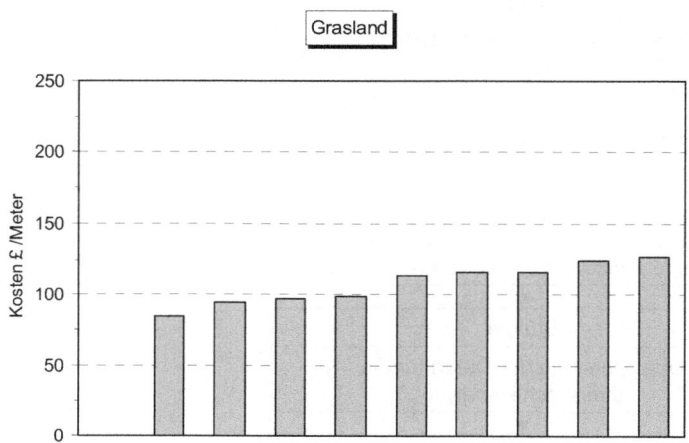

Abbildung A.15: Verlegekosten von einem Meter Abwasserkanal (Innendurchmesser 150mm) in Weideland im Vergleich; Quelle: OFWAT (2003c, S. 53).

					% of capital programme
Substantial reductions > 20%	Southern, South Staffs	Dŵr Cymru, Northumbrian, Severn Trent, Folkestone, Mid Kent, Portsmouth, South East, Tendring Hundred, Three Valleys	Anglian		50%
Significant reductions > 10%	Bristol	United Utilities	South West, Yorkshire, Thames, Wessex		48%
Reductions up to 10%		Bournemouth	Dee Valley		1%
Increase in unit costs		Cambridge	Sutton and East Surrey		1%
	Below average efficiency	Around average efficiency	Above average efficiency		

Average reductions in capital unit costs 1998 to 2003

Ofwat's 1999 catch-up improvements arising from the cost base (summarised in Annex 4)

% of capital programme	8%	52%	40%

Abbildung A.16: Vergleich der Aufschlussratenvorgaben in PR99 und die tatsächlichen Effizienzerfolge am Beispiel der Kapitalerhaltungskosten für Leitungsnetze Wasserversorgung, Quelle: OFWAT (2003c, S. 28).

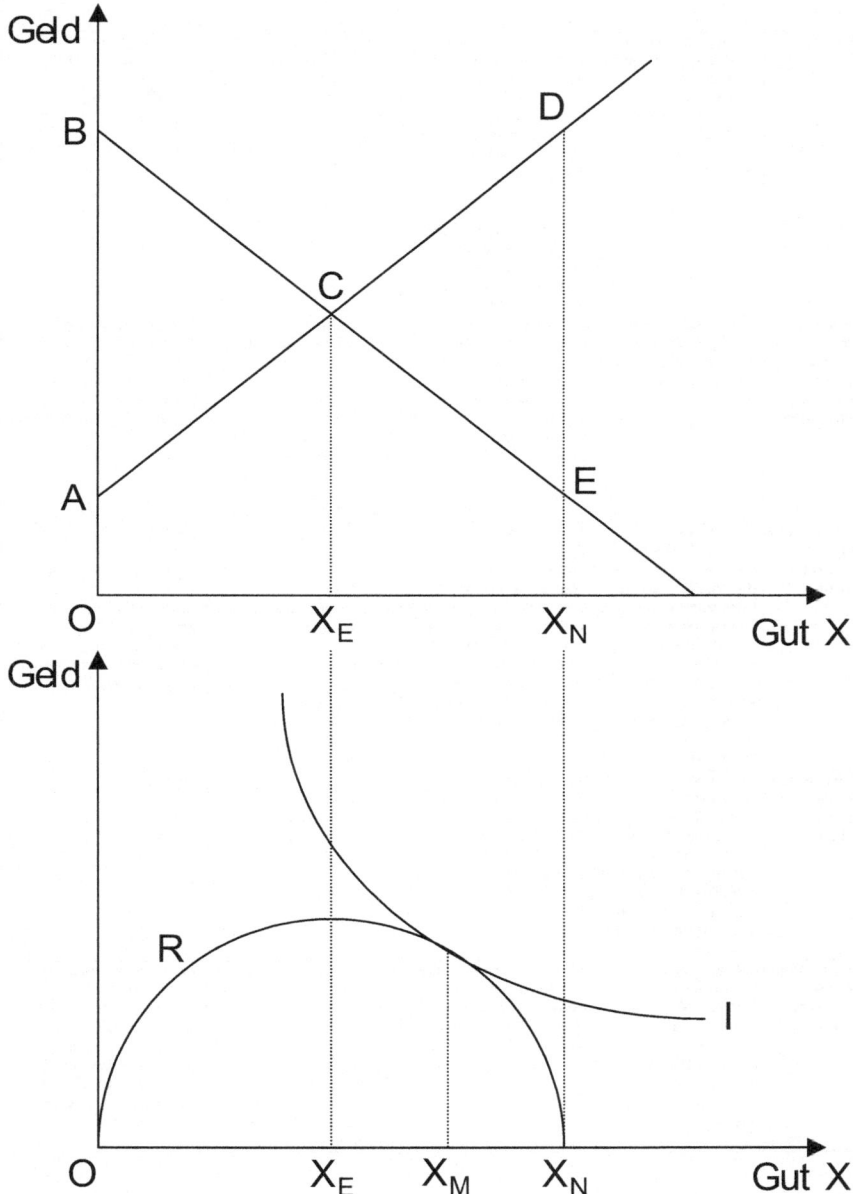

Abbildung A.17: Qualitätsbereitstellung gemäß der ökonomischen Theorie der Büro-kratie; Quelle: Donges und Freytag (2001, S. 209).

	Ordnungsrecht	Umwelthaftung	Abgaben	Zertifikate
Definition	Auflagen als Normen Gebote oder Verbote in Form direkter umweltbezogener Verhaltensvorschriften	Umweltschädiger haften für bestimmte von ihnen verursachte Schäden Zu unterscheiden: A. Verschuldungshaftung (Wirkung ident. Auflage) B. Gefährdungshaftung Ferner: - Monokausalität - alternative Kausalität - Multikausalität Bei B.I. und B.II. Zielfunktion Unt. = soz. Wohlfahrtsfunktion	Umweltnutzung wird bei einer Abgaben- oder Steuerlösung ein Preis zugeordnet, der deren Knappheit widerspiegeln soll	Staat als Eigentümer von Umweltmedien vergibt Verschmutzungsrechte, die verbrieft handelbar sind.
Ökonomische Analyse: a) Kriterium der Effektivität	(theoretisch) geeignet: ⇨ auch praktisch in der Regel geeignet, da Behörde den Standard E_i^* setzen kann.	B.I. geeignet B.II. prinzipiell geeignet bei angewandter „Proportionalhaftung" III. Für multikausale, großräumige Umweltnutzung nicht geeignet	nicht geeignet: Unternehmen vermeidet Emissionen solange, bis die $$GVK \quad \frac{\partial K_i}{\partial V_i} \quad dem$$ Steuersatz t entsprechen; dass im aggregierten Ergebnis soziale Kosten exakt internalisiert sind, wäre Zufall.	(theoretisch) geeignet: Problem bei „hot spots" (zu starke Nutzerballung); vorausgesetzt werden ausreichend Überwachungs- und Sanktionsmechanismen
b) Kriterium der statischen Effizienz	nicht gegeben: theoretisch müsste Behörde die pareto-effiziente Emission **für jedes einzelne Unt.** kennen und diese speziell festlegen ⇨ sehr hohe Transaktionskosten würden anfallen **Folge:** Qualitätsziel wird relativ „zu teuer" bereitgestellt	B.I. geeignet Vorteil von B.I.: externe Kosten werden zu geringen Transaktionskosten internalisiert, Schaden muss einzig monetarisierbar sein B.II. prinzipiell geeignet bei angewandter „Proportionalhaftung" III. Für multikausale, großräumige Umweltnutzung nicht geeignet	geeignet: $$\frac{\partial K_i}{\partial V_i} = t \text{ gilt für alle}$$ Akteure; diejenigen mit geringen Grenz- $$\text{vermeidungskosten} \quad \frac{\partial K_i}{\partial V_i}$$ im Ausgangszustand vermeiden anteilig mehr, diejenigen mit hohen weniger	geeignet: $$\frac{\partial K_i}{\partial V_i} = p_z \text{ gilt für alle}$$ Akteure; diejenigen mit geringen GVK im Ausgangszustand vermeiden anteilig mehr, diejenigen mit hohen weniger
c) Kriterium der dynamischen Effizienz	nicht gegeben: selbst wenn ökologische Effizienz gesichert wäre, bestehen keine Anreize für Unternehmen, auch nach Erreichen der Auflagen zu investieren dies gilt besonders bei Prozessaufl.	B.I. geeignet B.II. prinzipiell geeignet bei angewandter „Proportionalhaftung" III. Für multikausale, großräumige Umweltnutzung nicht geeignet	geeignet: Akteure haben kontinuierliche Anreize, Umweltnutzung zu vermeiden	geeignet: Akteure haben kontinuierliche Anreize, Umweltnutzung zu vermeiden
d) Kriterium der pol. Durchsetzbarkeit	bislang größte politische Akzeptanz Vertreter öffentlicher Verwaltungen sind an personalintensiven Instrumenten und hohem Ermessensspielraum interessiert	B.I. und II.: aufgrund pos. Schadenserwartungswert teurer als Auflagen und damit bei Akt. wenig beliebt	teurer als Auflagen und damit bei Akt. wenig beliebt trial-and-error-Verfahren bedeutet geringe Planungssicherheit (= Verfolgung des sog. Standard-Preis-Ansatzes) ⇨ häufiges Anpassen schwer zu vermitteln	bislang recht schwer, da (irrtümlich) mit Zert. Kommerzialisierung der Umwelt assoziiert einmal implementiert lassen sie sich wählerwirksam nur schlecht „ausschlachten" Versteigerung als Methode Erste. schwer

Abbildung A.18: Analyse von Instrumenten zur Erreichung von Qualitätszielen; Quelle: Eigene Darstellung; inhaltlich angelehnt an Feess (1998, Kap. 4-9) und Hartwig (1999).

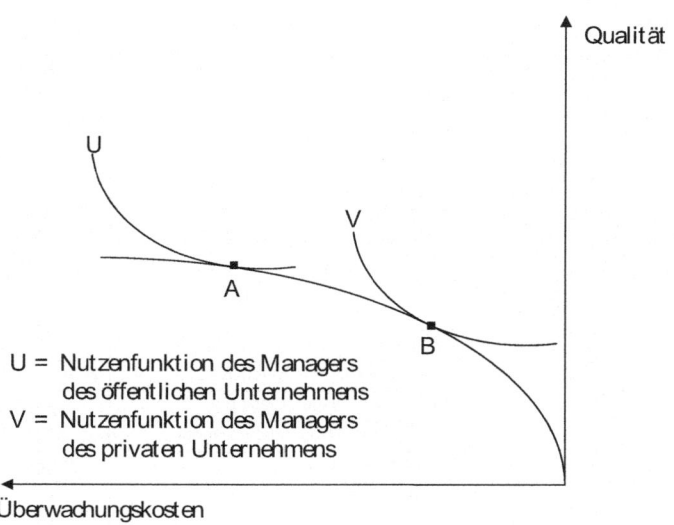

Abbildung A.19: Nutzenfunktion von Managern öffentlicher und privater Unternehmen; Quelle: Bös und Peters (1988, Abb. 1b), angewandt auf Qualitätsbereitstellung.

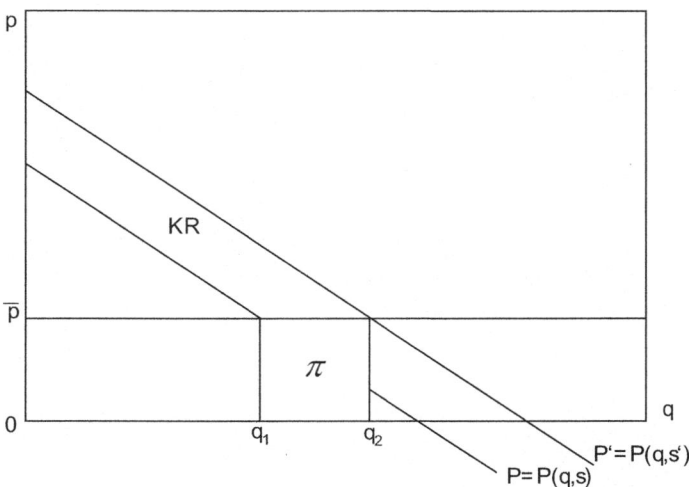

Abbildung A.20: Preisobergrenzenregulierung und Qualitätsbereitstellung; Quelle: Vickers und Yarrow (1988, S. 413).

Qualitätsgröße	Maßzahl	Ausmaß Investitionen			
		-1	aktuell	+1	+2
Versorgungssicherheit	Wasserdargebot in v.H. der Nachfrage bei bisher schlimmster Trockenheitsphase	20	30	40	50
Trinkwasserqualität	Anzahl der nicht die Vorgaben erfülenden Wasserproben (von 250.000 Proben)	750	275	125	25
Kanalrückstau	Anzahl von Rückstau bedrohte Einheiten	1.200	540	450	400
Verschmutzungszwischenfälle	Anzahl der Zwischenfälle	640	320	160	80
unzureichender Wasserdruck	Anzahl betroffener Einheiten	1.000	200	150	100
Versorgungsunterbrechung	Anzahl betroffener Einheiten (7-12 Stunden)	8.000	4.000	2.000	1.000
Wasserverluste	Wasserverlust in v.H.	30	24	21	15
Blei	Jahr, in dem Vorgabe von 10 ? g erreicht	n/a	2013	2010	2007
Trinkwassertrübung	Anzahl der sich beschwerenden Einheiten	20.000	15.000	10.000	5.000
Gebietsüberflutung	v.H. geschütztes überflutungsgef. Gebiet	20	35	50	100
Flussqualität	v.H. der Flusslänge, in der "Wasserleben" mögl.	60	75	85	90
Geruch und Fliegen	Anzahl betroffener Einheiten	2.000	600	300	150
Freizeitwert	Anzahl Binnen-Erholungsgebiete	n/a	0	4	12
Badestrände	v.H. Verbesserung der Standards über aktuelle Standards hinaus	n/a	100	150	200

Abbildung A.21: Erreichbare Qualitätsziele in Abhängigkeit verschiedener Investitionstätigkeiten; Quelle: Acutt (2003, S. 40); Übersetzung M.O.

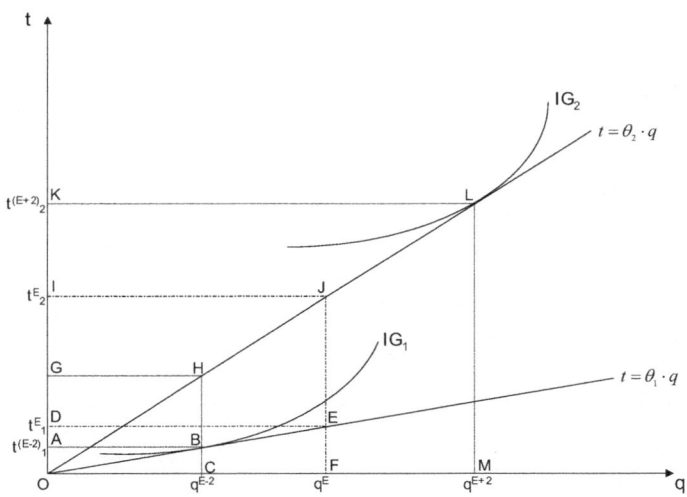

Abbildung A.22: Einnahmen des Monopolisten bei Einheitsverträgen und pareto-optimalen Verträgen; Quelle: Eigene Darstellung.

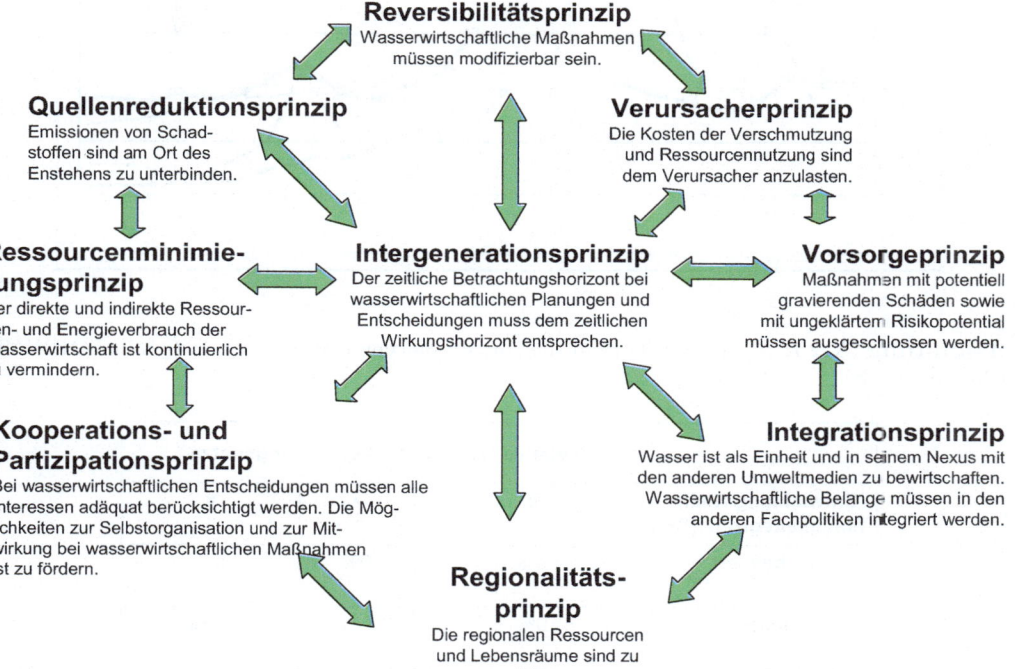

Abbildung A.23: Die Prinzipien der deutschen Wasserwirtschaftspolitik; Quelle: Rudolph und Block (2001, S. 19).

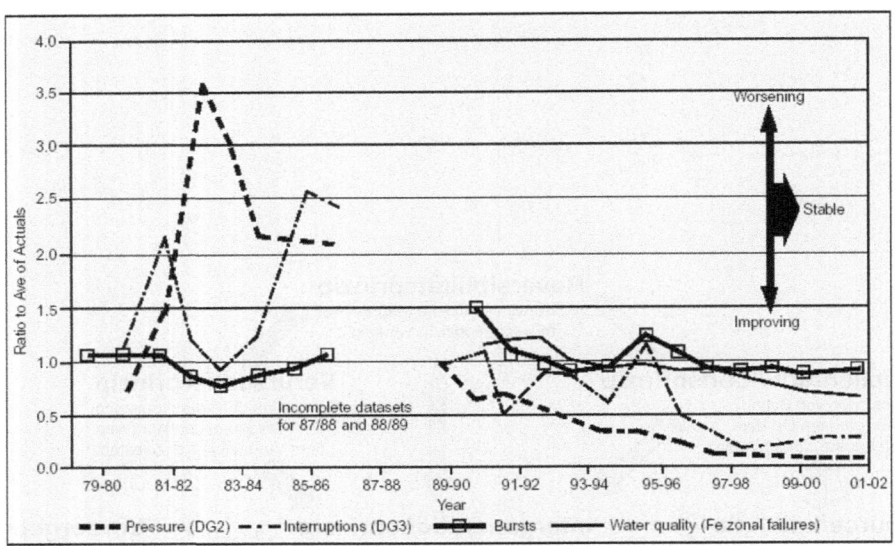

Abbildung A.24: Nachhaltigkeitsindikator Wasserversorgungsnetze; Quelle: OFWAT (2002d, S. 63).

	Relative Qualität der Versorgungsnetze		
Entwicklung Nach-haltigkeitsgröße (SI)	**#**	**•**	**×**
verbessert	0%	0%	5%
konstant	0%	0%	10%
marginal verschlechtert	10%	15%	25%
signifikant verschlechtert	20%	30%	50%

mit: # besser als Durchschnitt
   • Durchschnitt
   × schlechter als Durchschnitt

Abbildung A.25: Matrix zur Bestimmung der Höhe zusätzlicher Kapitalzuweisungen bei Infrastrukturerhaltungsmaßnahmen; Quelle: Gespräch mit Gordon Allen, Leiter Capital Maintenance Team, OFWAT, am 9.7.2003; Werte frei erfunden.

Business Plan

A7

PART A - COMPANY STRATEGY

Table A7 - [Company] - Water service - Expenditure projections

Scenario descriptor: [CPS, R1, R2]

			AMP3			AMP4					AMP5	
	Line description	Units	2002-03	2003-04	2004-05	2005-06	2006-07	2007-08	2008-09	2009-10	2010-11	Avg next 4 years
A	**Base service levels (£/property served)**											
1	Base service operating expenditure	£/prop										
2	Infrastructure renewals expenditure (capex)	£/prop										
3	Non-infrastructure capital maintenance exp. (capex)	£/prop										
B	**Enhanced service levels (£/property served)**											
4	Additional operating expenditure	£/prop										
5	Additional capital expenditure	£/prop										
C	**Supply/demand balance (£/property served)**											
6	Additional operating expenditure	£/prop										
7	Additional capital expenditure	£/prop										
D	**Quality enhancements (£/property served)**											
8	Additional operating expenditure	£/prop										
9	Additional capital expenditure	£/prop										
E	**Water service totals (£/property served)**											
10	Gross operating expenditure (2002-03 prices)	£/prop										
11	Gross capital expenditure (2002-03 prices)	£/prop										
12	Average connected properties	000										
F	**Water service totals (£m)**											
13	Gross operating expenditure (2002-03 prices)	£m										
14	Gross capital expenditure (2002-03 prices)	£m										
15	Forecast capital expenditure real price effect (RPE)	%										
16	Gross capital expenditure (2002-03 cost terms)	£m										
17	Total grants and contributions (SDB plus maintenance)	£m										

Scenario descriptors	
CPS	*Company preferred strategy*
R1	*Reference level 1*
R2	*Reference level 2*

Abbildung A.26: Kostenzuordnung einer Unternehmensstrategie im Rahmen einer PR (hier: Wasserversorgung); Quelle: OFWAT (2002c).

Operating efficiency banding	E Least efficient companies	D Below average efficiency	C Average efficiency	B Above average efficiency	A Leading companies
A Leading companies	Wessex, *Yorkshire*	Southern			Portsmouth
B Above average efficiency	Anglian		Northumbrian, Severn Trent, South West, Thames, United Utilities, Sutton & East Surrey		
C Average efficiency		Mid Kent	Bournemouth & W Hants, Dee Valley	South East, South Staffordshire, Tendring Hundred	*Cambridge,* Three Valleys
D Below average efficiency				Dŵr Cymru, Bristol, Folkestone & Dover	
E Least efficient companies					

Capital maintenance efficiency banding

Abbildung A.27: Matrix der relativen Effizienzen bei Betriebsführungs- und Kapitalunterhaltungskosten in der Wasserversorgung (2001-02); Quelle: OFWAT (2002n, S. 26).

Kennzahl	Berechnung
Inefficiency of use of water resources (WR1)	Real losses/(water abstracted + imported water) *100
Employees per connection (Pe1)	No. of full time equivalent empolyees/no. of service connections *100
Treatment utilisation (Ph1)	Max. daily volume treated per year/max. daily capacity of existing treatment plants*100
Mains rehabilitation (Op15)	Length of transmission and distribution mains rehabilitated per year/total mains length*100
Service connection rehabilitation (Op19)	No. of service connections renewed or replaced per year/total no. of service connections*100
Water losses (Op22)	water losses/no. of service connections
Real losses (Op24)	Real losses*1000/(no. of service connections*365*T/1000) with T= % of year system is pressurised)
Mains failures (OP26)	No. of mains failures per year (incl. failures of valves and fittings)/total mains length*100
Service connection failures (Op27)	No. of service connection failures per year/no. of service connections*1000
Customer reading efficiency (Op30)	No. of effective meter readings per year/(no. of residential customer meters*residential customer meter reading frequency+ no. of industrial customer meters*industrial customer meter reading frequency+ no. of bulk customer meters*bulk customer meter reading frequency)*100
Residential customer reading efficiency (Op31)	No. of effective meter readings per year/(no. of residential customer meters*residential customer meter reading frequency)*100
Test performed (Op32)	No. of treated water tests/No. of tests required by standards or legislation*100
[Households and businesses supply coverage (QS1)]	No. of households and businesses connected to public network/total no. of households and businesses*100
[Buildings supply coverage (QS2)]	No. of building connected to public network/total no. of buildings*100
Population coverage (QS3)	Resident population served by water undertaking/total resident population*100
Public taps and standpipes: distance to farmost houshold (QS6)	Average distance btw. each public tap or standpipe and the farmost household served
Public taps and standpipes: quantity of water consumed (QS7)	Average water consumption from public taps or standpipes per person per day
Continuity of supply (QS10)	No. Of hours when system is pressurised per year/ 24/ 365*100
Quality of supplied water (QS15)	No. of treated water tests complying with legislation per year/total no. of treated water tests performed per year*100
Service complaints (QS22)	No. of complaints of quality service per year/no. of service connections
Billing complaints (QS27)	No. of billing complaints per year/no. of registered customers
Unit running costs (Fi2)	Annual running costs/authorised consumption (incl. exported water)
Average water charges for direct consumption (Fi21)	Annual water sales revenue from residential, commercial, industrial public, institutional and other customers (exported and public water excl.)/(total annual authorised-exported water)
Average water charges for exported water (Fi22)	Annual water sales revenue from exported water (excl. public water taxes)/exported water
Total cost coverage ratio (Fi23)	Annual revenues/annual costs
Operating cost coverage ratio (Fi24)	Annual revenues/annual running costs
Contribution of internal sources to investment (Fi27)	Inv. Financed by CF/total investments*100
Current ratio (Fi33)	Current assets/current liabilities
Non-revenue water by volume (Fi36)	Non-revenue water/system input volume*100

Abbildung A.28: Die zentralen Kennzahlen des internationalen IWA-Systems sowie - fett - die sich auch in der deutschen Fassung wiederfindenden; Quelle: Alegre et al. (2000, S. 41ff.), IWW (2003).

	Originalkonzept IWA	**Auf Deutschland angepasstes IWA-Konzept**
Kontextdaten	Profil Versorgungsunternehmen Profil Versorgungssystem Profil Versorgungsgebiet	Profil Versorgungsunternehmen Profil Versorgungssystem Profil Versorgungsgebiet
Datenvariablen	Wassermenge Personal Versorgungssystem Anlagen, Betriebsdaten und Wasserqualität Kunden, Wasserzählerpenetration und Zahlungsweisen Kundenservice Erlöse und Kosten	Wassermenge Personal Versorgungssystem Anlagen, Betriebsdaten und Wasserqualität Kunden, Wasserzählerpenetration und Zahlungsweisen Kundenservice Erlöse und Kosten
Kennzahlen	Indikatoren zu: -Wasserresourcen -Personaleinsatz und -qualifikation -Anlagenqualität -Kundenservice -Finanzen und Erfolg	Indikatoren zu: -Wasserresourcen -Personaleinsatz und -qualifikation -Anlagenqualität -Kundenservice -Finanzen und Erfolg
Aufgaben-wahrnehmung		Verwaltungsaufgaben: -Zentrale Aufgaben -Personalaufgaben -Kaufmännische Aufgaben -Kundenaufgaben Technikaufgaben -Wasserwirtschaft -Wassergewinnung u. -aufbereitung -Transport und Speicherung -Verteilung -Zählerwesen -Qualitätsüberwachung -Hilfsbetriebe
Organisations-qualität		Bildung Index Organisationsgrad aus: -Allgemeines zu Organisation -Archivierung -Arbeitssicherheit -Umweltschutz -Beauftragtenwesen -Meldestelle Bereitschaftsdienst -Qualitätsüberwachung -Vorbeugende Überwachung

Abbildung A.29: Anpassung des international abgestimmten IWA-Konzepts für die Wasserversorgung für Deutschland; Quelle: Alegre et al. (2000, S. 5ff.) und internes Dokument IWW.

Table 1: Basket of serviceability indicators from June 2002

EXISTING INDICATORS	NEW INDICATORS
Water Service - Infrastructure	
Pressure DG2. Interruptions DG3 (>12hr). Bursts per 1000 km.	Iron pick up.
Water Service – Non-Infrastructure	
Coliform compliance at WTWs. DWI possible enforcement actions.	*Coliform compliance at Service Reservoirs.* Turbidity at WTWs. Network booster pumping station performance, as mean time between work orders (MTBWO), a ratio between station pump hours and maintenance work orders.
Sewerage Service – Infrastructure	
Incidents of internal flooding to properties due to overloaded sewers (properties, repeat flooding at same property is added to total).	Network sewage pumping station* failures causing incidents of internal flooding to properties (nr, repeat flooding at same property is added to total).
Pollution incidents (Category 1, 2 and 3).	Incidents of internal flooding to properties due to network pumping station* failure (properties, repeat at same added); a subset of flooding incidents due to other causes: equipment failure.
Sewer collapses per 1000 km. Incidents of internal flooding to properties due to other causes: collapses (properties, repeat at same added to total).	*Sewer collapses (nr).* Sewer collapses causing internal flooding of properties (nr).
	Equipment failures (nr, repeat at same added) Equipment failures causing internal flooding of properties (nr, repeat at same added to total). *Incidents of internal flooding to properties due to other causes: equipment failure (properties, repeat at same added to total).*
Sewerage Service – Non-Infrastructure	
Number of STWs failing numeric consents.	Forecast STW performance (Biochemical Oxygen Demand, BOD).
Population equivalent failing STW look-up table consents (we plan to phase this indicator out in due course).	Forecast STW performance (Suspended Solids, SS)
	Network sewage pumping station performance, as mean time between work orders (MTBWO), a ratio between station pump hours and maintenance work orders.

Note: Italics denote no additional data is required
* Sewage pumping stations are non-infrastructure, but indicator included here for better context.
WTW = Water Treatment Works. STW = Sewage Treatment Works.

Abbildung A.30: Serviceability Indicators (SI) zur Bestimmung der Funktionsfähigkeit der Infrastruktur; Quelle: OFWAT (2002g, S. 11).

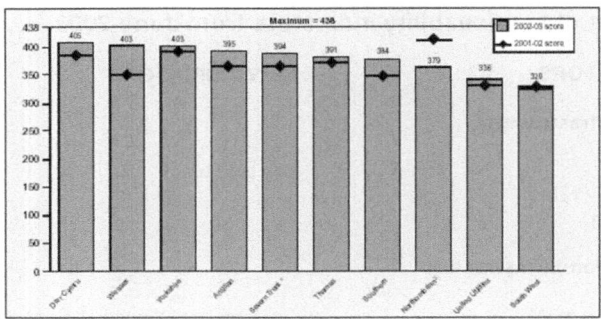

Abbildung A.31: Overall Performance Assessment WaSC; Quelle: OFWAT (2003h, S. 11).

Overall Performance Assessment (WaSC)			
Output	Weight	Max unweighted	Max weighted
Water, Supply, Levels of Service	**3**	**200**	**150**
DG2 – risk of low pressure score	0.75	50	37.5
DG3 – unplanned interruption score	0.75	50	37.5
Hosepipe bans	0.5	50	25
Water quality	1	50	50
Sewerage Service, Levels of Service (WaSCs only)	**1.5**	**150**	**75**
Sewer flooding incidents (capacity) score	0.5	50	25
Sewer flooding incidents (other causes) score	0.75	50	37.5
Company assessed risk of flooding more than once in 10 years (score)	0.25	50	12.5
Customer Service	**1.5**	**100**	**75**
Company contact score	0.75	50	37.5
Other customer service	0.75	50	37.5
Environmental Performance (WaSCs only)	**2.75**	**300**	**137.5**
Categories 1, 2 pollution incidents per million equivalent resident population (score)	0.5	50	12.5
Category 3 pollution incidents per million equivalent resident population (score)	0.25	50	12.5
Categories 1 & 2 pollution incidents – WATER	0.25	50	12.5
% equivalent population served by STWs in breach of their consent (score)	1	50	50
Sludge	0.25	50	12.5
Leakage	0.5	50	25
Totals	**8.75**	**750**	**437.5**

Abbildung A.32: Gewichtung einzelner OPA-Teilgrößen; Quelle: Eigene Darstellung und weiterführende Berechnungen in Anlehnung an OFWAT (2003o, S. 42).

Literaturverzeichnis

Accent Marketing & Research (2003): *Paying for Water Customer Research*, report commissioned by OFWAT and WaterVoice, 18.09.2003, London.

Acutt, Melinda (2003): What is the Willingness to Pay?, *Utilities Journal*, June 2003, S. 40–41.

Acutt, Melinda und Caroline Elliott (2001): Threat-Based Regulation and Endogenously Determined Punishment, *Lancaster University Management School Working Paper*, Nr. 2001/007.

Albon, Robert (2000): Incentice Regulation, Benchmarking and Utility Performance, *Utility Regulators Forum Discussion Paper*, November 2000.

Alegre, Helena und Jaime Meio Baptista (2002): *Implementation of a Performance Indicators System in a Water Undertaking*, Beitrag zum Workshop „Views and Experience Gained Through Implementing IWA Performance Indicators Project", im Rahmen des 3rd World Water Congress in Melbourne, 07.-12.04.2002.

Alegre, Helena, Wolfram Hirner, Jaime Melo Baptista und Renato Parena (2000): *Performance Indicators for Water Supply Services*, London: IWA Publishing.

Alegre, Helena, Wolfram Hirner, Jaime Melo Baptista und Renato Parena (2002): *Highlights of the IWA System of Performance Indicators for Water Supply Services*, Beitrag zum Workshop „Views and Experience Gained Through Implementing IWA Performance Indicators Project", im Rahmen des 3rd World Water Congress in Melbourne, 07.-12.04.2002.

Allen, Robin und Paul Gertler (1987): Regulation and the Provision of Quality to

© Springer Fachmedien Wiesbaden GmbH, ein Teil von Springer Nature 2005
M. Oelmann, *Zur Neuausrichtung der Preis- und Qualitätsregulierung in der deutschen Wasserwirtschaft*, Edition KWV, https://doi.org/10.1007/978-3-658-24678-5

Heterogenous Consumers: The Case of Prospective Pricing of Medical Services, *NBER Working Paper*, Nr. 2269.

Armstrong, Mark, Simon Cowan und John Vickers (1994): *Regulatory Reform: Economic Amalysis and British Experience*, Cambridge, MA: MIT Press.

Armstrong, Mark und David Sappington (2003): Recent Developments in the Theory of Regulation, *mimeo*, Oxford University, Juni 2003.

Arnold, Volker (1992): *Theorie der Kollektivgüter*, München: Vahlen.

Averch, Harvey und Leland L. Johnson (1962): Behavior of the Firm under Regulatory Constraint, *American Economic Review*, Vol. 52, S. 1053–1069.

Babtie Environmental, Environmental and Scientific Consultants (1998): *Report and Opinion on the Scope for Widescale Adoption of Lower Cost New Technologies and Practices in the Water Industry*, Final Report to OFWAT, Exeter, Dezember 1998.

Baker, Bill und Sophie Trémolet (2000): Utility Reform, *The World Bank: Public Policy for the Private Sector*, Note Nr. 219.

Baker, Bill, Brian Williamson und Helen Lay Jung (2002): *The General Efficiency Assumption: Setting X in RPI-X*, A Report for Water UK, prepared by NERA, London, Oktober 2002.

Ballance, Tony und Andrew Taylor (2001): *Competition and Economic Regulation in Water – The Future of the European Water Industry*, Milton Keynes, Eng.: S&W Consultants Ltd., Januar 2001.

Barraqué, Bernard, Antoine Grand d'Esnon und Pierre Van de Vyver (2001): Experiences in France, in: Fritz Holzwarth und R. Andreas Kraemer (Hrsg.), *Umweltaspekte einer Privatisierung der Wasserwirtschaft in Deutschland, Dokumentation der internationalen Fachtagung 20.-21.11.2000 in Berlin*, Berlin: Ecologic, S. 199–214.

Baumol, William J. (1982): Contestable Markets: An Uprising in the Theory of Industry Structure, *American Economic Review*, Vol. 72, Nr. 1, S. 1–15.

Baumol, William J., John C. Panzar und Robert D. Willig (1988): *Contestable*

Markets and the Theory of Industry Structure, 2. Aufl., San Diego: Harcourt Brace Jovanovich.

Baumol, William J. und Robert D. Willig (1986): Contestability: Developments Since the Book, *Oxford Economic Papers*, Vol. 38, Suppl. November. S. 9–36.

BDI, Bundesverband der Deutschen Industrie (2002): *Stellungnahme der deutschen Wirtschaft zum Richtlinien-Vorschlag für einen europaweiten Handel mit Treibhausgas-Emissionsberechtigungen (KOM(2001) 581 vom 23.10.2001)*, Berlin, 21.01.2002, in Zusammenarbeit mit dem Verband der Elektrizitätswerke (VDEW), dem Bundesverband der deutschen Gas- und Wasserwirtschaft und dem Verband der Industriellen Energie- und Kraftwirtschaft (VIK).

Behrends, Sylke (2001): *Neue politische Ökonomie: Systematische Darstellung und kritische Beurteilung ihrer Entwicklungslinien*, München: Vahlen.

Belleflamme, Paul und Jean Hindricks (2001): Yardstick Competition and Political Agency Problems, *University of London Working Paper*, Nr. 441.

Berg, Sanford V. und John G. Lynch Jr. (1992): The Measurement and Encouragement of Telephone Service Quality, *Telecommunications Policy*, Vol. 16, Nr. 3, S. 210–224.

Berger, Anton und Hermann Löhner (2002): Effizienz- und Qualitätsuntersuchung der kommunalen Wasserversorgung in Bayern (EffWB) – Praxisbericht eines Benchmarking-Projekts in der Wasserversorgung, *gwf-Wasser/Abwasser*, Vol. 143, Nr. 10, S. 719–725.

Bergmann, Eckhard und Lydia Kortenkamp (1988): *Ansatzpunkte zur Verbesserung der Allokation knapper Grundwasserressourcen*, Opladen: Westdeutscher Verlag.

Besanko, David, Shabtai Donnenfeld und Lawrence J. White (1988): The Multiproduct Firm, Quality Choice, and Regulation, *Journal of Industrial Economics*, Vol. 36, Nr. 4, S. 411–429.

Bever, Jürgen, Werner Maier und Eberhard Steinle (1997): Anwendungsproblematik der HOAI bei der siedlungswasserwirtschaftlichen Ingenieurberatung, *Korrespondenz Abwasser*, Vol. 44, Nr. 11, S. 2051–2057.

BGW, Bundesverband der deutschen Gas- und Wasserwirtschaft e.V. (2001): *BGW-Wasserstatistik*, Vol. 113, Bonn: Wirtschafts- und Verlagsgesellschaft Gas und Wasser.

BGW, Bundesverband der deutschen Gas- und Wasserwirtschaft e.V. (2003): *Marktdaten Abwasser 2002 – Ergebnisse der gemeinsamen Umfrage zur Abwasserentsorgung der Deutschen Vereinigung für Wasserwirtschaft, Abwasser und Abfall (ATV-DVWK) und dem Bundesverband der Deutschen Gas- und Wasserwirtschaft (BGW)*, Berlin.

BGW, Bundesverband der deutschen Gas- und Wasserwirtschaft e.V. (oJ): *Abwasser: Quo vadis Deutschland? Leistungsvergleich der Abwasserversorgung in Europa*, Bonn.

Bühler, Stefan und Franz Jaeger (2002): *Einführung in die Industrieökonomik*, Berlin: Springer.

Böhm, Eberhard, Harald Hiessl und Thomas Hillenbrand (1999): Effektivität und Effizienz technischer Normen und Standards im Bereich Abwasserentsorgung, *Korrespondenz Abwasser*, Vol. 46, Nr. 7, S. 1111–1121.

Böhme, Martin (2003): *Tochterrichtlinie Grundwasser – Stand der Arbeiten der EU-Kommission*, Kongressbeitrag Wasser Berlin 2003, 07.-11.04.2003.

Blankart, Charles Beat (1996): *Ökonomie der öffentlichen Unternehmen. Eine institutionelle Analyse der Staatswirtschaft*, München: Vahlen.

Blundell, John und Colin Robinson (1999): Regulation Without the State, *IEA Occasional Paper*, Nr. 109.

BMU, Bundesministerium für Umwelt, Naturschutz und Reaktorsicherheit (2001): *Umweltpolitik – Privatisierung in der Wasserwirtschaft*, Stand: November 2001.

Bode, Thilo (2004): Die Agrarwende ist nicht am Verbraucher gescheitert, *Frankfurter Allgemeine Zeitung*, 15.01.2004, S. 12.

Bongert, Dieter (2003): *Wettbewerbsdiskussion Wasser – Positionierung der deutschen Wasserwirtschaft*, Kongressbeitrag Wasser Berlin 2003, 07.-11.04.2003.

Booz Allen & Hamilton (1999): *Railtrack's Performance in the Control Period 1995-2001: Final Report*, London: Booz Allen & Hamilton Limited.

Borrmann, Jörg (1995): *Effiziente Verfahren der Ausschreibung von Universaldienstleistungen im Postwesen*, Berlin: Duncker & Humblot.

Borrmann, Jörg und Jörg Finsinger (1999): *Markt und Regulierung*, München: Vahlen.

Börnecke, Stephan (2003): Preiswächter sucht mehr Klarheit beim Wasser, *Frankfurter Rundschau*, 22.03.2003.

Brüning, Christoph (1997): *Der Private bei der Erledigung kommunaler Aufgaben insbesondere der Abwasserbeseitigung und der Wasserversorgung*, Berlin: Duncker und Humblot, S. 267–278.

Brook, Penelope J. und Suzanne Smith (Hrsg.) (2001): *Contracting for Public Services: Output-Based Aid and Its Applications*, Washington, D.C.: World Bank.

Brouwer, Floor, Tom Zabel und Ingo Heinz (2000): *Co-operative Agreements in Agriculture as an Instrument to Improve the Economic and Ecological Efficiency of the European Union Water Policy*, Research Project for the EU-Commission-DG XII, Summary Report 1st Workshop, 06.-07.04.2000 in Dortmund.

Bös, Dieter (2001): Regulation: Theory and Concepts, *Bonn Econ Discussion Paper*, Nr. 32/2001.

Bös, Dieter und Wolfgang Peters (1988): Privatization, Internal Control, and Internal Regulation, *Journal of Public Economics*, Vol. 36, Nr. 2, S. 231–258.

Böttcher, Barbara (2003): Daseinsvorsorge – Alibi für staatliche Wirtschaftstätigkeit, *EU-Monitor*, Nr. 6/2003, S. 3–16.

Buckland, Jon und Thomas F. Zabel (1997): Ökonomische Instrumente in der Wasserwirtschaft, in: Francisco Nunes Correira und R. Andreas Kraemer (Hrsg.), *Dimensionen Europäischer Wasserpolitik, Band 2*, Berlin: Springer, S. 175–265.

Buehler, Stefan, Armin Schmutzler und Men-Andri Benz (2000): Quality Provision in Deregulated Industries: The Railtrack Problem, *mimeo*, University of Zurich, Oktober 2000.

Buller, Henry (1996): Privatization and Europeanization: The Changing Context of Water Supply in Britain and France, *Journal of Environmental Planning & Management*, Vol. 39, Nr. 4, S. 461–482.

Bundesministerien, die sich mit der Wasserwirtschaft befassen (2002): Jahresbericht der Wasserwirtschaft – Haushaltsjahr 2001, *Wasser & Boden*, Vol. 54, Nr. 7+8, S. 5–13.

Burns, Philip, Ralph Turvey und Thomas G. Weyman-Jones (1995): Sliding Scale Regulation of Monopoly Enterprises, *Centre for the Study of Regulated Industries (CRI) Discussion Paper*, Nr. 11.

Chipty, Tasneem (1995): Economic Effects of Quality Regulations in the Day-Care Industry, *AEA Papers and Proceedings*, Vol. 85, Nr. 2, S. 419–424.

Church, Jeffrey und Roger Ware (2000): *Industrial Organization – A Strategic Approach*, Boston: McGraw-Hill.

Clarke, Edward H. (1971): Multipart Pricing of Public Goods, *Public Choice*, Vol. 11, S. 17–33.

Clausen, Hartmut und Ulrich Scheele (2001): Benchmarking und Yardstick Competition – Ansätze vergleichenden Wettbewerbs in der Wasserwirtschaft, *Wirtschaftswissenschaftliches Diskussionspapier der Universität Oldenburg*, Nr. V-232-01.

Clausen, Hartmut und Ulrich Scheele (2002): *Benchmarking in der Wasserwirtschaft – Internationale Erfahrungen mit vergleichendem Wettbewerb in der Wasserwirtschaft*, Beiheft 29 zur Zeitschrift für öffentliche und gemeinwirtschaftliche Unternehmen, Baden-Baden: Nomos.

Coelli, Tim, D.S. Prasada Rao und George E. Battese (1998): *An Introduction to Efficiency and Productivity Analysis*, Boston: Kluwer Academic Publishers.

Correia, Francisco Nunes und R. Andreas Kraemer (1997): Einleitung: Institutionen der Wasserwirtschaft in Europa, in: R. Andreas Kraemer und Francisco Nunes Correia (Hrsg.), *Eurowater – Länderberichte: Institutionen der Wasserwirtschaft in Europa, Band 1*, Berlin: Springer, S. 1–187.

Cowan, Simon (2001): *Regulatory Reform: Lessons from the UK*, prepared for the TIPS Forum 2001: New Directions in the South African Economy, Johannesburg, 10.-12.09.2001.

Daiber, Hermann (1996): Wasserpreise und Kartellrecht: Zur Missbrauchsaufsicht über Wasserversorgungsunternehmen, *Wirtschaft und Wettbewerb*, Vol. 46, Nr. 5, S. 361–371.

Daiber, Hermann (2000): Wasserpreise und Kartellrecht: Zur Fortentwicklung der Missbrauchsaufsicht über Wasserversorgungsunternehmen, *Wirtschaft und Wettbewerb*, Vol. 50, Nr. 4, S. 352–365.

Daiber, Hermann (2002): *Was bringt eine Preisprüfung durch die Kartellbehörde?*, Konferenz Wasserpreise und Abwassergebühren EUROFORUM, 03./04.09.2002, Crowne Plaza Hotel, Köln.

Daiber, Hermann (2004): Wasserwirtschaft - Wo bleibt der Kundenschutz?, *InfrastrukturRecht - Energie, Verkehr. Abfall, Wasser*, , Nr. 3, S. 59–61, 15. März 2004.

DEFRA, Department for Environment, Food & Rural Affairs (2002a): *Extending Opportunities for Competition in the Water Industry in England and Wales – Consultation Paper*, London, Juli 2002.

DEFRA, Department for Environment, Food and Rural Affairs (2002b): *Directing the Flow – Priorities for Future Water Policy*, London, November 2002.

DEFRA, Department for Environment, Food and Rural Affairs (2003): *Water Bill – Regulatory Impact Assessment, Environmental and Equal Treatment Appraisals*, London, Februar 2003.

Demsetz, Harold (1968): Why Regulate Utilities?, *Journal of Law and Economics*, Vol. 11, Nr. 1, S. 55–65.

Deregulierungskommission (1991): *Marktöffnung und Wettbewerb*, Stuttgart: C.E. Poeschel.

DETR, Department of Environment and Transport (2000): *Competition in the Water Industry in England and Wales – Consultation Paper*, London, April 2000.

Deutscher Bundestag (2001): Antrag der Abgeordneten Ursula Burchardt et al. - Nachhaltige Wasserwirtschaft in Deutschland, *Drucksache 14/7177*, beschlossen am 22.3.2002.

Donges, Juergen B. und Andreas Freytag (2001): *Allgemeine Wirtschaftspolitik*, Stuttgart: Lucius & Lucius.

Donges, Juergen B. und Mark Oelmann (2001): Kein ökonomisches Pfund zum ökologischen Wuchern, *Frankfurter Allgemeine Zeitung*, 14.07.2001, S. 15.

Drouet, Dominique (2001): The Case of United States, in: Office International de l'Eau et al. (Hrsg.), *Colloquium „Performance Measurement and Regulation of Water and Sewerage Services"*, *17.09.2001*, Montpellier, S. 175–176.

DVGW, Deutscher Verein des Gas- und Wasserfaches (2001): Grundsätze einer gemeinsamen Netznutzung in der Trinkwasserversorgng, *Energie Wasser Praxis*, Nr. 9/2001, S. 12–16.

DWI, Drinking Water Inspectorate (2000a): *DWI Guidance on Drinking Water Quality Aspects of Common Carriage, Information Note 6/2000*, London, 11.02.2000.

DWI, Drinking Water Inspectorate (2000b): *Information Letter Concerning DWI Information Note 6/2000*, London, 11.02.2000.

EEA, European Environment Agency (1999): *Groundwater Quality and Quantity in Europe*, Kopenhagen, Juni 1999.

Elliott, Dan (2002): *Leaner, Meaner and Greener Too?*, London: Frontier Economics.

Elsenbast, Wolfgang (1999): *Universaldienst unter Wettbewerb: Ökonomische Analyse neuer regulierungspolitischer Ansätze zur Sicherstellung der postalischen Infrastrukturversorgung*, Baden-Baden: Nomos.

Elsenbast, Wolfgang und Ulrich Stumpf (1995): Bestimmung der Kosten des Universaldienstes, *WIK Newsletter*, Nr. 19, S. 3-6.

Endres, Alfred und Karin Holm-Müller (1998): *Die Bewertung von Umweltschäden: Theorie und Praxis sozioökonomischer Verfahren*, Stuttgart: Kohlhammer.

EORG, The European Opinion Research Groupfür die Europäische Kommission (2002): *Die Meinung der Verbraucher über die Dienstleistungen der Daseinsvorsorge*, Eurobarometer 58 – Sonderausgabe.

Essential Services Comimission (2002): *Water-Industry-Melbourne's Retail Water & Sewerage Companies Performance Report July 2000-June 2001*, abrufbar unter http://www.esc.vic.gov.au.

Ette, Melanie (2001): Experiences in the UK, in: Fritz Holzwarth und R. Andreas Kramer (Hrsg.), *Umweltaspekte einer Privatisierung der Wasserwirtschaft in Deutschland, Dokumentation der internationalen Fachtagung 20.-21.11.2000 in Berlin*, Berlin: Ecologic, S. 113–133.

Eucken, Walter (1959): *Grundsätze der Wirtschaftspolitik*, Hamburg: Rowohlt.

Europe Economics (2003): *Scope for Efficiency Improvement in the Water and Sewerage Industries*, Final Report to OFWAT, London.

Europe Economics und Nick Crafts (1998): *Water and Sewerage Industries General Efficiency and Potential for Improvement*, Final Report to OFWAT, London.

European Topic Centre on Island Waters (1996a): *Groundwater Monitoring in Europe*, prepared by C. Koreimann, J. Grath, G. Winkler, W. Nagy and W.R. Vogel, Oktober 1996.

European Topic Centre on Island Waters (1996b): *Requirements for Water Monitoring*, prepared by S.C. Nixon, Y.J. Rees, A. Gendebien and S.J. Ashley, Juni 1996.

Europäische Kommission (2001a): *Bericht für den Europäischen Rat in Laeken: Leistungen für die Daseinsvorsorge*, Brüssel, KOM(2001) 598, 17.10.2001.

Europäische Kommission (2001b): Mitteilung der Kommission: Leistungen der Daseinsvorsorge in Europa (2001/C 17/04), *Amtsblatt der Europäischen Gemeinschaften*, C 17/4, 19.01.2001.

Europäische Kommission (2002a): *Die Wasserrahmenrichtlinie – Tauchen Sie ein!*, Brüssel.

Europäische Kommission (2002b): *Non-Paper: Dienste von allgemeinem wirtschaftlichen Interesse und staatliche Beihilfen*, Brüssel, COMP-2002-01759-01-00, 12.11.2002.

Europäische Kommission (2002c): *Stand der Prüfung der Zweckmäßigkeit eines Vorschlags für eine Rahmenrichtlinie über Leistungen der Daseinsvorsorge*, Brüssel, Mitteilung der Kommission an den Rat, das Europäische Parlament, den Wirtschafts- und Sozialausschuss und den Ausschuss der Regionen, KOM(2002) 689 endgültig, 04.12.2002.

Europäische Kommission (2003): *Grünbuch zu Dienstleistungen von allgemeinem Interesse*, Brüssel, KOM(2003) 270 endgültig, 21.05.2003.

Europäische Kommission (2004): *Weißbuch zu Dienstleistungen von allgemeinem Interesse*, Brüssel, KOM(2004) 374 endgültig, 12.05.2004.

Europäischer Konvent (2003): *Entwurf eines Vertrags über eine Verfassung für Europa*, CONV 850/03, Brüssel, 18.07.2003.

Europäisches Parlament (2001a): Entschließung des Europäischen Parlaments zu der Mitteilung der Kommission „Leistungen der Daseinsvorsorge in Europa" (KOM(2000) 580 – C5-0399/2001 – 2001/2157(COS)) (A5-0361/2001) vom 13.11.2001, *Amtsblatt der Europäischen Gemeinschaften*, C 140 E/153, 13.06.2002.

Europäisches Parlament (2001b): *Entwurf eines Berichts über die Mitteilung der Kommission „Leistungen der Daseinsvorsorge in Europa" (KOM(2000) 580 – C5 vorläufig)*, Brüssel, 08.05.2001.

Europäisches Parlament (2004): Entschließung des Europäischen Parlaments zu dem Grünbuch der Kommission zu Dienstleistungen von allgemeinem Interesse (KOM(2003) 270 – 2003/2152 (INI)) (A5-0484/2003) vom 14.01.2004, *Amtsblatt der Europäischen Gemeinschaften (im Erscheinen)*.

Europäisches Parlament, Ausschuss für Industrie, Außenhandel, Forschung und Energie (2003): *Entwurf einer Stellungnahme für den Ausschuss für Wirtschaft und Währung zu Grünbuch zu Dienstleistungen von allgemeinem Interesse (KOM(2003) 270 – C5-0376/2003 – 2125/2003(INI))*, Brüssel, 23.10.2003.

Ewers, Hans-Jürgen, Konrad Botzenhart, Martin Jekel, Jürgen Salzwedel und R. Andreas Kraemer (2001): *Optionen, Chancen und Rahmenbedingungen einer Marktöffnung für eine nachhaltige Wasserversorgung*, Endbericht BMWi-Forschungsvorhaben (11/00).

Ewers, Hans-Jürgen und Hansjörg Rodi (1995): *Privatisierung der Bundesautobahnen*, Göttingen: Vandenhoeck & Ruprecht.

Fabbri, Paola und Giovanni Fraquelli (2000): Costs and Structure of Technology in the Italian Water Industry, *Empirica*, Vol. 27, Nr. 1, S. 65–82.

Faeth, Paul (2000): *Fertile Ground: Nutrient Trading's Potential to Cost-Effectively Improve Water Quality*, Washington, D.C.: World Resources Institute.

Feess, Eberhard (1998): *Umweltökonomie und Umweltpolitik*, 2. Aufl., München: Vahlen.

Feess, Eberhard (2000): *Mikroökonomie – Eine spieltheoretisch- und anwendungsorientierte Einführung*, 2. Aufl., Marburg: Metropolis-Verlag.

Flinspach, Dieter (1996): Verbund in der Wassergewinnung, in: Deutscher Verein des Gas-und Wasserfaches DVGW (Hrsg.), *Wassergewinnung und Wasserwirtschaft, Lehr- und Handbuch Wasserversorgung, Band 1*, München: Oldenbourg, S. 615–625.

Freytag, Andreas (1998): International operierende Unternehmen und nationale Wettbewerbspolitik, in: Juergen B. Donges und Andreas Freytag (Hrsg.), *Die Rolle des Staates in einer globalisierten Wirtschaft*, Stuttgart: Lucius & Lucius, S. 261–284.

Fromm, Oliver und Bernd Hansjürgens (1994): Umweltpolitik mit handelbaren Emissionszertifikaten – Eine ökonomische Analyse des RECLAIM-Programms in Südkalifornien, *Zeitschrift für angewandte Umweltforschung*, Vol. 7, Nr. 2, S. 211–223.

Fumagalli, Elena (2001): Managing Quality of Service on the Distribution Grid According to Consumer Preferences, *Economica delle fonti die energia e dell'ambiente*, Nr. 2/2001, S. 87–109.

Fumagalli, Elena, Jason W. Black, Marija Ilic und Ingo Vogelsang (2001): A Reliability Insurance Scheme For The Electricity Distribution Grid, *Proceedings of the IEEE PES Summer Meeting, Vancouver, CND*, S.261-266.

Garcia, Serge, Michel Moreaux und Arnaud Reynaud (2003): Measuring Economies of Vertical Integration in the Water Network Industry, *GEA-ENGREF Communications à des colloques*, Juni 2003.

Gassert, Heike, Karl H. Wöbbeking, Thomas Heinzelmann-Ekoos, Bernhard Michel, Wolfgang Schaubruch, Bianca Wittkop und Hansjörg Wurster (1999): Grundlagen der Preis- und Tarifgestaltung in der öffentlichen Wasserversorgung, Mainz/Darmstadt/Freiburg.

George, Donald A.R. (1998): Product Quality Under Regulated Monopoly, *University of Edinburgh Discussion Paper*, Nr. 98-29.

Gertler, Paul J. (1985): Subsidies, Quality, and Regulation in the Nursing Home Industry, *NBER Working Paper*, Nr. 1691.

Gertler, Paul J. (1989): Subsidies, Quality, and the Regulation of Nursing Homes, *Journal of Public Economics*, Vol. 38, S. 33–53.

Gertler, Paul J. und Donald M. Waldman (1990): Quality Adjusted Cost Functions, *NBER Working Paper*, Nr. 3567.

Glas Cymru Cyfyngedig (2003): Annual Report and Accounts, Mid Glamorgan/Wales.

Goméz-Lobo, Andrés (2001): Incentive-Based Subsidies, *The World Bank: Public Policy for the Private Sector*, Note Nr. 232.

Gordon-Walker, Simon und Simon Marr (2002): *Study on the Application of the Competition Rules to the Water Sector in the European Community – Final Report*, prepared by WRc and Ecologic for the European Comission – Competition Directorate General, Dezember 2002.

Green, Colin (2001): The Lessons from the Privatisation of the Wastewater and Water Industry in England and Wales, in: Fritz Holzwarth und R. Andreas Kraemer (Hrsg.), *Umweltaspekte einer Privatisierung der Wasserwirtschaft in Deutschland, Dokumentation der internationalen Fachtagung 20.-21.11.2000 in Berlin*, Berlin: Ecologic, S. 135–198.

Green, Richard und Martin Rodriguez Pardina (1999): *Resetting Price Controls for Privatized Utilities – A Manual for Regulators*, Washington, D.C.: World Bank.

Greenough, Geoff, Thomas Eggum, Ulysses G. Ford III, Neil S. Grigg und Ed Sizer (2001): Public Works Delivery Systems in North America: Private and Public Approaches, Including Managed Competition, in: Fritz Holzwarth und R. Andreas Kraemer (Hrsg.), *Umweltaspekte einer Privatisierung der Wasserwirtschaft in Deutschland, Dokumentation der internationalen Fachtagung 20.-21.11.2000 in Berlin*, Berlin: Ecologic, S. 313–326.

Grupp, Hariolf, Harald Legler und Barbara Breitschopf (2003): *Zur technologischen Leistungsfähigkeit Deutschlands 2002*, Bericht im Auftrag des Bundesministeriums für Bildung und Forschung vorgelegt durch eine Arbeitsgruppe von Institutionen, koordiniert durch Fraunhofer-Institut für Systemtechnik und Innovationsforschung, Karlsruhe, Niedersächsisches Institut für Wirtschaftsforschung, Hannover, und Institut für Wirtschaftspolitik und Wirtschaftsforschung der Universität Karlsruhe, Februar 2003.

Hamann, Rolf (1993): *Ökonomische Bewertung der gegenwärtigen Ordnung der Wasserwirtschaft der Bundesrepublik Deutschland unter Berücksichtigung neuerer Allokationsverfahren*, Frankfurt am Main: Peter Lang.

Hansjürgens, Bernd (2001): *Äquivalenzprinzip und Staatsfinanzierung*, Berlin: Duncker & Humblot.

Hansmeyer, Karl-Heinz und Manfred Kops (1984): Die Kompetenzarten der Aufgabenzuständigkeit und deren Verteilung im föderativen Staat, in: Armin Gutowski und Bruno Molitor (Hrsg.), *Hamburger Jahrbuch für Wirtschafts- und Gesellschaftspolitik*, Tübingen: Mohr Siebeck, S. 127–140.

Hartwig, Karl-Hans (1999): Umweltökonomie, in: Dieter Bender (Hrsg.), *Vahlens Kompendium der Wirtschaftstheorie und Wirtschaftspolitik*, Vol. 2. 7. Aufl., München: Vahlen, S. 127–170.

Hayek, Friedrich August von (1969): Der Wettbewerb als Entdeckungsverfahren, in: *Freiburger Studien: Gesammelte Aufsätze von F.A. von Hayek*, Tübingen: Mohr Siebeck, S. 249–265.

Hayek, Friedrich August von (1975): Die Anmaßung von Wissen, *ORDO Jahrbuch für die Ordnung von Wirtschaft und Gesellschaft*, Vol. 26, S. 12–21.

Hessischer Landtag (2003): Kleine Anfrage des Abg. Dr. Müller (Gelnhausen) (CDU) vom 15.05.2003 betreffend Missbrauchsverfahren gegen Wasserversorgungsunternehmen und Antwort des Ministers für Wirtschaft, Verkehr und Landesentwicklung, Wiesbaden.

Hessisches Ministerium für Umwelt, Landwirtschaft und Forsten (2000): Dietzel: Erste positive Folgen der Abschaffung der Grundwasserabgabe – Umweltminister begrüßt Senkung der Wasserpreise durch Stadtwerke Wiesbaden, Wiesbaden, Presseinformation vom 01.09.2000.

Heuss, Erich (1965): *Allgemeine Markttheorie*, Tübingen: Mohr Siebeck.

Hiessl, Harald, Dominik Toussaint, Michael Becker, Amely Dyrbusch, Silke Geisler, Heinrich Herbst und Jens U. Prager (2003): *Alternativen der kommunalen Wasserversorgung und Abwasserentsorgung AKWA 2100*, Heidelberg: Physica-Verlag.

Hofreither, Markus F. (1995): Ökonomische Anreize für eine gewässerverträgliche Landwirtschaft, Wien, *Diskussionspapier des Instituts für Wirtschaft, Politik und Recht*, Nr. 48-W-95, Universität für Bodenkultur Wien.

Holler, Manfred J. (1990): Umstrittene Märkte und die Theorie der reinen Kosten, in: J.-M. Graf von der Schulenburg und Hans-Werner Sinn (Hrsg.), *Theorie der Wirtschaftspolitik*, Tübingen: Mohr Siebeck, S. 146–161.

Holmström, Bengt und John Roberts (1998): The Boundaries of the Firm Revisited, *Journal of Economic Perspectives*, Vol. 12, Nr. 4, S. 73–94.

Holtmeier, Ernst-Ludwig (2003): *Implementation der EU-WRRL und Bestandsaufnahme im Nordrhein-Westfalen*, Kongressbeitrag Wasser Berlin 2003, 07.-11.04.2003.

Holzwarth, Fritz und R. Andreas Kraemer (Hrsg.) (2001): *Umweltaspekte einer*

Privatisierung der Wasserwirtschaft in Deutschland, Dokumentation der internationalen Fachtagung 20.-21.11.2000 in Berlin, Berlin: Ecologic.

Ilic, Marjia, Jason W. Black, Elena Fumagalli, Poonsaeng Visudhiphan und Jill L. Watz (2001): Understanding Demand: The Missing Link in Efficient Electricity Markets, *Massachusetts Institute of Technology Energy Laboratory Publication*, Nr. MIT EL 01-014WP.

Illian, Holger (1997): Realisierung von zukünftigen Abwasserkonzepten bei knappen Kassen aus der Sicht eines Ingenieurbüros, *Korrespondenz Abwasser*, Vol. 44, Nr. 2, S. 309–315.

INRA (Europe) European Coordination Office S.A. (2002): *Les Europeens et les Services d'Internet Generaux*, Paris, Eurobarometre 53, preparé pour la Direction Générale Santé et Protection des Consommateurs.

Interwies, Eduard und R. Andreas Kraemer (2001): *Ökonomische Anforderungen der EU-Wasserrahmenrichtlinie – Analyse der relevanten Regelungen und erste Schritte zur Umsetzung*, Endbericht an das Umweltbundesamt, Juli 2001.

iwd, Institut der deutschen Wirtschaft e.V. Köln (2002): Der Bürgermeister organisiert die Party, *Informationsdienst des Instituts der deutschen Wirtschaft*, Nr. 4/2002, S. 4-5.

IWW, IWW Rheinisch-Westfälisches Institut für Wasser (2003): *Kennzahlen für die Wasserversorgung: Feldtest des IWA-Kennzahlensystems - Nationales Teilprojekt Deutschland*, Mülheim/Ruhr.

Jones, Siôn (1999): *Comparatively Poor? A Comment on the Ofwat and Ofgem Approaches to the Assessment of Relative Efficiencies*, London, prepared by NERA, National Economic Research Associates.

Kahlenborn, Walter, Matthias Buck und R. Andreas Kraemer (1999): *Kostendeckung bei Wasserpreisen und Abwassergebühren vor dem Hintergrund der künftigen Wasserrahmenrichtlinie der Europäischen Gemeinschaft*, Endgültiger Endbericht für das Bundesministerium für Umwelt, Naturschutz und Reaktorsicherheit, November 1999.

Kahlenborn, Walter und R. Andreas Kraemer (1999): *Nachhaltige Wasserwirtschaft in Deutschland*, Berlin: Springer.

Kallis, Giorgos und Peter Nijkamp (1999): Evolution of EU Water Policy: A Critical Assessment and a Hopeful Perspective, Amsterdam, Serie Research Memoranda, *Vrije Universiteit Amsterdam Research Memorandum*, Nr. 1999-27.

Kampe, Hans-Joachim (2001): Wirtschaftspolitische Rahmenbedingungen, in: Eckehard Büscher (Hrsg.), *Wasserwirtschaft im Aufbruch*, Köln: Deutscher Wirtschaftsdienst, S. 67–96.

Kantzenbach, Erhard (1967): *Die Funktionsfähigkeit des Wettbewerbs*, Göttingen: Vandenhoek & Ruprecht.

Kartellreferenten des Bundes und der Länder (1998): *Entschließungen der Kartellbehörden des Bundes und der Länder vom 18. September 1997 und 2. Oktober 1998 zur kartellrechtlichen Missbrauchskontrolle der Wasserpreise von Haushaltskunden*, Köln, abgedruckt bei Wolfgang Ludwig und Hans Odenthal, Recht der Elektrizitäts-, Gas-, und Wasserversorgung, Loseblattkommentar, Neuwied: Luchterhand Fachverlag.

Kelling, Otto (2003): Die Städte müssen umdenken, *Handelsblatt*, 10.01.2003, S. 8.

Kerber, Wolfgang (2003): Wettbewerbspolitik, in: *Vahlens Kompendium der Wirtschaftstheorie und Wirtschaftspolitik, Band 2*, 8. Aufl., München: Vahlen, S. 297–361.

Kerf, Michael, R. David Gray, Timothy Irwin, Géline Lévesque und Robert R. Taylor under the direction of Michael Klein (1998): Concessions for Infrastructure – A Guide to Their Design and Award, *World Bank Technical Paper*, Nr. 399.

Kesting, Dieter und Günther Leymann (1989): Landwirtschaft und Gewässerschutz, *gwf-Wasser/Abwasser*, Vol. 130, Nr. 3, S. 113–115.

Kidokoro, Yukihiro (2001): Regulatory Reform and the Congestion of Urban Railways, University of Tokyo, *CSIS Discussion Paper*, Nr. 40.

Kidokoro, Yukihiro (2002): The Effects of Regulatory Reform on Quality, *Journal of the Japanese and International Economics*, Vol. 16, S. 135–146.

Kiesl, Harald und Jörg Schielein (2002): Benchmark-Projekt der Bayerischen Wasserversorgung/EffWB ein Sonderweg?, *Versorgungswirtschaft*, Nr. 7/2002, S. 149–154.

Kim, Euijune und Hyun Lee (1998): Spatial Integration of Urban Water Services and Sconomies of Scale, *Review of Urban and Regional Development Studies*, Vol. 10, Nr. 1, S. 3–18.

Klein, Michael (1996): Economic Regulation of Water Companies, *The World Bank Policy Research Working Paper*, Nr. 1649.

Klemperer, Paul (1999): Auction Theory: A Guide to the Literature, *Journal of Economic Surveys*, Vol. 13, Nr. 3, S. 227–286.

Klemperer, Paul (2002): What Really Matters in Auction Design, *Journal of Economic Perspectives*, Vol. 16, Nr. 1, S. 169–189.

Knaus, Werner (2003): *Ergebnisse des Benchmarking-Projektes in Bayern*, Kongressbeitrag Wasser Berlin 2003, 07.-11.04.2003.

Knieps, Günter (2000): Price Cap als innovatives Regulierungsinstrument in liberalisierten Netzsektoren, *Disskussionsbeiträge des Instuts für Verkehrswissenschaft und Regionalpolitik, Albert-Ludwigs-Universität Freiburg i.Br.*, Nr. 65.

Knieps, Günter (2001): *Wettbewerbsökonomie: Regulierungstheorie, Industrieökonomie, Wettbewerbspolitik*, Berlin: Springer.

KPMG Management Consulting (1998): *External Review of Reporters*, Report to OFWAT, London, März 1998.

Kraemer, R. Andreas (1997): Subsidiarität und Wasserpolitik, in: Francisco Nunes Correia und R. Andreas Kraemer (Hrsg.), *Eurowater 2 – Themenberichte*, Kapitel 3, Berlin: Springer, S. 533–578.

Kraemer, R. Andreas (2001): EUROWATER – Öffentliche und Private Wasserversorgung und Abwasserbeseitigung in Europa: Ein Überblick, in: Fritz Holzwarth und R. Andreas Kramer (Hrsg.), *Umweltaspekte einer Privatisierung der Wasserwirtschaft in Deutschland, Dokumentation der internationalen Fachtagung 20.-21.11.2000 in Berlin*, Berlin: Ecologic, S. 259–312.

Kraemer, R. Andreas und K.M. Banholzer (1999): Tradable Permits in Water Resource Management and Water Pollution Control, in: OECD, Organisation for Economic Co-Operation and Development (Hrsg.), *Implementing Domestic Tradable Permits for Environmental Protection*, Paris: OECD, S. 75–107.

Kraemer, R. Andreas, Eduard Interwies und Eleftheria Kampa (2002): Tradable Permits in Resource Protection and Management: A Review of Experience and Lessons Learned, in: OECD, Organisation for Economic Co-Operation and Development (Hrsg.), *Implementing Domestic Tradable Permits – Recent Developments and Future Challenges*, Paris: OECD, S. 227–265.

Krakowski, Michael (1988): Theoretische Grundlagen der Regulierung, in: Michael Krakowski (Hrsg.), *Regulierung in der BRD – Die Ausnahmebereiche des Gesetzes gegen Wettbewerbsbeschränkungn*, Hamburg: Weltarchiv, S. 19–116.

Krishna, Vijay (2002): *Auction Theory*, San Diego at al.: Academic Press.

Kruse, Jörn (1989): Ordnungstheoretische Grundlagen der Deregulierung, in: Hellmuth Seidenfus (Hrsg.), *Deregulierung – eine Herausforderung an die Wirtschafts- und Sozialpolitik in der Marktwirtschaft*, Berlin: Duncker und Humblot, S. 9–35.

Kuhn, Burkhard (2001): Untersuchung der Wirkung von Zusatzstoffen auf den aeroben Abbau in Abwasserreinigungsanlagen, in: Hochschule Magdeburg-Stendal (FH) (Hrsg.), *Forschungsmarkt*, Megdeburg, S. 118–121.

Kullack, Andrea (2004): EU-Vergaberecht zwingt Deutschland zum Handeln, *Frankfurter Allgemeine Zeitung*, 18.02.2004, S. 23.

Kumkar, Lars (2000): *Wettbewerbsorientierte Reformen der Stromwirtschaft*, Tübingen: Mohr Siebeck, Kieler Studien 305.

Laffont, Jean-Jacques (1990): *The Economics of Uncertainty and Information*, 2. Aufl., Cambridge, MA: MIT Press, S. 153–197.

Laffont, Jean-Jacques (1994): The New Economics of Regulation Ten Years After, *Econometrica*, Vol. 62, Nr. 3, S. 507–537.

Laffont, Jean-Jacques und Jean Tirole (1993): *Theory of Incentives in Procurement and Regulation*, Cambridge, MA: MIT Press.

Laffont, Jean-Jaques und Jean Tirole (2000): *Competition in Telecommunications*, Munich Lectures in Economics, Cambridge, MA: MIT Press.

Lambertini, Luca (1998): Does Monopoly Undersupply Product Quality?, Bologna, *Universita degli Studi di Bologna, Economia Working Papers*, Nr. 317.

Lang, Volker (1999): *Die Regulierung der deutschen Stromwirtschaft - Eine föderalismustheoretische Analyse*, Frankfurt am Main: Peter Lang.

LAWA, Länderarbeitsgemeinschaft Wasser (1997a): *Die Beschaffenheit der großen Fließgewässer Deutschlands*, Berlin: Kulturbuch-Verlag.

LAWA, Länderarbeitsgemeinschaft Wasser (2001a): *Der kostengünstige Umgang mit den Regelwerken*, Berlin: Kulturbuch-Verlag.

LAWA, Länderarbeitsgemeinschaft Wasser (2001b): *Handlungskonzept zur Umsetzung der Wasserrahmenrichtlinie*, Berlin: Kulturbuch-Verlag.

LAWA, Länderarbeitsgemeinschaft Wasser (2002): *Gemeinsamer Bericht von LAWA und LABO zu Anforderungen an eine nachhaltige Landwirtschaft aus Sicht des Gewässer- und Bodenschutzes vor dem Hintergrund der Wasserrahmenrichtlinie*, Berlin: Kulturbuch-Verlag.

LAWA, Länderarbeitsgemeinschaft Wasser (Hrsg.) (1997b): *Die Hauptströme der Flussgebiete Deutschlands – Überwachung, Zustand und Entwicklung ihrer Beschaffenheit*, Berlin: Kulturbuchverlag, erstellt durch den LAWA-Arbeitskreis „Gewässergütebericht BRD" (Stand: März 1996).

Lawrence, Georgina (oJ): *New Structures in the Water Industry*, Centre for the Study of Regulated Industries.

Leibenstein, Harvey (1978): On the Basic Proposition of X-Efficiency Theory, *American Economic Review*, Vol. 68, Nr. 2, S. 328–334.

Leibenstein, Harvey (1983): Property Rights and X-Efficiency: Comment, *American Economic Review*, Vol. 73, Nr. 4, S. 831–842.

Lieb-Dóczy, Enese und Graham Shuttleworth (2002): Sinn und Unsinn des Benchmarking, *NERA Working Paper*, März 2002.

Loeb, Martin und Wesley A. Magat (1979): A Decentralized Method of Utility Regulation, *Journal of Law and Economics*, Vol. 22, S. 399–404.

London Economics (1997): *Water Pricing: The Importance of Long Run Marginal Costs*, Report to OFWAT, London, Januar 1997.

Lutz, Helmut und Dieter Gauggel (2000): Wasserpreise in Bayern aus kartellrechtlicher Sicht, *Gewerbearchiv*, Vol. 46, Nr. 10, S. 414–417.

Macho-Stadler, Inés und J. David Pérez-Castrillo (2001): *An Introduction to the Economics of Information*, Oxford: Oxford University Press.

Marin, Philippe (2002): *Output-Based Aid (OBA): Possible Applications for the Design of Water Concessions*, Washington D.C.: World Bank/IFC, März 2002.

Martiensen, Jörn (2000): *Institutionenökonomik*, München: Vahlen.

Matos, Rafaela, Adriana Cardoso, Richard Ashley, Patricia Duarte, Alejo Molinari und Andreas Schulz (2002): *Performance Indicators for Wastewater Services – Towards a Manual of Best Practice*, IWA World Congress 2002, Melbourne, Australia.

Matos, Rafaela, Adriana Cardoso, Richard Ashley, Patricia Duarte, Alejo Molinari und Andreas Schulz (2003): *Performance Indicators for Wastewater Services*, London: IWA Publishing.

Mödlhammer, Helmut (2003): *Rede des Gemeindebund-Präsidenten anlässlich des 50. Österreichischen Gemeindetages*, Wiener Neustadt, 19.09.2003.

Megginson, William L. und Jeffrey M. Netter (2001): From State to Market: A Survey of Empirical Studies on Privatization, *Journal of Economic Literature*, Vol. 39, Nr. 2, S. 321–389.

Merkel, Wolf (2003a): *Überblick über verschiedene Benchmarking-Modelle in Europa*, Kongressbeitrag Wasser Berlin 2003, 07.-11.04.2003.

Merkel, Wolf (2003b): Kennzahlen für die Wasserversorgung – Aktuelle Projekte und Fragestellungen in der deutschen und europäischen Wasserversorgung, Beitrag zum 1. NRW-Forum „Managementsysteme in der Wasser- und Abwasserwirtschaft", Duisburg, 10.07.2003.

Mizutani, Fumitoshi und Takuya Urakami (2001): Identifying Network Density and Scale Economies for Japanese Water Supply Organizations, *Papers in Regional Science*, Vol. 80, Nr. 2, S. 211–230.

Müller, Erhard (2003): Neue Verordnung sichert Qualität des Trinkwassers, *Handelsblatt*, 05.02.2003, S. B1.

Müller, Neithard (1997): Kosten der Abwasserbeseitigung – Kritische Gedanken zur allgemeinen Kostendiskussion, *Korrespondenz Abwasser*, Vol. 44, Nr. 2, S. 293–299.

Moeller, Anthony (2001): *Best Practices in Drinking Water Quality Regulation: Elements of an Australian Model, mimeo*, Adelaide University.

Monami, Eric (2000a): Quality Regulation in Passenger Rail Transport: An Assessment of Recent European Experiences, *International Journal of Transport Economics*, Vol. 27, Nr. 2, S. 173–197.

Monami, Eric (2000b): Quality Regulation in Passenger Rail Transport: The Way Forward, *International Journal of Transport Economics*, Vol. 27, Nr. 3, S. 355–379.

Monopolkommission (2002): *Netzwettbewerb durch Regulierung, 14. Hauptgutachten 2000/2001*, Bonn.

Monopolkommission (2003): *Wettbewerbsfragen der Kreislauf- und Abfallwirtschaft – Sondergutachten 37*, Baden-Baden: Nomos.

MORI, MORI Social Research Institute (2002): *The 2004 Periodic Review: Research into Customers' Views*, Research study for Office of Water Services, WaterVoice, Water UK and others, August 2002.

Mountain, Bruce (2002): *Comparative Regulation: Should It Continue to Block Water Industry Mergers?*, London: Indepen Consulting Ltd, Februar 2002.

Mueller, Dennis C. (1989): *Public Choice II*, Cambridge: Cambridge University Press.

Mutschmann, Johann und Fritz Stimmelmayr (2002): *Taschenbuch der Wasserversorgung*, 13. Aufl., Braunschweig: Friedrich Vieweg & Sohn.

MVA, MVA Social and Market Research (2003): *Customer Research 2003: Periodic Review – National Report (Final Report)*, Research Study conducted for Department of Environment, Food and Rural Affairs et al., Dezember 2003.

NAO, National Audit Office (2002): *Pipes and Wires – Report by the Comptroller and Auditor General*, ordered by the House of Commons, London, April 2002.

Neto, Frederico (1998): Water Privatization and Regulation in England and France: A Tale of Two Models, *Natural Resources Forum*, Vol. 22, Nr. 2, S. 107–117.

Newbery, David M. (1999): *Privatization, Restructuring, and Regulation of Network Utilities*, The Walras-Pareto Lectures 2, Cambridge, MA: MIT Press.

Niedersächsisches Ministerium für Wirtschaft, Technologie und Verkehr (1998): *Wettbewerbshüter nehmen Wasserversorger ins Visier*, Hannover, Presseinformation Nr. 75 vom 20.08.1998.

Niemand, S. und O. Ruthsatz (1990): Gestaltungsaspekte des Qualitätscontrolling, in: Peter Horváth und Georg Urban (Hrsg.), *Qualitätscontrolling*, Stuttgart: C.E. Poeschel, S. 17–45.

Niskanen, William (1971): *Bureaucracy and Represantative Government*, New York: Aldine Atherton.

Norregard, John und Valérie Reppelin-Hill (2000): Taxes and Tradable Permits as Instruments for Controlling Pollution: Theory and Practice, *IMF Working Paper*, Nr. WP/00/13.

North, Douglass C. (1992): *Institutionen, institutioneller Wandel und Wirtschaftsleistung*, Tübingen: Mohr Siebeck.

NWF, National Wildlife Federation (1999): *A New Tool for Water Quality – Making Watershed-Based Trading Work for You*, Reston, VA.

OECD, Organisation für Economic Co-Operation and Development (2000): *Global Trends in Urban Water Supply and Waste Water Financing and Managing: Changing Roles for the Public and Private Sectors*, CCNM/ENV(2000)36/FINAL, Paris.

Oelmann, Mark (2004a): Benchmarking-Initiativen und ihre Eignung für die Anwendung in der deutschen Wasserwirtschaft, *Diskussionspapier des Instituts für Wirtschaftspolitik an der Universität zu Köln 2004/1*, August 2004.

Oelmann, Mark (2004b): Kundenservice in der deutschen Wasserwirtschaft - Eine Analyse der Internetauftritte ausgewählter Unternehmen, *Diskussionspapier des Instituts für Wirtschaftspolitik an der Universität zu Köln 2004/2*, August 2004.

Office of Regulation Review (1998): *A Guide to Regulation*, Belconnen, AUS.

Oftel, Office of Telecommunications (2000): *Price Control Review: A Consultative Document Issued by the Director General of Telecommunications on Possible Approaches for Future Retail Price and Network Charge Controls*, London.

OFWAT, Office of Water Services (1991): *What Standard of Service Can I Expect?*, Birmingham, revised September 2001.

OFWAT, Office of Water Services (1996): *1995-96 Report on Levels of Service for the Water Industry in England and Wales*, Birmingham, Dezember 1996.

OFWAT, Office of Water Services (1999): *Final Determinations – Future Water and Sewerage Charges 2000-05*, Birmingham, November 1999.

OFWAT, Office of Water Services (2000a): *Common Carriage – Statements of Principles (MD162)*, Birmingham, April 2000.

OFWAT, Office of Water Services (2000b): *Kelda's Proposals to Restructure Yorkshire Water Are Not Acceptable, Says Sir Ian Byatt (PN35/00)*, Birmingham, Juli 2000.

OFWAT, Office of Water Services (2000c): *New Ownership Structures in the Water Industry (A Consultation Paper by the Directors General of Water Services)*, Birmingham.

OFWAT, Office of Water Services (2000d): *Pricing Issues for Common Carriage (MD163)*, Birmingham, Juni 2000.

OFWAT, Office of Water Services (2000e): *The Proposal Restructuring of the Kelda Group – A Prelimininary Assessment by the Director General of Water Services*, Birmingham, Juli 2000.

OFWAT, Office of Water Services (2000f): *The Review of the 1999 Periodic Review – The Outcome (MD164)*, Birmingham, Juli 2000.

OFWAT, Office of Water Services (2001a): *Access Code Guidance – Consultation*, Birmingham, September 2001.

OFWAT, Office of Water Services (2001b): *Annual Report 2000*, Birmingham.

OFWAT, Office of Water Services (2001c): *Glas Cymru's Acquisition of Dwr Cymru – Ofwat's Six Conditions*, Birmingham, Juli 2001.

OFWAT, Office of Water Services (2001d): *June Return Reporting Requirements and Definitions Manual – Introduction*, Birmingham, CD-ROM, Version 1.0, Dezember 2001.

OFWAT, Office of Water Services (2001e): *Leakage and the Efficient Use of Water – 2000-2001 Report*, Birmingham, Oktober 2001.

OFWAT, Office of Water Services (2001f): *Linking Service Levels to Prices – Consultation*, Birmingham, Juli 2001.

OFWAT, Office of Water Services (2001g): *Modification of Conditions of Appointment: Proposal About Condition B, Part IV (Interim Determinants) and Other Possibilities (MD167)*, Birmingham, Januar 2001.

OFWAT, Office of Water Services (2001h): *The Proposed Acquisition of Dwr Cymru Cyfyngedig by Glas Cymru Cyfyngedig*, Birmingham, Januar 2001.

OFWAT, Office of Water Services (2001i): *The Regulatory Framework (MD166)*, Birmingham, Januar 2001.

OFWAT, Office of Water Services (2001j): *The Role of Long Run Marginal Costs in the Provision and Regulation of Water Services*, Birmingham, März 2001.

OFWAT, Office of Water Services (2002a): *Access Codes for Common Carriage – Guidance*, Birmingham, März 2002.

OFWAT, Office of Water Services (2002b): *Access Codes for Common Carriage – Responses*, Birmingham, März 2002.

OFWAT, Office of Water Services (2002c): *Business Plan Reporting Requirements for Periodic Review 2004 – Part A (Company Strategy) Information Requirements*, Birmingham, CD-ROM, Version 1.0, Oktober 2002.

OFWAT, Office of Water Services (2002d): *Financial Performance and Expenditure of Water Companies in England and Wales: 2001-2002 Report*, Birmingham, August 2002.

OFWAT, Office of Water Services (2002e): *Levels of Service for the Water Industry in England and Wales: 2001-02 Report*, Birmingham, August 2002.

OFWAT, Office of Water Services (2002f): *Linking Service Levels to Prices – Conclusion*, Birmingham, Februar 2002.

OFWAT, Office of Water Services (2002g): *Maintaining Serviceability to Customers in England and Wales: An Update on Serviceability – Indicators and Measures*, Birmingham, März 2002.

OFWAT, Office of Water Services (2002h): *Maintaining Water and Sewerage Systems in England and Wales: Our Proposed Approach for the 2004 Periodic Review*, Birmingham, März 2002.

OFWAT, Office of Water Services (2002i): *Privatisation and the History of the Water Industry – Information Note No. 18*, Birmingham, März 2002.

OFWAT, Office of Water Services (2002j): *RD 17/02*, Birmingham, März 2002.

OFWAT, Office of Water Services (2002k): *Security of Supply, Leakage and the Efficient Use of Water: 2001-02 Report*, Birmingham, Oktober 2002.

OFWAT, Office of Water Services (2002l): *Setting Price Limits for 2005-10: Framework and Approach – A Consultation Paper*, Birmingham, Oktober 2002.

OFWAT, Office of Water Services (2002m): *Tariff Structure and Charges*, Birmingham, März 2002.

OFWAT, Office of Water Services (2002n): *Water and Sewerage Service Unit Costs and Relative Efficiency: 2001-02 Report*, Birmingham, Dezember 2002.

OFWAT, Office of Water Services (2003a): *Annual Report 2002-03*, Birmingham, März 2003.

OFWAT, Office of Water Services (2003b): *Aquarius 3 Financial Model Rule Book – A Technical Paper*, Birmingham, Version Mai 2003.

OFWAT, Office of Water Services (2003c): *Capital Works Unit Costs in the Water Industry: Feedback on Our Analysis of the March 2003 Water Company Cost Base Submissions*, Birmingham, März 2003.

OFWAT, Office of Water Services (2003d): *External Review of Reporters – PR04 Draft Business Plan: Terms of Reference*, Birmingham.

OFWAT, Office of Water Services (2003e): *A Further Consultation on Incentive Mechanisms: Rewarding Future Out-performance and Handling Underperformance of Regulatory Expectations*, Birmingham, Juni 2003.

OFWAT, Office of Water Services (2003f): *Interim Determination 2003 (MD186)*, Birmingham, März 2003.

OFWAT, Office of Water Services (2003g): *Interim Determination: Condition B 14.2 Privisional Response – Northumbrian Water Ltd.*, Birmnigham, November 2003.

OFWAT, Office of Water Services (2003h): *Levels of Service for the Water Industry in England & Wales – 2002-2003 Report*, Birmingham, September 2003.

OFWAT, Office of Water Services (2003i): *OFWAT Forward Programme 2004-05 to 2006-07 – Draft for Consultation*, Birmingham, Oktober 2003.

OFWAT, Office of Water Services (2003j): *Reporters to Ofwat – Reporters Protocol Issue 2*, Birmingham, März 2003.

OFWAT, Office of Water Services (2003k): *Security of Supply, Leakage and the Efficient Use of Water – 2002-2003 Report*, Birmingham.

OFWAT, Office of Water Services (2003l): *Setting Water and Sewerage Price Limits for 2005-10: Framework and Approach*, Birmingham, März 2003.

OFWAT, Office of Water Services (2003m): *Setting Water and Sewerage Pri-*

ce Limits for 2005-10: Framework and Approach – Summary of Consultation Responses and Our Conclusions, Birmingham, März 2003.

OFWAT, Office of Water Services (2003n): *Setting Water and Sewerage Price Limits for 2005-10: Overview of Companies' Draft Business Plans*, Birmingham, Oktober 2003.

OFWAT, Office of Water Services (2003o): *Updating the Overall Performance Assessment (OPA) – A Consultation*, Birmingham, Dezember 2003.

OFWAT, Office of Water Services (2004a): *Future Water and Sewerage Charges 2005-2010 - Draft Determinations*, Birmingham, August 2004.

OFWAT, Office of Water Services (2004b): *International Comparison of Water and Sewerage Service - 2001-02 Report*, Birmingham, März 2004.

OFWAT, Office of Water Services (2004c): *Water and Sewerage Service Unit Costs and Relative Efficiency: 2002-2003 Report*, Birmingham, Januar 2004.

OFWAT, Office of Water Services (oJ): Competition Commission Question on the Relative Efficiency Steps – Ofwat Reply, *mimeo*, Birmingham.

OFWAT, Office of Water Services und ONCC, Ofwat National Customer Council (2001): *'Understanding Customers' Views' – An OFWAT/ONCC Report*, Birmingham, November 2001.

Oomen-Ruijten, Ria (2000): Schriftliche Anfrage E-2938/00 an die Kommission vom 19. September 2000 (2001/C 136 E/158), *Amtsblatt der Europäischen Gemeinschaften*, C 136 E/136, 08.05.2001.

Orwin, Alexander (1999): *The Privatization of Water and Wastewater Utilities: An International Survey*, Toronto: Environment Probe, August 1999.

o.V. (2000): Kartellbehörde senkt Preise in Wolfenbüttel, *Europäischer Wirtschaftsdienst (EUWID) Wasser und Abwasser*, 22.02.2000.

o.V. (2003a): US-Cross-Border-Leasing unterliegt nicht der Kommunalaufsicht, *Europäischer Wirtschaftsdienst (EUWID) Wasser und Abwasser*, 02.05.2003.

o.V. (2003b): Wirtschaftsministerium denkt über Streichung der HOAI nach, *Europäischer Wirtschaftsdienst (EUWID) Wasser und Abwasser*, 28.03.2003.

Paech, Niko (1998): Potentielle Konkurrenz – Zur Dogmengeschichte vermeintlich neuer Ansätze der Industrieökonomik, *Jahrbücher für Nationalökonomie und Statistik*, Vol. 217/4, S. 467–482.

Pecher, Rolf (1996): ATV-Regelwerk und Ökonomie in der Abwasserwirtschaft, *Korrespondenz Abwasser*, Vol. 43, Nr. 5, S. 720–729.

Peltzman, Sam (1976): Toward a More General Theory of Regulation, *Journal of Law and Economics*, Vol. 19, Nr. 2, S. 211–240.

Pfeifenberger, Johannes und William B Tye (1995): Handle With Care – A Primer on Incentive Regulation, *Energy Policy*, Vol. 23, Nr. 9, S. 769–779.

Pfister, Gerhard (2002): *Zur Effizienz des Grundwasserschutzes – eine ökonomische Analyse*, Stuttgart, Arbeitsbericht der Akademie für Technikfolgenabschätzung in Baden-Württemberg, Januar 2002.

Posner, Richard A. (1972): The Appropriate Scope of Regulation in the Cable Television Industry, *Bell Journal of Economics and Management Science*, Vol. 3, Nr. 1, S. 98–129.

Posner, Richard A. (1974): Theories of Economic Regulation, *Bell Journal of Economics and Management Science*, Vol. 5, Nr. 2, S. 335–358.

Rödl & Partner (2003): *Effizienz- und Qualitätsuntersuchung der kommunalen Wasserversorgung in Bayern (EffWB) – Abschlussbericht*, Nürnberg.

Ribaudo, Marc O. und Daniel Hellerstein (1992): Estimating Water Quality Benefits: Theoretical and Methodological Issues, *United States Department of Agriculture Technical Bulletin*, Nr. 1808.

Riechmann, Christoph, Phil Maggs und Uli Brunner (2002): Privatisierung der britischen Wasserwirtschaft, *gwa – Gas-Wasser-Abwasser*, Vol. 82, Nr. 9, S. 661–665.

Robinson, Colin (1997): Introducing Competition into Water, in: Michael E. Beesley (Hrsg.), *Regulating Utilities: Broadening the Debate*, London: Institute of Economic Affairs in association with the London Business School, S. 153–187.

Robinson, Colin (2002): Moving to a Competitive Market in Water, in: Colin Robinson (Hrsg.), *Utility Regulation and Competition Policy*, Cheltenham, UK: Edward Elgar, S. 44–65.

Roentgen, Frederik (2001): *Public-Private-Partnership – Eine efffizienzorientierte Analyse zur kommunalen Aufgabenerfüllung unter Einbeziehung erwerbswirtschaftlicher Unternehmen*, Aachen: Shaker-Verlag.

Rose, Joachim (2003): Kommunale Anstalten des öffentlichen Rechts in Niedersachsen, *der gemeindehaushalt*, Vol. 104, Nr. 9, S. 205–210.

Rousseau, Sandra (2001): Effluent Trading to Improve Water Quality: What Do We Know Today?, *Katholieke Universiteit Leuven, ETE Working Paper Series*, Nr. 2001-26.

Rovizzi, Laura und David Thompson (1995): The Regulation of Product Quality in the Public Utilities, in: Matthew Bishop, John Kay und Colin Mayer (Hrsg.), *The Regulatory Challenge*, Oxford: Oxford University Press, S. 336–357.

Rudolph, Karl-Ulrich (1997): *Handlungsfelder einer nachhaltigen Wasserwirtschaft – Anforderungen an Politik, Wissenschaft und kommunale Praxis: Handlungsspielräume einer nachhaltigen Abwasserwirtschaft*, Vortrag zum Seminar-Difu/BMBF „Forum Stadtökologie" am 05.05.1997 in Berlin.

Rudolph, Karl-Ulrich (oJ): Ten Years After – Experiences from BOX and PPP's in the German Water Sector and Lessons for the Future, *mimeo*, Witten.

Rudolph, Karl-Ulrich und Thomas Block (2001): *Der Wassersektor in Deutschland – Methoden und Erfahrungen*, Studie durch das Institut für Umwelttechnik und Management an der Universität Witten/Herdecke gGmbH im Auftrag des Umweltbundesamtes und des Bundesministeriums für Umwelt, Naturschutz und Reaktorsicherheit.

Rudolph, Karl-Ulrich, R. Andreas Kraemer, Wenke Hansen und Ulrike Staffel (1998): *Vergleich der Abwassergebühren im europäischen Rahmen*, Berlin: Umweltbundesamt.

Rudolph, Karl-Urlich und Thomas Gärtner (1996): Marktwirtschaftliche Lösungen für öffentliche Probleme in der Abwasserentsorgung, in: Hans Mayrzedt (Hrsg.), *Privatwirtschaftliche Tätigkeit im Dienste von Kommunen: Infrastrukturinvestitionen und Dienstleistungen*, Wiesbaden: Bauverlag, S. 92–104.

RWI, Rheinisch-Westfälisches Institut für Wirtschaftsforschung und Arbeitsgemeinschaft Energie- und Systemplanung AGEP (2002): *„Zertifikathandel für CO2-Emissionen auf dem Prüfstand – Ausgestaltungsprobleme des Vorschlags der EU für eine Richtlinie zum Emissionshandel"*, Essen, Untersuchung im Auftrag der IGBCE, der Unternehmen RWE, E.ON, HEW/LAUB/VEAG und BASF, der Verbände der Zement-, Glas- und Papierindustrie sowie des Gesamtverbandes des deutschen Steinkohlenbergbaus, Ergebnisse des Zwischenberichts, Stand 09.04.2002.

Saal, David S. und David Parker (2001): Productivity and Price Performance in the Privatized Water and Sewerage Companies of England and Wales, *Journal of Regulatory Economics*, Vol. 20, Nr. 1, S. 61–90.

Saal, Davis S. (2003): *The Impact of Privatisation on the English and Welsh Water and Sewerage Industry*, CESifo Conference: Privatisation Experiences in the EU, 10.-11.01.2003 in Munich.

Salanié, Bernard (1997): *The Economics of Contracts: a Primer*, Cambridge, MA: MIT Press.

Salzmann, Bernd (2003): Wasserversorger im Visier, *Frankfurter Rundschau*, 07.03.2003, S. 7.

Salzwedel, Jürgen (2002): Umsetzung der Wasserrichtlinie, *H2O Report*, Norton Rose Vieregge, Nr. 1, S. 2–3.

Salzwedel, Jürgen (2003): Neue Grundwasserrichtlinie, *H2O Report*, Norton Rose Vieregge, Nr. 2, S. 4.

Sappington, David E.M. (2000): Price Regulation and Incentives, *mimeo*, University of Florida, Dezember 2000.

Sappington, David E.M. und D.L. Weisman (1996): *Designing Incentive Regulation for the Telecommunications Industry*, Cambridge, MA: MIT Press.

Savas, Emanuel S. (2000): *Privatization and Public-Private Partnerships*, New York: Seven Bridges Press, LLC.

Scheele, Ulrich (2000a): Auf dem Wege zu neuen Ufern? Wasserversorgung im Wettbewerb, *Wirtschaftswissenschaftliches Diskussionspapier der Universität Oldenburg* Nr. V.-214-2000.

Scheele, Ulrich (2000b): Zur Aussagefähigkeit internationaler Preisvergleiche in der Wasserwirtschaft, Kurzstudie im Auftrag des Oldenburgisch-Ostfriesischen Wasserverbands.

Scheele, Ulrich (2002): Privatisierung und Liberalisierung der Wasserwirtschaft – Internationale Erfahrungen, *Wasser & Boden*, Vol. 54, Nr. 12, S. 4–7.

Schüller, Alfred (Hrsg.) (1983): *Property Rights und ökonomische Theorie*, München: Vahlen.

Schmitz, Michaela (2002): Abwassergebührenvergleich in Europa, *wwt awt*, , Nr. 2/2002, S. 28–31.

Schönbäck, Wilfried, Gerlinde Oppolzer, R. Andreas Kraemer, Wenke Hansen und Nadine Herbke (2003a): *Internationaler Vergleich der Siedlungswasserwirtschaft – Band 1: Länderstudien*, bearbeitet im Auftrag der Österreichischen Bundesarbeitskammer und des Österreichischen Städtebundes, Wien.

Schönbäck, Wilfried, Gerlinde Oppolzer, R. Andreas vKraemer, Wenke Hansen und Nadine Herbke (2003b): *Internationaler Vergleich der Siedlungswasserwirtschaft – Band 2: Systemvergleich vor europapolitischen und ökonomischem Hintergrund*, bearbeitet im Auftrag der Österreichischen Bundesarbeitskammer und des Österreichischen Städtebundes.

Schöneich, Michael (2004): *Abwasserentsorgung: Von der Hoheitsverwaltung in den Wettbewerb*, Beitrag zum 1. Regionalforum Abwasser in Köln, 21.01.2004.

Sächsisches Staatsministerium für Wirtschaft und Arbeit (1998): *Pressemitteilung: Kartellrechtliche Überprüfung der Wasserpreise privat-rechtlicher Wasserversorger*, Dresden.

Schwarze, Reimund (2001): Wettbewerb in der Wasserwirtschaft, *Wirtschaftsdienst*, Vol. 81, Nr. 7, S. 395–399.

Schweizer, Urs (1999): *Vertragstheorie*, Tübingen: Mohr Siebeck.

Seidewinkel, Gregor und Uwe Wetzel (2000): Wasserpreise und Kartellrecht: Zur Missbrauchsaufsicht über Wasserversorgungsunternehmen, *gwf-Wasser/Abwasser*, Vol. 141, Nr. 5, S. 311–317.

Sheshinski, Eytan (1976): Price, Quality and Quantity Regulation in Monopoly Situations, *Economica*, Vol. 43, Nr. 17, S. 127–137.

Sheshinski, Eytan und Luis F. López-Calva (2003): Privatization and Its Benefits: Theory and Evidence, *CESifo Economic Studies*, Vol. 49, Nr. 3, S. 429–459.

Shew, William B. (2000): Natural Monopoly and Yardstick Competition, *iea economic affairs*, Vol. 20, Nr. 4, S. 36–41.

Shleifer, Andrei (1985): A Theory of Yardstick Competition, *Rand Journal of Economics*, Vol. 16, Nr. 3, S. 319–327.

Shleifer, Andrei (1998): State Versus Private Ownership, *Journal of Economic Perspectives*, Vol. 12, Nr. 4, S. 133–150.

SMC, Strategic Management Consultants (2002): *Optimum Entity Size in the Water Industry of England and Wales: A Review of Factors Which Influence the Size of Companies*, Report to OFWAT, Hexham, Northumberland, April 2002.

SMC, Strategic Management Consultants (2003): *Reporter's Report on Yorkshire Water's Draft Business Plan to the Directors General*, Hexham, Northumberland, Oktober 2003.

Spelthahn, Sabine (1994): *Privatisierung natürlicher Monopole – Theorie und internationale Praxis am Beispiel Wasser und Abwasser*, Wiesbaden: Gabler.

Spence, A. Michael (1975): Monopoly, Quality, and Regulation, *Bell Journal of Economics*, Vol. 6, Nr. 2, S. 417–429.

SRU, Rat von Sachverständigen für Umweltfragen (1998): *Flächendeckend wirksamer Grundwasserschutz: Ein Schritt zur dauerhaft umweltgerechten Entwicklung, Sondergutachten*, Stuttgart: Metzler-Poeschel.

SRU, Rat von Sachverständigen für Umweltfragen (2000): *Umweltgutachten 2000: Schritte ins nächste Jahrtausend*, Stuttgart: Metzler-Poeschel.

St. Pier, Stephen (2003): *Benchmarking and the Regulation of the England and Wales Water Industry*, Beitrag zur AWA 20th Convention, Perth, 06.-10.04.2003.

Stadtentwässerungsbetriebe Köln, AöR (2002): *Die Kölner Klärwerke, Jahresbericht 2001*, Köln.

Stadtentwässerungsbetriebe Köln, AöR (2003): *Der Dienstleistungsbereich TP – Planung und Bau der Kanalnetze*, Köln.

Stadtentwässerungsbetriebe Köln, AöR (oJ): *Kompetente Abwasserdienstleistung – Eine Unternehmensdarstellung*, Köln.

Standard and Poor's (2003): Infrastructure Finance – European Water Industry, *Standard and Poor's Infrastructure Finance*, März 2003.

Statistisches Bundesamt (2002): *Statistisches Jahrbuch für die Bundesrepublik Deutschland*, Stuttgart: Metzler-Poeschel.

Statistisches Bundesamt (2003): *Datenreport 2002: Zahlen und Fakten über die Bundesrepublik Deutschland*, Berlin: Bundeszentrale für politische Bildung, erstellt in Zusammenarbeit mit dem Wissenschaftszentrum Berlin für Sozialforschung (WZB) und dem Zentrum für Umfragen, Methoden und Analysen, Mannheim (ZUMA).

Stern, Jon (2003a): Regulation and Contracts for Utility Services: Substitutes or Complements? Lessons from UK Railway and Electricity History, *Journal of Public Policy Reform*, Vol. 6, Nr. 4, S. 193–215.

Stern, Jon (2003b): *What the Littlechild Report Actually Said*, London: NERA Economic Consulting.

Stigler, George J. (1971): The Theory of Economic Regulation, *Bell Journal of Economics and Management Science*, Vol. 2, Nr. 1, S. 3–21.

Stuchtey, Bettina (2002): *Wettbewerb auf dem Markt für leitungsgebundene Trinkwasserversorgung*, Baden-Baden: Nomos.

Sutton and East Surrey Water (2002): *Access Code for Common Carriage*, Redhill/Surrey, Juli 2002.

Svendsen, Gert Tinggaard (2000): Political and Economic Scope for Permit Markets in Europe, in: Karl Ludwig Brockmann und Marcus Stronzik (Hrsg.), *Flexible Mechanisms for an Efficient Climate Policy – Cost Saving Policies and Business Opportunities, ZEW Economic Studies 11*, Heidelberg: Physica-Verlag, S. 77–86.

SVR, Sachverständigenrat zur Begutachtung der gesamtwirtschaftlichen Entwicklung (1996): *Reformen voranbringen: Jahresgutachten 1996/97*, Stuttgart: Metzler-Poeschel.

Swann, G.M. Peter (2000): *Ökonomie der Normung*, Abschlussbericht für die Direktion Normen und technische Vorschriften, Department of Trade and Industry, Manchester.

SWC, Stone & Webster Consultants (2004): *Investigation Into Evidence for Economies of Scale in the Water and Sewerage Industry in England and Wales – Final Report*, Report to OFWAT, London.

Tirole, Jean (1993): *The Theory of Industrial Organization*, Cambridge, MA: MIT Press.

Train, Kenneth (1993): *Qualitative Choice Analysis: Theory, Econometrics, and an Application to Automobile Demand*, Cambridge, MA: MIT Press.

Train, Kenneth E. (1991): *Optimal Regulation – The Economic Theory of Natural Monopoly*, Cambridge, MA: MIT Press.

Tunstall, Sylvia, Colin Green, Josephine Sawyer und Malcolm Herring (1993): *Customer Preferences and Willingness to Pay for Selected Water and Sewerage Services*, Report to OFWAT, Middlesex.

Turner, Robert W. (2002): The Optimal Provision of Services in National Parks, *Topics in Economic Analysis & Policy*, Vol. 2, Nr. 1, S. 1–13.

Turvey, Ralph (2000): What Are Marginal Costs and How to Estimate Them, *Centre for the Study of Regulated Industries (CRI) Technical Paper*, Nr. 13.

Turvey, Ralph (2001): The Economic Framework for Setting Access Prices, *Centre for the Study of Regulated Industries (CRI) Conference Proceedings*, Nr. 26.

UKWIR, UK Water Industry Research Ltd. (2002a): *Capital Maintenance Planning: A Common Framework – Final Report, Volume 4: Record of Company Testing*, London.

UKWIR, UK Water Industry Research Ltd. (2002b): *Capital Maintenance Planning: A Common Framework – Volume 1: Overview*, London.

UKWIR, UK Water Industry Research Ltd. (2002c): Capital Maintenance Planning: A Common Framework – Volume 3: Technical Appendices, London.

Umweltbundesamt (2001a): *Daten zur Umwelt – Der Zustand der Umwelt in Deutschland 2000*, Berlin: Erich Schmidt Verlag.

Umweltbundesamt (2001b): *Umweltpolitik Wasserwirtschaft in Deutschland – Teil 1: Grundlagen*, Bonn: Bundesministerium für Umwelt, Naturschutz und Reaktorsicherheit.

Umweltbundesamt (2003): *Umweltdaten Deutschland 2002*, Berlin: Umweltbundesamt.

VEWIN, The Netherlands Waterworks Association (2001): *Reflections on Performance 2000 – Benchmarking in the Dutch Drinking Water Industry*, Amsterdam, November 2001.

Vickers, John und George Yarrow (1988): *Privatization: An Economic Analysis*, Cambridge, MA: MIT Press.

Vickers, John und George Yarrow (1991): Economic Perspectives on Privatization, *Journal of Economic Perspectives*, Vol. 5, Nr. 2, S. 111–132.

Vogelsang, Ingo (2002): *Die Zukunft der Entgeltregulierung im deutschen Telekommunikationssektor*, Vol. 38, München: C.H. Beck.

Vogelsang, Ingo und Jörg Finsinger (1979): A Regulatory Adjustment Process for Optimal Pricing by Multiproduct Monoply Firms, *Bell Journal of Economics*, Vol. 10, Nr. 1, S. 157–171.

Voigt, Stefan (2002): *Institutionenökonomik*, München: UTB.

Wackerbauer, Johann (2003): Regulierungsmodelle für die öffentliche Wasserversorgung und ihre Wettbewerbseffekte, *ifo-Schnelldienst*, Vol. 56, Nr. 21, S. 9–16.

Walz, Rainer (2001): Umweltauswirkungen einer Privatisierung der Wasserver- und Abwasserentsorgung in Deutschland, in: Fritz Holzwarth und R. Andreas Kraemer (Hrsg.), *Umweltaspekte einer Privatisierung der Wasserwirtschaft in Deutschland, Dokumentation der internationalen Fachtagung 20.-21.11.2000 in Berlin*, Berlin: Ecologic, S. 27–43.

Water Industry Commissioner for Scotland (2001): *Strategic Review of Charges 2002-2006*, Stirling.

Water UK (2001): *Towards Sustainability – A Step Forward (Sustainability Indicators 1999/2000)*, London, Juni 2001.

Water UK (2002): *The Regulation Framework for PR04*, London, Februar 2002.

WaterVoice (2003a): *Annual Report 2002-03*, Birmingham, Juni 2003.

WaterVoice (2003b): *Best Practice Register – Water and Sewerage Companies in England and Wales*, Birmingham, August 2003.

WaterVoice (2003c): Water Bill: New Regulatory Arrangements, *WaterVoice Briefing Note*, Oktober 2003.

ÖWAV, Österreichischer Wasser- und Abfallwirtschaftsverband (2001): *Benchmarking in der Siedlungswasserwirtschaft, Endbericht: Erfassung und Vergleich von technischen und wirtschaftlichen Kennzahlen in der Siedlungswasserwirtschaft (Abwasserableitung und -reinigung)*, Österreichisches Forschungsprojekt im Auftrag des Bundesministeriums für Land- und Forstwirtschaft, Umwelt und Wasserwirtschaft, Wien.

Webb, Michael, William Derbyshire und Matthew Bell (2003): *Comparing Apples With Apples – International Benchmarking as a Regulatory Tool*, London: Frontier Economics.

Wieandt, Axel und Harald Wiese (1993): Die Theorie der „Contestable Markets"

– ein Leitbild für die Wettbewerbspolitik?, *ORDO Jahrbuch für die Ordnung von Wirtschaft und Gesellschaft*, S. 185–202.

Wied-Nebbeling, Susanne (2004): *Preistheorie und Industrieökonomik*, 2. Aufl., Berlin: Springer.

Williams, John L. (2000): *The Privatizsation of Large Monopolistic Publicity Owned Enterprises in the United Kingdom: A Public Choice Perspective*, PHD-Thesis, Murdock University, Perth/WA.

Williamson, Brian (2000): UK 'Incentive' Regulation: International Best Practice?, in: Peter Vass (Hrsg.), *Regulatory Review 2000/2001 – Millenium Edition*, Bath: University of Bath, S. 271–291.

Williamson, Oliver (1975): *Markets and Hierachies: Analysis and Antitrust Implications*, New York: The Free Press.

Winkler, Alexander (1999): *Privatisierungshemmnisse – dargestellt am Beispiel der deutschen Abwasserwirtschaft*, Doktorarbeit Universität Hamburg, Hamburg, Juni 1999.

Wissenschaftlicher Beirat beim Bundesministerium für Wirtschaft und Technologie (2002): *Stellungnahme zum Thema: „Daseinsvorsorge" im europäischen Binnenmarkt*, 12.01.2002.

World Commission on Environment and Development (1987): *Our Common Future (Brundtland-Report)*, Oxford: Oxford University Press.

WTO, World Trade Organization (2001): *Ministerial Declaration at Ministerial Conference, Fourth Session*, WT/MIN(01)/DEC/1, Doha, 09.-14.11 2001.

WTO, World Trade Organization (2003): *Draft Cancún Ministerial Text*, Genf, 24.08.2003.

Zabel, Thomas (2001): Erfahrungen aus den Nachbarländern, in: Eckehard Büscher (Hrsg.), *Wasserwirtschaft im Aufbruch*, Köln: Deutscher Wirtschaftsdienst, S. 227–253.

Zabel, Thomas F. und Yvonne J. Rees (1997): Vereinigtes Königreich, in: R. Andreas Kraemer und Francisco Nunes Correia (Hrsg.), *Eurowater – Länderbe-*

richte: Institutionen der Wasserwirtschaft in Europa, Band 1, Berlin: Springer, S. 585–759.

Zimmermann, Horst (1992): Ökonomische Aspekte globaler Umweltprobleme, *Zeitschrift für angewandte Umweltforschung*, Vol. 5, Nr. 3, S. 310–321.

Zimmermann, Horst und Bernd Hansjürgens (1998): Zertifikate im Unstrumentvergleich aus ordnungspolitischer Sicht, in: Holger Bonus (Hrsg.), *Umweltzertifikate: Der steinige Weg zur Marktwirtschaft*, S. 47–60.

Zimmermann, Horst und Klaus-Dirk Henke (1994): *Einführung in die Finanzwissenschaft*, 7. Aufl., München: Vahlen.

The manufacturer's authorised representative in the EU is Springer
Nature Customer Service Centre GmbH, Europaplatz 3, 69115 Heidelberg,
Germany. If you have any concerns regarding our products, please
contact ProductSafety@springernature.com

Printed and bound by CPI Group (UK) Ltd, Croydon, CR0 4YY
23/04/2026
02095650-0001